. . . bis daß der Tod euch scheidet

Lily Pincus

... bis daß der Tod euch scheidet

Zur Psychologie des Trauerns

Deutsche Verlags-Anstalt

Das Original erschien bei Pantheon Books, New York,
unter dem Titel: A Division of Random House.

Aus dem Amerikanischen übersetzt von Gudrun Hansen unter
wissenschaftlicher Beratung von Dr. Irmgard Wagner.

CIP-Kurztitelaufnahme der Deutschen Bibliothek

Pincus, Lily
Bis daß der Tod euch scheidet: zur Psychologie d. Trauerns. –
Stuttgart: Deutsche Verlags-Anstalt, 1977.
Einheitssacht.: Death in the family ‹dt.›
ISBN 3-421-01814-6

Gesamtherstellung: May & Co, Darmstadt

In Erinnerung an meinen Mann

Vorwort

Als ich anfing, dieses Buch zu schreiben, war ich fünfundsiebzig Jahre alt und seit zehn Jahren Witwe. Ich hatte am Sterbebett vieler Freunde gestanden und Anteil genommen an der schmerzlichen Trauer ihrer Familien. Gerade zu dieser Zeit wollte ich mich auch von meiner Arbeit zurückziehen, die lange Jahre hindurch Ehe- und Familienprobleme zu ihrem Inhalt gehabt hatte, und das hieß, einen Kreis von eng miteinander verbundenen Mitarbeitern zu verlassen, was für mich auch einen Verlust bedeutete.

Der Wunsch, dieses Buch zu schreiben, entstand aus meinen persönlichen und beruflichen Erfahrungen. Es schien mir darüberhinaus jedoch dringend notwendig zu sein, mich an den jüngsten Bemühungen zu beteiligen, mit dem Tabu über Tod, Sterben und Trauern aufzuräumen, Anregungen zu geben zur Diskussion dieser grundlegenden Themen.

... *bis daß der Tod euch scheidet* enthält viele persönliche Erfahrungen und auch einige grundsätzlichen Erkenntnisse. Es handelt von Menschen, die ich im Verlauf meiner Tätigkeit als Sozialarbeiterin, Psychotherapeutin und Lehrerin kennengelernt habe. In der Beschäftigung mit Ehe- und Familienproblemen kam es mir entscheidend darauf an, Techniken zu entwickeln, die nicht nur auf dem Verständnis des einzelnen basierten, sondern darüber hinaus die Beziehungen und Interaktionen innerhalb der Familie berücksichtigten. In meinen Berichten über diese Menschen untersuche ich, ob ihre verschiedenartigen Reaktionen auf den Verlust nicht am besten verstanden oder sogar vorausgesagt werden können, wenn man sich auf die besonderen zwischenmenschlichen Beziehungen konzentriert, aus denen eine bestimmte einzigartige Familienstruktur entstanden ist. Meine unterschiedlichen Darstellungen dieser Familien zeigen die Umstände an, unter welchen unsere Begegnungen stattfanden. Ich hoffe, daß sie außerdem etwas wiedergeben von den vielen verschiedenartigen Ausdrucksformen, in denen Menschen auf Verlust reagieren.

In diese Geschichten sind Berichte über meine persönlichen Verluste eingeflochten, die unvermeidlicherweise von meinem Betroffensein und von meinen Gefühlen gefärbt sein werden, insbesondere natürlich der Bericht über den Tod meines Mannes. Im Gegensatz zu meiner beruflichen Praxis möchte ich in diesem persönlichen Fall davon absehen, näher auf die Zusammenhänge einzugehen zwischen meiner Reaktion auf diesen Verlust und der vorausgegangenen Gemeinschaft unserer Ehe, in der es Probleme und Konflikte gegeben hatte, wie in jeder anderen Ehe auch. Mein eigenes Verhalten unmittelbar nach dem Tode meines Mannes war verworren und unsicher. Der Leser wird später erfahren, daß es erst eines Fußknöchelbruches bedurfte, bevor ich es mir erlaubte, mich der Depression hinzugeben, die ein unumgänglicher Bestandteil des Trauerprozesses ist. Was dieses Erlebnis jedoch so unermeßlich bedeutungsvoll machte, war einmal die gemeinsame Kenntnis der vollen Wahrheit über die lange, tödliche Krankheit meines Mannes, und zum anderen, daß ich bei ihm sein durfte, als er starb.

Ich habe weitergelebt mit meinen eigenen Erfahrungen, und ich weiß natürlich, daß sich meine Einstellungen zu diesen im Verlauf der Zeit geändert haben. Andererseits ist zu berücksichtigen, daß ich den meisten von mir beschriebenen Menschen begegnet bin, als sie sich gerade in einer Krise befanden. Ich kann also auch nur ihre Reaktionen auf erlittene Verluste in dieser Ausnahmesituation wiedergeben. Dies ist ein Grund dafür, daß viele meiner Geschichten ohne Abschluß bleiben.

Dieses Buch stützt sich nicht auf eine systematische Forschungsarbeit, und es erhebt keinen Anspruch darauf, als repräsentativ zu gelten für Modelle von Schmerz und Trauer. Ich bemühe mich jedoch, den Schwerpunkt auf gewisse Merkmale des Trauerns zu legen, die

auch in anderen Studien als typisch erkannt worden sind; diese zu verstehen und zu kennen, wird nützlich sein, sowohl für den Leidtragenden selbst als auch für die anderen, die sich seiner annehmen.
Ich empfinde eine tiefe Dankbarkeit gegenüber allen, die es mir erlaubten, ihre Geschichten wiederzuerzählen, zumal ich weiß, daß dadurch ihre alten Wunden wieder aufgerissen wurden. Ich stelle mir gern vor, daß sie die Hoffnung mit mir teilen, durch ihre Erfahrungen anderen zu helfen, die trauern, und uns allen zu helfen, eine neue Einstellung zu Verlust und Tod zu finden, die uns befähigen möge, im Schmerz Trost und Ermutigung zu schöpfen. Darüberhinaus besteht die Hoffnung, daß die heutige Gesellschaft es wieder lernen möge, daß der Tod ein wesentlicher Bestandteil des Lebens ist. Hoffentlich wird das offene Gespräch über Schmerz, Trauer und Verlust zu einer veränderten, aufnahmebereiteren Haltung in der jeweiligen menschlichen Gemeinschaft beitragen.

I

Persönliche Erinnerungen

Mein Mann Fritz starb im Mai 1963 nach elfjährigem Leiden und mehreren Krebsoperationen. Beide kannten wir von Anfang an die Diagnose, und obwohl Fritz ein sehr guter Patient war, der willig alles mitmachte, was ärztlich von ihm verlangt wurde, vergaßen weder er noch ich jemals, daß seine Krankheit unheilbar war und zu seinem Tode führen werde. Mit Ausnahme der Zeiten, die unmittelbar auf größere Operationen folgten, in denen er viel leiden mußte, erlebten wir die langen Jahre gemeinsamen Wissens um den drohenden Tod dennoch als glückliche und erfüllte Jahre, insbesondere die letzten achtzehn Monate, in denen Fritz an Lungenkrebs litt. Er war seit einiger Zeit von einem hartnäckigen Husten gequält worden und suchte daher einen Spezialisten auf. Dieser nahm die Sache zunächst auf die leichte Schulter; als er aber mit der Röntgenaufnahme aus der Dunkelkammer zurückkehrte, bemerkte Fritz sogleich den veränderten Ausdruck in seinem Gesicht. Er ging auf den Arzt zu und sagte: »Es tut mir leid, Doktor, dies ist sehr schwierig für Sie.«

Die Ärzte akzeptierten und respektierten Fritz' Wunsch, daß man keine weiteren chirurgischen Eingriffe oder drastischen Behandlungen mehr an ihm vornehmen möge, und so konnte er fortan zu Hause bleiben. Trotz unvermeidlicher Augenblicke der Angst und der Anspannung, war er die meiste Zeit heiter und gelassen. Er wußte, daß er nicht mehr kämpfen müsse. Einer seiner Lieblingsaussprüche in dieser Zeit war: »Man soll mit dem Leben nicht argumentieren, man soll es annehmen.«

Dies empfand ich damals als ganz richtig; erst später begann ich darüber nachzudenken, was es bedeuten könne, ausgerechnet aus dem Munde eines Mannes, der sich immer aktiv mit dem Leben auseinandergesetzt hatte, in der Hoffnung, eine soziale Veränderung herbeiführen zu können. Waren diese Worte Ausdruck einer Entwicklung, die der Entwicklung Buddhas entgegengesetzt war, für den die Erleuchtung das Ende allen Strebens bedeutet hatte, und dessen letzte Worte an seine Jünger dennoch lauteten: »Erarbeitet Euch Eure Erlösung durch Fleiß.«
Erst viel später, durch Teilhard de Chardin, verstand ich besser, was Fritz gemeint haben mag:

> Es gibt für jeden von uns eine Zeit, zu wachsen, und eine Zeit, abzunehmen. Bald herrscht das aufbauende menschliche Bemühen vor, bald die mystische Vernichtung ... Den Willen Gottes (in seiner zu erleidenden Gestalt) werde ich immer nur *am Ende meiner Kräfte* dort erreichen, wo mein ganz auf das Bessersein (ein entsprechend den normalen menschlichen Vorstellungen verstandenes Bessersein) ausgespanntes Tun fortwährend von jenen entgegengesetzten Kräften im Gleichgewicht gehalten wird, die mich aufzuhalten oder mich umzuwerfen suchen. – Wenn ich nicht tue, was ich kann, um voranzukommen oder zu widerstehen, befinde ich mich nicht *an dem gewollten Punkt* ...[1]

Was immer es auch gewesen sein mag, das Fritz ausdrücken wollte, er fühlte, daß er in diesen letzten Monaten seines Lebens eine neue Intensität der Wahrnehmung, der Freude und des innigen Verbundenseins mit allem Schönen gewonnen hatte. Auf unseren kleinen, vorsichtigen Spaziergängen teilte ich seine ungetrübte Freude an kleinen Kindern, Vögeln, Blumen, Bäumen und Wolken.
In dieser Zeit waren wir uns wahrscheinlich näher, enger miteinander verbunden in gegenseitigem Vertrauen, als zu irgendeinem anderen Zeitpunkt unseres langen Ehelebens. Freunde, die sich angezogen fühlten von der ganz besonderen Atmosphäre gelassener Bejahung besuchten uns gerne. Sie freuten sich über Fritz' liebevolle Anteilnahme, und sie erbaten sich seinen Rat – buchstäblich bis zu

seinem letzten Tage. Kaum jemals hat ihn sein Sinn für Humor und Spaß verlassen. Er bewahrte sein Lächeln und das heitere Zwinkern in seinen Augen, und bis zuletzt interessierte er sich lebhaft für alles, was in der Welt vorging und auch für meine Arbeit, die er stets förderte und mit der er sich viel beschäftigte. Ich machte die überwältigende Erfahrung, daß das Leben gesteigert und erhöht wird durch diese Bereitschaft, den Tod anzunehmen.

Als Fritz' letzte Nacht herangekommen war, vergewisserte er sich, ob ich mir dessen so voll bewußt sei wie er selbst. Als ich ihm diese Zusicherung geben konnte, sagte er mit einem Lächeln: »Dann ist alles gut.« – Er starb wenige Stunden später in vollkommenem Frieden. Die Nachtschwester, die mit mir zusammen gewacht hatte, war mitfühlend aus dem Zimmer gegangen, um sich ihr Frühstück zu bereiten. So war ich denn allein bei Fritz in seiner letzten, friedvollen Stunde. Dafür werde ich ewig dankbar sein.

Dieser »vollkommene« Tod war der Höhepunkt eines Lebens, das nach Vollkommenheit gestrebt hatte – weniger im Sinne von Leistung und Erfolg, denen Fritz nie sehr viel Bedeutung beizumessen schien, sondern vielmehr im Sinne der Vervollkommnung im Menschlichen. Dies drückt der folgende Abschnitt des Midrasch[2] aus, den er für seine Begräbnisfeier bestimmte:

> Und Isaak fragte den Ewigen: . . . »König der Welt, als Du sprachest: Es werde Licht, und es ward Licht, sagtest Du in Deinen Weisungen, daß das gut sei. Als Du die Feste des Himmels und der Erde schufest, sagtest Du in Deinen Weisungen, daß sie gut seinen; und jedes Gras, das Du aufgehen ließest, und das Getier, das Du schufest, jegliches nach seiner Art, sagtest Du in Deinen Weisungen, daß sie sehr gut seien; als Du aber den Menschen schufest nach Deinem Ebenbilde, sagtest Du nicht in Deinen Weisungen, daß er gut sei. Warum, o Herr?« Und Gott antwortete ihm und sprach: »Weil ich den Menschen nicht vollkommen geschaffen habe, und weil der Mensch sich selbst vervollkommnen soll durch meine Weisungen.«

Fritz' Einstellung zum Leben und seine Einstellung zum Tode waren in vollkommener Harmonie miteinander, was ich bei ihm auch im-

mer angenommen hatte. Aber auch seine Mutter starb einen vollkommenen Tod, obwohl ihr Leben voller Furcht und Ängstlichkeiten gewesen war. Sie war der Typ der Viktorianischen Lady, den es kaum noch gibt: höflich, liebenswürdig, bezaubernd, frei von jeglicher Bosheit, ein aufrichtiger Freund; aber von den Realitäten des Lebens war sie wie abgeschnitten, praktische Dinge waren ihr rätselhaft. Für alles, sogar für das Teekochen, bedurfte sie fremder Hilfe, und so war das Leben voller Risiken und Gefahren für sie. Körper und leibliche Funktionen schienen für sie gar nicht zu existieren. Ich habe mich oft gefragt, wie sie es nur fertiggebracht haben mochte, ihre drei Kinder zu empfangen und auf die Welt zu bringen. Sie fürchtete sich vor allem, wurde vor jeder gesellschaftlichen Verpflichtung krank; sogar vor Kleideranproben befiel sie Übelkeit. Ihre Familie hatte von jeher alle »Unannehmlichkeiten« von ihr ferngehalten, weil alle schon bei der bloßen Vorstellung, wie sie dergleichen aufnehmen würde, in Schrecken gerieten. Und sie selbst tat ganz gewiß ihr Äußerstes, allem aus dem Wege zu gehen, was möglicherweise widerwärtig oder lästig sein könnte.
Während der letzten drei Jahre ihres Lebens, als ihre Töchter im Ausland waren, wohnte sie bei Fritz und mir, in einem Haus, das wir mit Freunden teilten. Trotz ihrer völlig andersartigen Lebenseinstellung – die wir, rein theoretisch, verabscheuten – hatten wir sie alle herzlich lieb. Dafür bewunderte sie, wenn auch ein wenig verblüfft, unsere Lebensweise, und sie versuchte sich anzupassen, so gut sie es eben konnte. In den letzten beiden Jahren litt sie an Kehlkopfkrebs und verlor außerdem ganz die Kontrolle über den Schließmuskel.
Aber selbst in den unwürdigsten Situationen blieb sie stets die »vollkommene Dame«, und ich hatte oft den Eindruck, daß sie sich weigerte, alle diese Vorgänge überhaupt zur Kenntnis zu nehmen. Als es klar wurde, daß sie sterben werde, wurde Fritz ganz krank bei dem Gedanken, wie seine Mutter, die ihr Leben lang keiner Schwierigkeit zu begegnen vermocht hatte, nun dem Tod gegenübertreten würde. Am Tage vor ihrem siebzigsten Geburtstag erlitt sie einen Schlaganfall und verlor für mehrere Stunden ihr Bewußtsein. Als sie wieder zu sich kam, bat sie, daß man sie im Bett aufsetzen möge. Ein

bezauberndes Lächeln verklärte ihr Gesicht, und mit leuchtenden Augen sagte sie, daß sie alle die verschiedenen, im Hause anwesenden Menschen sehen wolle. Sie verabschiedete sich von jedem einzelnen, als begebe sie sich auf eine lange Reise, sie trug auch Dankesgrüße auf an Freunde und Verwandte und an alle, die sich um sie gekümmert hatten. Ganz besonders erinnerte sie sich an all die Kinder, die ihr Freude bereitet hatten. Als dieser »Empfang« nahezu eine Stunde angedauert hatte, verließen sie ihre Kräfte, und Fritz und ich blieben allein bei ihr zurück. Sie sagte uns aufs liebevollste Lebewohl und bat dann: »Nun laßt mich schlafen.«

Eine halbe Stunde später kam ihr Arzt vorbei und erkundigte sich nach ihrem Befinden. Als ich antwortete: »Sie liegt im Sterben«, geriet er außer sich vor Wut; er beschuldigte mich der Schwarzmalerei und drohte damit, daß er sie in ein Krankenhaus einweisen werde. Unverzüglich ging er daran, eine Spritze vorzubereiten, die sie ins Leben zurückrufen sollte. Ich versuchte verzweifelt, ihn daran zu hindern; ich bat ihn inständig, ihren Wunsch zu respektieren, einschlafen zu dürfen, nachdem sie nunmehr endgültig Abschied genommen habe. Zornig schüttelte er mich und meine Einwände ab und beugte sich, die aufgezogene Spritze in der Hand, suchend über seine Patientin. Sie war anscheinend bewußtlos gewesen, aber in diesem Augenblick schlug sie ihre Augen auf, und mit dem gleichen strahlenden Lächeln, mit dem sie uns Lebewohl gesagt hatte, legte sie ihre Arme um den Hals des Arztes und flüsterte: »Ich danke Ihnen, Professor.« Da traten dem Arzt die Tränen in die Augen, und von einer Spritze war nicht mehr die Rede. Er verließ uns als Freund und Verbündeter, und seine Patientin schlief friedlich weiter und wachte nicht mehr auf.

Das Erlebnis dieses Todes wirft viele Fragen auf über das Sterben, die dieses Buch, das sich speziell mit schmerzlichen Verlusten und den Problemen der Hinterbliebenen befaßt, nicht näher untersuchen kann, die wir aber im Sinn behalten werden. Welche verborgenen Kräfte mochten in dieser zarten, ängstlichen Frau wirksam geworden sein? Ihr Leben lang war sie allen Schwierigkeiten aus dem Wege gegangen, war nicht fähig gewesen, auch nur einen Entschluß zu fassen, und nun hatte sie plötzlich die Kraft aufgebracht, nicht allein in dieser Weise zu sterben, sondern obendrein noch sicherzustellen, daß ihr letzter Schlaf ungestört bleiben werde. Was war in den Stunden der Bewußtlosigkeit mit ihr geschehen, das sie derart verwandelt hat? Es war, als ob eine Vorbereitung auf ihren leiblichen Tod und zugleich ein Bruch mit ihrem bisherigen Leben stattgefunden hätten. Ob wir hoffen können, jemals zu verstehen, wie ein Mensch, dessen Leben immer hilflos und verängstigt war, sein Sterben so eindrucksvoll unter Kontrolle zu bringen wußte? Wie können wir erfahren, was auf einen scheinbar bewußtlosen Menschen einwirkt? Was in der Behandlung einer tödlichen Krankheit, in der Atmosphäre um den Sterbenden, in der Haltung der ihm nahestehenden Menschen, fördert diese Art von innerer Arbeit, die ein Merkmal des nahenden Todes sein und zu einem guten und würdevollen Ende verhelfen könnte?

Kürzlich hatte ich Gelegenheit, mit einem jungen römisch-katholischen Priester über diese Fragen zu sprechen, der, in der Sterbehilfe tätig, mit den Pflegern der Intensivstation einer Universitätsklinik zusammenarbeitet. Er hat häufig unerklärliche Veränderungen an sterbenden Menschen wahrgenommen, die vorübergehend ihr Bewußtsein zurückgewinnen, Veränderungen, die ihm das Gefühl gaben, daß diese Sterbenden mit neuen, wertvollen Erkenntnissen aus einer anderen Welt zurückgekehrt seien und etwas über sich selbst erfahren hätten, das sie nie zuvor gewußt oder auszudrücken vermocht hätten.

»Ich kann nicht verstehen, warum und wie dies geschieht«, sagte er, »und, offen gestanden, widerstrebt es mir, nach Erklärungen zu suchen. Ich weiß nur, daß dieses Phänomen den Menschen, die bei dem Sterbenden sind, eine große Verantwortung auferlegt, nicht störend durch Medikamente, Gedankenlosigkeit oder Ungeduld in etwas einzugreifen, was womöglich das bedeutendste Erlebnis dieses Menschen sein könnte, und was seinem Sterben einen Sinn zu geben vermöchte.« Später sprach der junge Priester über Leidtragen und Trauern. »In meiner Sorge um den Sterbenden habe ich bisher den Zurückbleibenden zu wenig Aufmerksamkeit geschenkt. Man sollte diese beiden Bereiche jedoch nicht voneinander getrennt betrachten. Für einen Angehörigen, der Zeuge dieser geradezu wunderbaren Veränderungen wird, die sich in einem Sterbenden vollziehen können, muß sich das ungemein beeinflussend auf seine Trauer auswirken, und es kann möglicherweise auch seine Einstellung zum eigenen Tod ändern. Wir, das Krankenhauspersonal, sollten dafür Sorge tragen, daß den Angehörigen dieses Erlebnis nicht vorenthalten wird.«

Ganz gewiß war der Tod von Fritz' Mutter ein unvergeßliches Erlebnis für uns alle, die wir Zeugen ihres Sterbens werden durften. Wie eng mochte die Verbindung sein zwischen diesem Erlebnis und dem Leben und Sterben ihres Sohnes Fritz? Ob es ihm geholfen haben mag, seinem eigenen Tod so entgegenzutreten, wie er es dann tat? Bis zu seinem letzten Atemzug zeigte auch er eine Mischung von Annahmebereitschaft und Kontrolle, die ans Wunderbare grenzte, und die noch über seinen Tod hinaus uns alle so innig mit ihm verband durch die Auswahl des Midrasch-Abschnittes für die Feierstunde im Krematorium.

Vielleicht wird es niemals eine Antwort auf diese Fragen geben, niemals vielleicht eine Erkenntnis, die zu einem besseren Verständnis führen könnte. Es gibt vieles und wird immer vieles geben, das wir nicht wissen, oder, das zu wissen wir uns nicht eingestehen wollen. Wir alle wissen mit absoluter Sicherheit, daß wir sterben müssen, aber wie viele von uns können sich dazu durchringen, dies auch wirklich zu »wissen«, wie Fritz es wußte? Wer ist bereit, dieses Wissen als Tatsache in sein Leben einzubeziehen? Wenn wir hierzu fähig wären, könnten wir weitaus erfüllter leben, wären weniger belastet von Ängsten und Sorgen, und würden dadurch Gehalt und Wert unseres Lebens und unseres Todes steigern können. Geheimnisvolle Umwandlungen, wie wir sie bei Fritz' Mutter beobachten konnten, sind außergewöhnlich, – bewußte Annahmebereitschaft gegenüber dem Tod sollte jedoch ein wesentlicher Bestandteil des Lebens sein, denn »Tod und Geburt gehören zum Leben, so wie das Gehen im Heben des Fußes liegt wie in seinem Niedersetzen.«[3]

Als unser Arzt, der für Fritz und mich während der langen Jahre der Krankheit eine unschätzbare Hilfe gewesen war, den Totenschein unterschrieb, konnte er nur sagen: »Jetzt haben Sie sehr viel zu tun und zu erledigen.« Als ich ihn kürzlich daran erinnerte, schwieg er

eine Weile, bevor er sagte: »Ja, das war damals vor meinem Herzinfarkt.« Er scheint jetzt zu der Einsicht gekommen zu sein, daß wir nur dann anderen Leidtragenden Hilfe und Ermutigung zu geben vermögen, wenn wir uns mit unserer eigenen Todesangst auseinandergesetzt haben. Nur dann können wir ihnen in ihrer Trauer wirklich beistehen, ohne uns von ihren Depressionen und ihrem scheinbar so unvernünftigen Benehmen zu sehr abschrecken zu lassen.
Kurz vor Fritz' Einäscherung verbrachte ich ein paar Tage im Hause meines Bruders, wo man mir liebevoll beistand und mich zärtlich umsorgte. Das war mir ein großer Trost, aber ich war rastlos, und ich sehnte mich danach, in meinem Heim zu sein – in unserem Heim. Und dennoch: Als ich den Schlüssel in unsere Appartementtür steckte, überkam mich einen Augenblick lang so etwas wie Panik. Zögernd blieb ich auf der Türschwelle stehen, bis ich deutlich fühlte, wie mir von da drinnen ein »Willkommen zu Hause« entgegenströmte. Die Sonne schien, und eine Nachbarin, die mich hatte kommen hören, rief mich, um mir eine Tasse Tee anzubieten. Trotz der Leere und des Gefühls der Trostlosigkeit war es eine Heimkehr und der Beginn eines neuen Lebens.
Die ganzen ersten Tage und Wochen hindurch brachten mir Verwandte, Freunde, Nachbarn und Kollegen Zuneigung und liebevolle Anteilnahme entgegen. Sie ließen mich allein, aber sie waren immer da, wenn ich menschliche Nähe brauchte, oder wenn ich etwas von ihnen wollte. Ein junger Kollege, von der Statur meines Mannes, kam schon vor Ablauf der ersten Woche mit seinen Koffern an und leerte Schränke und Schubladen. Viele Jahre hindurch freute ich mich über jedes Wiedersehen mit Fritz' Kleidungsstücken an ihm, und sogar noch heute, zehn Jahre später, erkenne ich zuweilen mit schmerzlicher Freude eine vertraute Krawatte wieder.
Aber trotz aller Liebe und Fürsorge fühlte ich mich oft niedergeschlagen und einsam, so sehr ich mich auch bemühte, in meiner schmerzlichen Verlassenheit das zur Anwendung zu bringen und mir zunutze zu machen, was ich durch Fritz' Sterben gelernt hatte. Ich war mir durchaus darüber im klaren, daß es auch hier galt, die Endgültigkeit des Verlustes und alle Schmerzen, die dieser mit sich brachte, zu akzeptieren, und zu wissen, daß dies den Wert des Le-

bens nicht zu mindern brauchte, sondern ihm vielmehr einen neuen Wert der Erfülltheit geben könnte. Ich wußte auch, daß sich dies nur erreichen ließe, wenn ich die Qualen des Kummers und der Trauer durchleiden würde. Elf Jahre lang hatte ich Zeit gehabt, mich auf diesen Verlust vorzubereiten; das hätte mir die Gelegenheit geben können, die Trauer gleichsam vorauszuempfinden und mich mit ihr vertraut zu machen. Ich hatte mir auch vorgetäuscht, diese Chance genutzt zu haben, trotz der Inanspruchnahme durch die mir bewußte Hauptaufgabe, Fritz in seinem Sterben beizustehen. Ich hatte mich schon oft über gewisse Studien gewundert, die behaupteten, daß jahrelanges Vorbereitetsein auf den Verlust die Heftigkeit des Schmerzes nicht mindere, sondern eher noch erhöhe, und daß ein plötzlicher Tod für den Hinterbliebenen vergleichsweise weniger schmerzlich sei. Jetzt, da ich meine eigenen Erfahrungen überdenke, beginne ich zu begreifen, daß, wenn soviel vom Leben eines Menschen im Verlauf so vieler Jahre von der doppelten Aufgabe absorbiert wird, dem Tod ins Auge zu sehen, und dieses Wissen mit dem sterbenden Menschen zu teilen, daß dann die eigenen Gefühle nahezu ausgelöscht werden müssen, sonst besteht die Gefahr, die beiden Partner aller Möglichkeiten zu berauben, die in ihrer Gemeinschaft noch gegeben sind. In solchen Fällen muß sich der gesunde Partner so weit von den normalen Lebensumständen entfernen, daß es ihm schwerfallen mag, genügend mit sich selbst in Verbindung zu bleiben, um die eigenen Gefühle der zu erwartenden Trauer wirklich empfinden zu können. In diesem Sinne kann der Schock eines unerwarteten Todes also leichter zu ertragen sein als ein Verlust, auf den man schon lange vorbereitet war.

Eine zusätzliche Belastung, die Fritz' lange Krankheit mit sich brachte, und die auch andere in meiner Situation kennengelernt haben, war, zwei oder drei Jahre hindurch, mein Unvermögen, Fritz so in mein Gedächtnis zurückzurufen, wie er vor seiner Krankheit gewesen war. Ich erinnere mich, des Nachts wachgelegen und mich vergeblich abgequält zu haben, sein Bild zurückzugewinnen. Alle meine visuellen Erinnerungen zeigten mir jedoch nur den abgemagerten, leidenden Fritz, ein wunderschönes Bild zwar, aber eben nicht das Bild jenes Mannes, mit dem ich einen so großen Teil meines Lebens verbracht, und mit dem ich so viele Freuden geteilt hatte. Wie schwer ich unter dieser Sperre gelitten haben muß, wurde mir erst richtig bewußt durch die ungeheuere Freude und Erleichterung, die ich empfand, als es mir endlich gelang, den jüngeren und gesunden Fritz in meiner Vorstellung wiederzufinden.

Nach den allerersten Tagen der Erschöpfung, der Benommenheit und einer hochgradigen Verwirrtheit, die das Leben buchstäblich zu einer unerfüllbaren Aufgabe machte, (ich verlor und verlegte alles und jedes und brachte mich selbst in die peinlichsten Situationen) kehrte ich an meine Arbeit zurück. Sie bestand darin, anderen zu helfen, mit ihren Eheproblemen und Konflikten fertigzuwerden. Obwohl ich die Ursachen verstand, die zu ihrem Mangel an gegenseitiger Toleranz führten und zu den oftmals kindischen, unrealistischen Ansprüchen an den Partner, empfand ich zu diesem Zeitpunkt, in dem meine eigene Ehe ein so trauriges Ende gefunden hatte, die Arbeit als eine große Belastung.

Es wurde mir allmählich klar, daß ich meine Beschäftigungen mit den Sorgen anderer Leute – jetzt und auch schon vorher – zum Vorwand nahm, meinem eigenen Kummer und den Schmerzen des Verlustes auszuweichen. Ich war sogar am Abend nach Fritz' Tod zu einem Patienten in die Klinik gegangen, der auf unserer vorausgegangenen Sitzung besonders verzweifelt gewesen war, und von dem ich befürchtete, daß es seine Kräfte überfordere, wenn ich eine Sitzung ausließe.

Diese »gute Tat« und meine zunehmende körperliche Erschöpfung trugen dazu bei, mich schließlich davon zu überzeugen, daß ich dringend meine Verpflichtungen aufgeben müsse, und daß ich nicht länger in der Rolle der Helfenden verbleiben dürfe, damit ich endlich Zeit fände für mich selbst und meinen Kummer. Ich nahm daher mit Freuden eine Einladung an, für drei Monate nach Israel zu fahren, um dort an der Hebräischen Universität und verschiedenen anderen Institutionen Vorträge zu halten über das Thema: »Interaktionsvorgänge in der Ehe, ein zentrales Thema der Sozialarbeit.« Ich beabsichtigte, auf der Reise in Zürich Station zu machen, und dort eine Woche mit einer lieben Freundin von Fritz und mir zu verbringen, einer schönen Frau, voller Energie, Gesundheit und Vitalität, die großen Anteil an unserem Leben gehabt hatte. Kaum eine Stunde, nachdem ich ihren Brief erhalten hatte, in dem sie Pläne für unsere gemeinsame Zeit machte, erreichte mich ein Telegramm mit der Nachricht, daß sie einen tödlichen Schlag durch eine defekte elektrische Leitung in ihrem Badezimmer erlitten habe. Diese Nachricht überwältigte mich vollkommen. Es war, als könne das gegen einen Zusammenbruch bisher so mühsam gehaltene innere Bollwerk diesem Schock nicht mehr widerstehen. Ich brach hilflos zusammen und weinte nun all die Tränen, zeigte all den Kummer, den ich eigentlich für den Verlust meines Mannes empfand. Als dieser Zustand ein paar Tage angedauert hatte, tat ich, was man von mir erwartete: »Ich riß mich zusammen.« Dieses schien nicht der passende Zeitpunkt für Trauer zu sein. Es war der Vorabend meiner Abreise in ein neues Land, ich stand vor aufregenden neuen Eindrücken, auf mich warteten neue, dringende Aufgaben. Daß ich es fertigbrachte, innerhalb der ersten zehn Tage nach meiner Ankunft in Israel meinen Fußknöchel zu brechen und dadurch gezwungen wurde, zu ruhen, mag immerhin ein Hinweis darauf sein, daß ich von meinen vorherigen Versuchen, den Kummer zu umgehen, doch etwas gelernt hatte. Als ich den mich behandelnden orthopädischen Chirurgen fragte, ob es öfter vorkomme, daß sich Menschen, die gerade einen schmerzlichen Verlust erlitten hätten, die Knochen brächen, antwortete er, ohne aufzublicken: »Natürlich, die Leute verlieren ihr Gleichgewichtsgefühl.« Vielleicht müssen sich manche Menschen tatsächlich erst die Glieder brechen oder sich an anderen Stellen ihres Körpers verletzen, bevor sie fassen können, was ihnen geschehen ist. Ob sich nicht vielleicht doch ein anderer Weg finden ließe, der sie in weniger selbstzerstörerischer Weise zu dieser Einsicht befähigt, indem man sie unterstützt, ermutigt und ihnen hilft, ihre Trauer auszutragen?

In unserer Gesellschaft ist man voller Bewunderung für Leidtragende, die Haltung bewahren, die »den Kopf oben behalten« und sich »vernünftig« benehmen. Wenn es auch nicht offen ausgesprochen wird, so stellt man dennoch wie selbstverständlich den Anspruch an sie, sich nicht gehen zu lassen. Diese Einstellung der Umwelt kann sich verhängnisvoll mit der eigenen Abwehr des Trauernden verbinden, und ihn erst recht jedes Trauerbedürfnis ableugnen lassen. Das Wesentliche meiner Erfahrungen, die ich in diesen Erinnerungen wiederzugeben versucht habe, ist die Gewißheit, daß weder das Leben noch der Tod alleine geführt wird, obwohl der Tod von jedem einzelnen bewältigt werden muß. Rilke sagt in seinem *Stundenbuch*:

> O Herr, gieb jedem seinen eignen Tod.
> Das Sterben, das aus jenem Leben geht,
> darin er Liebe hatte, Sinn und Not.[4]

Wenn wir über das Trauern nachsinnen, denken wir an jene, die ihrem Toten »Liebe gaben, Sinn und Not«, und deren eigenes Leben geprägt wurde von der »Liebe, dem Sinn und der Not«, die sie erfahren haben. Um die Reaktionen der Leidtragenden auf Verluste verstehen zu können, müssen wir daher nicht nur etwas wissen von ihrem Verhältnis zum Verstorbenen, sondern auch etwas von ihrer Lebensgeschichte. Besonders wichtig ist es, ihre früheren Bindungen und Verluste zu verstehen, denn diese beeinflussen ganz unvermeidlich ihre Haltung gegenüber dem gegenwärtigen Verlust.

Das waren meine Gedanken und Fragen, als ich sechs Monate nach dem Tod meines Mannes in Israel eintraf. Martin Buber, der in Israel lebte, hatte von meiner Arbeit gehört, und er lud mich ein, ihn aufzusuchen und mit ihm darüber zu sprechen. Buber, der bedeutende jüdische Philosoph, hatte in vielen seiner Schriften ein Interesse an menschlichen Beziehungen und Begegnungen zum Ausdruck gebracht, für das Leben als ein Zusammentreffen des Ich und des Du. Für mich war es eine große Herausforderung mit ihm darüber zu diskutieren, wie man einen Zugang zum Problem der menschlichen Beziehung bekommt. Zufällig fand mein Besuch statt am Vortage seines sechsundachtzigsten Geburtstages – und eine Woche vor seiner Einlieferung ins Krankenhaus wegen einer Augenoperation. Es sollte sein erster Krankenhausaufenthalt werden, und er fürchtete ihn zu Recht: er starb bald darauf. – Daß unser Zusammentreffen zu einer Begegnung so besonderer Art wurde, mag darauf zurückzuführen sein, daß wir uns zu jener Zeit beide in außergewöhnlichen Lebensumständen befanden.

Der vorgebliche Grund meines Besuches war der, Buber etwas zu erzählen über meine Arbeit auf dem Gebiet der Interaktionen innerhalb der Ehe. Dieses Thema hatte bis dahin im Mittelpunkt aller meiner klinischen und pädagogischen Erfahrungen gestanden. Und bis in die jüngste Vergangenheit hinein hatte auch mein persönliches Leben eine Ehegemeinschaft zum Mittelpunkt gehabt.

Nichts lag mir ferner als mit Buber ein Gespräch über das Trauern führen zu wolllen, aber uns beiden lagen Todesgedanken nahe, und so blieb es denn nicht aus, daß die scheinbar zufällige Auswahl der Fälle und Beispiele diese unbewußte Gedankenverbindung offenbarte.

Buber stand der theoretischen Grundlage meiner Arbeit sehr kritisch gegenüber. In der Hoffnung, ihn anhand eines konkreten Falles besser überzeugen zu können, erzählte ich ihm die Geschichte von Mr. und Mrs. Brandt, ein besonders einleuchtendes Beispiel von Interaktionsvorgängen in der Ehe.

Mrs. Brandt hatte während eines Ferienaufenthaltes in Italien einen Nervenzusammenbruch erlitten und war dort in eine Nervenheilanstalt eingeliefert worden. Die Familie hatte ihr Ferienhaus mit ihren nächsten Freunden geteilt, einer sehr glücklichen, vernünftigen und zuverlässigen Familie, die, ebenso wie die Brandts, drei Kinder hatte. Wahrscheinlich hat das einfache, gelöste Zusammenleben dieser Familie, Mrs. Brandt schlagartig die Augen für die Spannung zwischen ihr selbst und ihrem herrschsüchtigen und anspruchsvollen Mann geöffnet. Dies führte zunächst zu einer anwachsenden Depression und später zu heftigen Ausbrüchen von Aggressionen und Handgreiflichkeiten ihrem Mann gegenüber. Ein solches Benehmen war derart ungewohnt an ihr, die normalerweise freundlich und hilfsbereit war, daß man es für das Symptom einer Nervenkrankheit hielt, was der hinzugezogene Psychiater dann auch bestätigte. Der Ehemann meisterte sehr geschickt alle sich hieraus ergebenden Schwierigkeiten und kehrte mit den Kindern zurück nach England. Der italienische Psychiater meinte es nicht verantworten zu können, seine Patientin zu entlassen, bevor nicht gewährleistet sei, daß ein englischer Kollege alles für ihre Aufnahme in eine Klinik in England vorbereitet habe. Er nahm Kontakt auf zu Dr. Jones, der versprach, Mrs. Brandt bei ihrer Ankunft in Empfang nehmen und alle notwendigen Vorbereitungen treffen zu wollen, jedoch darauf bestand, ihren Ehemann zu sehen und zu sprechen, bevor er irgendwelche weiteren Schritte unternehmen werde.

Mr. Brandt, ein erfolgreicher Geschäftsmann, aggressiv und männlich in Erscheinung und Auftreten, gab bei diesem Treffen nur eine nüchterne Information über die Tatsachen und weigerte sich, über mögliche Ursachen der Krankheit seiner Frau zu diskutieren. Er sagte zwar teilnehmend, daß die Leiden seiner Frau ihm Sorgen machten, aber er schien großen Wert darauf zu legen, sie als Patientin abgestempelt zu sehen, die in ein Krankenhaus gehöre, damit sie weder die Kinder noch ihn selbst beunruhige. Seine defensive Haltung veranlaßte Dr. Jones sich zu fragen, ob es richtig sei, die Ehefrau zu einer Behandlung als Einzel-Patientin einzuweisen, und in seinem ersten Gespräch mit Mrs. Brandt wurden diese Zweifel bestätigt. Sie sprach zwar bereitwillig über ihre Symptome, legte aber Wert darauf, klarzustellen, daß sie sich immer unter seelischem Druck befinde, sobald sie mit ihrem Mann Urlaub mache. »Zu Hause ist er so beschäftigt, da sehe ich wenig von ihm, aber im Urlaub ist er andauernd hinter mir her, kommandiert mich herum, läßt mich fühlen, daß ich mich nach ihm richten müsse. Er macht mich verrückt, und diesmal bin ich einfach geplatzt.« Sie schien sich klar darüber zu sein, daß die Gegenwart ihrer hilfreichen Freunde ihr dieses »Platzen« ermöglicht hatten. Aber ebenso wie ihre Freunde und ihr Mann war auch sie selbst über ihre Wutausbrüche und heftigen Angriffe gegen ihn bestürzt. Dieses für sie sonst völlig uncharakteristische Verhalten ließ sie das Urteil willig akzeptieren, daß sie nervenkrank sei und eingesperrt werden müsse.

Nach dieser Sitzung sagte Dr. Jones zu dem Ehemann: »Ihre Frau ist krank, aber diese Krankheit beschränkt sich nicht auf ihre Frau allein und sie kann daher nicht isoliert als Einzelfall behandelt werden. Diese Krankheit hat etwas mit Ihrer Ehegemeinschaft zu tun und mit Ihrem gegenseitigen Verhalten. Ich kann Ihrer Frau nur helfen, wenn auch Sie sich in ärztliche Behandlung begeben.« Mr. Brandt regte sich erst sehr darüber auf, aber langsam schien er zu begreifen, was Dr. Jones beabsichtigte, und dann willigte er ein, einen Psychia-

ter aufzusuchen, der schon lange eng mit Dr. Jones zusammenarbeitete und in Eheproblemen sehr erfahren war.
Dieser Psychiater verstand schnell, warum Mr. Brandt so große Angst davor hatte, mit der Krankheit seiner Frau in Verbindung gebracht zu werden. Sein Vater hatte sich immer am Rande seelischer Zusammenbrüche befunden, und ein nur wenig jüngerer Bruder war in Nervenheilanstalten ein- und ausgegangen. Mr. Brandt sprach von seinem Bruder und von seiner Frau in nahezu den gleichen Redewendungen: Sein Bruder war in der elterlichen Familie der anerkannte Patient gewesen, seine Frau war die Patientin in seiner jetzigen Familie. Er beschrieb sie als übererregbar, hysterisch und irrational, während er selber sich nur von Logik und Vernunft leiten lasse und seine Gefühle stets vollkommen zu beherrschen wisse. Aber er räumte immerhin ein, daß seine Frau in Notfällen unerwartete Kräfte aufbringen könne, daß sie ihn während einer kürzlichen Krankheit hingebungsvoll gepflegt habe, und daß sie ihm auf sexuellem Gebiet sehr geholfen habe, da er an gelegentlichen Anfällen von Impotenz litt.
Im Gespräch über seine Familie beschrieb er seine Mutter als herrisch und rechthaberisch, seinen Vater als schwach, hilflos, und ihr völlig ausgeliefert. Auch Mrs. Brandt hatte eine sehr starke und herrschsüchtige Mutter und einen ewig kranken und abhängigen Vater. Es schien, als seinen Mr. und Mrs. Brandt unbewußt übereingekommen, in ihrer Ehe das Gegenteil von diesem gemeinsamen Elternbild durchzusetzen: Der Mann müsse der Starke und Beherrschende sein und die Frau schwach und ergeben, koste es, was es wolle.
Schon nach kurzer Behandlungsdauer änderte sich dieses Bild dramatisch. Das Befinden von Mrs. Brandt, die Dr. Jones in einem Erholungsheim untergebracht hatte, und mit der er täglich Sitzungen abhielt, besserte sich beträchtlich. Mr. Brandt gab seine defensive Haltung überraschend schnell auf. Die Krise, die der Zusammenbruch seiner Frau heraufbeschworen hatte, machte ihn anscheinend bereiter, seinen Anteil an ihrer Krankheit zu verstehen und über ihr bisheriges Eheleben nachzudenken. Er begann, sich sehr schuldig zu fühlen an allem, was er ihr angetan hatte, während er selbst es sich

auf ihre Kosten hatte wohlsein lassen. Er sah jetzt, daß er sie ausgenutzt und in die Krankheit getrieben hatte, da er nur gesund bleiben konnte auf ihre Kosten. Er war voller Reue, wurde sehr bedrückt und erregt und fühlte sich außerstande zu arbeiten. Zum ersten Male brachte er es fertig, seiner eigenen Schwäche nachzugeben und gleichzeitig sein bisher so dringendes Bedürfnis aufzugeben, seine Frau zum Opfer zu machen. Er konnte sich auf dieses Wagnis einlassen, weil er das Vertrauen gewonnen hatte, daß sein Therapeut ihm in seiner Schwäche beistehen werde. Inzwischen war seine Frau soweit wieder hergestellt, daß sie zu ihm zurückkehren konnte. Um diese Rückkehr zu erleichtern, luden die Freunde, mit denen sie zusammen in Italien gewesen waren, die Brandts und ihre Kinder zu einem Besuch in ihr Landhaus ein. Auf der Hinfahrt weinte Mr. Brandt fast die ganze Zeit und flehte seine Frau an, ihm alles zu vergeben, was er ihr angetan habe. Er hatte das Gefühl, diesen Freunden nicht gegenübertreten zu können, die ihm geholfen hatten, seine Frau als die Kranke zu definieren und einzusperren. Jetzt war er der Patient, und seine nunmehr so veränderte Persönlichkeit war um so dramatischer, als sie gleichbedeutend war mit dem Verlust seiner Macht und seines gesellschaftlichen Ansehens. Er wünschte sich nur noch den Tod. Seine Frau erschrak entsetzlich, als er bei der Ankunft einen Weinkrampf bekam und sich weigerte, den Wagen zu verlassen. Sie wagte es nicht, ihn allein zurückzulassen, weil sie fürchtete, daß er wegfahren und sich umbringen werde. wie er es angedroht hatte. Schließlich gelang es ihr, ihn mit Hilfe der Freunde zu überreden, ins Haus zu kommen. Er ging geradewegs ins Bett, das er mehrere Wochen lang nicht verließ. Die Freunde richteten sein Zimmer so ein, daß es einen Krankenhauszimmer entsprach. Er hatte große Angst, in eine Nervenklinik eingeliefert zu werden, wie seine Frau es wurde, als sie ihren Zusammenbruch hatte. Aber seine Frau pflegte ihn selbst, und es war keine Rede davon, ihn fortzuschicken.

Bisher hatte sie sich seinen Forderungen gefügt, und seine aggressive und starre Persönlichkeit unterstützt, obwohl sie im Grunde wußte, daß sie nicht durch und durch echt war. Sie hatte ihm auch geholfen, seine geheime Schwäche zu bemänteln – und das sehr auf ihre eigenen Kosten. In den Ferien war sie dann dermaßen seinem unaufhörlichen Druck ausgesetzt gewesen, daß ihre rebellierenden Phantasien, die sie bis dahin unterdrücken konnte, sie übermannt hatten. Nachdem nun seine Schwäche offensichtlich war, konnte sie ihn auf eine Weise pflegen und ihm helfen, die aufrichtig und ihr selbst und ihm gemäß war. Sie sagte, daß sie zu einem Leben erwacht sei, wie sie es nie zuvor gekannt habe. »Jetzt kann ich wie eine richtige Frau für ihn da sein, kann ihn bemuttern und umsorgen; jetzt brauche ich nicht mehr, wie bisher, das in ihm fördern, was in Wahrheit aus mir selbst herausgesogen worden war.«

Dieses umgekehrte Bild, in dem er der Patient war und sie seine fürsorgliche Pflegerin, rettete für den Augenblick die Situation und gab ihnen beiden eine Atempause, in der sie sich erholen konnten, wobei ihre Freunde ihnen halfen. Aber dieses Bild war genauso irreführend wie das frühere, denn auch der Ehemann war nicht einfach individuell krank. Es war unmöglich, die Situation zu verstehen, wenn man sie auf Krankheit und Patient eingrenzte. Das Problem umfaßte zwei Menschen in ihrer Gemeinschaft; ihre Ehe mit ihren zerstörerischen und selbstzerstörerischen Interaktionen war die eigentliche »Krankheit«. Der Ausgangspunkt für eine Therapie war daher weder Mr. Brandt noch Mrs. Brandt und ihre jeweiligen pathologischen Symptome, sondern ihre Ehegemeinschaft.

Buber hatte aufmerksam zugehört, aber er verwarf energisch meine Auslegung und erzählte dann als Gegenbeispiel das Erlebnis eines seiner Freunde: Harold, ein sehr begabter holländischer Wissenschaftler, erlitt auf der Höhe seiner Karriere einen schizophrenen Zusammenbruch. Seine Frau, die immer sein nächster Freund gewesen war, glaubte ihm nur helfen zu können, wenn sie seine Krankheit teile. Sobald ihr Mann in Krampfzustände fiel, ahmte sie seine Bewegungen nach und sprach auch in der gleichen Stimmlage. Während Buber diese Geschichte erzählte, bestand er wiederholt und mit Nachdruck darauf, daß die Ehefrau diese Entscheidung völlig bewußt getroffen habe. Nachdem er dies mehrfach eindringlich behauptet hatte, konnte ich mich nicht zurückhalten, mehr oder weniger zu mir selbst zu sagen: »Ich frage mich, warum sie das tun mußte.«

Bei diesen Worten hielt Buber inne, als sei er vom Blitz getroffen. Nach einem langen Schweigen begann er, noch einmal zu überprüfen, was er mir zu sagen versucht hatte. Er erinnerte sich, daß sein Freund, als er ihn mehrere Jahre später wieder besuchte, scheinbar gesund war und auch seine Arbeit wieder aufgenommen hatte. Inzwischen habe jedoch seine Frau einen Nervenzusammenbruch erlitten und war nun ihrerseits in einer Nervenheilanstalt. »Und wissen Sie«, fuhr Buber fort, »dieser Mann hatte einen Bruder, Peter, der ebenso begabt war wie er selbst. Peter hatte eine Frau geheiratet, die viele Jahre hindurch ein häufiger Patient in Nervenheilanstalten gewesen war. Er war ihr sehr ergeben, pflegte und liebte sie zärtlich. Wir bewunderten ihn alle wegen seiner Geduld und seines Mitgefühls. Schon bald nach ihrem Tode brach er seelisch und geistig zusammen und erholte sich nie mehr.«
»Warum? Warum? Was war mit diesen Ehepaaren geschehen? Wäre ihnen zu helfen gewesen, wenn sie um Hilfe gebeten hätten? Und warum konnten ihre Ärzte ihnen diese Hilfe nicht geben? Worin unterschieden sich diese beiden Ehen von Ihrem Ehepaar, den Brandts?«
Buber und ich unternahmen nun gemeinsam den Versuch, dem geheimnisvollen Zusammenspiel der Interaktionen in diesen drei besprochenen Ehen auf die Spur zu kommen. Bubers zwei Ehepaare schienen in vielen Beziehungen gleich zu sein. Beide hatten ein starkes Bedürfnis, sich mit ihren Partnern zu identifizieren und ihre Nervenkrankheit miteinander zu teilen und untereinander auszutauschen. In jedem der beiden Fälle wurde der jeweils Kranke vom anderen Partner zärtlich geliebt und hilfreich unterstützt. Sie wollten, daß ihnen die Krankheit gemeinsam gehöre: Wie ein Baby wurde sie vom einen zum anderen gereicht. Aber es war nur ein Baby da, sie konnten es nicht beide gleichzeitig halten. Wenn der gerade »diensttuende« Kranke nicht länger bereit oder fähig war, die Bürde der Krankheit zu tragen, brach der andere zusammen. Als Harold genas, wurde seine Frau krank, als Peters Frau starb, wurde er selber geisteskrank.
In solchen Ehen wie die von Bubers Freunden, in denen ein starkes Bedürfnis bestand, sich miteinander zu identifizieren, einer dem

anderen so ähnlich zu sein wie nur möglich, schien die innere Unabhängigkeit jedes einzelnen nicht stark genug ausgeprägt gewesen zu sein, um eine selbständige Lösung einer Krise finden zu können – sei diese Krise nun eine Geisteskrankheit oder der Tod.

In Ehen, die auf dem Mechanismus der gegenseitigen Übertragung von Schuldgefühlen basieren, wie im Falle von Mr. und Mrs. Brandt, ist immer die Hoffnung gegeben, daß eine emotionale Krise zu einer Zurücknahme der Schuldgefühle und Beschuldigungen führen und eine Neuverteilung der Kräfte möglich machen kann. Die Brandts wollten weder gleich sein, noch wollten sie sich miteinander identifizieren. Ebensowenig wollten sie sich mit ihren Elternfamilien identifizieren, die beide das gleiche Bild dargeboten hatten: schwache, geschlagene Männer und starke, herrschsüchtige Frauen. Diese Konstellation war für Mr. und Mrs. Brandt gleichermaßen bedrohlich: Er fürchtete, zerstört zu werden, und sie fürchtete, zur Zerstörerin zu werden. Dieser Gefahr zu entrinnen, waren sie fest entschlossen, das extreme Gegenteil der elterlichen Vorbilder zu entwickeln: Er müsse stark, männlich und erfolgreich sein, sie schwach, abhängig und unterwürfig. In irgendeinem Winkel ihrer selbst wußten sie jedoch, daß diese Erscheinungsformen nicht ihren wahren Persönlichkeiten entsprachen. Sie wußten beide, daß Mrs. Brandt bemerkenswerte Kräfte aufbringen könne, die sie beide nur dazu mißbraucht und darauf vergeudet hatten, die grundsätzlich unsichere maskuline Identität ihres Ehemannes zu untermauern. Mr. Brandts dringendes Bedürfnis, seine Frau in dieser Weise auszunutzen, war ein Ausdruck seiner Angst vor der ihm angeborenen Anfälligkeit, die er warnend in seiner ungesicherten Potenz angezeigt sah. Als seine Frau krank wurde und sich in Raserei gegen ihn erhob, brachte sie die gesamte Struktur ihrer Gemeinschaft in Gefahr und damit zugleich die seiner Persönlichkeit. In seinem Todesschrecken verleugnete er seine Frau und seine eigene Krankheit. Er wollte, daß sie ganz allein alles trage, so weit von ihm entfernt wie nur möglich. Als man ihm jedoch nahelegte, daß er selbst einer Hilfe bedürfe – ein Umstand, den seine frühere Gemeinschaft mit seiner Frau verschleiert hatte – konnte er dies nicht mehr abstreiten. Er bekannte sich zu seinem Anteil an der Krankheit – und brach zusammen. Das war mehr, als er ertragen konnte. Er fürchtete, mit diesem zerfallenen Selbstbildnis nicht weiterleben zu können und wollte sterben. Seine Frau hatte eine entsetzliche Angst, daß er sich das Leben nehmen könnte und dadurch die Wahnvorstellungen sich verwirklichen würden, die sie in Italien dazu getrieben hatten, ihn körperlich anzugreifen, und denen sie damals durch ihre Einsperrung hatte ausweichen wollen. Obwohl sie nunmehr einsah, daß sie ihm in Wahrheit nicht half, sie die Bemäntelungen und Maskierungen seiner Schwäche akzeptierte, fürchtete sie sich andererseits immer noch vor den Konsequenzen ihrer Ablehnung dieser Vorstellungen. Sie wirkte mit bei der Zerschlagung seiner alten Persönlichkeit, aber sie war noch nicht sicher, ob ihre eigene Befreiung und Veränderung stark genug sei, die Struktur ihrer Gemeinschaft so zu verändern, daß sie beide überleben konnten.

Wenn Mr. Brandt jedoch tatsächlich Selbstmord begangen hätte, womit er gedroht hatte, wäre seine Frau alleingelassen worden in einem Augenblick, in dem der Rollentausch gerade zu extremen Gegensätzen geführt hatte (sie stark und er zerstört). Diese Situation hätte sie möglicherweise in eine ernste Krise des Trauerns gestürzt und sie zugleich vor die enormen Schwierigkeiten gestellt, eine neue Identität aufzubauen.

Buber schien von dieser Diskussion sehr bewegt zu sein. Er wollte noch verschiedene Punkte über den Verlauf von Interaktionen in den Familien geklärt wissen. Dann stellte er die Frage, die auch dieses Buch stellt: »Was geschieht, wenn diese Interaktionen durch den Tod unterbrochen werden?« Und er fügte hinzu: »Wie ist es uns ergangen?«

Er war nahe an mich herangerückt und hatte meine Hand ergriffen. Er begann, mir von seiner Frau zu erzählen, die fünf Jahre zuvor gestorben war. »Sie war so groß«, sagte er, »so stark.« Es war ihm deutlich anzumerken, daß er seine Frau gerade jetzt so schmerzlich brauchte, da er auf dem Wege ins Krankenhaus war. Wir saßen noch lange zusammen und sprachen sehr persönlich über den Schmerz, den Ehepartner zu verlieren.

Seit dieser Begegnung sind zehn Jahre vergangen. Obwohl es mir damals noch nicht bewußt war, so weiß ich es heute, daß mein Gespräch mit Martin Buber der Anlaß war, meine bisherige Beschäftigung mit Ehe- und Familienproblemen und einem neuen Interesse an den Problemen des Trauerns zu verknüpfen. Es war der Ausgangspunkt für die Entstehung dieses Buches.

Literatur und Anmerkungen

1 Pierre Teilhard de Chardin, Das göttliche Milieu. Ein Entwurf des inneren Lebens. Werke, Bd. 2, Freiburg 1969^{7}, S. 94 und 97.

2 Der Midrasch (hier im engeren Sinne der Midrasch rabba), ist eine Sammlung von Bibelkommentaren, die theologische Lehrmeinungen, Sagen, Gleichnisse, Predigten und natürlich auch eigentliche Schrifterklärungen in buntem Durcheinander enthalten. Die Redaktion der ältesten Teile geht bis auf das 3. Jh. n. Chr. in Palästina zurück, das verwertete Material bis auf die talmudische Zeit (um 200 v. Chr. bis 500 v. Chr.).

3 Rabindranath Tagore, Verirrte Vögel, Hyperion Bücherei, Freiburg

4 Rainer Maria Rilke. Das Stunden-Buch, Sämtl. Werke, 1. Bd., S. 347, Wiesbaden 1955.

2
Typische Interaktionen innerhalb der Ehe

Während des größten Teils meines beruflichen Lebens habe ich mich mit Ehe- und Familienproblemen befaßt. Im Verlauf dieser Arbeit habe ich etwas Einblick erhalten in die Art und Weise, wie in den kleinen städtischen Familien der westlichen Gesellschaft die Leute miteinander umgehen, sich benutzen, sich mißbrauchen. Wenn meine Kenntnisse auch hauptsächlich von den Menschen herrühren, die aufgrund ihrer Schwierigkeiten Hilfe suchen, so ist mir doch in zunehmendem Maße deutlich geworden, daß es, außer in unserer Vorstellung, kaum eine Familie geben dürfte, die frei wäre von Problemen und Konflikten. Gerade von den Menschen aber, die Hilfe suchen, können wir etwas über die sogenannten gesunden und normalen Familien in Erfahrung bringen und die Erkenntnis gewinnen, daß die Trennungslinie zwischen beiden nur sehr schmal ist.

Die meisten der folgenden Geschichten über Trauerfälle in der Familie lernte ich entweder dadurch kennen, daß der leidtragende Hinterbliebene selber um Hilfe bat, oder aber dadurch, daß dieser oder ein anderes Familienmitglied Symptome zeigte, die ein Problem erkennen ließen. Die Reaktionen auf den tödlichen Verlust eines seelisch nahestehenden, geliebten Menschen, die diese Geschichten veranschaulichen, scheinen im Grundsätzlichen jedoch alle jenen Verhaltensweisen gleich zu sein, die wir als normale Vorgänge des Trauerns und des Leidtragens anzusehen gewohnt sind. Etwaige Unterschiede gibt es hier nur in Graden. Untersuchungen, die an Patienten in Nervenkliniken vorgenommen wurden, haben ergeben, daß der trauernde psychiatrische Patient mehr oder weniger die gleichen Symptome erkennen läßt, die man beispielsweise bei Witwen feststellte[1]. Eine verlängerte oder hinausgezogene Trauer, – zwei Spielarten einer »pathologischen« Reaktion – die häufiger bei hospitalisierten Patienten beobachtet wurde, ließ sich in den meisten Fällen auf übertriebene Schuldgefühle zurückführen oder/und auf eine ausgesprochene Zwiespältigkeit im Verhältnis zum Verstorbenen.

Es gibt viele Faktoren, die Einfluß haben auf die Reaktionen auf Verlust durch den Tod, wie zum Beispiel die Todesart, der Zeitpunkt, eine Vorwarnung, das Vorbereitetsein auf den Verlust, aber die Schlüsselposition unter allen diesen bestimmenden Umständen nehmen anscheinend die Beziehungen und Interaktionen ein, die zwischen dem Überlebenden und dem Verstorbenen bestanden bzw. stattgefunden haben.

In Studien über die Entwicklung des Kindes und der Persönlichkeit wird heute weitgehend anerkannt, daß die Menschen, vom Augenblick ihrer Geburt an, weniger als isolierte Einzelwesen betrachtet werden sollten, als vielmehr in ihren Wechselwirkungen und -beziehungen zu anderen, insbesondere aber im Zusammenhang ihrer engen gefühlsmäßigen Bindungen gesehen werden müßten. Wie D. W. Winnicot es ausdrückte: »Den Säugling für sich gibt es nicht«[2], und damit auf die Zweiheit hinwies, die stillende Mutter und das gestillte Kind.

Die fundamentale Bedeutung enger Bindungen behält ihre Gültigkeit von der Wiege bis zum Grabe – und noch darüber hinaus. Selten nur gibt es allein den Verstorbenen, es sind zumeist auch Hinterbliebene da. Niemals gibt es nur den leidtragenden Hinterbliebenen, immer ist auch der Verstorbene da. Beide zusammen schaffen die psychologische Situation, aus der sich die Reaktionen auf den Todesfall ergeben. Diese Reaktionen werden geprägt sein von dem Verhältnis, das die betroffenen Persönlichkeiten zueinander aufgebaut hatten, von ihren Lebenserfahrungen, von den Bindungen und Verlusten, die sie in ihrer Vergangenheit erlebt haben, insbesondere in den frühen Jahren ihrer Entwicklung. Gefühle und Bindungen in der Säuglings- und Kinderzeit bleiben die wichtigsten und unlösbarsten im Leben eines jeden Menschen, auch dann, wenn diese größtenteils der Erinnerung verlorengehen und im Unbewußten begraben werden. Die Wechselbeziehungen und Interaktionen zwischen Ehemännern und Ehefrauen, Eltern und Kindern, die in hohem Maße Ausdruck dieser vergrabenen Erinnerungen oder halb unbewußten Erfahrungen sind, können ein wichtiger Leitfaden sein, der zu einem besseren Verständnis der Persönlichkeiten führt, deren Reaktionen auf tödliche Verluste wir untersuchen.

Diese Wechselwirkungen können am deutlichsten in der Ehe beobachtet werden, im Verhältnis zwischen zwei Erwachsenen, die, so hofft man, mehr oder weniger den gleichen Reifegrad erreicht haben, und die diese Bindung normalerweise in der Absicht einer dauerhaften Verpflichtung eingehen. Dieses Verhältnis betrifft alle Bereiche im Leben beider Partner und berührt alle Eigenschaften und Anlagen ihrer Persönlichkeiten. In der Ehe werden diese Interaktionen besonders dadurch deutlich, daß die beiden Partner sich gegenseitig gewählt haben, und daß dieser Wahl höchstwahrscheinlich der Wunsch und das Bedürfnis zugrunde gelegen haben, Wechselbeziehungen zu schaffen, in der beide zusammenwirken und -arbeiten können.

Ich stelle mir diesen komplizierten Prozeß gern wie das Weben eines Teppichs vor, der viele Farben in komplizierten Mustern hat, und immer frage ich mich, wie sich diese vielen verschiedenen Wollfäden jemals zusammenpassend zu einem Ganzen fügen sollen. Was den Teppich betrifft, so steht das einmal entworfene Muster natürlich fest, während es sich im Verlauf der Ehe im Wechsel der Lebenssituationen einerseits zwar ständig verändert, andererseits in seinen Grundelementen gleichbleibt, es sei denn, es wird defensiv bewahrt und in zwanghafter Wiederholung aufrechterhalten.

Der Versuch, solche Interaktionen in einer Trauersituation zu erforschen, wird dadurch erschwert, daß der eine der beteiligten Partner aus dem dynamischen Prozeß ausgeschieden ist und im »Teppichmuster« nur noch die Spuren seines Mitwirkens hinterlassen hat. Dies richtig beurteilen zu wollen ist aussichtslos, weil der Überlebende, der die Geschichte erzählt, dem Muster seine eigenen Lichter und Schatten hinzufügen wird, und diese sich im Verlauf der verschiedenen Phasen seiner Trauer verändern werden. Aber trotz aller Verzerrungen, trotz der Idealisierung des Verstorbenen und trotz der Täuschungen und Selbsttäuschungen, die aufgrund von Schuldgefühlen und Schmerzen hervorgerufen werden, wird dennoch ein noch immer zusammenhängendes Muster der Interaktionen in dieser nunmehr unterbrochenen Ehe sichtbar sein, das uns zu einem besseren Verständnis verhelfen kann und damit zu einer Möglichkeit, dem Trauernden beizustehen.

Sie Strukturen der Interaktion, die ich am häufigsten in den Ehen und Familien beobachtet habe, mit denen ich zu tun hatte, kann man am besten mit Projektion und Identifikation bezeichnen. Identifikation ist ein Prozeß der Gleichsetzung, in welchem ein Mensch entweder seine eigene Identität *in* einen anderen Menschen hineinverlegt, oder seine Identität *von* einem anderen Menschen borgt oder aber seine eigene Identität mit der Identität eines anderen vereinigt. Projektion ist der Prozeß, bei dem sich jemand vorstellt, das bestimmte Impulse, Wünsche, Aspekte des eigenen Ichs oder wesentliche Bestandteile des Selbst zu einem anderen Menschen oder zu einem Objekt außerhalb der eigenen Person gehören.

Es gibt einen dritten psychodynamischen Prozeß: Die projektive Identifikation. Die Definition dieses Begriffs ist sehr umstritten. Diejenigen, die mit der psychoanalytischen Theorie vertraut sind, – der diese Begriffe entnommen sind – stellen sich die Frage, inwieweit diese drei Mechanismen voneinander getrennt oder unterschieden sind. Rosemary Gordon stellt die Frage: »Worin unterscheidet sich der Vorgang einer projektiven Identifikation von seinen beiden Komponenten, das heißt, von der Identifikation auf der einen Seite und von der Projektion auf der anderen?«[3]

Melanie Klein beschreibt: »In diesen verschiedenen Phantasien nimmt das Ich durch Projektion von einem äußeren Objekt – vor allem der Mutter – Besitz und macht es zu einem Ausläufer des Selbst. Das Objekt wird damit in einem gewissen Grad ein Repräsentant des Ichs, und diese Prozesse sind nach meiner Ansicht die Grundlage für Identifikation durch Projektion oder projektive Identifikation«.[4]

In ihrer Einführung zu Kleins Arbeit erklärt Hanna Segal genauer:

> In der projektiven Identifikation werden ein Teil des Selbst und Objekte des eigenen Inneren abgespalten und auf ein äußeres Objekt projiziert, das dann von den projizierten Teilen in Besitz genommen, beherrscht und mit diesen Teilen identifiziert wird. Projektive Identifikation hat vielfältige Ziele: Sie kann sich auf das ideale Objekt richten, um eine Trennung von diesem zu verhindern; oder sie kann sich auf das schlechte Objekt richten, um dadurch die Gefahrenquelle unter Kontrolle zu bringen.
> Projektive Identifikation hat auch ihre wertvollen Aspekte: Erstens ist sie die früheste Form der Empathie. Zum anderen hat die Fähigkeit, »in die Haut eines anderen schlüpfen zu können« ihre Wurzeln sowohl in projektiver als auch in introjektiver Identifikation. Projektive Identifikation ist außerdem die Grundlage der frühesten Form der Symbolbildung. Durch die Projektion von Teilen des Ichs auf das Objekt und die Identifikation des Objekts mit Teilen des Ichs entwickelt das Ego seine ersten primitiven Symbole.[5]

In Anbetracht der Kontroversen, die diese Definition auslöst, und auch, weil wir uns nicht in erster Linie mit der wissenschaftlichen Erforschung dieser Vorgänge befassen wollen, möchte ich die Diskussion auf Identifikation und Projektion beschränken, wobei der letztere Terminus das mit einschließt, was man als projizierende Identifikation bezeichnen könnte.
Zweifellos sind diese Interaktionsstrukturen sehr kompliziert, insbesondere, weil einzelne Aspekte dieser drei zu verschiedenen Zeitpunkten vorherrschen können, und in wechselndem Ausmaß jederzeit und in jedem von uns stattfinden, wenn sie sich auch auf unterschiedlichen Bewußtseinsebenen abspielen können.
Rosemary Gordon schreibt: »Psychoanalytiker scheinen sich ganz allgemein in zunehmendem Maße darüber klarzuwerden, daß das, was ursprünglich als neurotische oder primitive oder infantile Mechanismen angesehen worden waren, letztlich aufgrund ihrer fördernden oder hemmenden Auswirkungen auf die Entwicklung der Persönlichkeit bewertet werden sollten.«[6]
Auch bei der Betrachtung dieser Interaktionsmechanismen inner-

halb der Ehe interessiert es uns in erster Linie, in welcher Weise diese Mechanismen Wachstum und Entwicklung der betroffenen Menschen fördern oder behindern, und ob sie ein gewisses Maß an Vertrauen und Sicherheit in dieser Gemeinschaft ermöglichen, das die Partner befähigt, mit der unvermeidlichen Belastung und der Frustration fertigzuwerden.

In Verbindung mit unserem Thema interessiert es uns außerdem, inwieweit diese Mechanismen innerhalb der Ehe die individuelle Autonomie ausreichend fördern, damit jeder der beiden Partner in der Lage ist, die Endgültigkeit einer Trennung durch den Tod akzeptieren, ertragen und überleben zu können.

Da es so schwierig ist, diese Mechanismen deutlich voneinander zu unterscheiden, scheint es unmöglich zu sein, sie in den Interaktionsstrukturen in Ehe- und Familiengemeinschaften zu erkennen. Wenn wir jedoch versuchen, diese Beziehung ganz unbefangen zu betrachten, – das heißt, ohne gleich Theorien aufstellen zu wollen – sehen wir oft Ehepaare, die wie siamesische Zwillinge zusammenkleben, weil sie sich sehr davor fürchten, voneinander getrennte Einzelwesen zu sein, und weil sie es schwierig finden, Unterschiede im Partner zu dulden. Sie haben das Bedürfnis, sich eng miteinander zu identifizieren. John und Eve, im 5. Kapitel, sind ein Beispiel für diese Konstellation. Im 4. Kapitel hingegen ist die Rede von drei Ehepaaren, die durch ihre Partner unterschiedliche, oftmals widersprüchliche Aspekte ihrer eigenen Persönlichkeiten zum Ausdruck bringen. Ihre Interaktion gründet sich auf gegenseitiger Projektion. Die Vorgänge, die die Verteilung von Gefühlen zwischen Ehepartnern betreffen, müssen immer wechselseitiger Natur sein – sei es durch Identifikation, sei es durch Projektion. Ein Partner ist niemals einfach das Opfer des anderen (mit Ausnahme von Fällen geistiger Krankheit). Auf irgendeiner Ebene muß immer den Bedürfnissen beider Partner entsprochen werden. In der Struktur der ehelichen Interaktion ist wahrscheinlich bei jedem der beiden Partner – bewußt oder unbewußt – immer das Bestreben vorhanden, Erfahrungen aus früheren, engen Bindungen aufzuarbeiten, in denen eine gesicherte Autonomie und eine Gegenseitigkeit zerstört worden waren oder nicht in ausreichendem Maße erreicht werden konnten.

Was für eine Bedeutung haben nun aber diese Prozesse der Identifikation und der Projektion für Ehemänner und Ehefrauen und deren Kinder, und in welcher Weise können diese Prozesse ihre Reaktionen auf schmerzliche Verluste beeinflussen?
Das Bedürfnis, sich miteinander zu identifizieren und die schwierige Aufgabe, sich voneinander zu differenzieren, stehen im Mittelpunkt jeder Ehe. Lassen Sie uns zunächst den Prozeß der Identifikation ins Auge fassen, der oftmals widersprüchliche Eigentümlichkeiten aufweist. Identifikation kann sich sowohl in der extremen Intensität eines leidenschaftlichen Beteiligtseins äußern als auch in einer konfliktfreien aber begrenzten Beziehung zueinander.
Ein Beispiel für Leidenschaft in einer Beziehung, die auf Identifikation basierte, ist die Geschichte von Michael und Vivian. Sie waren ein junges Ehepaar, und sie sahen nicht nur so aus, als seien sie Bruder und Schwester – beide sehr groß und blond –, sondern sie waren auch geistig und gefühlsmäßig der gleiche Typ. Sie kamen aus dem gleichen Milieu und hatten eine sehr ähnliche Vorgeschichte. Beide hatten früh ihren Vater verloren, mit dem sie sich identifizierten, und dem sie ihrer äußeren Erscheinung nach ähnlich sahen. Sie hatten beide eine sehr enge, exklusive Beziehung zur Mutter erlebt, die in beiden Fällen eine intelligente, dynamische Frau gewesen war, der sie jeweils den verlorenen Ehemann ersetzt hatten, indem sie Verantwortung und liebevolle Fürsorge entwickelten. Diese Rolle entsprach bei beiden dem fast zwanghaften Bedürfnis nach Unabhängigkeit, und sie schirmte sie zugleich auch ab gegen die symbiotische Nähe, die die Gemeinschaft mit der Mutter mit sich brachte. So ähnlich sie sich bereits waren, als sie einander begegneten, hielten sie sich nach der Eheschließung in einer claustrophobischen Identifikation gefangen. Die Erfüllung der körperlichen Intimität entfachte ihre symbiotischen Bedürfnisse, die sie beide unterdrückt und abgeleugnet hatten. Sie erschraken darüber zu Tode und suchten beide individuelle therapeutische Hilfe. Im Verlauf der Behandlung wurde bald klar, daß die Angst jedes Partners in der Befürchtung wurzelte, die eigene Identität in diesem symbiotischen Zusammenleben zu verlieren, (eine Wiederholung der Beziehung zur Mutter) und in der Furcht, sich gegenseitig durch den Tod zu verlie-

ren, eine Angst, die schon bei kleinen Trennungen unüberwindliche Ausmaße annahm, und die im Zusammenhang mit dem Verlust ihrer Väter stand. Wenn Michael von seiner Vorahnung sprach, daß er, ebenso wie sein Vater, früh sterben werde, sagte Vivian, daß sie dann mit ihm sterben müßte. Ihre Angst, sich gegenseitig und sich selbst zu verlieren, war so überwältigend, daß sie gleich von Anbeginn ihrer Ehe Rückzugsklauseln einbauten. Fast unmittelbar nach der Heirat nahmen sie beide Stellungen an, die sie voneinander entfernten. Dieser erste Versuch einer Trennung verursachte ihnen beiden seelische und körperliche Qualen, und sie erkannten, daß jede normale Trennung nur eine noch größere gegenseitige Abhängigkeit mit sich bringen würde; – jeder Versuch, den Knoten zu lösen, würde ihn in Wirklichkeit nur noch fester knüpfen. Diese beiden Menschen beschlossen unter furchtbarsten Schmerzen, sich lieber voneinander zu trennen, als ihre Autonomie zu verlieren und schließlich zusammen sterben zu müssen. Diese Geschichte ist ein extremes Beispiel für eine symbiotische Identifikation in der Ehe. Es gibt jedoch auch andere Menschen, denen es nicht leichtfällt, als Einzelwesen zu leben, die eine tiefe Angst haben vor Isoliertheit und Alleinseinmüssen, und die Partner wählen, die sich ebenso unsicher fühlen und ihnen selbst in jeder Weise so ähnlich wie nur möglich sind, mit denen sie sich darum identifizieren können. In diesen Ehen versuchen beide Partner gegenseitig vom anderen Kraft zu erlangen für die Stärkung jener Eigenschaften ihrer Persönlichkeit, derer sie sich bewußt sind und auch bewußt sein wollen, die das Bild geprägt haben, das sie von sich selbst in sich tragen. Sie trachten danach, dieses ihr eigenes Bild mit Hilfe des Bildes vom anderen zu festigen, das zu ihnen paßt. Die Einheit dieser beiden sorgt für einen lebendigen Zusammenhang, der ihnen eine Identität gestattet. Man muß sie eher als eine Person sehen, denn als zwei.

Im Gegensatz zu Michael und Vivian kommen Ehepaare, die sich in dieser Weise miteinander identifizieren, meist nicht aus Familien, in denen es eine intensive symbiotische Beziehung zu nur *einem* Elternteil gegeben hat; sie scheinen vielmehr aus solchen Familien zu kommen, in denen Unterschiede und Abweichungen von hergebrachten Normen nicht ermutigt werden, in denen man Konflikte und Auseinandersetzungen vermeidet und fürchtet, in denen Kinder wenig oder keine Möglichkeiten haben, mit ihren eigenen individuellen oder gar abweichenden Bedürfnissen und Antrieben zu experimentieren und sie zu erproben.

Solche Ehen können glücklich und konfliktfrei sein, aber dafür sind sie eben sowohl begrenzt als auch begrenzend.

Sie haben selten ein offenkundiges Eheproblem; dennoch können solche Ehepaare sehr wohl irgendwelchen Beratungsstellen bekannt werden, sei es durch psychische oder physische Krankheiten, sei es, und das ist häufiger der Fall, aufgrund von Problemen ihrer Kinder. In solchen Ehen kann es nämlich geschehen, daß auf die Kinder die ungelebten Pläne und Hoffnungen ihrer Eltern übertragen werden, weil diese selbst es nicht gewagt hatten, diese Eigenschaften ihrer Persönlichkeit zu entwickeln und zu erfüllen. Sie befürchteten, daß sie zu viele Ängste heraufbeschwören würden, und auch weil diese nicht mehr in ihr gegenseitig gestärktes Selbstbildnis paßten. Sie begnügen sich damit, alle diese Aspekte auf ihre Kinder zu projizieren.

Die Millers waren eine Familie dieser Art. Sie hatten eine Tochter Polly, die mit zehn Jahren ein ganz entzückendes Geschöpf war, hübsch, lebhaft und voller Charme. Sie war jedoch überaus verwegen und waghalsig, kletterte auf die höchsten Bäume, sprang von den steilsten Hängen und befand sich unablässig in Gefahr. Verständlicherweise waren ihre Eltern sehr besorgt um sie, und eines Tages suchten sie ihretwegen eine heilpädagogische Kinderklinik auf. Polly nahm daraufhin zwar gern und regelmäßig an den verordneten, therapeutischen Sitzungen teil, und jedermann hatte sie gern, aber an ihrem tollkühnen Verhalten änderte sich nichts. Nach zwei Jahren wurde es ihren Therapeuten langsam klar, daß sich die Abenteuerlichkeit des Kindes nur dann ändern ließe, wenn die Eltern in die therapeutischen Maßnahmen mit einbezogen würden. Die Eltern hatten sich der Umwelt als ein ideales, in inniger Liebe miteinander verbundenes Ehepaar dargestellt; und nun waren sie äußerst verwundert, als man ihnen riet, die Eheberatungsstelle aufzusuchen, eine Institution also, die sich mit Eheproblemen befaßte. Das, meinten sie, sei wohl das letzte, was sie bedürften. Da sie in ih-

rer Sorge um die Tochter jedoch alles taten, was ihr nur irgend zu helfen vermöchte, willigten sie ein.
In diesem Institut werden normalerweise Ehemann und Ehefrau jeweils von einem eigenen Therapeuten behandelt, so daß also immer vier Leute mit einem Fall befaßt sind: Das Ehepaar und das Therapeutenpaar. Im vorliegenden Fall arbeitete ich mit dem Ehemann, während sich ein Kollege der Ehefrau annahm. Herr Miller war ein ganz besonders netter junger Mann, der sich eifrig bemühte, alles nur mögliche für seine Tochter zu tun, deren kühne Waghalsigkeit er als den einzigen schwachen Punkt in einer im übrigen perfekten Familie ansah. Er war gebildet und intelligent, bekleidete aber einen Posten, der weit unter seinen Fähigkeiten zu liegen schien. Als ich ihn darauf ansprach, sagte er, daß diese Stellung die erste sei, die er nach Abschluß seiner Studien angenommen habe. Später, als Familienvater, habe er es sich dann nicht mehr »leisten können, irgendwelche Risiken einzugehen«, und aus diesem Grunde sei ihm niemals der Gedanke gekommen, die Stellung zu wechseln. Dieser Satz: » . . . man kann es sich nicht leisten, Risiken einzugehen«, tauchte in unseren Gesprächen immer wieder auf. Seine Frau habe er getroffen, als er noch Student war. Sie sei ein bißchen älter als er. Weil er eine Heirat gar nicht in Erwägung ziehen wollte, bevor er ihr ein angemessenes Zuhause hätte bieten können, waren sie zwölf Jahre lang verlobt. Bald nach ihrer Hochzeit erwartete sie ein Kind. Die Schwangerschaft war schwierig, und Pollys Geburt war es auch. Die Ärzte rieten von weiteren Schwangerschaften ab. Da die Millers davon überzeugt waren, daß kein Verhütungsmittel ganz sicher sei, wagten sie es einfach nicht, ein Risiko einzugehen und stellten deshalb lieber ihr sexuelles Zusammenleben ein. Und so weiter! Mein Kollege beschrieb Frau Miller als eine sehr reizende und einfallsreiche Frau. Sie war von ziemlich zarter Gesundheit, und die meiste Zeit verbrachte sie im Bett, wo sie sich damit beschäftigte, utopische Geschichten zu schreiben. Auf diese Weise befriedigte sie ohne jedes echte Risiko ihren Bedarf an Abenteuern. Alle Wagnisse und erregenden Abenteuer, welche die Eltern sich selbst versagten, projizierten sie auf ihr einziges Kind, das, wie wir gesehen haben, die Situation voll ausschöpfte.

Diese Geschichte hat einen glücklichen Ausgang, denn sobald Herr und Frau Miller begriffen hatten, was hier vor sich ging, und sie sich verstanden und unterstützt fühlten durch ihre Therapie, brachten sie es über sich, etwas mehr zu riskieren, und fortan brauchte Polly nicht mehr alles für sie zu tun. Wir sollten dennoch darüber nachdenken, was mit diesen Eltern passiert wäre, wenn Polly, als sie für ihre Eltern die Risiken auf sich nahm, einen tödlichen Unfall erlitten hätte.

Das eigentliche Risiko, das dieses nette Ehepaar so angestrengt zu umgehen suchte, war, sich etwas mehr voneinander zu lösen, den Konflikt auf sich zu nehmen, der die unvermeidliche Folge eines Differenzierungsprozesses ist; ja, vielleicht darüber zu streiten, ob man Risiken eingehen sollte; zu akzeptieren, daß jeder eine Person für sich ist, ist oft die wesentliche Voraussetzung für ein Überlebenkönnen. Für dieses Ehepaar jedoch war das Getrenntsein gleichbedeutend mit Gefahr und Verlust.

Eine andere Patientin von mir, die sich im klaren war über die Notwendigkeit des voneinander Getrenntseins, bat mich: »Bitte helfen Sie uns, voneinander loszukommen, damit wir zusammenbleiben können!« Damit wollte sie sagen: »Helfen Sie uns, ausreichend selbständige, unabhängige, besser integrierte Menschen zu werden, damit wir fähig werden, unsere eigenen, voneinander getrennten Identitäten zu entwickeln.« Ebensogut hätte sie flehen können: »Bitte, lehren Sie uns zu überleben, wenn einer von uns den anderen durch den Tod verliert!«

Zu diesem Zeitpunkt, als ich dieser Frau und ihrem Ehemann begegnete, schienen sie nicht fähig zu sein, überhaupt irgendeine Trennung überleben zu können. Sie waren beide hochintelligente Menschen mit sehr beachtlichen akademischen Kenntnissen, aber keinem von beiden war es gelungen, sich in einer Stellung zu behaupten, weil dies eine Trennung bedeutet haben würde. Sie arbeiteten beide zu Hause, schrieben Bücher und waren immer zusammen. Keiner konnte etwas tun ohne den anderen. Als der Mann in einem kritischen Augenblick einen Nervenzusammenbruch erlitt und in ein Krankenhaus eingeliefert werden mußte, brach seine Frau binnen Wochen zusammen, wurde in dasselbe Krankenhaus gebracht und geriet in helle Wut, als sie nicht vom selben Arzt behandelt wurde. Kurz nach dieser Episode erwartete sie ein Kind – es war dies ihre erste Schwangerschaft. Es war im Kriege. Ihr Ehemann war Kriegsdienstverweigerer aus Gewissensgründen. Er hatte jeden Kompromiß abgelehnt und war zu neun Monaten Gefängnis verurteilt worden. Die Strafe wurde ausgesetzt bis nach der Niederkunft seiner Frau. Sie brachte einen kleinen Jungen zur Welt. In einem Buch, das sie über diese Geburt schrieb, heißt es: »Im Augenblick der Geburt meines Sohnes wußte ich, was es heißt, Schöpferkraft zu haben.« Ihr Mann schrieb im Gefängnis ebenfalls ein Buch, das er allen Leuten als »mein Baby« präsentierte.

Dieses Beispiel schneidet einen entscheidenden Sachverhalt an, der uns zu einem besseren Verständnis für das Unvermögen mancher Ehepaare verhelfen könnte, unabhängiger voneinander zu existieren. Die latente Lebensangst dieses Ehepaares hatte ihre Wurzeln in einer schweren sexuellen Eifersucht. Die Frau war eifersüchtig auf die Potenz ihres Mannes; – der Mann war eifersüchtig darauf, daß seine Frau die Macht hatte, Kindern das Leben zu geben. Solange sie sich eng miteinander identifizierten, konnten sie den sexuellen Konflikt im Zaume halten und mit den Widersprüchlichkeiten ihrer eigenen bisexuellen Triebe fertigwerden. Jeder Mensch hat stärker oder schwächer die Wünsche und Bedürfnisse des anderen Geschlechts. Dies kann beträchtliche Ängste heraufbeschwören, insbesondere bei den Menschen, die hinsichtlich der ihnen gemäßen Sexualität sehr unsicher sind. Wenn es nicht gelingt, diese Beängstigungen vor dem Tode eines der Partner aufzulösen und zu zerstreuen, besteht die Gefahr, daß sich die normalen, bisexuellen Bedürfnisse des Überlebenden nicht mehr integrieren lassen. Entweder wird er außerstande sein, den Verlust der anderen Hälfte seiner selbst zu überleben, oder aber er wird zu einer Ablehnung der Heterosexualität zurückkehren.

Einige der folgenden Geschichten zeigen uns, daß gerade die Ehepaare, die ein sehr starkes Bedürfnis haben, sich miteinander zu identifizieren, die größte Gefahr laufen, den Verlust eines Partners nicht ertragen zu können. Sie sind außerstande, die Trennung zu überleben, sterben selber bald oder brechen in einer lähmenden

Krankheit zusammen. Oder aber es gelingt ihnen, ein anderes Objekt zu finden, mit dem sie sich identifizieren können, einen Sohn, eine Tochter, einen nahen Freund oder eine gute Sache. Losgelöst von ihrer eigenen, persönlichen Identität leihen sie eine Identität in der ewigen Hoffnung, eine Bindung herstellen zu können, die es ihnen erlauben würde, sich selbst gut genug und sicher genug zu empfinden, das Risiko zu wagen, sich auf ihre eigene Autonomie zu verlassen und diese eben dadurch zu stärken. Nur wenn ihnen dies gelingt, vielleicht mit Hilfe einer therapeutischen Bezugsperson, können sie es schaffen, den Teufelskreis einer mangelnden Identität zu durchbrechen, der in einem so hohen Maße in die Abhängigkeit führt, daß Verlust und Leidtragen zu einer unerfüllbaren Aufgabe werden. Wie wir es in der Geschichte von Michael und Vivian gesehen haben, sind manche Ehepaare in einem solchen Übermaß miteinander identifiziert und derart zu Tode erschrocken bei der bloßen Vorstellung, einander verlieren zu müssen, daß sie durch diesen Einbau eines gegenseitigen Verlustes in ihre Ehe, diesen Verlust noch beschleunigen.

In Ehen, die auf einem Verhältnis beruhen, in dem sich die beiden Ehepartner gegenseitig ergänzen, werden die Differenzen nicht gemieden, sondern gesucht: Jeder der beiden kann für den anderen Gefühle und Gedanken zum Ausdruck bringen, die dieser selbst nur sehr schwer auszusprechen oder zuzugeben vermöchte. Beispielsweise kann es sich ein Ehemann leisten, in einer Gesellschaft mürrisches Benehmen an den Tag zu legen, denn er weiß ja, daß seine Frau freundlich für sie beide sein wird. Ein anderer Ehemann, der immer nett und vergnügt ist und nie Schwierigkeiten macht, weiß, daß seine aggressive Frau schon dafür sorgen wird, daß die Familie zu ihrem Recht kommt. Wie R. D. Laing sagt, ist jeder der beiden Partner »bestrebt, im Anderen die eigentliche *Verkörperung* der Projektion zu finden oder ihn zu veranlassen, diese Verkörperung zu werden. Die Kollusion des Anderen ist erforderlich als ›Komplement‹ der Identität, die das Selbst aus einem inneren Zwang heraus aufrechterhalten muß.«[7]

Bei verhältnismäßig gut integrierten Persönlichkeiten, die meistenteils realistisch aufeinander einzugehen wissen, und die beweglich genug sind, sich verändernden Situationen anpassen zu können, führen solche Vorgänge von »Projektion« oft zu guten und fruchtbaren Partnerschaften. Sie können ein therapeutischer Antrieb sein, ein Versuch, den jeder der beiden Partner unternimmt, durch einen geliebten Menschen mit den Eigenschaften seiner eigenen Persönlichkeit in Kontakt zu bleiben, die er aus eigener Kraft nicht in sich festzuhalten vermochte, die er abgeleugnet, oder deren Entwicklung er vernachlässigt hatte. Der Vorgang einer verstärkten Selbstintegration, der auf diese Weise in Gang gebracht würde, brauchte selbst dann nicht abgebrochen zu werden, wenn eine solche Ehe durch den Tod eines Partners beendet werden sollte. Die Selbstintegration könnte vielmehr vom überlebenden Partner mit erhöhter Dringlichkeit fortgesetzt werden, denn nun muß er die »Ergänzung« in sich selber finden und weiterentwickeln. Der therapeutische Antrieb könnte neue Impulse erfahren, und, mit etwas Glück und Unterstützung in seiner Lebenssituation, könnte die zunehmende Fähigkeit zur Integration für den Überlebenden zu einem reicheren und erfüllteren Leben führen.

Der Mechanismus der Projektion, durch den Empfindungen und Ideen aus dem Inneren eines Menschen in Menschen und Objekte außerhalb seiner selbst hinausverlegt werden, ist an sich ein ganz normaler Bestandteil aller zwischenmenschlichen Beziehungen. Er kann jedoch zu Extremen führen. Je mehr ein Individuum mit sich selbst in Fehde liegt, um so mehr möchte es vielleicht von seinem eigenen Ich dadurch loswerden, daß es Empfindungen, Gedanken und Eigenschaften auf den anderen projiziert. Auf diese Weise verarmt die eigene Persönlichkeit und drängt sich in die des anderen ein, breitet sich in ihr aus. In der Ehe verstärken die Konflikte, die sich aus dieser Projektion ergeben, den Druck der ängstlichen Besorgnis, die Situation aufrechtzuerhalten. Die Möglichkeiten für eine Zurücknahme oder eine Modifizierung der Projektion verringert sich, weil beide Partner zu starr und zu unbeweglich werden, um sich noch ändern zu können.

Das Verhältnis zum Partner, der in dieser Weise überfallen und bedrängt wird, entwickelt sich nun teilweise zu einem Verhältnis mit dem eigenen Ich, und der Partner hört auf, als Individuum aus eigenem Recht zu existieren. Wo die Struktur der Abwehrmaßnahmen übermäßig brüchig oder zu starr ist, klammert sich jeder Partner möglicherweise an ein falsches Bild sowohl von sich selbst als auch vom anderen, und eine Realitätsbezogenheit, die eine Voraussetzung ist für Wachstum und Entwicklung, wird unmöglich gemacht. Je mehr dies geschieht, um so dringender wird die Notwendigkeit, eine Lage aufrechtzuerhalten, in der die zurückgewiesenen, verschmähten Teile völlig von der übrigen Persönlichkeit abgespalten sind.

Eine schwer arbeitende Ehefrau, die sich selbst, ihr Heim und ihre Kinder peinlich sauberhält und von einer Behörde zur anderen rennt, um sich über ihren schmutzigen, betrunkenen Mann zu beklagen, hätte allen Grund, sich über ihre eigenen »schmutzigen« Eigenschaften Gedanken zu machen, vielleicht über das, was sie als ihre eigene »schlechte« Sexualität erkennt. Es könnte gerade diese Beängstigung über sich selbst sein, die es ihr so wichtig erscheinen läßt, alle »schlechten« Dinge so fest auf ihren Mann zu fixieren. Eine Frau dieser Art klärte mich sehr schnell darüber auf, wie vollständig der Bruch sei, als sie sagte: »Während meine kleine Charlotte in einem weißen Kleid Blumen in unserem Krankenhaus verteilte, lag das Schwein von ihrem Vater betrunken in der Gosse!« (In kleinen Kindern sehen sich in solchen Fällen Mütter zu einem Teil selbst, aber sobald sie heranwachsen und sich für Sexualität interessieren, werden sie meist bald Anlaß der Besorgnis.)

Auf einer Ebene ihres Seins waren die wilden Hilferufe dieser Frau ein Ausdruck ihres dringlichen Bedürfnisses nach einer Bestätigung, daß sie selbst gut sei und er schlecht; auf einer anderen Ebene flehte sie unbewußt um Billigung und Anerkennung ihrer eigenen »schlechten und schmutzigen« Ansprüche und Eigenschaften, bat inständig um diese Anerkennung durch einen Menschen, den sie achtete, eine Elternfigur. Nur dies allein würde sie von der Schuld befreien können, die sie durch ihr zerstörerisches Benehmen ihrem Mann gegenüber fortwährend verschlimmerte.

Wieviel schwerwiegender noch muß die Schuld in den Fällen sein, in denen der Partner stirbt, gegen den diese schizoiden, boshaften, abweisenden Gefühle gerichtet worden waren, weil es dann zu spät ist, die projizierten Stacheln jemals wieder zurückzuziehen und von der Schuld befreit zu werden. Aus einigen der folgenden Geschichten werden wir sehen, daß derartige Situationen oftmals zu einer langen und übersteigerten Trauer führen und zu einem tiefen Leid, von dem sich der Hinterbliebene nicht zu trennen wagt, weil es seine einzige Hoffnung auf eine Wiedergutmachung ist.

Aber es sind nicht immer die »bösen Teile«, die auf einen Partner projiziert werden – oder auf ein Kind. Menschen, deren Selbstvertrauen ernstlich untergraben worden ist, vielleicht schon seit frühester Kindheit, können nur sehr schwer an irgend etwas Gutes in sich selbst glauben, geschweige denn, sich daran aufrichten, wie zum Beispiel an Schönheit, Begabung, Freundlichkeit oder Liebe. Für eine solche Selbstverleugnung kann es viele Gründe geben. Vielleicht fürchten sich diese Menschen davor, daß zu große Ansprüche an eine liebende, gebende Person gestellt werden, und das wollen sie verhindern, indem sie selbst nicht liebevoll und gebend sind. Vielleicht glauben sie auch nicht an die eigene Fähigkeit, jemals Erwartungen erfüllen zu können, die »gute Menschen« erfüllen sollten. Möglicherweise haben sie auch Angst vor Enttäuschungen, weil die in der Wirklichkeit erreichbare »Vortrefflichkeit« ja doch niemals an die vollkommene »Vortrefflichkeit« ihrer Vorstellungen heranreichen würde, die aber die einzig erstrebenswerte wäre. Derartige Menschen mögen Partner wählen, die sie idealisieren und mit allen wünschenswerten Eigenschaften ausschmücken können, mit allem, was gut und prächtig ist, weil sie hoffen, dadurch das möglicherweise Gute im eigenen Inneren anzurühren und mit den guten Eigenschaften des Partners in Verbindung zu bringen. Wenn ein in dieser Weise idealisierter Partner stirbt, nimmt er alles Vortreffliche mit sich fort, alle Güte und Freundlichkeit, und läßt den Überlebenden leer zurück, beraubt von allem, was das Leben lebenswert macht.

Der Hinterbliebene kann sich dann dermaßen verarmt vorkommen, daß er in tiefe Depressionen fällt und nicht mehr weiterzuleben vermag. Vielleicht will er auch gar nicht mehr leben, denn nur die Toten haben einen Wert. Mütter und Väter, die idealisierte Partner verloren haben, können ihren Kindern so stark das Gefühl

einimpfen, daß alles Erstrebenswerte allein dem Toten angehört, daß sie diese mit unaufhörlichen Selbstwertzweifeln belasten.
Wir müssen uns daran erinnern, daß diese extremen Reaktionen auf Verluste durch den Tod lediglich eine Überspitzung der allgemein üblichen Verhaltensweise von Hinterbliebenen ist, die in den meisten Gemeinschaften ermutigt wird, nämlich die der Idealisierung des Verstorbenen: sie leistet der Verdrängung eines echten Gefühls Vorschub, und wirkt sich störend und hemmend auf die Erinnerung an eine echte Partnerschaft aus. Die Anerkennung des so allgemeinen Bedürfnisses zu idealisieren mag dem Trauernden, der übertriebene Reaktionen zeigt, vielleicht helfen, sich verstanden und freundlich geborgen zu fühlen. Wenn man ihm aber helfen könnte, nicht nur die geliebten und bewunderten Eigenschaften des Verstorbenen zu sehen, sondern auch die irritierenden und gefürchteten, ließen sich die übertriebene Trauer und die übermäßige Idealisierung mildern und begrenzen, und der Leidtragende könnte dann auch sich selbst und den Verstorbenen in einem realistischeren Licht sehen.

Literatur und Anmerkungen

1 Colin Murray Parkes, Vereinsamung. Die Lebenskrise bei Partnerverlust. Psychologisch-soziologische Untersuchung des Trauerverhaltens. Reinbek bei Hamburg 1974.

2 D. W. Winnicott, Collected Papers: Through Pediatrics to Psychoanalysis, New York 1958, S. 99.

3 Rosemary Gordon, The Concept of Projective Identification (unveröffentlicht. Die Autorin hat mir freundlicherweise Einsicht in ihre Untersuchung gegeben).

4 Melanie Klein, Über das Seelenleben des Kleinkindes, in: Das Seelenleben des Kleinkindes und andere Beiträge zur Psychoanalyse. Hrsg. von Hans A. Thorner, Stuttgart 1962, S. 153/154.

5 Hanna Segal, Introduction to the Work of Melanie Klein, New York 1964, S. 73.

6 Rosemary Gordon, a.a.O.

7 Ronald David Laing, Das Selbst und die Anderen, Köln 1973, S. 117.

3
Interaktion als Begriffsmodell für ein besseres Verständnis des Trauerns

An dieser Stelle mag es zweckmäßig sein, einmal festzustellen, wie wir einige der Konzeptionen und Erkenntnisse, die in der Ehe-Therapie angewandt werden, zur Grundlage einer Diskussion über Reaktionen auf Verluste durch den Tod verwenden können. In diesem Kapitel, wie auch im vorigen, habe ich daher zwanglos Publikationen des *Institute of Marital Studies* herangezogen und dabei sowohl meine eigenen Beiträge als auch die meiner Kollegen in Anspruch genommen.

Als das Institute of Marital Studies (früher: The Family Discussion Bureau) seine Arbeit aufnahm, um den Männern und Frauen, die wegen ihrer Eheprobleme Hilfe suchten, zu helfen, versuchten wir zunächst unsere Klienten als Individuen zu begreifen. Wir stellen uns die Fragen: Wie, von welcher Art sind diese beiden Menschen? Warum haben sie sich gegenseitig gewählt? Was ist schiefgegangen in ihren bewußten und unbewußten Hoffnungen und Erwartungen?

Die Ehepaare, die uns aufsuchten, befanden sich angesichts der Frage, wer von ihnen schuld an den Schwierigkeiten habe, oft in einer ziemlich großen Verwirrung. Nach und nach begannen wir einzusehen, daß man diese Ehepaare nicht einfach nur als zwei Einzelwesen begreifen dürfe: Die Grenzen zwischen beiden waren verschwommen und verworren, und die Vorstellungen und Begriffe, die sie voneinander hatten, waren bemerkenswert verzerrt. Es wurde uns langsam klar, daß diese verzerrten Wahrnehmungen eigentlich eine Selbstreflexion waren, ein Spiegel, der die innere Welt jedes Partners offenbarte und seine eigenen Probleme und inneren Konflikte enthüllte und verriet.

In der dynamischen Psychologie ging die übliche Tendenz dahin, in Begriffen der Beziehung zwischen Subjekt und Objekt zu denken. In diesen Konzeptionen wird die »Person« oder das »Subjekt« in den Mittelpunkt gestellt, und man denkt in erster Linie in Begriffen der Existenz und der Funktion dieser Person. Dies ist eigentlich eine »Ein-Personen-Psychologie«, in der jeder Mensch als der Mittelpunkt einer Welt gesehen wird, die aus ihm selbst und seinen Objekten besteht, zu denen er durch komplizierte Prozesse und Manipulationen in Beziehung steht.

Wenn es jedoch darum geht, Eheprobleme zu erhellen, müssen sowohl die Einzelpersonen, als auch ihre Beziehungen zueinander untersucht werden. Wir müssen uns darüber im klaren sein, daß jeder der beiden Partner Subjekt und Objekt zugleich ist. Jeder ist ein Subjekt aus eigenem Recht, aber er hat den anderen gewissermaßen als sein Objekt angenommen, und ist seinerseits auch das Objekt der Zuneigung des anderen. Zwischen beiden findet eine komplizierte Interaktion statt, in der Anpassung und Abwehr des einen in die des anderen eingreifen, und im Verhältnis zum anderen funktionieren müssen. Sofern die beiden Partner ausreichend flexibel sind und eine gewisse Reife haben, können diese Mechanismen ein gegenseitig zufriedenstellendes Partnerschaftsverhältnis bewirken. Wir haben schon früher in diesem Buch gesehen, wie problematisch eine zu enge Verschmelzung von Persönlichkeiten sein kann. Wo in solchen Fällen die Belastung so groß wird, daß Ehepaare Hilfe suchen, ist es immer ein wesentliches Bestreben der Ehe-Therapie, die psychologischen Grenzen zwischen den beiden Partnern zu festigen, damit jeder von ihnen wieder mehr zu einem einzelnen, vom anderen abgetrennten Menschen mit einer klar umrissenen Identität zu werden vermag. Ferner ist es wichtig, den Bereich der Realität zu vergrößern, damit jeder Partner sich selbst und den anderen objektiver sehen und beurteilen kann.

Die gleichen therapeutischen Bestrebungen gelten auch, sogar sehr wesentlich, wenn es darum geht, einem Hinterbliebenen zu helfen, mit dem Verlust eines Partners fertigzuwerden, oder einem Menschen beizustehen, der sich auf einen solchen Verlust vorbereiten muß. Die Art und Weise der zu ergreifenden Hilfsmaßnahmen müssen dieser Situation angepaßt werden. Da man es nur mit dem überlebenden Partner zu tun hat, sind die Gefahren noch größer, eine »Ein-Personen-Psychologie« mit ihrer verfälschenden Perspektive zu entwickeln.

Jede Veränderung der Lebenssituation birgt in sich die Möglichkeit, Wachstum und Reife zu fördern, sowohl wie die regressiven Elemente zu reaktivieren. Dieser zweifache Prozeß ist ganz besonders bemerkenswert und verblüffend in der Ehe, denn hier scheinen die regressiven Elemente in einem so eklatanten Widerspruch zur Erlangung eines Zustandes der Reife zu stehen, als welcher die Ehe sich öffentlich ausgibt und feiern läßt. Diese Feiern, mit ihren, besonders in ländlichen Gegenden, häufig so lauten Lustbarkeiten, den Neckereien des jungen Paares, dem Schabernakspielen, sind jedoch ein Ausdruck für die Anerkennung der unausgesprochenen Auffassung, daß hier nicht nur ein Schritt gefeiert wird, der in die Reife führen soll, sondern auch ein Ereignis, durch das sich der Lieblingstraum eines jeden Erwachsenen erfüllen könnte: Die verlorene Welt der Kindheit noch einmal zu betreten, in der er physisches Glück und Wohlbehagen durch den Körper eines anderen Menschen erfahren hatte, eine Welt, in der er über die umfassendste und tiefste Treue hatte herrschen dürfen, eine Welt, in der er tatsächlich der Mittelpunkt im Leben eines anderen Menschen gewesen war. Darum ruft das kindische Benehmen des jungen Brautpaares – Händchenhalten, Babysprache usw. – wehmütige Erinnerungen wach an Vergnügungen oder an jene Art von regressiven Gefühlen, die mit sinnlichen Freuden verbunden sind, und die vom Beobachter als willkommen und vergnüglich empfunden werden.

Weniger öffentlich zur Schau getragen werden die Beängstigungen der Eheleute über ihr eigenes »schlechtes«, infantiles Benehmen oder das des anderen: alberne Eifersüchteleien, Neid auf das zärtlich geliebte Baby, verheerende Wutanfälle – alles Anklänge und Rückerinnerungen an die Kinderstube. Solcherart Beängstigungen können zu Hilferufen führen; und alle, die mit Eheproblemen zu tun haben, sind mit ihnen vertraut. Die Bereitschaft der »Helfer«, diese »Regressionen« zu akzeptieren, und ihre Fähigkeit, sie mit den reiferen Eigenschaften der Persönlichkeiten des Ehepaares in Einklang zu bringen, können viel dazu beitragen, die Spannungen abzubauen.

Der Verlust durch den Tod, und vor allem, der Verlust eines Ehepartners, ist eine weitere, schwerwiegende und einschneidende Veränderung im Leben der Erwachsenen. Auch sie birgt in sich zwei Möglichkeiten: die der Reife und die der Regression.

Das regressive Element und sein Ausdruck, qualvoller Schmerz und Trauer, werden in unserer Gesellschaft allerdings wenig beachtet. Diese Gefühle des Leidens werden nicht nur nicht ermutigt, sie werden vielmehr so gut es geht entmutigt. Man erwartet vom Trauernden, daß er tapfer sei, sich in würdiger Weise betrage und nicht andere Leute mit seinem Kummer belästige. Denn, ganz anders als die angenehmen und freundlichen Gefühle, die von den Liebenden in anderen Menschen wachgerufen werden, erweckt der Verlust eines geliebten Menschen bei jedermann die schmerzlichsten Alpträume, die frühesten kindlichen Ängste und panischen Schrecken, die Qual der Verlassenheit und die Todesangst, alleingelassen zu werden, die Liebe zu verlieren. Das kleine Kind erlebt den Verlust seiner Mutter als Bedrohung seiner Existenz, und eben diese Urangst ist es ja, die der Verlust des liebsten und nächsten Menschen so qualvoll aufwühlt. Jeder bedeutsame Tod kann in gewisser Weise eine Wiederholung dieser Beängstigung mit sich bringen.

Zusätzlich zu der existenziellen Angst des Verlassenseins hat das kleine Kind noch die Befürchtung, daß die eigenen Ungezogenheiten die Mutter fortgetrieben haben könnten. Nur wenn dem Kind nicht mehr Trennungen zugemutet werden, als es zu verkraften vermag, und es wiederholt die beruhigende Versicherung erfährt, daß die Mutter immer wieder zu ihm zurückkehrt, werden ihm sein sich entwickelndes Erinnerungsvermögen und sein Zeitgefühl allmählich dazu befähigen, die Mutter in seinem Inneren festzuhalten, solange sie fort ist von ihm.

Auch der Jugendliche wird in seiner Trauer über den Verlust eines geliebten Menschen mit der Seelenqual des Verlassenseins zu kämpfen haben.

Auch ihn quälen Schuldgefühle wegen so vieler Dinge, die er in seiner Beziehung zum Verstorbenen getan oder nicht getan hat, wegen so mancher Gefühle, die er empfunden oder nicht empfunden hat. Auch er wird es im Verlauf des Trauerprozesses lernen müssen, den verlorenen Menschen in seinem Inneren festzuhalten, bis er sich genügend getrennt von ihm fühlt, um die Tatsache des Todes akzeptieren, ertragen und überleben zu können.

Niemand möchte Gefühle der Verzweiflung und des panischen Schreckens zurückrufen; folglich verschmäht man sie auch beim Trauernden, weist sie zurück. Dieser Mangel an Mitgefühl und Herzenswärme bestätigt im Trauernden die verzehrende Angst, einsam und verlassen zu sein, ohne Liebe und Trost. In unserer Kultur kann ein solcher Trost nur in strengster Vertraulichkeit gesucht werden. Eine Freundin erzählte mir, daß sie sich, nach dem Tode ihres Mannes, in einem der Augenblicke tiefster Verzweiflung, als sie einfach nicht mehr ein noch aus gewußt habe, von Kopf bis Fuß in ein triefend nasses, heißes Badetuch eingewickelt habe und in ihrem Lieblingssessel wie im Schoß ihrer Mutter zusammengekrochen sei. Menschen, die ihre kindlichen Bedürfnisse weniger bereitwillig akzeptieren können, haben vielleicht die Befürchtung, daß sie sich in einer so offenkundigen Regression verlieren würden. Dies war jedoch eine Frau, die es fertigbrachte, im Gedenkgottesdienst für ihren Mann mit klarer, klingender Stimme einen der Bibeltexte selbst vorzulesen einen Text, der für sie beide von besonderer Bedeutung gewesen war, und von dem sie fühlte, daß nur sie selbst ihn lesen könne.

Nicht nur die Menschen unserer Umgebung rümpfen mißbilligend die Nase über unser regressives Benehmen, sondern auch unsere eigenen Hemmungen machen dies oft unmöglich. Eine etwa vierzigjährige Frau erzählte mir, daß ihr Mann vor einem Jahr bei einem Motorradunfall getötet worden sei, bei dem sie selbst sich ein Bein verletzt habe. Sie war zwei Wochen lang ans Bett gebunden. Ihre Schwiegermutter ging mit ihr um wie mit einem Baby, tat alles für sie, badete und fütterte sie. »Meine Verletzung war ein Glück im Unglück«, erzählte mir die Frau. »Ohne die Verletzung hätte ich es niemals gewagt, mich derart gehenzulassen oder zu erlauben, daß man mich in dieser Weise verhätschelte. Nie hätte ich meiner Schwiegermutter gestattet, all dies für mich zu tun! – Und dennoch war es für uns beide die größte Hilfe: Für meine Schwiegermutter, ein Kind zu haben, das sie, in Erinnerung an ihren verlorenen Sohn, liebevoll umsorgen konnte, für mich, ihre Pflege und Betreuung annehmen zu dürfen, und mich meinem Kummer hingeben zu können. Ich weiß tatsächlich nicht, wer von uns beiden den größten Gewinn daran gehabt hat.«

In Kulturen, in denen es die Menschen mehr gewohnt sind, mit dem Tode zu leben, und wo kindliche Ausdrucksformen der Freude und des Kummers mit Anteilnahme und Verständnis ermutigt werden, steht man dem Trauernden mit Herzenswärme bei, unterstützt und bestärkt ihn in seinen regressiven Bedürfnissen. In der jüdischen Überlieferung ist es Brauch, daß sich Verwandte und Freunde gleich nach dem Tode im Trauerhaus einfinden und dort alle eine Woche lang zusammenbleiben. Sie sorgen dafür, daß der Hauptleidtragende von aller Arbeit und allen Pflichten befreit wird; sie kochen nicht nur und machen die Besorgungen, sondern manchmal füttern sie ihn sogar wie ein Baby. So zeigen sie, daß sie seinen kindlichen Bedürfnissen in dieser Zeit Rechnung tragen, sie gutheißen und bereitwillig auf sie eingehen. Ihre Anwesenheit kann dem Trauernden helfen, sich in seinem Verlust nicht so verloren und verlassen zu fühlen, und ihre Gespräche über den Verstorbenen können ein wunderbarer Trost für ihn sein. Wir kennen alle die Verlegenheit und die gedämpften Stimmen, wenn der Name eines kürzlich gestorbenen Menschen ausgesprochen wird. Für den Trauernden ist es jedoch sehr wichtig, den Verlorenen bei seinem Namen zu nennen, denn dies kann ihm helfen, die Identität des Toten als die eines Wesens wieder herzustellen, mit dem er jetzt auf eine neue und andere Weise verbunden ist. Unglücklicherweise wird heutzutage viel von der heilsamen Kraft in dieser jüdischen Tradition durch Ärzte verhindert, die dem Trauernden so viele Beruhigungsmittel eingeben, daß Kummer, Qual und Regression verschlafen werden.

Ein hochkultivierter intellektueller Westeuropäer mußte nach Israel reisen, um dort am Begräbnis seines einzigen, geliebten Kindes teilzunehmen, das einem tödlichen Unfall zum Opfer gefallen war.

Äußerlich war er entrüstet und empört über den barbarischen Brauch, seinen Gefühlen so geräuschvoll freien Lauf zu lassen. Dann aber mußte er erstaunt und beschämt feststellen, daß er selbst sich daran beteiligte. Völlig unvorbereitet auf die Gepflogenheit, den Körper ohne Sarg zu beerdigen, mußte man ihn mit sanfter Gewalt daran hindern, die Männer tätlich anzugreifen, die diese Pflicht erfüllten. Gleich darauf war es ihm, als habe er sich wie ein Wilder aufgeführt. Nach der Beerdigung war sein bewußter Wunsch der, sich mit seinem Kummer und seiner Schmach zu verstecken; aber gegen seinen Willen gab er sich widerstandslos den freundlichen und verständnisvollen Hilfen der Anteilnahme hin, die ihm von allen Seiten gewährt wurden. Er fühlte sich von allen in der Betrübnis seines Herzens akzeptiert und unterstützt. Schließlich empfand er einen überwältigenden Trost in der Liebe und Güte, die alle, die da so hilfreich um ihn waren, seinem verstorbenen Kind entgegenbrachten. »Es war eine solche Erleichterung, von meinem Kind zu sprechen.« – Nachdem er nach England zurückgekehrt war, sagte er, daß ihn dieses Erlebnis gegen seinen bewußten Willen in einen Trauervorgang gedrängt habe, der schmerzlich und heilsam gewesen sei, und zu dem ihm andernfalls der Zugang versperrt geblieben wäre.

Wir haben schon zuvor in diesem Kapitel von den einander so widersprechenden Antrieben gehört, die einerseits zu Wachstum und Reife und andererseits in die Regression führen können, und die eine Folge jeder Veränderung in der Lebenssituation sein können – sei es Heirat, Geburt, Tod, Trauer. Existentielle Veränderungen dieser Art gehören zum Leben jeder Familie; sie führen zu Krisen, sind Wendepunkte, die eine Verbesserung oder eine Verschlechterung der Gesundheit mit sich bringen können. Erikson sagt von einem solchen »Wendepunkt«, daß er eine kritische Periode erhöhter Verletzlichkeit und gesteigerter Energie sei.[1] Wie können wir es also lernen, dem Trauernden, der den furchtbarsten Verlust durchmachen muß, zu helfen, seine Krise als einen Ausgangspunkt des Wachsens und Reifens zu nutzen?

Eine Krise ist ein neuer Zustand, der das bisherige Gleichgewicht ins Wanken geraten läßt. Alle gewohnten Reaktionen sind völlig aus dem Gleis geraten und reichen nicht mehr aus, die Krise zu bewältigen. Das eigene Betragen wird unberechenbar, ein wirklicher Verlust an eigener Substanz tritt ein. Es ist nicht nur so, als habe man einen Zustand eingebüßt, in dem man sein Gleichgewicht gefunden hatte, es ist vielmehr so, als habe man sein eigenes ausgeglichenes Selbst verloren. In den Bemühungen, es zurückzugewinnen, könnte man neue Wege der Bewältigung ausprobieren, indem man gewisse Wünsche aufgibt, neue Aufgaben festlegt.

»In jeder Phase dieser Entwicklungen wirken frühere Erfahrungen gestaltend mit, ohne jedoch das, was geschieht, vollständig zu entscheiden. Jede Krise ist eine neue Situation, in der neue Kräfte zum Tragen kommen, sowohl innere als auch äußere.«[2] Dies ist ein Zitat von Gerald Caplan, der uns einen wahrnehmenden Blick ermöglichte und uns etwas Werkzeug in die Hand gab, wenn wir vor dem Problem stehen, eine emotionale Krise heilsam zu beenden. Wenn man dieses Ziel erreichen will, ist das erste Gebot, sich nicht selbst in die Kompliziertheit der Krise zu verlieren. Man muß vielmehr zu erkennen versuchen, was durch die Krise in der Persönlichkeit des einzelnen erschüttert wurde. Denn eine Krise ist keine abstrakte, äußerliche Belastung, sondern vielmehr ein Kulminationspunkt im Leben des betroffenen Menschen selbst. Um im Rahmen dieses Buches zu verbleiben, könnten wir sagen, daß die Krise eine dynamische Interaktion ist zwischen einem Menschen und einem extremen Ereignis; es wäre genauso verhängnisvoll und irreführend, diese beiden Komponenten als zwei einzelne Bestandteile zu betrachten, wie es verkehrt wäre, zwei Partner in einer Ehekrise als zwei einzelne Wesen anzusehen.

Wir müssen deshalb jetzt zu verstehen versuchen, inwiefern sich ein Verlust durch den Tod von anderen Krisen-Verlusten unterscheidet, wie etwa dem Verlust des Partners durch Scheidung oder Trennung. In mancher Hinsicht durchleidet ein geschiedener Mensch Trauergefühle, die denen eines Hinterbliebenen sehr ähnlich sind: Das Unvermögen, die Wirklichkeit zu akzeptieren, die Wut und das immerwährende, bohrende Grübeln, die Verzweiflung und das überwältigende Gefühl, etwas Unwiederbringliches verloren zu haben.

Grundsätzlich unterscheidet sich der Verlust durch den Tod von allen anderen natürlich durch seine Endgültigkeit. Geschiedene Leute können auch noch weiterhin daran glauben, daß ihre Ehe irgendwann wieder in Ordnung kommen werde, oder sie können darauf hoffen, mit ihrem früheren Partner eine andersartige Beziehung eingehen zu können. Beide Partner sind am Vorgang der Scheidung beteiligt, auf den jeder von beiden in der ihm eigenen Weise reagieren wird, um die eigene Trennung zu vollziehen. Ganz anders als bei einer Trennung durch den Tod kann dieses alles zu einem geeigneten Zeitpunkt durchgeführt werden. Sind Kinder da, oder Verwandte oder Besitz, bleiben alle diesbezüglichen Belange gemeinsames Interesse. Der verlorene Partner kann sich im Verlauf der Abwicklung und Regelung dieser Probleme als hilfreich erweisen; er kann aber auch frustrierend und entmutigend sein. Die Verbindung mit ihm kann erwünscht oder gefürchtet sein. Ich habe getrennte Leute sagen hören: »Wieviel leichter wäre alles, wenn er (oder sie) tot wäre; dann wüßte ich wenigstens, woran ich wäre!« Wenn er oder sie jedoch tatsächlich tot wäre, würde es sehr viel schwieriger sein, den Zorn oder den Haß einzugestehen oder auszusprechen, alle diese Anschuldigungen und Selbstrechtfertigungen zu artikulieren, die im Falle einer Scheidung oder Trennung zu einem Ventil werden können, das bösen Dampf abläßt.
Wenn die Interaktion durch den Tod eines Partners unterbrochen wird, ist keine Realität mehr da, die der Idealisierung des Verstorbenen entgegensteht; und gerade diese Idealisierung macht einen großen Teil der ersten Trauer aus. Es ist auch keiner mehr da, der die Schuld mildern oder erleichtern könnte. Der ganze schmerzvolle und komplizierte Prozeß der Trennung muß allein vom Überlebenden durchgestanden und bewältigt werden. Für ihn liegt die schwierige, doppelte Aufgabe darin, jene Aspekte des Verlorenen anzuerkennen und zu festigen, die er verinnerlicht und in sich eingeschlossen hat, und zugleich den Verlust der lebendigen Wirklichkeit des Verstorbenen zu akzeptieren. Dieser unvermeidlicherweise langsam verlaufende Trauerprozeß kann dem Überlebenden helfen, ein neues Leben anzufangen, das jedoch nur dann frei sein wird, wenn es die Erinnerung an den verlorenen Partner einschließt.

In unserer Gesellschaft nimmt die Zahl der von Scheidung und Trennung betroffenen Familien rapide zu. Aber weder die geschiedene Frau noch die Kinder eines zerrütteten Heims brauchen sich isoliert zu fühlen. Getrennt lebende und geschiedene Frauen sind vielleicht vielerlei Verdächtigungen und Klatsch ausgesetzt, aber ihre Erlebnisse und Erfahrungen machen sie wiederum auch oft zu interessanten und verführerischen Menschen. Da mehr und mehr Menschen, besonders Frauen, ein reifes Alter erreichen, fühlt sich eine junge Witwe oft vereinsamt und wie ausgestoßen. Nach dem Tode ihres Mannes werden die Witwen heutzutage zwar nicht mehr auf dem Scheiterhaufen verbrannt, aber sie werden oft genug gemieden, insbesondere im gesellschaftlichen Leben; man geht ihnen aus dem Weg, als trügen sie ein Zeichen des Todes auf ihrer Stirn. Witwern gegenüber entsteht diese Todes-Hauch-Haltung jedoch keineswegs. (Darauf werden wir noch zurückkommen, wenn wir über Begräbnis-Rituale sprechen.)

Bedeutungsvolle Nachklänge früherer, unbewältigter Verluste und unvollendeter Trauerprozesse können den Leidtragenden möglicherweise hemmen und hindern, seine gegenwärtige Trauer abzuschließen. Diese Schwierigkeit wird jedoch zweifellos noch durch die in unserer Gesellschaft allgemeine Haltung der Verneinung vergrößert. Neuerdings hat man sich diesem Problem in dem Bemühen zugewandt, dieses Klima zu ändern, indem man es möglich macht, unbefangen über Tod und Trauer zu sprechen. Man versucht dabei, zu einem besseren Verständnis der Gründe zu gelangen, die zu der Abneigung gegen diesen Themenkreis geführt haben. Bis noch vor wenigen Jahren war die Sexualität das hauptsächliche Tabu in unserer Gesellschaft; jetzt hat der Tod diese Rolle übernommen. Sowohl die Sexualität wie auch der Tod beinhalten in hohem Maße persönliche aber auch allumfassende Gefühle und Empfindungen; sie rühren daher in uns allen unsere frühesten Ängste und Vorstellungen auf und mobilisieren zugleich die Abwehrmaßnahmen gegen sie.

Ebenso, wie die Arbeit der Eheberatungsstellen erst dann wirkungsvoll zu werden begann, als sowohl die Hilfesuchenden als auch die Helfer sich endlich in der Lage sahen, sexuelle Belange offen und unbefangen zu betrachten und über sexuelle Ängste und die hauptsächlichen Gefühle, die diese reaktivieren, frei zu sprechen, so ist es von dringlicher Wichtigkeit, daß nicht nur die Beratungsstellen für Trauernde und Sozialarbeiter, sondern auch ganz gewöhnliche Männer und Frauen ehrlicher und aufgeschlossener werden für die gefühlsmäßigen Bedürfnisse des trauernden Hinterbliebenen und Verständnis aufbringen für die regressiven und oft auch zornigen und heftigen Elemente, die der tödliche Verlust in ihnen aufrüttelt. In Erkenntnis dieses Problems fühlte sich Geoffrey Gorer veranlaßt, seinen Artikel »The Pornography of Death« zu schreiben, in dem er feststellt, daß Tod und Trauer immer noch mit einer solchen Prüderie behandelt werden, daß sie zur Vereinsamung des Trauernden führt, und die als richtiges und angemessenes Verhalten eines Freundes oder eines Wohlmeinenden nur eine Ablenkung des Trauernden von seinem Leid anerkennt.[3]

Sogar professionelle Helfer – Ärzte, Pfarrer, Sozialarbeiter – schirmen sich oft derart gründlich gegen den wilden Schmerz und die Qual des Verlustes durch den Tod ab, daß sie es vermeiden, mit diesen Reaktionen des Leidtragenden konfrontiert zu werden und sich so der Möglichkeit begeben, den notwendigen Vorgang des Trauerns helfend zu unterstützen. Aber selbst dann, wenn sich diese Leute über ihre Aufgabe im klaren und sich ihrer Pflicht bewußt sind, den notwendigen Vorgang des Trauerns zu unterstützen und zu ermutigen, und anteilnehmendes Verständnis aufzubringen für den dringlichen Anspruch des Trauernden auf seinen Kummer, selbst dann stehen ihnen möglicherweise ihre eigenen unbewältigten Ängste um Tod und Verlust hindernd im Wege; und so fühlen sie sich denn hilflos angesichts solcher Leiden. Wenn sie genügend feinfühlig sind, werden sie sich dann lieber schweigend verhalten, als etwas zu sagen, was falsch klingt, denn das würde die Verzweiflung des Trauernden nur noch vergrößern und einen verzehrenden Zorn in ihm heraufbeschwören.

Mehr und mehr werden heute soziale Einrichtungen für Hinterbliebene geschaffen, und man fängt auch an, diese Stellen mit besser ausgebildeten Leuten zu besetzen. Ein wachsendes öffentliches Bewußtsein, angeregt durch Bücher und Zeitschriften, Rundfunk und

Fernsehen, für Sterben, Tod und Trauern tragen dazu bei, Hemmungen zu beseitigen, das Verständnis zu vertiefen und Sachkenntnisse zu erweitern und zu fördern. Dies sind bedeutende Entwicklungen, aber wie wichtig es auch sein mag, den Vorgang des Leidens und des Trauerns zu begreifen, dürfen wir darüber niemals vergessen, daß es in letzter Instanz der betroffene, leidtragende Mensch selber ist, der den Verlust tragen muß, er allein, mit seinen eigenen Gefühlen, seinen eigenen Beziehungen zu dem Verlorenen und seinen eigenen Lebenserfahrungen. Ihm gilt es zu helfen, in seiner ihm eigenen Weise mit dem Verlust fertig zu werden ohne daß er sich wegen des überwältigenden Bedürfnisses, in diesem Augenblick größter Belastung er selbst zu sein, abgewiesen und isoliert zu fühlen brauchte. Hier wie anderswo liegt eine gewisse Gefahr in der Konstruierung von Theorien, die diesen vitalen individuellen Bedürfnissen nicht in gemäßer Weise Rechnung tragen können. Wie Mary Stott in ihrer kürzlich erschienenen Selbstbiographie sagt: »Im Leid tun wir, was wir tun müssen.«[4] Es ist zwar wahr, daß es immer eine allgemeine Situation gibt, aber es ist auch immer ein ganz bestimmter Mensch da, der sie erlebt. H. A. Williams hat gesagt:

> Einer der Gründe dafür, daß wir immer nur unser eigenes Leiden erleben können, ist der, daß dieses Leiden nicht im leeren Raum stattfindet, sondern im Zusammenhang einer bestimmten Lebensgeschichte mit ihrer grenzenlosen Mannigfaltigkeit. Ohne diese unendliche Mannigfaltigkeit von innen her zu kennen, können wir nicht wissen, wie sich das betreffende Leid im Hinblick auf eine bestimmte Person artikulieren wird.[5]

Nachdem wir unterstrichen haben, wie wichtig es ist, die Bedürfnisse des einzelnen Menschen zu kennen, möchte ich nunmehr die Tatsache hervorheben, daß es in einer Trauersituation gewisse unveränderliche, allgemeingültige Faktoren gibt, die in unterschiedlichen Graden in Erscheinung treten. Das Wechselspiel der Kräfte zwischen diesen unveränderlichen Faktoren zum Zeitpunkt des Verlustes und den individuellen Bedürfnissen des Trauernden werden aus den Einzelfallstudien ersichtlich, die folgen.

Literatur und Anmerkungen

1 Erik Erikson, Jugend und Krise. Die Psychodynamik im sozialen Wandel, Stuttgart 1974.
2 Gerald Caplan, Principles of Preventive Psychiatry, New York 1964, S. 41.
3 Geoffrey Gordon, The Pornography of Death, in: Death, Grief and Mourning in Contemporary Britain, London 1965.
4 Mary Stott, Forgetting's No Excuse, London 1973, S. 184.
5 H. A. Williams, True Resurrection, New York 1972, S. 143.

4
Verlust eines Ehepartners in Ehen, deren Grundlage die Projektion ist: Gibt es Möglichkeiten des inneren Wachstums?

In diesem Kapitel ist von drei Ehepaaren die Rede, deren Ehen auf gegenseitiger Ergänzung gegründet zu sein schienen, da beide Partner deutlich voneinander unterschiedene Rollen entwickelten. Durch die zwei Fälle, die Martin Buber erwähnte, sind wir bereits mit dem Vorgang der gemeinsamen und ausgetauschten Nervenkrankheit in der Ehe vertraut. Im folgenden Fall, der sehr kompliziert ist, kann der gleiche Vorgang, jedoch auf eine körperliche Krankheit bezogen, in seinem Ablauf beobachtet werden: Am Ende stirbt der stärkere Partner, und der schwächere nimmt etwas an Stärke zu.

Marion und Tony

Marion war eine Sprachtherapeutin, die ich im Verlauf meiner Arbeit gelegentlich konsultierte. Zum Zeitpunkt meiner ersten Begegnung mit ihr war sie seit zehn Jahren mit Tony verheiratet und hatte zwei Kinder, ein siebenjähriges Mädchen und einen neunjährigen Jungen. In der Ehe gab es beträchtliche Spannungen, und die im übrigen sehr zurückhaltende Marion hatte ein großes Bedürfnis, über diese Probleme zu sprechen, weil sie hoffte, sich über ihre eigenen Ansichten und Absichten klar werden zu können.
Ich will die Geschichte von vorne beginnen: Marion, die ältere von zwei Schwestern, hatte ihr Leben lang unter einem angeborenen Herzfehler gelitten. Sie war intelligent, willensstark und ganz an-

ders als ihre entzückende, bequeme, unbeschwerte jüngere Schwester Olivia. Die beiden Mädchen standen sich aber trotzdem sehr nahe. Ihre Mutter war eine bildschöne, ziemlich verwöhnte Frau ungarischer Herkunft, die von ihrem beträchtlich älteren Ehemann vergöttert wurde. Er selber war ein sehr reizvoller Mensch, amüsant und einfallsreich, aber sehr wirklichkeitsfremd. Er war übertrieben großzügig und freigebig, – niemand war ein so guter Unterhalter und verschwenderischer Gastgeber wie er, keiner wußte so wie er, die schönsten Blumen für seine Frau auszusuchen oder Geschenke zu wählen für sie und die Töchter. In seinem Geschäft war er immer voller glänzender Ideen, die manchmal verwirklicht wurden – meistens jedoch nicht. Die Vermögenslage der Familie war entsprechenden, oft genug geradezu dramatischen Schwankungen ausgesetzt, von beachtlichem Reichtum bis schon fast hin in die Nähe von Armut; dies alles führte zu vielerlei Krisen.

Im Verlauf einer solchen Krise, als die Mädchen gerade zehn und elf Jahre alt waren, erlitt der Vater einen Herzanfall und starb. Seine Familie hinterließ er unversorgt. In dieser Situation zeigte die Mutter eine bemerkenswerte und unerwartete Stärke. Sie war schon immer künstlerisch begabt gewesen; jetzt bekam sie einen gut bezahlten Posten als Designerin für Möbel und konnte die Familie so über Wasser halten. Ein Jahr nach dem Tode ihres Mannes, heiratete sie wieder, und zwar einen alten Freund der Familie, der schon lange einer ihrer Bewunderer gewesen war. Er war wohlhabend und zuverlässig und in vielen Beziehungen das Gegenteil ihres ersten Mannes. Da er Witwer war, und eine kinderlose Ehe hinter sich hatte, machte es ihm nun die größte Freude, bei den beiden Mädchen die Rolle eines Vaters übernehmen zu können. Olivia wurde bald sein Liebling, wie sie auch der Liebling der Mutter war. Marion war seit jeher die schwierigere gewesen, und jetzt verstärkte sich ihre aufsässige Haltung gegenüber ihrer Mutter noch, als mache sie diese für den Tod des Vaters verantwortlich, und als hasse und verabscheue sie sie wegen ihrer bereitwilligen Eile, ihn zu ersetzen. Sie jedenfalls weigerte sich, den neuen Mann ihrer Mutter als Ersatz für ihren verlorenen Vater anzuerkennen.

Olivia liebte die Freuden und Vergnüglichkeiten des Lebens und wurde seit ihrer frühesten Jugend umschwärmt von jungen Männern, während Marion schon immer ein ausgeprägtes soziales Gewissen gehabt hatte und eine ernste und überaus fleißige Schülerin und Studentin gewesen war. Für junge Männer interessierte sie sich nicht, aber bei ihren Freundinnen war sie sehr beliebt, wurde von ihnen bewundert und ihrer Zuverlässigkeit wegen hochgeschätzt. Sie freute sich herzlich, als Olivia früh heiratete, nahm lebhaften Anteil an ihrem Glück und wurde den Kindern eine geliebte Tante. Ihre eigene Zukunft schien in ihrer Karriere zu liegen, und jedermann war höchst überrascht, als sie eine Liebesaffäre mit Tony anfing und schon wenige Monate später bekanntgab, daß sie ihn heiraten werde.

Tony und Marion waren ungefähr gleich alt. Er war in Südafrika geboren und dort auch aufgewachsen. Seine Mutter starb, als er noch ein Baby war, und wenig später heiratete sein Vater eine reizende Frau, die der Junge herzlich lieb hatte. Tony war erst zehn, als sein Vater starb, aber er hatte nicht das Gefühl, ihn zu entbehren, denn nun hatte er ja seine Stiefmutter ganz für sich allein. Sie starb, als er in seinen zwanziger Jahren war, und dieser Tod stürzte ihn in Verzweiflung. Er konnte es nicht ertragen, ohne sie in Südafrika zu bleiben, und so kam er nach England, wo er in einer amerikanischen Firma den Posten eines PR-Mannes bekam. Hier begegnete er Marion. Er haßte seine Arbeit und drohte unablässig damit, kündigen zu wollen, um ein freier Schriftsteller zu werden. Aber Marion wußte ihn immer wieder zu beschwichtigen und zu überreden, lieber in seiner Stellung auszuharren, denn es graute ihr vor der Unsicherheit die ein Ehemann ohne feste Arbeit mit sich bringt. Tony erinnerte sie in vielerlei Weise an ihren Vater. Auch er war charmant, einfallsreich, großzügig – und ein Verschwender. Trotz ihrer doppelten Einkünfte befanden sie sich ständig in Geldnöten. Sie waren beide sehr beliebt und hatten einen großen Freundeskreis. Alle wußten ihre ganz außergewöhnliche Begabung für Gastlichkeit zu schätzen. Tony besorgte das Kochen; er liebte es, exotische Gerichte und phantastische Dekorationen auf den Tisch zu zaubern. Marion pflegte die Freundschaften; man vertraute sich ihr sehr gerne an.

Ihre eigene Familie verhielt sich jedoch äußerst kritisch gegenüber Tony und seinem verantwortungslosen Bohème-Gehabe. Marion hatte alle Mühe, ihn zu verteidigen. Aber sie konnte es noch so sehr herausstreichen, wie gütig und geduldig er sich gegenüber den Kindern verhalte, wie vortrefflich er sie pflegte und umsorgte, wenn sie krank sei, – und das war ziemlich oft der Fall – alle diese guten Eigenschaften wogen nach Ansicht ihrer Familie – und heimlich auch nach ihrer eigenen – sein mangelndes Interesse an seinem Beruf nicht auf. Oft blieb er einfach zu Hause und überließ seiner Frau alle Verantwortlichkeiten – natürlich auch die Bezahlung der meisten Rechnungen. Es war, als ob er, je erfolgreicher sie in ihrem Beruf wurde, je mehr sie in immer höhere Positionen aufstieg, um so weniger Erfolg in seiner eigenen Arbeit aufzuweisen hatte. Es war, als würde sie auf seine Kosten an Stärke zunehmen. Sie hatten viele Auseinandersetzungen und Streitigkeiten, und waren beide sehr unglücklich.

Nach zehnjähriger Ehe, als das jüngste Kind, ein Mädchen, sieben Jahre alt war, verliebte sich Marion in einen ihrer Mitarbeiter, der ihr in vielen Beziehungen sehr ähnlich, und ganz anders als Tony war. Seit vielen Jahren schon waren sie gute Freunde und hatten viele gemeinsame Interessen. Er hatte sich nie für andere Frauen interessiert, und für Marion war er schon lange eine Quelle der Kraft. Aber erst jetzt, als sie offen aussprach, daß sie bezweifle, die Konflikte in ihrer Ehe noch länger ertragen zu können, erwogen sie die Möglichkeit eines gemeinsamen Lebens. Nach langen, tiefschürfenden Gewissenserforschungen entschieden sie sich gegen eine solche Möglichkeit. Der Gedanke, das Leben der Kinder durch ihr Verhalten völlig durcheinanderbringen und Tony soviel Schmerz zufügen zu müssen, bereitete ihr zu große Schuldgefühle.

Zu diesem Zeitpunkt nahm Marion das einjährige Stipendiumsangebot einer kalifornischen Universität an, das man ihr zu sehr vorteilhaften Bedingungen angeboten hatte. Es verbesserte nicht allein ihre beruflichen Aussichten und entließ sie für ein Jahr aus der Ehe, auch das Klima versprach ihrer Gesundheit, wie auch der Gesundheit ihres nunmehr neunjährigen sehr zarten Sohnes, höchst förderlich zu sein. Ihre kleine Tochter würde solange in der Familie ihrer

Schwester bleiben und viel mit ihrem Vater, dem sie sehr nahe stand, zusammensein. Tony hatte diesem Plan sehr widerstrebend seine Zustimmung gegeben. Alles wurde bis in die letzte Einzelheit genauestens vorbereitet, aber eine Woche vor Marions Abreise hatte Tony plötzlich einen sehr besorgniserregenden Herzanfall. Die Ärzte waren bestürzt, denn sie hatten nie zuvor das leiseste Anzeichen eines Herzleidens bei Tony feststellen können.

Marion verschob ihre Abreise, aber Tonys Zustand verschlimmerte sich zusehends, und für Marion wurde es nun unmöglich, das Stipendium anzunehmen und ihren todkranken Mann zu verlassen. Er mußte in ein Krankenhaus eingeliefert werden, weil eine Operation vorgenommen werden mußte. Es bestand Lebensgefahr. Marion wich Tag und Nacht nicht von seiner Seite. Sie schien sich für seine Krankheit verantwortlich zu fühlen, als ob sie diese durch die Androhung ihrer Abreise verursacht oder herbeigeführt hätte.

Als es Tony nach ein paar Wochen wieder so gut ging, daß er entlassen werden konnte, war Marion total erschöpft. Sie gingen dann zusammen in ein Sanatorium, in dem Tony sich erholte, Marion jedoch kränker wurde. Sie hatte schwere Herz-Anfälle, und sie fühlte, daß diese ganz anderer Art waren als ihre gewohnten Anfälle. Sie waren denen sehr viel ähnlicher, die sie bei Tony beobachtet hatte. War es tatsächlich möglich, daß sie jetzt seine Krankheit hatte, wie er zuvor die ihre zu haben schien? Es wurde ihr geraten, ins Krankenhaus zu gehen, in dasselbe, in dem Tony gelegen hatte. Obwohl man sie zu diesem Zeitpunkt für weitaus weniger ernstlich krank hielt, als Tony es gewesen war, starb sie, völlig unerwartet, in der dritten Nacht nach ihrer Einlieferung.

Tony brach nach Marions Tod vollständig zusammen. Er erlitt einen schweren Rückfall, wurde erneut ins Krankenhaus eingeliefert und befand sich wieder in Lebensgefahr. Als er sechs Wochen später entlassen wurde, war er vollständig apathisch und hatte nur noch den einen Wunsch: fortzukommen von allem und jedem. Als Marions Familie ihm einen Aufenthalt in einem Erholungsheim im Schwarzwald finanzierte, fühlte er sich außerstande, auch nur eine einzige der notwendigen Vorbereitungen zu treffen: Er ließ sich wie ein Paket einpacken und abschicken. Nach nur wenigen Wochen dort erholte er sich überraschend schnell und entwickelte eine ganz ungewohnte Entschlußkraft. Sein Haus, in einer Vorstadt Londons gelegen, vermietete er auf ein Jahr, brachte es fertig, für sich und die Kinder eine billige Unterkunft zu finden, gab seine Stellung auf, setzte sich hin und schrieb eine Novelle, was er schon immer hatte tun wollen.

Seinen Kindern war er Vater und Mutter zugleich, und für die Kinder selbst war diese Veränderung ein großes Glück. Die rasch aufeinanderfolgenden Krisen und Trennungen in ihrer Familie hatten sie verwirrt. Jetzt endlich konnten sie mit ihrem Vater zusammen um die verlorene Mutter trauern. Als sie nach einjährigem Aufenthalt im Schwarzwald nach London zurückkehrten, hatten sich Tony und sein Sohn gesundheitlich gut erholt.

Ein Jahr später heiratete Tony wieder. Seine zweite Frau war eine erfolgreiche Rechtsanwältin, die sich kurz zuvor aus einer konfliktbeladenen, kinderlosen Ehe gelöst hatte. Sie war glücklich, nun diese kleine Familie gefunden zu haben, und sie freute sich darüber, daß ihr Mann nichts dagegen einzuwenden hatte, daß sie ihre Karriere fortsetzte, und daß er selbst sich der Hausarbeit annahm, wenn es auch an ihr war, den größten Teil des Geldes für den Unterhalt der Familie zu beschaffen. Diese zweite Ehefrau ist in ihrer Intelligenz, ihrer begeisterten Hingabe an ihren Beruf und in vielen anderen Beziehungen Marion sehr ähnlich, nur ist sie stärker und robuster. Tony braucht nicht zu befürchten, sie zugrunde zu richten oder sie durch seine Vorliebe für Aspekte des Lebens, die normalerweise der Frau zugewiesen sind, in ihrer Weiblichkeit zu gefährden. Er braucht auch keine Angst davor zu haben, daß sie ihn in eine männliche Rolle zwingen möchte.

Er leidet noch immer unter Herzanfällen, aber sie treten weit weniger häufig auf; er hat sie jetzt besser in seiner Gewalt, so daß sie die anderen und ihn selbst nicht mehr in Angst und Sorge versetzen. Er ist viel entspannter, und seine Novelle hat er fertig geschrieben. Es könnte sein, daß er aufgrund des vielen Kummers in seiner ersten Ehe und durch seine Trauer um Marion ein sicherer und besser integrierter Mensch geworden ist.

Obwohl Marion und Tony in vielen Beziehungen ein sich gut ergänzendes Paar waren und in vielerlei Weise zusammenpaßten, waren sie doch beide zu unsicher in den ihnen gemäßen sexuellen Rollen, als daß sie eine wirklich zufriedenstellende Partnerschaft hätten aufbauen können. Sie hatten es beide nicht geschafft, die Konflikte ihrer Kindheit zu bewältigen, die sie veranlaßt hatten, sich gegenseitig zu wählen. Tony hatte eine ganz besondere Beziehung zu seiner Stiefmutter gehabt. Damit er ihre Zuneigung nicht verliere, konnte er kein »richtiger Junge« werden und blieb sanft, empfänglich und widerstandslos. Er entwickelte eine Verhaltensweise gegenüber Frauen, in der diese die Führung übernahmen und die Entscheidungen trafen. Diese mag ihn dazu bewogen haben, die intelligente und tüchtige Marion zu wählen. – Marion war jedoch zu wenig selbstsicher als Frau, um Tonys Verlangen erfüllen zu können, trotz oder gerade wegen der weiblicheren Aspekte seiner Persönlichkeit zärtlich geliebt und geschätzt zu werden. Sie hatte ihn aus freien Stükken gewählt. Keiner in ihrer Familie und nur sehr wenige ihrer Freunde hatten ihn überhaupt gekannt, bevor sie verkündete, daß sie ihn heiraten werde. Und dennoch wissen wir, in wie hohem Maße diese scheinbar so freie Wahl durch ihre unbewältigte Bindung an ihren Vater bestimmt wurde, eine Bindung, die sie vielleicht in dieser Ehe zu bewältigen hoffte.

Nicht nur Marions Wahl des Ehepartners, sondern auch die Entwicklung ihrer sehr ausgeprägten Persönlichkeit sind durch ihre frühen Erlebnisse bestimmt worden. Ihr Herzfehler muß schon seit jeher der Grund zu viel Ärger, Groll und mancherlei Verstimmung gewesen sein. (Oder waren unausgesprochener Ärger und Groll die Gründe, die zu diesem Leiden führten?) Vielleicht wurde sie so gütig, so einsatzbereit für die Unterprivilegierten, so stark zu einer Art Wiedergutmachung angetrieben, weil der zornige, aggressive Teil ihres Wesens nur in diesem Herzleiden seinen Ausdruck finden konnte. Sicher ist jedenfalls, daß sie weder mit der femininen Mutter noch mit der charmanten, lebensfrohen Schwester je hatte konkurrieren noch sich mit ihnen hatte identifizieren können, und daß sie deshalb Qualitäten gegensätzlicher Art entwickelte. Diese brachten ihr zwar viel Dank und Anerkennung, aber ihr Leben war stets belastet und voller Schwierigkeiten.

Im letzten Jahr ihres Lebens wurden ihr zwei Gelegenheiten geboten, dies zu ändern: Der Mann, den sie liebte, und der das Gegenteil ihres Ehemannes und ihres Vaters war, wollte sein Leben mit dem ihren verbinden; und dies muß ihrem Weiblichkeitsgefühl einen großen Auftrieb gegeben haben. Die zweite Gelegenheit bestand darin, daß sich aufgrund einer außerordentlichen Würdigung ihrer Arbeit neue Türen zu einem weiteren Aufstieg in ihrer Karriere öffneten. Dies war eine große Bestätigung ihrer intellektuellen und beruflichen Leistungen. Sie lehnte diese Verheißungen einer beglükkenden Zukunft ab, als ob sie gefühlt hätte, daß sie kein Recht auf solches Glück habe. Aufgrund der Ängste über ihre kontroversen Antriebe mußte sie beide Türen zuschlagen.
Man kann sich gut vorstellen, mit welch entsetzlich zwiespältigen Gefühlen Marion ihre Nachtwachen an Tonys Bett hielt, in dem Bemühen, ihn am Leben zu erhalten, während sie doch zuweilen gewünscht haben mag, daß er sterben möge, damit sie frei werde für ihr Leben. Diese halb unbewußten Wünsche waren unannehmbar für sie; sie richtete ihre zerstörerischen Vorstellungen gegen sich selbst und starb.

Yvonne und David

Yvonne lernte ich durch eine meiner Kolleginnen kennen, für die sie als Reinemachefrau tätig war. Es überraschte mich über die Maßen, daß die elegante, redegewandte, aristokratisch aussehende Frau diese Art von Arbeit verrichtete, zumal sie keineswegs unter Geldmangel zu leiden schien. Mein Interesse für sie wurde noch gesteigert, als ich hörte, daß sie achtundsiebzig Jahre alt sei (sie sah eher wie achtundfünfzig aus), und daß sie seit zwölf Jahren Witwe war: sie hatte nie aufgehört, über ihren unerträglichen Verlust zu trauern und zu klagen, äußerte jedoch zuweilen, daß sie sich auch befreit fühle. Als Yvonne erfuhr, daß ich ein Buch über Trauer schreibe, erbot sie sich, ihre Geschichte dazu beizutragen, obgleich sie mir wiederholt versicherte, daß diese wirklich ganz gewöhnlich sei, und mich unmöglich interessieren könne.

Yvonnes Kindheitserinnerungen waren alle traurig, nichts als Enttäuschungen, Entmutigungen und Entbehrungen. Sogar jetzt noch äußerte sich ihre Wut darüber in überraschendem, rasendem Zorn, als habe sie ein schweres Unrecht erleiden müssen. Die Vorgeschichte und der Werdegang ihrer Mutter waren von Geheimnissen umgeben. Yvonne und ihre nur wenig jüngere Schwester wußten nur, daß sie aus Frankreich gekommen war, wo sie ihrer Mittelstandsfamilie weggelaufen (oder von dieser verstoßen worden) war, um mit dem Mann durchzubrennen, der später der Vater von Yvonne und ihrer jüngeren Schwester wurde. Er war einundzwanzig Jahre älter als ihre Mutter, die damals sehr jung gewesen sein muß. Der Vater war schon einmal verheiratet gewesen, seine Kinder aus der ersten Ehe waren genauso alt wie seine zweite Frau.

Die Mutter sprach niemals von ihrer Kindheit oder von ihrer Familie, aber gelegentlich brachte sie ihren Töchtern doch ein paar Worte Französisch bei, und auf gute Tischmanieren legte sie den größten Wert. Das wirkte ein wenig grotesk und fehl am Platze in dem schäbigen Mietshaus, das sie bewohnten. Irgendwie war trotz der Armut ein Hauch von Vornehmheit um die Mutter, der die Töchter fühlen ließ, daß sie früher ganz andere Lebensumstände gekannt haben müsse. Aber Yvonne schien keinerlei verständnisvolles Mitgefühl für die Frau zu empfinden, die ein so schweres Leben gehabt und soviel verloren hatte. Sie verspürte nichts als Zorn darüber, daß sie ihren Töchtern so wenig hatte geben können.

Ihr Vater war Musiker, Geiger, in einem Orchester, das hauptsächlich auf luxuriösen Vergnügungsdampfern spielte. Er muß ein spannendes und aufregendes Leben gehabt haben. Zu Hause war er so gut wie nie – eine geheimnisumwitterte Gestalt. Und wieder geriet Yvonne in Wut über das Verhalten dieses Vaters, der alles abenteuerlich Aufregende ganz für sich allein behalten hatte, geradeso, als empöre es sie, von heimlichen Reichtümern der Eltern ausgeschlossen worden zu sein, die sie nicht einmal hatte sehen dürfen. Es war nie ganz klar, ob ihr Vater fort war, um zu arbeiten – oder aus anderen Gründen. Aber auch dann, wenn er zu Hause war, scheint er nicht zur Ernährung der Familie beigetragen zu haben. Es

war die Mutter, die den Unterhalt verdienen mußte. Sie hatte eine schwere Arbeit in einer Emballagefabrik, mußte täglich sehr viele Stunden lang von zu Hause fort sein. Die Töchter blieben sich selbst überlassen, mit dem Wohnungsschlüssel um den Hals. Die Familie sah verächtlich auf ihre Umgebung herab, wollte mit den Nachbarn nichts zu tun haben; so waren Yvonne und ihre Schwester vollständig auf sich allein angewiesen. Aber auch sie standen einander nicht sehr nahe. »Wir waren zu verschieden«, sagte Yvonne. Ihre Schwester scheint sehr viel »normaler« gewesen zu sein. Yvonnes Überzeugung, daß sie selbst etwas »Besonderes« sei, muß schon damals sehr ausgeprägt gewesen sein, – wenn ihr dies zu jener Zeit auch nichts als Einsamkeit und Trübsal eingebracht hat.
Wenn der Vater zu Hause war, graute es der Familie vor seinem heftigen, aufbrausenden Temperament, das völlig unberechenbar war. Heute noch überläuft Yvonne ein eisiges Schaudern, wenn sie an die Gewalttätigkeit ihres Vaters zurückdenkt; und es kann immer noch geschehen, daß sie beim Anblick eines fremden Mannes zusammenfährt, weil dieser sie an ihren Vater erinnert. Später wurde dieser gefürchtete, hitzige, heftige Vater stocktaub und war dann nur noch eine pathetische Gestalt.
Während die Mutter schon in ihren Fünfzigern, nach einer langen, schmerzvollen Krankheit starb, lebte der Vater noch, bis er über achtzig war. Das einzige Interesse, das er seinen Töchtern jemals entgegengebracht hatte, war ihre musikalische Ausbildung gewesen. Er hatte ihnen Stunden gegeben in der Hoffnung, sie der Musik zugänglich machen zu können, ihr Interesse zu wecken, aber er war zu streng und unerbittlich, hatte Anforderungen an sie gestellt, als habe er Genies vor sich, und so endeten diese Übungsstunden regelmäßig in einer Katastrophe: er in wutschnaubender, rasender Laune, die Mädchen in Tränen aufgelöst.
Nachdem Yvonne mit vierzehn die Schule verlassen hatte, schaffte sie es, sich bei einem Schneidermeister eine Lehrstelle zu besorgen, und nach Ablauf des ersten Lehrjahres ging sie von zu Hause fort und zog mit einer Freundin zusammen. Die beiden Mädchen arbeiteten in Londons Westend, und der Glanz und Zauber dieses Stadtteils schlug sie in Bann, machten sie völlig verrückt. Yvonne stellte

begeistert fest, daß Männer Gefallen an ihr fanden. Sie wurde sich ihrer sexuellen Anziehungskraft bewußt, ließ sich von jungen Männern verwöhnen und ausführen und war sehr verführerisch; aber sie verhielt sich dennoch zurückhaltend. Als Yvonne von dieser Zeit erzählte, spürte ich etwas von ihrer ganz besonderen Gabe, in anderen Menschen Liebe und tiefe Bewunderung wachzurufen, Freude zu geben und zu empfangen, und bei alledem in narzißtischer Weise viel von sich selbst zurückzuhalten. Dieser ihrem Wesen so eigentümliche Narzißmus wurde später ein machtvoller Faktor in der Gestaltung ihres Lebens.

Yvonne legte nicht nur großen Wert darauf, daß ihre jungen Freunde Geld besaßen, sie mußten auch eine tadellose Erziehung genossen haben und sich wohlartikuliert auszudrücken wissen. Sie selbst gab sich dann große Mühe, von ihnen zu lernen. Sie war fest entschlossen, eine Dame zu werden und ihre schäbige Vergangenheit zu vergessen. Während dieser Zeit vernachlässigte sie ihre Mutter völlig, und heute hat sie deswegen Schuldgefühle. »Ich konnte damals an gar nichts anderes denken als an Vergnügen, Vergnügen, Vergnügen, und ich drehte ein wenig durch in meiner ewigen Jagd nach den Fleischtöpfen.«

Als Yvonne ungefähr achtzehn Jahre alt war und sich auf der Suche nach einer Stellung befand, händigte man ihr auf dem Arbeitsamt eine lange Liste mit Anschriften aus. Eine Adresse in Southampton Row übte eine seltsame Anziehungskraft auf sie aus. Als sie mir dies erzählte, verlor sie sich in Erinnerungen und fing an zu singen: »Southampton Row, Southampton Row . . .«, ihr Gesicht strahlte, und ihre Augen leuchteten. Da sah ich in dieser achtundsiebzigjährigen Frau einen Abglanz des entzückenden Mädchens, das sie damals gewesen sein muß. Ihr Vorgefühl hatte sie nicht getäuscht: es war die Southampton Row, in der sie David fand, ihren Ehemann. David war der älteste Sohn einer alten, orthodox jüdischen Eastend-Familie. Der Vater war Schneider, und er wollte, daß sein Sohn ins Geschäft einsteige. Aber David war eigensinnig und hitzig: Vater und Sohn konnten nicht zusammenarbeiten. David verließ das Geschäft des Vaters und machte ein eigenes auf in der Southampton Row. Hier arbeitete Yvonne fünf Jahre lang bei ihm. Dann, als er einberufen wurde, verlobten sie sich, und fünf Jahre später heirateten sie, gleich nach seiner Entlassung. Um diese Zeit hatte er sich entschlossen, das Schneiderhandwerk an den Nagel zu hängen und ins Geschäftsleben überzuwechseln. Er wurde sehr rasch ein äußerst erfolgreicher Geschäftsmann.

Davids Familie war verständlicherweise sehr dagegen, daß ihr Sohn eine Christin heiratete, aber Davids Entschluß stand fest, und Yvonne tat ihr Bestes, die Familie zu beschwichtigen. Sie wurde Jüdin, lernte ein wenig Hebräisch, gab sich große Mühe, jüdische Traditionen zu verstehen und die strengen Speise- und Zubereitungsgebote strikt einzuhalten. Als sie aber geheiratet hatten und für sich allein in ihrem eigenen Heim lebten, wollte David von allen diesen Dingen nichts mehr wissen. Yvonne hatte ihn ja gerade deswegen so stark angezogen, weil sie so ganz anders war als alle Frauen, die er bisher gekannt hatte, die alle fett und emotional gewesen waren. Yvonne hingegen war »dünn wie ein Stock und sehr kühl«. David liebte seine Familie zwar sehr, und er war Yvonne auch herzlich dankbar dafür, daß sie versuchte, ihr zu gefallen, aber er wollte loskommen von dieser Vergangenheit und den Eastend-Beschränkungen. Er wünschte, daß ihrer beider Leben so verschieden wie nur möglich werden solle von alledem, an das er in seiner Jugend gewöhnt gewesen war.

Und es wurde auch alles ganz anders. Mit wachsendem Erfolg zogen sie in immer bessere Wohnungen, und ihre gesellschaftlichen Verpflichtungen wurden entsprechend umfangreicher. Yvonne war eine überaus penible Hausfrau, putzte und polierte gern, obwohl genügend Hilfe zu ihrer Verfügung stand. David ärgerte sich darüber. Als ich sie fragte, ob ihr das Saubermachen denn Spaß mache – damals und heute –, sagte sie leidenschaftlich: »Ich hasse es! Aber es ist das einzige, was ich gut kann, und nur, wenn ich etwas wirklich gut mache, bin ich zufrieden.« David sah in seinem Hause ein Symbol seines Erfolges; es war für ihn der angemessene Hintergrund für ihr gesellschaftliches Leben. Er hatte gesellschaftliche Ambitionen, er wollte Gäste empfangen, Feste feiern, ein Haus haben, das man bewunderte, und eine Gastgeberin, die man verehrte. David hatte die Schule nur bis zu seinem dreizehnten Lebensjahr be-

sucht, und später war er immer viel zu beschäftigt gewesen, um sich weiterbilden zu können; er war jedoch sehr intelligent, ein hervorragender Schachspieler und ein sehr gewandter Gesprächspartner; er wurde geachtet und hochgeschätzt. Er liebte es, mit Yvonne Aufsehen zu erregen, kaufte ihr teure Kleider und kontrollierte ihre Erscheinung und ihr Auftreten. Sie fühlte sich wie eine Königin unter seiner liebevollen Obhut, und er vergötterte den Boden unter ihren Füßen. Er wollte, daß sie immer und überall die Schönste sei, die von allen am meisten Bewunderte, sei es auf ihren jährlichen Kreuzfahrten oder bei anderen gesellschaftlichen Anlässen. Als auf einer Freimaurerveranstaltung der Bürgermeister des Ortes Davids Erlaubnis erbat, Yvonne zu »seiner Dame« wählen zu dürfen, damit sie die repräsentativen Verpflichtungen des Abends übernehme, war David stolz und glücklich. Aber in die Freude, eine so begehrenswerte Frau zu haben, mischte sich auch oft einige Besorgnis: Würde er fähig sein, sie zu halten? Liebte sie ihn auch wirklich? Es gab Zweifel und Ungewißheiten.
In dieser scheinbar so liebevollen Partnerschaft gab es in beider Leben ganze Bereiche, die vor einander verborgen blieben. Dies traf insbesondere zu auf dem Gebiet der Sexualität: irgendwelche wie auch immer gearteten Gespräche über dieses Thema waren tabu. Keiner von ihnen hatte voreheliche sexuelle Beziehungen gehabt oder etwas gewußt von Empfängnisverhütungsmitteln. Ihre ganze Ehe hindurch praktizierten sie den coitus interruptus. Yvonne war frigide, und sie verhielt sich oft sehr abweisend, sagte von David, daß er sexbesessen sei und nannte ihn ein Raubtier. Sie hatte ihn schon mehrmals verlassen, wenn, wie sie es nannte, Belanglosigkeiten ihn zu Tobsuchtsanfällen veranlaßt hatten. Aber diese seine Wutausbrüche können sehr wohl mit seiner sexuellen Frustration in Verbindung gestanden haben. Einmal hatte Yvonne ihn für mehrere Wochen verlassen, aber schließlich gab sie seinen Bitten, zu ihm zurückzukehren, doch nach. In späteren Jahren hatten sie getrennte Schlafzimmer – »wegen der unterschiedlichen Schlafgewohnheiten« wie Yvonne es ausdrückt, aber vielleicht deswegen, weil David sich fortgesetzt frustriert fühlte. Bei solchen Gelegenheiten erinnerte er Yvonne an ihren Vater.

1961 wurde Yvonne krank, hatte irgendwelche Nierengeschichten und mußte ins Krankenhaus. Während sie dort war, sich ausruhte und umsorgt wurde, war sie voller guter Vorsätze für ihr gemeinsames Leben in der Zukunft: Sie wollte David eine bessere Frau sein, wollte versuchen, ihn mehr zufriedenzustellen und seinen Wünschen zu entsprechen. Wie gut und lieb er war: Immer war er der erste Besucher auf der Station und brachte die allerschönsten Blumen mit. Alle Leute sagten, wie glücklich sie sei, einen so phantastischen Mann zu haben.

Am Tage ihrer Entlassung aus dem Krankenhaus wartete sie freudig aufgeregt auf Davids Besuch und sehnte sich danach, von ihm nach Hause gebracht zu werden. Statt seiner kam die Oberschwester herein und führte sie in ein privates Zimmer: Hier wurde sie von ihrem jüngeren Sohn und dessen Frau erwartet, beide in Tränen aufgelöst: David war an diesem Morgen an einem Herzinfarkt gestorben. Es scheint einige Vorwarnungen, wie ein zu hoher Blutdruck, gegeben zu haben, aber David hatte kein Aufheben davon machen wollen, und Yvonne war einfach über diese Gefahrensignale hinweggegangen.

Nach Davids Tod war Yvonne untröstlich. Tagelang weinte und schluchzte sie und war ganz außerstande, den Verlust zu akzeptieren. Ihre Söhne und ihre Schwiegertöchter versuchten, sie zu beruhigen und zu trösten, und ihr altes Kindermädchen zog zu ihr, sie zu umsorgen und auf sie aufzupassen. Dennoch war es Yvonne so, »als helfe ihr niemand, als verstehe sie kein einziger Mensch«. Sie fühlte sich »fuchsteufelswild«, wenn die Leute versuchten, sie mit etwas zu trösten oder abzulenken. Ihr wilder Ärger, ihr verzehrender Zorn und ihre rasende Wut erinnerten mich lebhaft an ihre Erzählungen von den Entbehrungen ihrer frühen Jahre. Jetzt wie damals drückten sie ihre Kränkung, ihren Schmerz darüber aus, daß das Leben sie so unfair behandelt hatte. Sie wünschte, David niemals geheiratet zu haben; das 45 Jahre währende Glück wog den Schmerz nicht auf, den sie jetzt durchleiden mußte. »Sie müssen mich für verrückt halten«, sagte sie zu mir.

Einmal konnte sie nichts essen und verlor zuviel an Gewicht, das andere Mal stopfte sie sich voll, weil es sie tröstete. Sie stützte sich

schwer auf Nachbarn und fühlte sich dennoch von allen Menschen im Stich gelassen.
Dieser Zustand von Wut und Verzweiflung dauerte ungefähr zwei Jahre lang. Dann begannen die Wunden allmählich zu heilen, und Schmerz und Trübsal taten nicht mehr ganz so weh. In den späteren Phasen ihrer Verzweiflung und Trostlosigkeit hatte sie das Empfinden, David irgendwie ersetzen zu müssen. Sie sehnte sich nach jemandem, der sie mit sich fort nähme, weit fort, auf eine lange Reise, so wie David es getan hatte. Sie ging außergewöhnlich weit in ihrer wilden Suche nach einem Ersatz; sie versuchte es sogar mit Ehevermittlungsbüros. (»Man verliert ganz sein Urteilsvermögen.«)
Schließlich sah sie die Sinnlosigkeit dieses Unterfangens ein, verkaufte ihr Haus, zog in ein Apartment, das für sie im Haus ihres jüngeren Sohnes gebaut worden war, und versuchte, wieder ein wenig Interesse am Leben zu gewinnen. Aber der Umzug hatte neue Schwierigkeiten mit sich gebracht. Sie kannte niemanden in der Nachbarschaft, und das junge Ehepaar band sie fest ans Haus. Um aus dem Apartment rauszukommen und unter Menschen zu sein, fing sie an, sich nach einer Stellung als Reinemachefrau umzusehen, »nur bei sehr netten, gebildeten Leuten, die mich als ihresgleichen behandeln«. Diese achtundsiebzigjährige, königlich aussehende Dame muß allerdings eine Sensation in den Haushalten sein, die sie mit ihrem Schrubben und Scheuern beehrt. Aber sie setzt ihren Stolz in die Arbeit, und ihre Auftraggeber sagen, daß sie noch nie eine so gründliche Reinemachefrau gehabt hätten. Das Reinemachen ist auch für sie selbst eine große Hilfe, nicht nur, weil es ihr eine Befriedigung ist, diese Arbeit so ausnehmend gut zu machen, und sie dadurch aus ihrem Apartment herauskommt, sondern auch, weil sie dadurch etwas Besonderes ist, eine Sensation.
Abends besucht sie Kurse für Französisch – die Muttersprache ihrer armen Mutter – und für Musik. Sie spielt Geige, das Instrument ihres Vaters. Beides macht ihr große Freude, und scheint eine positive Verbindung herzustellen zu den im übrigen so negativen Bildern ihrer Vergangenheit und ihrer Eltern.
Sie hat zwar immer noch Weinkrämpfe – »Ich werde nie aufhören, um David zu trauern und zu weinen« –, aber sie sagt auch, daß sie

sich auf eine merkwürdige Weise besser fühle: »Ich bin mehr ich selbst, ich fühle mich irgendwie befreit. Mit David war ich immer verkrampft; jetzt kann ich mich entspannen.«
Sie akzeptierte ohne weiteres meine Erläuterung, daß sie in ihrer Ehe mit David ihre Rolle immer nur mit halbem Herzen gespielt hätte und eben deswegen so entsetzlich angespannt gewesen sei, zumal sie nie genau wußte, ob sie durchhalten könne. Als ich sie fragte: »Und wie war das mit David, wollten Sie, daß auch er eine Rolle spiele, die er selbst als schwierig empfunden haben mag?«, sagte sie, daß sie dies nicht wisse. Ich wagte nicht, meinen Zweifel klar auszudrücken, wie in aller Welt er sich gefühlt haben mochte, als er immer die Rolle eines erfolgreichen und ihr in zärtlicher Liebe zugetanen Ehemannes spielen mußte, ohne daß sie, seine Ehefrau, ihm je Zugeständnisse an seine sexuelle Potenz gemacht hätte. Sowohl Yvonne als auch David hatten so dringlich besser und anders sein wollen, als alles, was sie in ihren elterlichen Heimen kennengelernt hatten, daß sie darüber in Gefahr gerieten, den Kontakt zu ihrer eigenen Identität zu verlieren, sowie auch das Gespür für das, was für die eigene Persönlichkeit eines jeden von ihnen richtig gewesen wäre. Während Yvonne sich angestrengt abmühte, herauszufinden, was es wohl gewesen sein mochte, das David in ihr gesehen hatte, von dem sie fühlte, daß es nicht ganz dem entsprach, dessen sie eigentlich bedurft hätte, konnte ich es nicht unterlassen, darüber nachzudenken, welche ihrer Sehnsüchte, Wunschträume und Ambitionen sie wohl auf David projiziert haben mochte, die ihn hatten glauben lassen, daß er unbedingt einer »Königlichen Hoheit« bedürfe und dafür ihre Frigidität hinnehmen müsse. Durch seine zärtliche Verehrung war sie der ganz besondere Mensch geworden, der sie so gerne sein wollte. Nach dem Tode hatte sie das Ziel, etwas »Besonderes« zu sein, durch ihre Reinemachearbeit erreicht – und dieses letztere offensichtlich sehr viel leichter und ohne Schuldgefühle. Irgendwie hatte sie immer gefühlt, daß sie David nicht voll zu seinem Recht hatte kommen lassen, daß sie ihn durch ihre sexuelle Ablehnung betrogen hatte.
Yvonne wollte sich mir gegenüber nicht besser machen, als sie es war. So bot sie denn das Bild einer ziemlich egoistischen, narzißti-

schen Frau, die nur zu ihren eigenen Bedingungen lieben konnte und grausam zurückweisend zu sein vermochte, zuerst gegenüber ihrer Mutter und später gegenüber David. Sie schien jedoch auch ein grundsätzlich treuer Mensch zu sein, denn jetzt liegt ihre größte Befriedigung in der Rückkehr zu den Interessen ihrer Eltern und in ihrer lebendigen Erinnerung an ihren Mann und auch in dem nunmehr erlaubten Schrubben und Scheuern, das ihr Freude macht und ihr das Gefühl gibt, gut und besonders zu sein ohne jede Schuld. Als wir an jenem langen Nachmittag zusammensaßen, zeigte sie das größte Interesse, als ich sie auf die Verbindung hinwies, zwischen den Frustrationen ihrer Kindheit und ihrer kindischen Wut nach Davids Tod – Wut darüber, so arg verwundet worden zu sein. Dies leuchtete ihr ein, wie sie mir auch zustimmte, daß sie eine sehr starke Neigung habe, sich selbst zu ändern und zu bessern und dennoch zugleich im Grundsätzlichen sich selber treu zu bleiben, treu gegenüber dem, was sie als ihr wahres Selbst empfinde. Sie erwies sich als bemerkenswert einsichtig in ihre eigenen Zwiespältigkeiten und Widersprüche, und es war ihr selber darum zu tun, sich darüber klarzuwerden. Sie drängte mich, ihr zu einem besseren Verständnis ihrer selbst zu verhelfen. Im Verlauf meiner Bemühungen um sie kam sie zurück auf die Phantasiegespinste ihrer Kindheit, und sie erzählte, daß sie oft geträumt hätte, eine heimliche Prinzessin zu sein, ein Traum, den sie niemandem habe anvertrauen können. Es sei dies nur ein isoliertes Bild gewesen, ohne jeden szenischen Hintergrund, eine Prinzessin, ein königliches Dasein, ganz für sich allein.

In ihrem großartigen, prächtigen Narzißmus war diese Traum-Prinzessin ganz genau das, was sie hatte sein wollen, – hierfür bedurfte es keiner Zusammenhänge. Als David versuchte, den Traum zu verwirklichen, indem er sie wie eine Prinzessin behandelte, empfand sie Schuld und Unbehagen. Aber jetzt, ganz allein für sich, als königliche Reinemachefrau, ist der Traum beinahe wahr geworden.

Anne und Robin

Robins Frau starb vor zwei Jahren; sie ließ ihn zurück mit drei Kindern, Veronika, neun Jahre alt, Eric, fünf (adoptiert) und Martha, noch kein Jahr. Er bestand darauf, selbst für die Kinder zu sorgen. Er lebt von der Sozialversicherung und nimmt teil an einem Fernstudium in Mathematik. Er hat bereits drei Anrechnungspunkte für sein zu erfüllendes Pensum erworben und hofft, in anderthalb Jahren das Examen ablegen zu können. Zu der Zeit wird Martha auch schon die Schule besuchen. Zwischenzeitlich bemüht er sich, den Kindern eine perfekte Mutter zu sein. Robin ist vierzig, seine Frau Anne war etwas älter. Zwölf Jahre waren sie verheiratet gewesen. Ihre Vorgeschichten und äußeren Erscheinungsbilder hätten kaum unterschiedlicher sein können. Robin ist groß, blond, sieht gut aus, in einer ein wenig schlaksigen Weise, wirkt jünger, als er ist, und dies unterstreicht er noch durch seine unkonventionelle Kleidung. Sein Vater starb bei einem Militär-Unfall. Damals war Robin zehn und sein jüngerer Bruder acht. Robin hatte seinen Vater kaum gekannt, der aufgrund seines Militärdienstes kaum jemals zu Hause war. Von seiner Mutter und anderen Verwandten hatte er erfahren, daß sein Vater, der aus einer reichen, bürgerlichen Familie stammte, seinen Vater ebenfalls mit zehn Jahren verloren hatte (wahrscheinlich im Ersten Weltkrieg). Er wurde dann von seinem Großvater erzogen, der reich und ehrgeizig war und große Anforderungen an sich und andere stellte, und der ihn enterbte, als er sich weigerte das zu tun, was er von ihm wollte. Robins Vater, der angefangen hatte, Architektur zu studieren, gab daraufhin sein Studium auf, wurde Gelegenheitsarbeiter und interessierte sich nur noch für Pferde und ein gutes Leben. Er heiratete ein schönes, verführerisches Mädchen aus einer viel niedrigeren sozialen Schicht, das ihn innig liebte und heiß verehrte: ihn und sein »sexy-sein«. Sie wurde Robins Mutter. Nach dem Tode ihres Mannes übertrug sie ihre Liebe und Verehrung auf ihren Sohn Robin, an dem in ihren Augen kein Fehl war, der nichts Unrechtes tun konnte. Sie fand ihn genauso klug, so sexy und so gutaussehend wie seinen Vater, – und das sagte sie ihm auch. Sein jüngerer Bruder war ein sehr durchschnittlicher Junge, mehr den Brüdern der Mutter ähnlich und in jeder Weise ganz anders als Robin. Als Robin dreizehn war, heiratete seine Mutter zum zweiten Male, diesmal einen Mann, der besser in das Milieu ihrer elterlichen Familie paßte. Er war ein ganz netter Mann, freundlich zu den Jungen; die große Bewunderung seiner Frau für Robin vermochte er allerdings nicht zu teilen. Er stellte ein paar Forderungen an ihn und äußerte auch einige Kritik; beides nahm Robin ihm übel. Mit vierzehn Jahren lief er von zu Hause fort, ließ Schule Schule sein, fand Unterschlupf bei einem Seemann und lebte nun mit diesem zusammen.

Dies war nicht Robins erstes homosexuelles Erlebnis. Als er zwölf war, hatte ihn beim Fußballspiel ein viel älterer Mann angesprochen, die Erlaubnis der Mutter erbeten und auch bekommen, »ihn zum Tee mit nach Hause zu nehmen, um seine Mami kennenzulernen« (Mami war eine senile, bettlägerige Frau). Der Mann war Briefmarkensammler, und Robin ließ sich gegen Briefmarken ganz gerne verführen. Dieses Verhältnis dauerte nahezu zwei Jahre, und seine Mutter billigte es. Robin ist jedenfalls überzeugt davon, daß seine Mutter gewußt haben müsse, was hier vor sich ging, wenn auch nie groß darüber gesprochen worden war. Während ich dieses schreibe, ist es mir erneut rätselhaft und unverständlich, daß die Mutter diese Situation widerspruchslos hinnahm. Kam es daher, daß sie Robin derart liebte und blindlings bewunderte, daß sie sich einfach nicht vorstellen konnte, daß er etwas Unrichtiges zu tun vermöchte? Oder wäre es vielleicht möglich, daß sie sich in ihrer Liebe zu diesem Jungen, den sie ebenso sexy fand wie ihren verlorenen Mann, mit dem Mann identifizierte, der ihn in gleicher Weise liebte?

Wie Robin diesem Seemann begegnete, der ihm dann später ein Heim bot, weiß ich nicht. Der Mann war in der Handelsmarine, fuhr aber nie zur See; er scheint irgendeine Art von Pension gehabt zu haben. Robin wurde von ihm losgeschickt, alle möglichen Gelegenheitsarbeiten auszuführen, um ein bißchen Extrageld zu verdienen. Alles in allem hatten die beiden eine vergnügliche Zeit zusammen und manchmal hatten sie sogar genügend Geld, um in die Oper zu gehen, die sie beide liebten.

Robin schien es als weitaus schwieriger empfunden zu haben, sich Mädchen zu nähern als Männern. Er fühlte sich Mädchen gegenüber sehr unsicher. Sein erster Versuch, einen Flirt anzufangen, endete in einer Katastrophe: Er wurde vom viel älteren Freund des Mädchens zusammengeschlagen. Danach hielt er es für sicherer, den Mädchen fernzubleiben. Bis er zweiundzwanzig Jahre alt wurde, ereignete sich nichts Nennenswertes. Dann traf er Heather, die siebzehn war. Sie arbeiteten zusammen in einem Kaffeeladen. Heather war eigentlich Musikstudentin, verdiente sich hier nur etwas Geld. Sie war ziemlich dick und körperlich nicht gerade sehr anmutig, und schüchtern und prüde war sie außerdem. Aber nachdem es Robin erstmal gelungen war, sie zu verführen, scheint einer dem anderen die so dringlich benötigte Sicherheit und Bestätigung vermittelt zu haben, daß sie beide als Mann und Frau in sexueller Hinsicht ganz normal seien. Dadurch fühlten sich diese beiden unsicheren Menschen eng miteinander verbunden. Sie heirateten zwar nicht, zogen aber zusammen in eine Wohnung, gründeten einen Haushalt und hatten gute Freunde. Heather setzte ihre Musikstudien fort und bekam dafür eine Unterstützung von ihrem reichen Vater. Robin hatte eine Stellung als technischer Zeichner. Er hätte Heather gern geheiratet, aber als sie nach vier Jahren volljährig wurde, bot ihr Vater ihr einen großen Geldbetrag an – unter der Bedingung, daß sie Robin aufgebe. Und das tat sie.

Bald danach traf Robin Anne, seine Frau. Sie war Malerin und Bildhauerin und hatte bis dahin mit einem anderen Mann zusammengelebt. Diesen gab sie Robins wegen auf. Es war Liebe auf den ersten Blick. Sie müssen ein sehr ungleiches, seltsam anzusehendes Paar gewesen sein, denn Anne war winzig, kaum einen Meter fünfzig groß, hatte einen leichten Buckel und häßliche Beine; aber ihr Gesicht war klar und von großer Schönheit.

Anne war das erste Kind junger Eltern, die noch gar nicht bereit gewesen waren, es willkommen zu heißen. Die ersten zehn Jahre ihres Lebens verbrachte sie in Kindertagesstätten oder in der Obhut von Kindermädchen. Sie fühlte sich ungeliebt und zurückgewiesen. Als sie zehn war, erkrankte sie an Kinderlähmung, die sie arg mißgestaltet zurückließ. Die Eltern wurden von schweren Schuldgefühlen

heimgesucht, weil sie sich so wenig um das Kind gekümmert hatten. Jetzt taten sie alles, setzten ihre ganze Kraft ein, opferten all ihre Zeit, um ihre kleine Tochter mit hingebungsvoller Liebe wieder das Gehen zu lehren und ihr die Selbständigkeit zurückzugeben. Als Anne sechzehn war und eine Kunsthochschule besuchte, gingen die Eltern nach Australien. Anne blieb zurück, sie weigerte sich, mit ihnen zu gehen. Die Eltern waren drüben sehr erfolgreich, wurden wohlhabend, bauten ein neues Leben auf und gründeten eine neue Familie. Anne fühlte sich von dieser neuen Familie ausgeschlossen. Nicht, daß es irgendwelche Feindseligkeiten gegeben hätte zwischen ihr und den Eltern, nur eben sehr wenig Kontakte. Sie waren durchaus bereit, sie finanziell zu unterstützen, sobald sie einen Wunsch äußerte, und als sie heiratete, kauften sie ihr ein Haus.
Trotz ihrer immer noch ein wenig anfälligen Gesundheit war Anne voller Lebensfreude, und ihre sexuellen Bedürfnisse waren unersättlich. Bis zu ihrer Begegnung mit Robin hatte sie sich für eine Nymphomanin gehalten; – aber Robins sexuelle Bedürfnisse waren genauso groß wie die ihren, und zusammen waren sie glücklich. Auch das Essen war für beide von großer Wichtigkeit. Anne war eine fabelhafte Köchin. Es machte ihr große Freude, Robin zu verwöhnen. Auch wenn sie irgendwo eingeladen waren, vergewisserte sie sich, daß Robin auch ja das Essen bekam, das er mochte. Wenn sie der Wirtin nicht allzuviel zutraute, konnte es ihr sogar einfallen, Robins Mahlzeit selber mitzubringen. So hatte denn Anne die Bewunderung und innige Liebe übernommen, die Robins Mutter für ihn empfunden hatte. Sie schmeichelte auch gern seiner Eitelkeit; und wenn die beiden überhaupt jemals etwas Geld übrig hatten, wurde es für seine Kleidung ausgegeben.
Ihr Leben veränderte sich jäh, als Anne ein Kind erwartete. Ihre Gesundheit verschlechterte sich, und sie mußte sehr viel leiden. Robin hatte nicht gerade verständnisvolles Mitgefühl. Er stolzierte herum, platzte geradezu vor Gesundheit und genoß das Leben. Von Anne ließ er sich weiterhin verwöhnen und tat selbst wenig, ihr das Leben etwas leichter zu machen. Nach dem Verlauf einiger Monate empfand er die Schwangerschaft und die damit verbundene Unförmigkeit als sehr abstoßend. Er verhielt sich betont abweisend, insbe-

sondere in körperlicher Hinsicht. Als Anne schon zwei Monate vor der Zeit ins Krankenhaus gebracht werden mußte, wo ein Kaiserschnitt vorgenommen wurde, der einen längeren Krankenhausaufenthalt erforderlich machte, reagierte Robin auf diese lange Trennung mit kindischer Wut. Als Anne dann endlich mit ihrer kleinen Tochter Veronika nach Hause kam, fühlte sich Robin durch das Stillen angeekelt. Er benahm sich weiterhin einsichtslos, abweisend und egozentrisch, und schließlich fing er an, sich mit anderen Frauen einzulassen und von zu Hause fortzubleiben. Dieses rücksichtslos zurückweisende Benehmen in einer Zeit, in der Anne ganz besonders verletzlich war und so überaus dringlich einer fürsorgenden Hilfe und einer Bemutterung bedurft hätte, schien in Anne alle ihre früheren Ängste wieder aufzurühren: ihre alten Befürchtungen, daß sie nicht liebenswert sei. Sie hatte schwere Depressionen und Perioden von Platzangst, die mit heftigen Wutausbrüchen abwechselten, in denen es ihr einfallen konnte, herumzuschreien und Sachen zu zerschmettern.

Robin war völlig verständnislos. Diese Frau, deren Launen zwischen verheerenden Zornanfällen und tiefer Depression hin- und herwechselten, war nicht die Anne, die er kannte, auf die er sich so fest hatte verlassen können. Maßlos in seinen Emotionen, vergalt er es ihr mit Wut und Ärger, und manchmal schlug er sie sogar. Es scheinen insbesondere die Depressionen gewesen zu sein, die ihn von ihr forttrieben, weil sie ihn ängstigten, und er sich davor fürchtete, von ihnen angesteckt zu werden. – Eines Tages kam er endlich zu der Einsicht, daß er selbst dies alles verursacht hatte. Er begriff, daß Annes Verzweiflung eine Folge seiner Zurückweisung war, und daß es sie überforderte, Veronika und ihn zugleich zu »bemuttern«, ohne sich selbst geliebt zu fühlen und sich seiner sexuellen Liebe sicher zu sein. Als Robin sich ihr wieder in Liebe zuwandte, waren alle schwarzen Wolken im Nu verflogen, und sie wurden erneut ein leidenschaftliches Liebespaar. Anne wußte gar nicht, was alles sie Robin Gutes tun könne, und er fühlte sich wie im Paradies. Sie lebten in einer Atmosphäre gegenseitiger Bewunderung – er bewunderte ihre Skulpturen, und sie die Gedichte, die er schrieb – eine Bewunderung, die das Band ihrer Liebe fester knüpfte, die jedoch nicht unbedingt von der Außenwelt geteilt wurde. Ihre kleine Tochter Veronika wurde nun in dieses Verhältnis ihrer gegenseitigen Anbetung einbezogen. Sie war ein wundervolles Baby, so ganz und gar eine Bestätigung ihrer guten Sexualität. In den Augen ihrer Eltern war Veronika das allerschönste, allerklügste, außergewöhnlichste Kind auf der ganzen Welt.

Anne wünschte sich leidenschaftlich ein zweites Kind; da man ihr jedoch eindringlich davon abgeraten hatte, das Risiko einer erneuten Schwangerschaft einzugehen, beschlossen sie, ein Kind zu adoptieren. Ihre Wahl fiel auf Eric, der ein sehr vernachlässigter kleiner Junge war und viel hatte entbehren müssen. Er war mit dem Etikett versehen: »Schwer unterzubringen«, und würde lange Zeit eine ganz besonders liebevolle Pflege brauchen. Dies bedeutete für sie beide eine Herausforderung, der besonders Anne mit all ihrer Herzenswärme und einer Überfülle an mütterlicher Liebe voll entsprach. Ihre gute Tat wurde ihnen herzlich belohnt, denn sie durften erleben, wie sich dieses arme, kleine Baby zu einem gesunden und glücklichen Kind entwickelte.

Sobald Eric aus dem Gröbsten heraus war, fing Anne damit an, Nachbarkinder bei sich aufzunehmen. Sie tat dies teils aus ihrem unersättlichen Bedürfnis heraus, andere zu umsorgen, teils aber auch, um etwas Geld zu verdienen. Robin war nicht gerade ein sehr beständiger Geldverdiener. Er blieb immer nur so lange in seinen Stellungen, wie diese seine Kräfte herausforderten und reizten, und er Vergnügen an ihnen fand. Zumeist hatte er für kurze Zeit Erfolg, aber er setzte sich nirgends fest und ließ sich niemals auf irgendwelche Arbeitsverpflichtungen ein. Die meisten Stellungen lagen auch weit unter seinen intellektuellen Möglichkeiten. Anne und Robin waren beide schlechte Haushalter und gaben lieber Geld aus für Dinge, die ihnen Freude machten, als für das, was sie am nötigsten brauchten. Trotz der wachsenden Familie ließ sich Robin weiterhin von Anne verwöhnen, blieb nach wie vor der Nehmende. Und Anne selbst schien es das größte Vergnügen zu bereiten, ihn zu verhätscheln.

Als Eric drei Jahre alt war, wurde bei Anne der Wunsch nach einem weiteren eigenen Kind wieder dringender. Aller ärztlichen Warnungen zum Trotz wurde sie wieder schwanger und erlitt eine Fehlgeburt, der unmittelbar eine neue Schwangerschaft nachfolgte, die zur Geburt der kleinen Martha führte. Diesmal empfand Robin Annes schwangeren Körper und später das Stillen des Säuglings als aufregend und spannend. Er wollte alles mit dem Kind teilen, und die Milch teilte er wortwörtlich. Anne stillte sechs Monate lang, verrichtete alle Arbeit im Hause, versorgte die Kinder und verwöhnte ihren Mann. Die ganze Familie lebte auf einer Woge freudiger Erregung, obgleich sich Annes Gesundheitszustand stetig verschlechterte. Auch Martha war ein ganz besonderes Baby, liebreizend und blühend, – aber ihre Mutter starb, bevor sie ein Jahr alt war.

Wenn man Annes Krankengeschichte mit Robins Augen sehen will, ist sie äußerst verwirrend. Sie zeigt deutlich, wie oft Patienten als auch deren Angehörige nur das sehen und hören, was sie sehen und hören wollen, und wie Ärzte bereitwillig auf diese Blindheit und Taubheit einzugehen scheinen.

Wie wir wissen, hatte man Anne vor weiteren Schwangerschaften gewarnt, und seit Veronikas Geburt, als diese Warnungen ausgesprochen worden waren, hatte sich ihr Gesundheitszustand unablässig verschlechtert. Insbesondere hatte sie zunehmend an etwas gelitten, was als Hämorrhoiden diagnostiziert worden war. Als die kleine Martha sechs Monate alt war, wurden Annes Schmerzen unerträglich. Ihr Hausarzt schickte sie ins örtliche Krankenhaus, wo sie von einem Spezialisten untersucht wurde. Das Urteil lautete: sofortige Aufnahme zur Durchführung einer Darmoperation. Diagnose nach der Operation: Krebs mit Metastasen, die bereits die Leber befallen hatten. Dies wurde Robin mitgeteilt, aber er scheint nur die beruhigende Feststellung gehört zu haben, daß die Darmoperation ein hundertprozentiger Erfolg gewesen sei, und daß eine weitere Lebenserwartung von fünf Jahren im Bereich des Möglichen liege. Er gab diese Nachricht weiter an Anne, und zusammen schmiedeten sie Pläne für diese fünf Jahre. Robin behauptet hartnäckig, daß sich Anne aufgrund dieser so erfolgreichen Operation, nach der Entlassung aus dem Krankenhaus in bester Gesundheit befunden habe. Er schien keinerlei Verschlechterungen wahrgenommen zu haben, und Anne machte weiterhin ihre Hausarbeit, wenn auch mit Hilfe eines Hausmädchens; nur Martha konnte sie nicht mehr stillen.

Zwei Monate nach ihrer Entlassung aus dem Krankenhaus brach Anne unter großen Schmerzen zusammen. Sie waren gerade ausgegangen, um einen Cowboy-Film anzusehen (Robins Lieblingsfilm). Erst jetzt wies ihr Hausarzt Robin warnend auf Annes so bedrohte Gesundheit hin, erst jetzt begriff er endlich, wie hoffnungslos krank sie eigentlich war. Er gab seine Stellung auf, um bei ihr sein zu können. Anne blieb noch sechs Monate lang zu Hause, die meiste Zeit im Bett. Lediglich für die letzten zehn Tage wurde sie ins Krankenhaus überführt, als ihre Schmerzen zu Hause nicht mehr bekämpft werden konnten. Während dieser letzten beiden Monate kamen ihnen unerwarteterweise alle Leute zu Hilfe, ihr Hausarzt, die Gemeindeschwester, die »gar nicht genug tun konnte«; Nachbarn, die keiner in der Familie früher gekannt hatte, nahmen sich der Kinder an. Robin fühlte sich sehr getröstet und unterstützt. Die Sorgen um Haus und Kinder wurden ihm abgenommen, und er wich nicht mehr von Annes Seite. Als sie dann im Krankenhaus lag, in einem Einzelzimmer, blieb er Tag und Nacht bei ihr, insbesondere während der letzten drei Tage, in denen sie bewußtlos war. Er wollte unbedingt allein bei ihr sein und nahm jede Unterbrechung übel, sogar das Hereinschauen der Schwestern, Obwohl er den Augenblick ihres tatsächlichen Todes als beängstigend und abstoßend empfand, wollte er diesen Augenblick mit niemandem teilen, und später sagte er: »Wenn es nicht wegen der Kinder gewesen wäre, wäre ich auch gestorben.«

Ein paar Whiskys halfen ihm, sein Gleichgewicht zurückzugewinnen. Dann begab er sich auf direktem Wege zu seinen Kindern, die bei Nachbarn untergebracht waren. Er sagte ihnen, daß ihre Mutter tot sei, und daß sie sie nicht mehr wiedersehen würden. Es war ihm sehr darum zu tun, den Kindern (und sich selbst) deutlich vor Augen zu führen, daß dies eine endgültige Trennung sei. In den folgenden Wochen sprach er viel mit den Kindern über ihre Mutter, und Schmerz und Tränen waren mit Witzen vermischt. Er verteilte ein paar Dinge an sie, die Anne gehört hatten, und er selbst trug fortan ihren Lieblings-Cape-Mantel. Aber er trauerte nicht. »Wie kann man, wenn Kinder um einen herum sind?«

Der kleine Eric reagierte auf den Tod seiner Mutter sofort mit tiefer Bedrängnis und jammervollem Leid. Es stellten sich regressive Symptome ein: Bettnässen, Einkoten, Diebstahl. Er bekam rasende Wutanfälle, und durch sein provokatives Verhalten forderte er andauernd zu Bestrafungen heraus. Robin brachte ihm endlose Geduld entgegen und zeigte ein erstaunliches Maß an Verständnis. Die neunjährige Veronika blieb ruhig und beherrscht. Sie half dem Vater nach besten Kräften, insbesondere in der Aufsicht und Pflege der kleinen Martha. Mit Veronikas Hilfe und der Hilfe seiner Haushälterin wurde er gut mit Eric, dem kleinen Baby und allen übrigen Dingen, die es zu tun galt, fertig. Wenn die Belastung zu groß für ihn wurde, dann bekam er unerklärliche Schmerzen, Migränen, entwickelte andere körperliche Symptome, die es ihm ermöglichten, Nachbarn, Freunde und seine Mutter um Hilfe zu bitten. Aber er nahm sich immer bald wieder zusammen, niemals gab es irgendein Anzeichen dafür, daß er aufgeben könnte, und nie machte er einen Versuch, die ganze Situation irgendwelchen Hilfsorganisationen zu überlassen. Er suchte nicht einmal Erics wegen eine heilpädagogische Kinderklinik auf, als dieser beinahe unmittelbar nach dem Tod seiner Mutter in eine Sonderklasse seiner Schule versetzt werden mußte.

Jetzt, zwei Jahre danach, hat Eric sich erholt. Er ist der erste seiner Klasse im Aufbauzug der Schule, und er zeigt ein besonderes Interesse für »Zahlen« – wahrscheinlich deswegen, weil er sich mit dem neuen Interesse seines Vaters für Mathematik identifiziert.

Nun aber macht Veronika ihrem Vater, dem sie eine so große Hilfe gewesen war, Sorgen. Mit ihren elf Jahren ist sie zu erwachsen, und fühlt sich schon für viele Dinge verantwortlich, aber ihre Leistungen in der Schule sind schwach. Vor allem hat sie seit kurzem häufig Anfälle von Depressionen. Es muß nicht leicht für sie sein, soviel Verantwortung für Martha auf sich zu nehmen, der sie oft die Schuld am Tod ihrer Mutter gibt. »Wenn Martha nicht gewesen wäre, lebte Mama noch.« Dieses Gefühl muß zerstörerische Vorstellungen und Impulse gegenüber Martha in ihr wachrufen.

Manchmal kommt sie des Nachts ins Schlafzimmer ihres Vaters, geschüttelt von Weinkrämpfen, untröstlich: »Ich will meine Mama haben!« Robin wird sich bewußt, wie sehr ihn diese nächtlichen Besuche ängstigen; er erinnert sich, daß auch Annes Depressionen ihn erschreckt und entsetzt hatten. Anstatt nun an Veronikas Kummer liebevollen Anteil zu nehmen, distanziert er sich von ihm. »Es ist doch nur eine Zeitverschwendung, deprimiert zu sein.« Möglicherweise fürchtet er sich auch davor, daß Veronikas nächtliche Besuche sexuelle Gefühle in ihm wachrufen könnten.

Man kann Robins Abwehrmaßnahmen gegen die Depressionen besser verstehen, wenn man sich erinnert, daß auch er in seiner Jugend unter schweren Depressionen gelitten hatte, nachdem er seine Mutter verlassen hatte. Sie hörten völlig auf, als er Anne begegnete, und sie traten erst nach ihrem Tode wieder auf. In beiden Fällen kann man sie als seine Reaktion auf den Verlust einer innig liebenden, gütig fürsorgenden Mutter deuten. Aber es kann auch noch eine andere Erklärung geben.

Ich weiß nicht, ob dieser vaterlose Junge es auf Kosten seiner Mutter oder auf Kosten seines »unbedeutenden« Bruders fertigbrachte, seine ganze Kindheit hindurch so fröhlich und sonnig zu bleiben. In seiner Ehe scheint er seine Depressionen auf Anne projiziert zu haben, als sie bei ihr zum Durchbruch kamen, verleugnete er Anne – und die Depressionen – vollständig. Wir wissen, daß niemals ein Patient nur das Opfer des anderen sein kann, und Anne hatte selbst starke depressive Veranlagungen. Als sie dann aber zusätzlich mit den von Robin auf sie projizierten Depressionen belastet wurde, kam bei ihr die doppelte Dosis zum Ausbruch und schreckte Robin ab.

Jetzt, da Robin wiederum Zeiten schwerer Depressionen durchmacht, bemüht er sich, diese sich selbst und anderen gegenüber »rational« als Schuldgefühle zu erklären. Er fühlt sich schuldig, daß er nicht Anne gegenüber zu einem früheren Zeitpunkt auf der Diagnose eines Spezialisten bestanden habe und auch, daß er auf ihren gefährlichen Wunsch nach einem weiteren Kind eingegangen ist. Er versucht auch dadurch seine Depressionen in Grenzen zu halten, daß er Anne und ihre Ehe idealisiert: »Es wäre zu schmerzlich, sich an irgend etwas Häßliches und Böses zu erinnern.« Er läßt nicht zu, daß irgend jemand Anne kritisiert; – und sich selbst erlaubt er es auch nicht. Wenn wir im Verlauf unserer Gespräche auch nur in die Nähe von Kummer und Schmerz kamen, fing er sogleich an zu lachen, zu grinsen. »Man muß dem Leben die beste Seite abgewinnen«, behauptete er. Er beginnt jedoch allmählich einzusehen, daß die Verleugnung seiner eigenen Depression sich auf Veronika auswirken könnte. Wenn die erwachsene Anne deswegen um so schwerer deprimiert sein mußte, weil er sich geweigert hatte, seine Depression zu akzeptieren, wieviel schwerwiegender könnte ein heranwachsendes Kind betroffen werden?

Solche und andere neue Einsichten sind Anzeichen seines Reifens, wechseln aber immer wieder mit kindischen Reaktionen ab. Er sagt zum Beispiel: »Geld ist nicht notwendig«, und schreibt Briefe an Annes Eltern, um sie um Geld zu bitten.

Dann wieder ist er geradezu rührend eitel (nachdem er meine Aufzeichnungen gelesen hatte, von denen ich befürchtete, daß sie ihn aufregen könnten, war er begeistert, weil ich ihn als jugendlich und gutaussehend dargestellt hatte). Sein hauptsächlicher und dringlichster Wunsch aber ist, »Anne Freude zu machen«. Sie hatte seit jeher seinen Mangel an formaler Bildung bedauert und gewünscht, daß er studiere. Unmittelbar nach ihrem Tod meldete er sich für einen Kunst-Kursus im Fernstudium an (Annes Wahl für ihn). Als er nicht angenommen wurde, entschied er sich für Mathematik. Als er mich zwei Jahre nach Annes Tod aufsuchte, war er vollständig von diesem Stoff, der ihm ganz neue Horizonte eröffnet hatte, gefesselt. Er behauptete, »Mathematik sei genau wie Poesie«.

Anne war eine »perfekte Mutter« gewesen und eine fabelhafte Köchin: Robin ist ein hervorragender Koch geworden, und es macht ihm Spaß. Er bemüht sich nach besten Kräften, eine ausreichend gute Mutter zu sein. Anne war gütig und hilfsbereit zu jedermann. Robin hat jetzt vor, geistig behinderte Kinder zu unterrichten; außerdem nimmt er an einem Kursus teil, in dem er lernen will, tauben Studenten bei ihren Mathematikstudien zu helfen.

Alles, was er tut, scheint von dem Wunsch motiviert zu sein, Anne Freude zu machen, und sich selbst mit ihr zu identifizieren. Er spürt

oft ihre Nähe: »Dann wird mir irgendwie kalt, und dennoch trägt es mich, es hilft mir.«
Was später einmal sein wird, wenn die Kinder älter sind und nicht so viel Bemutterung bedürfen, und Robin kein Student mehr ist, wissen wir nicht. Wird er dann die Fähigkeit haben, ein Vater zu werden (jetzt ist er eine Mutter), ein Erwachsener und ein Geldverdiener, der an eine regelmäßige Arbeit gebunden und wirklichkeitsnah genug ist, um einzusehen, daß er ohne Geld nicht weiterkommt? Wird er es schaffen, ein selbständiger, unabhängiger Mensch zu werden und seine eigenen Kräfte zu entwickeln, anstatt ein Schatten von Anne zu bleiben? Wird er Anne in genügendem Maße objektivieren können, um sie realistischer zu sehen und sie nicht mehr zu idealisieren? Wird er die Kraft aufbringen, nicht abhängig von Veronika zu werden, – gefühlsmäßig und auch sonst – und es dem Kind ermöglichen eine normale Trennung von ihm zu vollziehen, wenn es erwachsen ist?
Da wir doch keine Antworten auf unsere Fragen über zukünftige Entwicklungen finden werden, könnte es vielleicht ganz interessant sein, einmal zu überlegen, warum diese beiden Menschen, die in jeder Beziehung so verschieden und so äußerst entgegengesetzte Persönlichkeiten waren, sich gegenseitig zum Partner gewählt haben, und aus welchen Gründen sie ihre leidenschaftliche, emotionale Bindung trotz aller Wechselfälle ihres gemeinsamen Lebens bis zum Schluß aufrechtzuerhalten vermochten. Wollte wohl jeder im anderen mit den Eigenschaften in Verbindung kommen, die er oder sie nicht in sich selbst entwickeln konnten? Robin mit der verantwortungsbewußten, fürsorglichen Erwachsenen – Anne mit dem fröhlichen, charmanten Jugendlichen, die sie selbst niemals hatte sein können? Robin sorgte dafür, daß Annes zwingendes Bedürfnis, Kinder zu haben und für diese zu sorgen, unablässig befriedigt wurde; und gerade dieses ihr Bedürfnis könnte zu seiner Unfähigkeit, erwachsen zu werden, beigetragen haben. War sie, winzig klein, verkrüppelt und behindert, durch die Liebe dieses großen, gesunden, kräftigen Mannes dazu fähig geworden, sich selbst als geschätzt und reizvoll zu empfinden? Dieses Mannes, der seinerseits gar nicht so selbstsicher in seinen Beziehungen zu Frauen war. War

die Tatsache, daß er Anne dazu hatte helfen können, sich in sich selbst wohl zu fühlen, nicht eine Bestätigung dafür, daß er, trotz seines kindischen, verantwortungslosen Betragens, eigene wiedergutmachende Antriebe hatte, – die er später auch Eric gegenüber zum Ausdruck bringen konnte?

Nach der schwierigen Zeit um Veronikas Geburt, in der Robin seinen Neid und Eifersucht auf Annes mütterliche Funktion auf grausam kindische Weise Ausdruck gab, konnte er später die Befriedigung und Genugtuung erfahren, daß er Anne durch seine sexuelle Liebe zu bemuttern vermochte. Dies scheint ihn dazu befähigt zu haben, Anne, seine »liebende, bewundernde Mutter« mit anderen geliebten Kindern zu teilen, und darüber hinaus noch ihre mütterlichen Triebe für andere Menschen zu unterstützen und wertzuschätzen. Ohne diese seine Hilfe und Unterstützung hätte Anne Eric, diesem armen, vernachlässigten Kind, nicht soviel Liebe und Fürsorge widmen können. Die große Hilfsbedürftigkeit dieses Kindes, die Entbehrungen, die es hatte erleiden müssen, haben in Anne und Robin, seinen Adoptiveltern, sicher sehr unterschiedliche Saiten zum Klingen gebracht: Anne konnte sich mit seinen körperlichen Behinderungen und Entbehrungen identifizieren, Robin mag eine Möglichkeit gesehen haben, auf diese Weise für seine eigene Gier und seine anspruchsvolle, fordernde Art eine Schuld abzahlen zu können. Sie brachten es fertig, diese ihre so unterschiedlichen Antriebe zum Wohle des Kindes zu vereinigen, das, dank ihrer fürsorglichen Liebe, wachsen und gedeihen konnte.

Nach Annes Tod, scheinen es Erics Kummer und sein regressives Verhalten gewesen zu sein, die Robins Kräfte zu reiferen Reaktionen mobilisiert haben, Kräfte, die er, nachdem sie einmal geweckt worden waren, uneingeschränkt in seiner Arbeit und in seiner Familie einsetzen konnte. Als Anne noch alles für ihn tat und erledigte, hatte er sich um nichts gekümmert. Sie mußte sterben, ehe er seine eigenen fürsorglichen und wiedergutmachenden Eigenschaften in sich selbst entdecken und aktivieren konnte.

Wenn man sich Robins kindisches Betragen bis kurz vor Annes Tod vor Augen führt und dies dann mit seiner gegenwärtigen Haltung vergleicht, muß man eine verblüffende Veränderung feststellen –

die erfolgreiche Lösung eines Mutter-Kind-Verhältnisses, die seine kindischen Eigenschaften in mütterliche verwandelte. Trotzdem bleibt aber das Problem: Wird Robin jemals ein Vater werden können, für den ihm das Vorbild fehlt?

Diskussion

Die Geschichten der drei Ehepaare, Marion und Tony, Yvonne und David, Anne und Robin sind sehr verschieden voneinander, und so sind auch die sechs Menschen und deren Ehen und Familien. Nichtsdestoweniger haben sie gewisse gemeinsame Grundzüge. In allen drei Ehen gab es erheblichen Konfliktstoff und große Belastungen aber auch ein hohes Maß an gegenseitiger emotionaler Verbindung. Wir gewinnen den Eindruck, daß in allen drei Ehen der Partner, der starb, vom anderen ausgenutzt worden war, aber auch, daß dieser ein Interesse daran gehabt haben könnte, daß sich die gegebene Situation nicht änderte, weil er die Unreife und Abhängigkeit des anderen als eine Ergänzung seiner eigenen Stärke und Überlegenheit benötigte. Diese Ehen erinnern mich an Genets Theaterstück *Der Balkon*, das besagt, daß es keinen Richter geben kann ohne Delinquenten, keinen Bischof ohne den Sünder, keinen General ohne den Untergebenen.

In allen drei Ehen litt der Überlebende sehr schwer unter dem Verlust des Partners und war tief erschüttert durch die Trauer. Tony hatte einen ernsten Rückfall in seine alte Krankheit und starb beinahe daran; Yvonne war untröstlich, fühlte sich wie in Stücke gerissen; Robin lebte nur weiter »wegen der Kinder«. Nach einer gewissen Zeit des Trauerns, der Verstörtheit und der Rastlosigkeit schienen die Überlebenden jedoch nicht nur an Kraft gewonnen zu haben, sondern sie drückten auch in Worten und Taten aus, daß sie sich stärker fühlten, befreiter, unabhängiger, selbständiger, ihrer selbst bewußter und besser befähigt, mit dem Leben fertig zu werden, als sie dies je zu Lebzeiten ihrer Partner gewesen waren. Diese Wende trat ein trotz der Tatsache, daß jeder von ihnen sehr abhängig von der Unterstützung des Partners gewesen war, ja, diese Unterstützung sogar als ein gutes Recht beansprucht und gefordert hatte, ohne das sie nicht leben konnten. Als diese Unterstützung und Hilfe jedoch nicht mehr verfügbar war, fanden sie etwas Kraft in sich selbst. Obwohl sie ihre verlorenen Partner idealisierten und liebten, konnte man sich des Gefühls nicht erwehren, daß diese ihrem eigenen Wachstum im Wege gestanden und sie ihrer Möglichkeiten zu reifen, beraubt hatten.

Trotz der Übereinstimmungen dieser drei Ehepaare zeigen sie auch viele Unterschiede auf, und gerade sie sind es, die uns die vielfältigen Wege aufzeigen können, die zu einer zufriedenstellenden Lösung des Trauerns führen. Einer der Unterschiede betrifft das Alter: Tony und Robin waren Ende dreißig, als sie ihre Ehefrauen verloren, Yvonne war sechsundsechzig, als ihr Mann starb. Die beiden Männer hatten kleine Kinder, die ihre Mutter-Ersatz-Lösungen motivierten; Yvonne wurde durch ihren verheirateten Sohn ein Heim geboten. Während diese äußeren Gegebenheiten unvermeidlicherweise die Lösungen dieser Trauerfälle beeinflußt haben, wollen wir aber auch jene Faktoren berücksichtigen, die durch die innere Welt bedingt wurden. Marion und Tony hatten innerhalb ihrer Ehe die Merkmale aller Rollen, die eine Familie ausmachen. Beide hatten sie eine bedeutsame Beziehung zu ihrer Mutter und zu ihrem Vater gehabt, waren selbst Vater und Mutter, hatten einen Sohn und eine Tochter. Diese Vielfalt erprobter Beziehungen zu beiden Geschlechtern mag zu ihrer Fähigkeit beigetragen haben, Beängstigungen hinsichtlich der ihnen gemäßen sexuellen Rollen ebenso zu vermindern, wie die gegenseitigen Verstimmungen und Verwirrungen über die Erwartungen, die einer an den anderen stellte. Die Tatsache, daß sie beide in ihren frühen Jahren den Elternteil des anderen Geschlechts verloren hatten, und ihnen zufriedenstellender Ersatz für diesen Verlust geboten wurde, verhilft uns zu einem besseren Verständnis dafür, daß Tony, nach einer angemessenen Trauerzeit, die Kraft und die Fähigkeit hatte, Marion zu ersetzen und seiner Tochter zu helfen, ihre Stiefmutter zu akzeptieren.

Yvonne war ihr Leben lang ein in sich selbst geschlossener, narzißtischer Mensch gewesen. Sie bewahrte diese Eigenschaften in ihrer langen und hingebungsvollen Ehe mit David, aber seine zärtliche

Bewunderung befähigte sie, ihren Söhnen Zuneigung und Fürsorge entgegenzubringen. Dennoch war sie im tiefsten Grunde ein Einzelwesen, vollkommen in sich selbst – als Kind, als junges Mädchen, als Ehefrau und als Witwe. Aufgrund eben dieser Eigenschaften der Selbstsucht und der inneren Unabhängigkeit, war sie, trotz ihrer Verzweiflung und ihrer tiefen Trauer, fähig gewesen, eine Lösung für ihr eigenes Leben nach Davids Tod zu finden – eine Lösung, die auch einige ihrer extremen Zwiespältigkeiten ihren Eltern gegenüber wiedergutmachte und dadurch zu einem Gefühl der Befreiung beitrug.

In der Familie von Robin und Anne gab es nur ein Rollenmuster: das von Mutter und Kind. Die frühen Erlebnisse beider Partner hatten den Rahmen zu dieser Beschränkung abgegeben. Anne hatte sich nie als Mitgleid ihrer Familie gefühlt, war immer allein gewesen, ein ungeliebtes, einsames Kind. In ihrer Ehe machte sie ihre Träume von Müttern und Kindern wahr.

Robin hatte nur eine Beziehung zu seiner Mutter erlebt – sein Vater blieb immer ein idealisiertes Bild ohne lebendige Wirklichkeit. Es ist daher nicht verwunderlich, daß man in Robins und Annes Familie nirgends die Existenz eines Vaters entdeckt, denn beide Partner waren abwechselnd Mutter oder Kind des anderen.

Als Anne starb, gewann Robin etwas Kraft dadurch, daß er fähig war, das Kinddasein aufzugeben und eine Mutter zu werden, und diese Fähigkeit verdankte er zum größten Teil seiner Idealisierung von Anne. Seine gegenwärtige Situation entspricht der herkömmlichen Definition der Rolle einer Mutter: Er selbst wird als Student von anderen finanziell unterstützt, und er sorgt für die Kinder, die noch klein sind.

Von den Veränderungen, die in diesen drei Familien der Verlust des Partners mit sich brachten, ist die von Robin die spektakulärste, aber vielleicht ist sie zugleich auch die fragwürdigste. Durch seine starke Identifikation mit Anne, dadurch, daß er selbst gewissermaßen zu Anne wurde, indem er sie introjizierte, hat er zu vermeiden versucht, sie zu verlieren, und so hat er auch nicht um sie getrauert. Er wird sie externalisieren und um ihren Verlust trauern müssen, bevor er ein vollständiger integrierter Mensch werden kann.

Die Idealisierung eines toten Partners kann auch als ein Aspekt von Projektion angesehen werden. Alles was gut und lebenswert ist, wird auf den Toten projiziert und geht dem Überlebenden verloren, der mit diesen bewunderten Eigenschaften nur in Verbindung bleiben kann, wenn er seine eigene Identität aufgibt und die des toten Partners annimmt. Wenn Robin, zwei Jahre nach Annes Tod, mit seinem Gram und seiner Schuld dadurch fertig zu werden versucht, daß er seine verlorene Frau und ihre gemeinsame Ehe idealisiert, müssen wir uns fragen, ob es ihm in der Zukunft möglich sein wird, Anne realistischer zu sehen und selbst ein unabhängigerer, besser integrierter Mensch zu werden. Seine Mutter hatte ihren toten Ehemann ebenfalls idealisiert und diese Idealisierung dann auf Robin übertragen, der zehn Jahre alt war, als sein Vater starb. Nach dreijähriger Witwenschaft war es ihr jedoch gelungen, in zweiter Ehe einen Mann zu heiraten, der ihr sehr viel vertrauter war als Robins Vater, weil er besser zu ihrer familiären Herkunft paßte. Mit ihm zusammen scheint es ihr möglich geworden zu sein, ein sowohl äußerlich als auch innerlich wirklichkeitsnäheres Leben aufzubauen, und eine Partnerschaft zu gründen, die keine Idealisierung erforderlich zu machen schien. Vielleicht kann man hierin ein gutes Vorzeichen für Robins weitere Entwicklung sehen.
In vorangegangenen Kapiteln haben wir über Projektionsvorgänge in engen Gefühlsbeziehungen gesprochen, in denen jeder der Beteiligten Aspekte seiner eigenen Persönlichkeit auf den anderen projizierte. Es mag zu oberflächlich sein zu sagen, daß in den Ehen von Marion und Tony, Yvonne und David sowie von Anne und Robin die gleichen Vorgänge am Werke waren. Ihre Geschichten können uns daher zu einem besseren Verständnis dafür verhelfen wie ein schwacher, abhängiger und unselbständiger Ehepartner dadurch an Kraft und Stärke gewinnt, daß der Partner stirbt, der das Bedürfnis gehabt hatte, die Rolle des Vaters bzw. der Mutter, des Versorgers und des Verantwortlichen zu übernehmen. Dieser tote Partner hatte vielleicht seine Kraft und Stärke nur deshalb entwickeln können, weil er die eigene Schwäche und Abhängigkeit auf den anderen projiziert hatte, der seinerseits dieser Konstellation zustimmte, weil sie seinen eigenen Bedürfnissen entsprach und ihn zufriedenstellte,

und der deshalb seinen Teil in der Aufrechterhaltung der gegenseitigen Projektionen weiterspielte, solange der Partner lebte.

Zu dem Zeitpunkt, als diese Partner sich wählten, kann, bewußt oder unbewußt, sehr wohl noch die Hoffnung auf einen späteren Rollentausch bestanden haben und darauf, daß sie beide beweglich genug bleiben würden, um nicht in vorprogrammierten Rollenverteilungen steckenzubleiben. Wenn sich diese ursprünglichen Hoffnungen erfüllt hätten, wäre der abhängigere Partner vielleicht dazu befähigt worden, die eigenen Kräfte und Möglichkeiten zuversichtlicher zu entwickeln, und der scheinbar stärkere Partner hätte sich nicht ganz so stark gegen seine eigenen Schwächen und Abhängigkeitsbedürfnisse wehren müssen. Er hätte vielmehr in diesen Eigenschaften den Zugang zu seiner Empfindsamkeit und zu seinem Einfallsreichtum finden können. In den drei Ehen, die wir untersucht haben, hat sich diese Hoffnung jedoch, solange beide Partner lebten, nicht erfüllt. Es bedurfte erst der Krise des Verlusts durch den Tod, um diese ursprüngliche Hoffnung zu reaktivieren und zu erneuern oder den therapeutischen Antrieb auszulösen, der zu Wachstum und Selbstintegration führt. So hat also der Überlebende erst nach dem Verlust seines Partners einige der Eigenschaften errungen, die das Ehepaar gemeinsam nicht hatte erreichen können.

Wir alle kennen Ehepaare, in denen der eine Partner voller Vitalität ist und vor Lebensfreude und Energie geradezu platzt. Er schmeißt sozusagen den ganzen Laden, während der andere Partner passiv, zurückhaltend und in sich gekehrt ist, mehr Zuschauer als Teilnehmer. Freunde und Verwandte solcher Ehepaare stellen sich vielleicht die Frage: Wie wird der passive und scheinbar schwache Partner jemals überleben können, wenn der starke vor ihm stirbt? Dann tritt dieser Fall ein, der aktivere Partner stirbt tatsächlich, und der andere blüht auf. Er trauert in gebührender Weise um seinen Ehepartner, ist voller Lob und liebevoller Erinnerungen, aber nach einer gewissen Zeit übernimmt er die Arbeit oder die Rolle des Partners, dessen Aktivitäten, Interessen und Freunde, und mit diesem allen erlangt er ein »neues Leben«.

Ehepaare, die in ihrer Autonomie gesicherter sind, und in denen jeder der Partner in einem verhältnismäßig guten Kontakt zur Realität sowohl der eignen Persönlichkeit als auch der des anderen steht, können ihre sich gegenseitig ergänzenden Rollen im Verlauf ihrer Ehe zu einer sie beide bereichernden Partnerschaft nutzen. Dort können auch zu Lebzeiten beider Partner die gleichen dynamischen Vorgänge von Projektion beobachtet werden, wie auch das gleiche heilsame Wachsen und Stärkerwerden durch Zurücknahme von Projektionen nach dem Tod des einen Partners.

Andrew und Ruth, Nachbarn und Freunde von mir, waren ein solches Ehepaar. Ruth war die Lebhafte, die Herzenswärme und Anteilnahme ausstrahlte, bei allen Leuten beliebt, weil sie selbst ein ganz persönliches Interesse an ihnen nahm. Andrew war intelligent und vielseitig interessiert, steckte voller Pläne und Ideen, verhielt sich aber reservierter und zog sich gern zurück. Er rühmte sich, ein »Einzelgänger« zu sein, war es jedoch zufrieden, daß seine Frau und Kinder das Haus mit Besuchern und Gästen füllten. Er pflegte und umsorgte Ruth hingebungsvoll während ihrer langen Krankheit, und nach ihrem Tode war er sehr bedrückt und still und in sich gekehrt. Manchmal kam er jedoch zu mir herüber, um mir von seinen Träumen zu erzählen.

Das hatte er immer schon gerne getan – ein einigermaßen kurioser Zug bei einem Mann, der es im übrigen weit von sie wies, »irgend etwas mit dem Unbewußten zu tun zu haben«. Da er seine Gefühle jetzt aber nicht mehr anders ausdrücken konnte, wurde ihm das Erzählen seiner Träume zu einem dringenden Bedürfnis. Seit Ruths Tod hatte er lebhafte und intensive Träume, die ihn erschreckten. Im Kern ging es in allen Träumen immer um das gleiche: Er mußte immer in größter Eile eine bestimmte Stelle erreichen, und er unternahm enorme Anstrengungen dies zu schaffen. Aber er schaffte es nie, es waren stets irgendwelche Hindernisse da, ein Abgrund, keine Brücke. Eines Abends war er ganz besonders aufgeregt über diesen »unsinnigen« Traum. Diesmal hatte er (in seinem Traum) die sorgfältigsten, gründlichsten Vorbereitungen getroffen, um den verabredeten Ort zu erreichen, und es hatte den Anschein, daß er es diesmal auch schaffen würde. Er hatte sein Ziel schon nahe vor Augen, aber er konnte dennoch nicht hinübergelangen, denn es war keine Brücke da. Bis zu diesem Abend hatte ich mich nie zu seinen Träumen geäußert, aber diesmal sagte ich: »Als Ruth noch lebte, war sie Ihre Brücke zum Leben, zu den anderen Menschen. Mit ihrer Hilfe kamen sie, wohin sie wollten. Ohne sie, allein auf sich gestellt, haben sie das Gefühl, es nicht schaffen zu können, und deswegen möchten sie an einen Ort gelangen, an dem sie Ruth finden könnten, aber es ist keine Brücke da.« Er schwieg. Nach ein paar Minuten fügte ich hinzu: »In dem letzten Traum kamen sie dem ersehnten Ziel ganz nahe; vielleicht schaffen sie es doch, hinzukommen.« Wieder verhielt er sich schweigsam, um dann nach einer Weile von etwas anderem zu reden. Als er sich nach einer halben Stunde verabschieden wollte, konnte er sich nicht von seinem Stuhl erheben, vermochte sich einfach gar nicht mehr zu bewegen. Ich dachte, daß er möglicherweise einen Schlag bekommen hätte oder eine Nervenlähmung. Ich rief seinen Arzt herbei, der eine plötzliche Gicht diagnostizierte und ihm nach Hause und ins Bett half. (Es waren nie zuvor Symptome dieser Krankheit bei ihm aufgetreten.)

Andrew war ungefähr zwei Wochen lang krank. Es wurde bald offenbar, daß er eine Krise durchgemacht hatte und dadurch an einen Wendepunkt gelangt war, der es ihm ermöglichte, nunmehr seine eigenen Brücken zu bauen, und von diesen auch sinnvollen Gebrauch zu machen. Heute lebt er umgeben von Leuten, die seine Hilfe suchen oder ganz einfach Freude an seiner Gesellschaft haben. Sein Gästezimmer ist immer genauso besetzt wie zu Ruths Lebzeiten. Er hat Teile von Ruths Rolle übernommen, ohne seine eigene aufzugeben. Dadurch ist er zu einem unbeschwerteren, unbefangeneren und in sich ruhenden Menschen geworden. Ich habe hierfür zufällig eine objektive Bestätigung, da nämlich Andrew und ich dieselbe geschwätzige Reinemachefrau haben, die mich andauernd mit Geschichten unterhält über die großen Veränderungen im Apartment auf der gegenüberliegenden Straßenseite: »Herr Calder hat früher nie ein Wort mit mir gesprochen, aber jetzt kommt er in die Küche, trinkt eine Tasse Kaffee mit mir und erzählt mir Witze. Genau wie seine Frau das immer machte.« Als ich anfing, dieses Buch zu schreiben, bat ich Andrew um seine Erlaubnis, diese Geschichte zu erzählen. Er konnte sich an gar nichts mehr erinnern, außer – nach einigem Bohren von meiner Seite – an seinen Gichtanfall. Und

sonst: »Gut, schreiben Sie, was Sie wollen, mit mir hat das alles doch nichts zu tun. Ich war immer ein Einzelgänger, und ich werde immer ein Einzelgänger bleiben.« Und damit verschwand er, um für seine nächste Gruppe von Gästen ein paar Einkäufe zu machen.
Diese Geschichte erzählt uns etwas über projektive Prozesse, und auch etwas über die Abneigung und den Widerstand, Veränderungen in uns selbst anzuerkennen. In unserer Eheberatungsarbeit sind wir nur allzu vertraut mit den häufigen Behauptungen unserer Klienten, daß die Dinge zu Hause jetzt so ganz anders seien, weil der Partner sich verändert hätte; sie selber haben sich natürlich kein bißchen verändert.
Gewarnt durch diese Erfahrung gab ich nach dem Tode meines Mannes sehr sorgsam acht auf Veränderungen in mir selbst. Er war immer der Vorsichtige, Bedachtsame, der erst alles von allen Seiten ins Auge faßte, bevor er eine Entscheidung traf; und diese langsamen, vorsichtigen Erwägungen machten mich manchmal verrückt. Ich traf gerne schnelle, intuitive Entscheidungen, machte einen Sprung und sah zu, wo ich wohl landen würde. Manchmal erwies sich dies als richtig – aber oft auch als falsch. Jetzt kann ich es mir nicht mehr leisten, es einfach so gedankenlos darauf ankommen zu lassen. Ich muß mir etwas von Fritz vorsichtiger Art des Abwägens zu eigen machen und ich weiß, daß ich nicht mehr so impulsiv bin und weitaus passiver geworden bin.
Ob meine neue Lebenslage diese Veränderungen mit sich gebracht hat, oder ob sie dadurch entstanden sind, daß ich einige meiner Projektionen zurückziehen und mir die projizierten Teile zu eigen machen konnte, ist ein Punkt, über den man diskutieren könnte. Da ich mich jedoch aufgrund dieser Veränderungen eher bereichert fühle, als daß mich die zu erfüllenden neuen Forderungen und Beanspruchungen belasten, würde ich mein verändertes Verhalten – und auch das meines Nachbarn – unserer Fähigkeit zuschreiben, Projektionen von unseren toten Partnern zurückzunehmen, sowie auch manches, was sie aus diesen Projektionen gemacht hatten, und diese in unsere eignen Persönlichkeiten zu integrieren. Wo es also möglich ist, nach dem Tode eines Partners Projektionen zurückzuziehen, kann der Trauerfall, wie schmerzlich er auch sein möge, nicht

nur ein Verlust sein; er könnte vielmehr auch einen Gewinn mit sich bringen. Dem Leidtragenden mag es schwerfallen, dies einzugestehen, da es im Widerspruch steht zu seinem Gefühl des Verlustes und seinem Schmerz, und auch das Gefühl der Loyalität gegenüber dem Verstorbenen zu verletzen scheint. Jedoch kann diese Krise zu einem Wendepunkt werden, und der Leidtragende könnte aus dem vollendeten Trauervorgang als eine unabhängigere Persönlichkeit hervorgehen.

Eine solche Zurücknahme von Projektionen kann jedoch nur dann vollzogen werden, wenn nicht zuviel des eigenen Selbst auf den jetzt verlorenen Partner projiziert, und diese Projektion nicht zu starr aufrechterhalten worden war. Andernfalls bestünde die Gefahr, daß sich der Überlebende nicht in einem erforderlichen Maße vom verlorenen Partner zu trennen vermag, diesen nicht wirklich begraben kann, weil, was er verloren hat, viel zu sehr Teil seiner eigenen Persönlichkeit war.

Um diese Verarmung des eigenen Selbst zu kompensieren und Haßgefühle zu vermeiden, mag der Überlebende einen idealisierten, verlorenen Partner internalisieren. Dies wäre eine Abwehr gegen das Gefühl, daß der Verstorbene ihn um etwas beraubt hat, das ihm gehörte. Die Unfähigkeit den eigenen Anteil an der gegenseitigen Projektion zu akzeptieren, mag dann alle liebevollen Erinnerungen an den Verstorbenen versperren.

In solchen Fällen wird ein normaler Trauervorgang durch Verleugnung von Schmerzgefühlen, die möglicherweise zu einem Nervenzusammenbruch führen, oder durch eine krankhaft verlängerte Trauer ersetzt. Beides macht es dem Hinterbliebenen unmöglich den Trauervorgang zu vollenden und das eigene Leben aufzubauen.

5
Verlust eines Ehepartners in Ehen, deren Grundlage die Identifikation ist: Wie kann der Überlebende überleben?

In den vorangegangenen Kapiteln war von Ehen die Rede, die hauptsächlich auf Projektion basierten. Wir haben versucht, die Reaktionen des Überlebenden auf den Verlust seines Ehepartners in diesen Ehen verstehen zu lernen, in denen Verschiedenheiten toleriert oder sogar ermutigt worden waren, und in denen jeder der Partner seine individuelle Identität bewahrt hatte. In solchen Partnerschaften wird die Anpassung an die Verlustsituation wahrscheinlich mehr von der individuellen Kraft und Flexibilität des Überlebenden bestimmt als von seinem Alter, denn bis zu seinem letzten Atemzuge ist der Mensch befähigt, zu lernen und sich zu verändern. Nach dem Verlust eines Partners, dessen Persönlichkeit eine Ergänzung war, wird es dem Überlebenden in jedem Alter möglich sein, manche Ansichten und Eigenschaften des Toten zu übernehmen, die für sie beide in ihrem gemeinsamen Leben von entscheidender Bedeutung gewesen sind.

In Fällen, in denen der Leidtragende es für sehr schwer oder gar für unmöglich hält, den verlorenen Partner zu überleben, es sei denn unter äußerst eingeschränkten Bedingungen, könnte die Frage seines Alters allerdings eine Rolle spielen.

Das Problem, um das es hier geht, ist die Frage, ob das Unvermögen des Überlebenden, die endgültige Trennung zu akzeptieren, seine Ursache in einer besonders starken Identifikation mit dem Verstorbenen hat oder in der Tatsache seines hohen Alters mit den Begleitumständen regressiver und abhängiger Bedürfnisse, die eine Trennung zu einer unüberwindlichen Gefährdung werden lassen. Es ist nicht leicht, diese beiden Arten von Hilflosigkeit zu unterscheiden. Philemon und Baucis sind das klassische Beispiel eines alten Ehepaares, das nach einem langen, glücklichen, gemeinsamen Leben auch gemeinsam sterben wollte. Der Sage zufolge gewährten ihnen griechische Götter diese besondere Gnade, zum Dank für die ihnen erwiesene Gastfreundschaft, indem sie beide im selben Augenblick in Bäume verwandelten. Die Tatsache, daß sie zu zwei verschiedenartigen Bäumen wurden, mag jedoch ein Hinweis darauf sein, daß diese alten Menschen die ihnen eigene Individualität trotz ihrer engen Gemeinschaft bewahrt hatten.

Im wirklichen Leben unserer Tage wurde ein solches Ehepaar fast gleichzeitig krank. Die beiden Ehepartner wurden in verschiedenen Räumen von verschiedenen Leuten versorgt und waren wochenlang ohne jeden direkten Kontakt zueinander: Dennoch starben sie in einem Zeitabstand von nur zwanzig Minuten. So wurde auch für sie ein Wunsch erfüllt.

Es ist häufig beobachtet worden, daß sterbende Menschen früheste Kindheitserinnerungen in ihr Bewußtsein zurückrufen oder zu einer scheinbar längst vergessenen Muttersprache zurückkehren. Wenn diese Phänomene als ein Ausdruck von Regression verstanden und akzeptiert würden, könnten sie dazu beitragen, dem Tod und der Trauer mit weniger Verwirrtheit zu begegnen. Wenn nicht, sind der Schmerz und die Verlegenheit, die sie hervorrufen, in Sterbe- und Trauersituationen oder bei schweren Krankheiten, für alle Betroffenen oft außerordentlich beunruhigend.

Ein Freund von mir hatte sich einer Beinoperation unterziehen müssen. Der Heilungsprozeß verlief gut, bis er plötzlich einen Herzinfarkt erlitt, und Wiederbelebungsversuche an ihm vorgenommen werden mußten. Der notwendige ärztliche Eingriff führte zu einer nochmaligen Öffnung seiner Operationswunde, zu einer Infektion und schließlich zu einer Beinamputation. Tagelang schwebte er zwischen Leben und Tod. Als er sein Bewußtsein wiedererlangte, konnte dieser Mann, dessen Muttersprache Deutsch war, der aber Englisch vollkommen beherrschte, nur noch Deutsch sprechen, eine Sprache, die weder die Ärzte noch die Schwesternschaft verstehen konnten. Da man mit dieser Art von Regression offensichtlich nicht vertraut war, vermutete man, daß sein Gehirn Schaden genommen habe und daß er geistig gestört sei. Seine Frau und seine Familie, die ohnehin erschüttert waren von dem tragischen Verlauf der Ereignisse, verzweifelten vollends, als sie diese Diagnose erfuhren. Konnten sie es diesem geliebten, hochintelligenten Mann überhaupt noch wünschen, um diesen Preis am Leben zu bleiben? Der Patient blieb ein paar Tage lang verwirrt, aber als er etwas an körperlicher Kraft zurückgewonnen hatte, verminderte sich die Verwirrung und die Ärzte begriffen, was hier vor sich ging, und widerriefen die Diagnose. Obwohl dieser Mann beträchtliche körperliche Schäden hinnehmen und erleiden mußte, konnte er seine geistige Kraft voll wiedergewinnen, und seine intellektuelle Leistungsfähigkeit blieb unbeeinträchtigt. Es ist sehr wichtig, sich darüber klar zu sein, daß der Verlust eines Körpergliedes, eines bedeutsamen Teils des Selbst also, Reaktionen auslösen kann, die denen gleich sind, die in Trauersituationen beobachtet werden: Depression, Kummer, Schmerz, Wut, Suchen (das letztere wird intensiviert durch die Phantom-Schmerzen im amputierten Glied). Der Rückfall meines Freundes in seine Muttersprache kann daher als Regression verstanden werden, die ein wesentlicher Bestandteil der Trauer ist.

Die oftmals verwirrenden Phänomene, die wir in Sterbenden beobachten, können schwanken von kindischer Regression bis hin zu einem Gefühl von allmächtiger Schöpferkraft, und es kann schwierig sein, sie zu verstehen oder auf sie einzugehen.

Bei einem Ehepaar hatte der Mann viele Jahre hindurch an der Parkinsonschen Krankheit gelitten. Er befand sich in einer sehr weit fortgeschrittenen Phase dieser Krankheit, als, ohne jede Vorwarnung, seine bis dahin immer starke, gesunde und aktive Frau einen schweren Herzanfall erlitt. Sie wurde ins Krankenhaus eingewiesen, wo sie täglich Besuch bekam von ihrem Mann und ihren beiden Töchtern. Sie sprach nicht über das Sterben, aber sie machte es deutlich, daß sie damit rechnete. Wenn ihr Mann sie besuchte, fanden zwischen ihnen liebevolle, gelöste Gespräche statt; Zukunftspläne wurden dabei nie berührt. Mit ihren Töchtern sprach sie über ihr Leben und über ihre Gemeinschaft mit ihnen und ihrem Vater, und bat sie, ihr die Zusicherung zu geben, daß sie eine gute Frau und

Mutter gewesen sei. Zur Überraschung der Töchter erwähnte sie jedoch niemals ein Wort der Besorgnis darüber, was denn nur aus ihrem ohne sie so hilflosen Mann werden solle. Es schien, als wisse sie, daß er sie nicht für lange überleben werde. Als sie dann gestorben war, wollte ihr Mann immer wieder die genauen Einzelheiten über ihre letzten Stunden hören, gerade so, als wolle er sich vergewissern, daß sie auch wirklich tot sei. Nachdem er diese Tatsache einmal akzeptiert hatte, war er ruhig und gefaßt, und mit Hilfe anderer konnte er an ihrem Begräbnis teilnehmen. Dann fing er mit erstaunlicher Energie an, die Angelegenheiten seiner Frau und auch die eigenen in Ordnung zu bringen und abzuschließen. Er bestand darauf, den Gedenkstein für ihr Grab auszusuchen. Als dies vollbracht war, schien er glücklich und erleichtert zu sein. An diesem Tage besuchte ihn eine Nachbarin, die seit dem Tode seiner Frau verreist gewesen war und nun ihre Anteilnahme aussprechen wollte. Sie war überrascht, ihn so vergnügt vorzufinden. Als sie sich verabschiedete, stützte er sich auf ihren Arm, begleitete sie zur Tür, und sagte: »Ich werde jetzt auch bald gehen.« Am nächsten Tage begab er sich ins Krankenhaus und starb friedlich noch vor Ablauf einer Woche.

Als ich dieses Buch schrieb, hörte ich viele Beispiele von alten Ehepaaren, die fast zur gleichen Zeit starben. Es ist jedoch mein Hauptanliegen, in diesem Kapitel Untersuchungen anzustellen darüber, inwieweit sich der Mechanismus der Identifizierung in einer Ehe auf die Fähigkeit des Hinterbliebenen auswirken mag, den toten Partner zu überleben. Ich hatte dabei solche Ehepaare im Sinn, die ihr ganzes Leben hindurch keine Trennungen ertragen konnten, und die hinsichtlich ihrer eigenen Identitäten immer schon unsicher gewesen waren. Es sah so aus, als ob solche Ehepaare überaus große Schwierigkeiten haben würden, die endgültige Trennung, den tödlichen Verlust ihrer Partner, zu überleben. Die folgenden Fallgeschichten werden dieses Problem veranschaulichen.

John und Eve

John war eines von fünf Kindern: Er hatte zwei ältere Schwestern, einen Zwillingsbruder und einen jüngeren Bruder. Von früher Kindheit an war immer John der Verantwortliche, Zuverlässige, Vernünftige gewesen unter seinen Geschwistern, der Friedensstifter, Schlichter und Schiedsrichter. In der Schule und unter seinesgleichen war er beliebt, und dennoch war er irgendwie verschlossen, zurückhaltend und nicht sehr mitteilsam und niemals kühn und verwegen. Sein Zwillingsbruder sprach dafür um so mehr und ließ sich waghalsig in Abenteuer ein. Trotz ihrer unterschiedlichen Veranlagungen waren die Zwillingsbrüder unzertrennlich, wie zwei Hälften eines Ganzen.

Bald nachdem John und sein Zwillingsbruder die Schule verlassen hatten, brach der Krieg aus, und alle drei Brüder gingen zur Luftwaffe. Als sein Zwillingsbruder gefallen war, wurde John zum Tröster der ganzen Familie, so ruhig und verantwortungsbewußt, wie alle es von ihm erwarteten. Aber obwohl sich weder seine Haltung noch sein Benehmen geändert hatten, so war er jedoch selbst verändert. Sein Interesse am Leben schien verloren, und er wurde nie mehr ein lebensnaher Mensch.

Nach seiner Entlassung aus der Luftwaffe entschied er sich für das Medizin-Studium: anderen zu helfen, Wunden zu verbinden und zu heilen, war schon immer sein Hauptanliegen gewesen, und jetzt, nach seinem Verlust, war es dringlicher noch als zuvor. Aber es wurde ihm nicht vergönnt, dieser Berufung zu folgen. Nach nur wenigen Semestern mußte er sein Studium aufgeben, weil sein Vater Selbstmord verübte, und er sich um die Familie und um das Geschäft kümmern mußte, eine Kneipe im Norden Englands. Sein Vater war schon immer etwas labil gewesen, er hatte sich übermäßiges Trinken angewöhnt und das Geschäft vernachlässigt. Dieses befand sich daher in einer schlimmen Verfassung, das Geld war knapp, und die Ehe der Eltern, die niemals gut gewesen war, hatte sich noch sehr verschlechtert. Nach einem Streit mit seiner Frau war der Vater verschwunden. Wenige Tage darauf wurde er mit einem Kopfschuß in den Bergen gefunden.

Die Mutter bestimmte, daß die beiden Brüder das Geschäft übernehmen und versuchen sollten, es wieder in Gang zu bringen. Der jüngere Bruder stellte jedoch bald fest, daß ihm das alles nicht paßte: das anstrengende Geschäft, die unregelmäßige Arbeitszeit und, mehr als alles andere, die sich unablässig in alles einmischende Mutter. Trotz der Szenen, die seine Mutter ihm machte, gab er die Sache auf, heiratete und zog so weit fort wie nur möglich, wodurch er deutlich zum Ausdruck brachte, daß er den erwürgenden Familienbanden entfliehen müsse. John aber blieb zurück, hielt aus, obwohl er es haßte. Er übernahm nun die alleinige Verantwortung für das Lokal, für seine Mutter und auch für seine Schwestern, die unverheiratet geblieben waren.

Der Tod des Vaters hatte alle Hoffnungen der gesamten Familie auf ein anderes und besseres Leben zunichte gemacht. Wenn sie auch in einer ärmlichen Gegend lebten, hatten sie doch beachtliche akademische Ambitionen gehabt. Eine gute Ausbildung war ihr großes Ziel. Die Kinder waren alle gut gewesen in der Schule und hatten akademische Laufbahnen angestrebt. Wie wir wissen, gab John seine Studien auf, um das Lokal zu übernehmen. Sein Bruder hatte sich gerade immatrikulieren wollen, als sein Vater starb. Obgleich er nur für kurze Zeit im Geschäft geblieben war, gab er seine Studienpläne dennoch auf, teilweise auch deswegen, weil er nun keine Unterstützung von seiner Mutter mehr erhoffen konnte. Er ging in ein Ingenieurbüro. Die beiden Schwestern hatten ihre Ausbildung als Lehrerinnen abgeschlossen, aber die jüngere von ihnen hatte kurz nach dem Tod des Vaters einen Nervenzusammenbruch. Sie hörte auf zu unterrichten und kümmerte sich fortan um den Haushalt. Nur die ältere Schwester führte ihren Lehrberuf weiter fort. Sie machte ihre Arbeit außerordentlich gut, wurde Leiterin eines Fachbereichs und ist heute in einer verantwortlichen Stellung. Aber, diese einzige Zielerfüllung, durch ein Mädchen, änderte nichts am Gesamtbild der Familie, das ein Bild der Niederlage war, was die Mutter zu weiteren Schlachten anspornte. Sie glaubte, alles beherrschen zu müssen, um weitere Katastrophen zu verhindern; ihre Tyrannei wurde unerträglich, grenzte an Wahnsinn.

So sahen Johns Lebensumstände aus. Unter diesen Bedingungen arbeitete er, war weiterhin ruhig, verantwortungsbewußt, hilfreich und freundlich gegenüber jedermann. Zehn Jahre nach dem Tode seines Vaters, als er vierunddreißig war, heiratete er Eve, die damals neunundzwanzig Jahre alt war. Sie hatten sich schon seit ihrer Kindheit gekannt und seit mehreren Jahren umeinander geworben.

Eve war die jüngste von drei Schwestern. Ihr Vater hatte sich das Leben genommen, als sie drei Monate alt war. Er war ein schottischer Protestant, den seine Familie enterbt hatte, als er ein Mädchen heiratete, das aus einer sehr armen, erst kürzlich ausgewanderten irisch-katholischen Familie kam. Das junge Paar war mit in das Haus gezogen, in dem die Eltern des Mädchens wohnten. Es war dies ein sehr enges und bedrückendes Mietshaus, und sie lebten in denkbar knappen und ärmlichen Verhältnissen. Der Vater war ein von Gelenkentzündungen verkrüppelter Mann, der nur selten arbeiten konnte, und die Mutter war keine sehr erfolgreiche Geldverdienerin. Der junge Ehemann arbeitete in einer Brauerei, die ausgerechnet in dem Augenblick Konkurs machte, als die junge Frau ein Kind erwartete, Eve, ihre dritte Tochter. Es war eine schwierige Schwangerschaft mit vielerlei Komplikationen. Die beiden anderen kleinen Mädchen waren zu diesem Zeitpunkt sieben und drei Jahre alt. In dieser verzweifelten Situation kratzte der junge Vater das letzte Geld zusammen und ging nach Amerika, wo er Verwandte hatte. Dort wollte er sein Glück versuchen, aber nach sechs Monaten gab er die Hoffnung auf und buchte eine Rückfahrkarte. Er kehrte jedoch nicht zu seiner Familie zurück, die später erfuhr, daß er sich erschossen hatte, nachdem er von Bord gegangen war.

Es ist daher nicht verwunderlich, daß Eve ihr Leben als ein anfälliges, zartes kleines Mädchen begann, aber doch hübsch und reizend und der Liebling der mittleren Schwester Mary war. Mary war intelligent und unabhängig, schon seit ihrem frühen Alter. Sie wurde zu einer leidenschaftlichen Beschützerin der kleinen Schwester und kämpfte hitzig gegen ihre herrschsüchtige, sie einschränkende Mutter, die, das fühlte sie, fest entschlossen war, die Identitäten ihrer Töchter zu untergraben.

Eve wurde in ihrer Loyalität immer hin- und hergerissen zwischen dieser liebevollen, bewunderten Schwester und ihrer herrischen, gefürchteten Mutter, von deren Obhut und Fürsorge sie abhängig war. Sie scheint einen Ausweg aus diesem Dilemma darin gesehen zu haben, zart und abhängig zu bleiben und lieb und reizend zugleich. Diese Kombination sicherte ihr die Zuneigung ihrer Mutter, einer Frau, die nur dann zu lieben vermochte, wenn sie die Macht hatte, und sie sicherte ihr gleichzeitig auch das liebevolle Interesse und die Protektion ihrer Schwester Mary.

Johns und Eves Familien lebten in derselben Gegend. Eve und ihre Schwestern, Johns beide Schwestern und ein Mädchen, das später die Frau von Johns Bruder wurde, gingen alle in dieselbe Schule und kannten einander gut. Sie waren wie ein großer weiblicher Clan. Für Eve war dies gleichsam eine Erweiterung ihrer Familiensituation, die, mit Ausnahme des Vaters ihrer Mutter, der zu diesem Zeitpunkt schon bettlägerig war, ganz weiblicher Natur war, ohne Mann weit und breit. Als Eve die Schule verließ, ging sie zunächst in den Verwaltungsdienst, in den Beruf, den ihre ältere Schwester gewählt hatte. Als sie sich nach ein paar Jahren dort unzufrieden fühlte, beschloß sie, auf die Universität zu gehen, auf der ihre begabte Schwester Mary außerordentlich gut abgeschnitten hatte. Während ihrer Studentenzeit erkrankte Eve aber an einer seltenen Blutkrankheit, die sie empfindlich gegenüber Infektionen machte. Dadurch erhöhte sich ihre Abhängigkeit von der Familie noch. Trotz ihrer Krankheit schaffte sie es, ihre Studien zu beenden und mit fünfundzwanzig Jahren ihr Diplom zu machen. Als sie dann aber vor der Aufgabe stand, eine Stellung zu suchen, ihren Lebensunterhalt zu verdienen und die Verantwortung für sich selbst zu übernehmen, flackerte die Krankheit wieder auf, und beinahe wäre sie gestorben. Sie konnte nur durch eine intensive Kortisonbehandlung gerettet werden. Es wurde ihr eindringlich geraten, allzu große Anstrengungen zu vermeiden, und sie nahm daher eine leichte Arbeit an als Sekretärin. Ihre Angst, auf eigenen Füßen stehen zu müssen, wurde wahrscheinlich noch dadurch verschlimmert, daß Mary, die ihr stets die größte Stütze gewesen war, sowohl gefühlsmäßig als auch geistig, inzwischen einen bedeutenden Gelehrten geheiratet hatte, mit dem sie nun im Ausland lebte.

Eve war neunundzwanzig, als sie John heiratete, aber sie hatte schon seit mehreren Jahren gehofft, daß er um sie anhalten werde. Er hatte sich jedoch Zeit gelassen, da er wußte, wie sehr seine Mutter gegen die Heirat eines ihrer Kinder war. Als er sich dann entschloß, Eve zu heiraten, weigerte seine Mutter sich, sie zu sehen, und an der Hochzeit nahm sie auch nicht teil. (Ebensowenig wie seine Schwestern, die von ihr beherrscht wurden.) Sie wollte die Tatsache dieser Heirat einfach nicht zur Kenntnis nehmen. Genauso hatte sie sich ihrem jüngeren Sohn gegenüber verhalten; aber dieses Ehepaar hatte darauf bestanden, getrennt von der Mutter ein eigenes Leben zu führen. Die Mutter hatte es auch abgelehnt, die Frau dieses Sohnes zu empfangen, zeigte später jedoch etwas Interesse für ihre Kinder, so daß die Gesamtsituation nicht ganz so unnormal wurde.

John und Eve machte das alles nichts aus, oder sie taten wenigstens so, als störe es sie nicht. John war weiterhin täglich mit seiner Mutter zusammen. (Das Geschäft befand sich im selben Hause.) Er zahlte die Miete, machte alle notwendigen Reparaturen und sorgte für seine Mutter und seine Schwestern, ganz genauso, wie er es vor seiner Heirat getan hatte. Das junge Ehepaar unternahm nie ernsthaft den Versuch, sich gegen die Feindseligkeit der Mutter zur Wehr zu setzen. Im Verlauf ihrer vierzehnjährigen Ehe begegneten sich die Mutter und ihre Schwiegertochter immer nur rein zufällig.

John und Eve aber liebten sich zärtlich. Sie wohnten in einem winzigen, häßlichen, grauen Haus, das keinerlei Farbe hatte und ganz ohne Bequemlichkeiten war; es hatte so ganz und gar nichts Aufheiterndes an sich, aber John und Eve lebten glücklich und zufrieden darin. Sie waren einander in zärtlicher Liebe ergeben, betreuten sich gegenseitig mit umsichtiger Güte und machten sich wechselseitig Sorgen um die Gesundheit des anderen. (John hatte ebenfalls mancherlei Unpäßlichkeiten, aber er tat nie wirklich etwas dagegen.) John nannte Eve »mein Schätzchen«. Mary, Eves Schwester, der ich diese Geschichte verdanke, sagt, daß die beiden in ihrem kleinen Haus sie immer an zwei graue Eichhörnchen aus einem Beatrix-Potter-Buch erinnert hätten. Sie hatten beide ein sanftes und freundliches Gemüt, und sie führten ein sehr ruhiges, zurückgezogenes Leben, das sie mit Zufriedenheit erfüllte. Die Hausarbeit teilten sie sich gewissenhaft. Sie hatten wenig Freunde und beteiligten sich so gut wie gar nicht am gesellschaftlichen Leben. Sie entschuldigten dies mit Eves angegriffener Gesundheit und mit Johns ungünstigen Arbeitszeiten. Man fühlte aber, daß dieses zurückgezogene Leben im Grunde ihren wirklichen Wünschen entsprach, zumal sie beide keine Kraft und keinen Lebensmut mehr übrig hatten, wenn sie alles Erforderliche getan und erledigt hatten; John in seinem Geschäft und sie beide in ihrem kleinen Haushalt. Dieses zurückgezogene Leben hat ihnen offensichtlich auch geholfen, allen Konflikten mit Johns Familie aus dem Wege zu gehen, und darüber hinaus John die Möglichkeit gegeben, seine geteilten Treuepflichten gegenüber Mutter und Frau auch weiterhin zu erfüllen. Genauso hatte Eve früher die Beschränkungen, die ihr die gefährdete Gesundheit auferlegt hatte, auszunutzen gewußt, um Konflikte in ihrem eigenen elterlichen Haus zu vermeiden.

Als sie nach fünfjähriger Ehe noch keine Kinder hatten, adoptierten sie ein kleines Mädchen. Mary, die selbst mit großem Erfolg zwei Kinder adoptiert hatte, ermutigte sie zu diesem Schritt. Mary war neben ihrer Karriere auch noch eine hingebungsvolle Mutter und eine vortreffliche, von Natur aus talentierte Hauswirtschafterin. Für Eve hingegen waren die Anforderungen, die ein kräftiges, gesundes kleines Mädchen an sie stellte, eine sehr große Belastung, und trotz Johns Hilfe bei der Babypflege, wie bei allen anderen Dingen auch, schaffte sie es einfach nicht, und so geriet sie zunehmend in Abhängigkeit von ihrer Mutter und ihren Schwestern.

Es war verblüffend, wie John und Eve, trotz ihrer geradezu klaustrophobischen Nähe zueinander, beide fortfuhren, in ihren jeweiligen elterlichen Familien die gleichen Rollen weiterzuspielen, die sie schon vor ihrer Heirat gespielt hatten. Eve war nach wie vor der zarte, abhängige, unselbständige Liebling, und ihre Bitten um Hilfe und Unterstützung wurden stets widerspruchslos von ihrer Mutter und ihren Schwestern erfüllt. John blieb weiterhin der zuverlässige, pflichterfüllende Sohn und Bruder, still, aber freundlich zu jedermann und anscheinend ganz ohne eigene Bedürfnisse. Er beklagte sich niemals über sein Los (wenngleich er keinerlei Zweifel daran ließ, daß er sehr ungern im Lokal arbeitete). Dennoch machte er ir-

genwie den Eindruck, als fühle er sich betrogen und auch enttäuscht darüber, daß all sein gutes Betragen und seine unerschütterliche Fürsorge für andere ihm selbst keinen Lohn eingebracht hatten.
John und Eve hatten ihre Ehe wie eine Festung benutzt gegen all den Haß und das Zerstörerische, das im Leben ihrer beider Familien vorherrschend gewesen war. Keiner von ihnen hatte es je vermocht, gegen diese zerstörerischen Mächte anzukämpfen oder sich von ihnen loszureißen. Sie hatten sich der Gewalt widerstandslos unterworfen. Innerhalb ihrer Festung hatten sie es nicht nötig zu kämpfen, aber dort gab es auch nichts, das sie angespornt hätte, Wachstum und Veränderung anzustreben.
Nach vierzehnjähriger Ehe, als Eve dreiundvierzig war und das kleine Mädchen neun, erlitt Eve einen Rückfall in ihre alte Krankheit, der rasch zu Komplikationen führte. Sie mußte in ein Krankenhaus eingeliefert werden und starb innerhalb von zehn Tagen. John, der jede freie Minute bei ihr verbracht hatte, zog fast unmittelbar nach ihrem Tod mit seiner kleinen Tochter zu seiner Mutter, die nunmehr senil war und von ihren Töchtern versorgt wurde. Von seiner Trauer ließ er sich nichts anmerken; er lebte weiter wie zuvor, ruhig, verantwortungsbewußt und nur für andere sorgend. Er verhielt sich ganz genauso, wie dies alle von ihm erwartet hatten. Das einzig Bestürzende war, daß dieser stille, besonnene und scheinbar so vernünftige Mann in seiner üblichen nüchtern-sachlichen Art kundtat, daß er allnächtlich mit seiner Frau spreche.
Vier Monate nach Eves Tod starb Johns Mutter, und wieder tat er all die richtigen Dinge, die zu tun man von ihm erwartete, um dann sein Leben fortzusetzen wie bisher. Zwei Monate später aber zog er sich eine Leberentzündung zu und starb vor Ablauf von zwei Wochen. Das verwaiste kleine Mädchen blieb bei seinen Schwestern, die beide kinderlieb waren und auch etwas von Kindern verstanden; sie machten das Kind zum Mittelpunkt ihrer beider Leben. Die Kleine schien sich in diesem Frauenhaushalt glücklicher und zufriedener zu fühlen als früher bei Eve und John.
Wie können wir diese Ehe und Johns und Eves Leben und Sterben verstehen? Wir wissen, daß Eve unter äußerst schwierigen Umständen geboren wurde. Ihre Mutter war in einem schlechten Gesund-

heitszustand und hatte während ihrer Schwangerschaft und in den ersten Lebensjahren des Kindes unter schweren Beängstigungen gelitten. Zur Zeit von Eves Geburt war ihr Vater so bedrückt und hoffnungslos, daß er nicht mehr weiterzuleben vermochte. Die Situation im Hause der Großeltern, in dem sie mit diesen zusammen wohnten, war nicht allein die äußerster Armut gewesen, sondern auch noch zusätzlich von Angst und Sorge belastet durch die sich ständig verschlechternde Gesundheit des Großvaters, der schließlich bettlägerig wurde. Der Vater, der sich selbst »vernichtet« hatte und der hilflose Großvater waren die einzigen männlichen Bilder, die Eve in dem ansonsten weiblichen Haushalt vermittelt wurden. Ihre älteste Schwester blieb unverheiratet. Sie ordnete sich ihrer Mutter in völliger Ergebenheit unter, obwohl sie später die Hauptgeldverdienerin wurde und im Öffentlichen Dienst eine gute Karriere machte. Mary, die mittlere Schwester, Eves Beschützerin und Fürsprecherin und ihr genaues Gegenteil, dachte nicht daran, sich anzupassen, sondern rebellierte unausgesetzt gegen ihre Mutter. Sie verließ das Haus so früh wie möglich, ging eine gute Ehe ein und machte eine erfolgreiche, akademische Karriere. Sie schaffte es, sich vom elterlichen Hause loszureißen, wie dies auch Johns jüngerem Bruder gelungen war. Alle übrigen Familienmitglieder blieben gefangen im Netz, geschützt gegen jede Veränderung in einer sich verändernden Welt.

Wir haben gesehen, wie John und Eve in der Geborgenheit ihres Schneckenhauses auf seltsame Weise die Situation ihrer Kindheit fortsetzten. Trotz ihrer elterlichen Vorbilder, die einander so gleich waren, entwickelten sie ihre so verschiedenen Eigenschaften. Beide hatten ihre Väter durch einen gewaltsamen Tod verloren, durch Selbstmorde ohne Abschied, ohne ein Wort der Erklärung gegenüber den Familien. Beide hatten herrschsüchtige, rechthaberische, sie einschränkende Mütter. Ihre Reaktion auf dieses gemeinsame Schicksal war ein gemeinsamer Rückzug aus einer bedrohlichen Welt, der es ihnen nicht nur erlaubte zu überleben und Auseinandersetzungen aus dem Wege zu gehen, sondern auch unverändert liebevoll und geliebt zu bleiben. Eve als die Zarte, Abhängige, John als der starke Fürsorgende. Nachdem sie sich gefunden hatten, bauten sie einen Schutzwall um sich herum, aber sie spielten weiterhin ihre gut entwickelten Rollen sowohl innerhalb dieses Walles als auch draußen in ihren jeweiligen Familien.

Mary, Eves Schwester, erzählte mir, daß Eves Tod, trotz ihrer angegriffenen Gesundheit und ihres häufigen Krankseins, völlig unerwartet und erschütternd für alle gewesen sei, die sie gekannt hatten. Für Johns Stärke hatte Mary immer eine große Bewunderung gehabt, und dennoch überraschte sie sein plötzlicher Tod nicht. beinahe empfand sie ein Gefühl der Erleichterung darüber, daß John dieses einzige Mal das getan hatte, was er tun wollte. Der Tod schien die natürliche Lösung zu sein für diesen Mann, der sein ganzes Leben hindurch gezwungen worden war, das aufzugeben, was er liebte und brauchte: seinen Zwillingsbruder, der seine andere Hälfte gewesen war, seine Karriere, seine Ambitionen, seine Autonomie. Eve und die Liebe und Sicherheit in ihrem friedlichen kleinen Haus wurden sein Trost und Quelle der Kraft. Dort hatten die beiden gelebt in ihrer gemeinsamen Ablehnung von Haß und Gewalt, in ihrer heimlich vereinbarten Flucht vor dem Leben und jeder Geltendmachung ihrer eigenen Autonomie. Dadurch, daß sie jede Aktivität zu vermeiden wußten, lebten sie wohl ein beschränktes Leben; aber es war ein Leben, das ihnen beiden Zuflucht gewährte, solange sie sich gegenseitig die andere Hälfte sein durften.

John ertrug den Gedanken nicht, noch einmal ohne seine zweite Hälfte leben zu müssen. Er wartete den Tod seiner Mutter ab, und dann vergewisserte er sich, daß sein kleines Mädchen gut bei seinen Schwestern untergebracht war, deren Leben durch die hingebungsvolle Sorge für das Kind einen neuen Inhalt erhalten hatte. Er wurde nun nicht mehr benötigt, weder von seiner kleinen Tochter noch von seinen Schwestern; seine Opfer waren überflüssig geworden. Er nahm sich zwar nicht das Leben, aber er gab bereitwillig der ersten Krankheit nach, die es ihm erlaubte, dieses Leben zu verlassen. Er starb genauso widerstandslos und zustimmend, wie er auch gelebt hatte.

Wir mögen traurig sein über die beschränkten Leben dieser beiden Menschen, aber beklagen können wir ihren vereinten Tod nicht, denn er scheint für dieses junge Ehepaar ebenso angemessen und

richtig gewesen sein, wie er es einstmals für Philemon und Baucis nach deren erfüllten Leben war.
John und Eve sind in ihrer gemeinsamen Flucht vor dem Leben und der Autonomie möglicherweise eine Ausnahme. Es ist aber doch ziemlich häufig, daß in einer Ehe ein Partner ausschließlich für den anderen lebt. Meistens ist es die Frau, die ihre eigene Karriere, ihre eigenen Interessen und ihre eigene Identität aufgibt, um nur für ihren Mann dazusein. Wie oft hören wir, daß geschiedene Frauen voller Groll aufbegehren: »Ich habe seinetwegen alles aufgegeben, habe alles für ihn getan, und nun hat er mich verlassen!« Für eine Witwe, die derartige Gefühle in sich aufstaut, könnte die Aufgabe, selber zu überleben, alle Kraftreserven übersteigen, vor allem deswegen, weil Haß, Zorn und Wut über ihre Selbstaufopferung unter der Oberfläche weiterschwelen und zu selbstzerstörerischen Impulsen führen würden. Wenn sie hingegen das Gefühl hätte, daß der Verzicht auf eigene Wünsche und Bedürfnisse der Mühe wert und für ihren Mann und sie selbst befriedigend gewesen sei, und sie jetzt, da sie alleine ist, auf eigene innere Werte zurückgreifen könnte, bestünde für sie die Möglichkeit, ein neues Leben aufzubauen. Wenn nicht, gewönnen ihre Gefühle der Sinn- und Nutzlosigkeit und ihr Groll über ihr verschwendetes Leben die Oberhand und zerstörten womöglich ihre Kraft für ein Weiterleben. In jedem Falle dürfte die Zwiespältigkeit, die ein unvermeidlicher Bestandteil jeder Trauer ist, bei dieser Konstellation noch größer sein als in anderen Trauersituationen.
Die Geschichten von Mrs. Green und Mrs. White veranschaulichen dieses Dilemma.

Mrs. Green

Von Mrs. Green hörte ich zuerst durch ihre Tochter, eine sehr erfolgreiche Akademikerin, die mich aufsuchte, weil sie in ihrer dreijährigen Ehe mehrere Fehlgeburten gehabt hatte, und ihr Zweifel gekommen waren, ob diese Fehlgeburten möglicherweise auf ihre zwiespältige Einstellung zum Kinderkriegen zurückzuführen seien.

Ihre Schwester, die drei Jahre jünger war als sie, aber vor ihr geheiratet hatte, war ebenfalls noch kinderlos. Obgleich die Schwestern in vielerlei Hinsicht sehr verschieden waren, schienen sie auf diesem Gebiet die gleichen Probleme zu haben. War es denkbar, daß beide Töchter von ihrer Mutter deren ambivalente Einstellung zum Frausein und zum Muttersein übernommen hatten?
Die Mutter, Mrs. Green, hatte selbst ihre Karriere aufgegeben, als sie ihren Mann heiratete, den sie auf der Universität kennengelernt hatte, an der sie beide Geschichte studierten. Sie war zwei Jahre älter als er. Bereits zum Zeitpunkt ihrer Begegnung hatte man ihr zu verstehen gegeben, daß sie es nie weit bringen würde in ihren Studien, und sie fühlte sich sehr entmutigt. Dagegen war er, der zweifellos der weitaus begabtere war, schon damals für eine glänzende Karriere ausersehen. Sobald sie den Entschluß gefaßt hatten zu heiraten, gab sie alle ihre eigenen Ambitionen auf. Nach der Heirat warf sie bedingungslos alles, was sie hatte, in die Waagschale, um hinfort nur noch für ihn dazusein, ihm zu helfen, ihn zu unterstützen: Alles Geld, das sie mit Unterrichtsstunden verdiente, alle Kenntnisse, die sie auf ihrem gemeinsamen Arbeitsgebiet erworben hatte, alle ihre mütterlichen, fürsorglichen Gefühle. Später, als er ein international anerkannter Historiker geworden war, förderte sie seine Karriere auch in gesellschaftlicher Hinsicht mit ihren Talenten als unermüdliche Gastgeberin. Es schien, als habe sie keinerlei eigene Bedürfnisse, keine eigenen Interessen und auch keine eigenen Freunde. Sie paßte sich vollständig und ausschließlich seinen Bedürfnissen und seinem gesamten Lebenszuschnitt an. Die Tatsache, daß er sie brauchte, ihrer bedurfte, schien für sie die Lebenssubstanz, das Lebenselixier zu sein, und er versicherte sie unablässig ihrer Unentbehrlichkeit. Beispielsweise konnte es ihm einfallen zu sagen, daß er kein Wort zu schreiben vermöchte, wenn sie ihm nicht am Tisch gegenüber säße. In Wahrheit war es jedoch so, daß er es ihr verwehrte, an seiner Arbeit wirklichen Anteil zu nehmen. Ihre eigene Zwiespältigkeit kam manchmal zum Vorschein in plötzlichen Angriffen auf seine Arbeit oder in einer Herabsetzung seiner Leistung. Zur gleichen Zeit konnte sie sich wie ein kleines Mädchen aufführen, als sei sie eher seine Schülerin als seine Ehefrau. Niemals

räumte sie ein, zwei Jahre älter zu sein, sondern sprach von einem Altersunterschied von wenigen Tagen.
Das Leben des Vaters brachte es mit sich, daß viele gesellschaftliche Verpflichtungen erfüllt werden mußten. Ständig gab es Empfänge, Kongresse, festliche Einladungen mit großer Bewirtung, und es war beiden Eltern sehr daran gelegen, daß die Mutter in alles einbezogen wurde, – immer als sein Schatten oder als seine Gastgeberin, niemals jedoch als eine enge Mitarbeiterin, als jemand, die doch immerhin gemeinsam mit ihm studiert hatte. Obgleich sie niemals auch nur eines dieser gesellschaftlichen Ereignisse ausließ, konnte Mrs. Green zuweilen ziemlich bittere Witze über ihre eigene Rolle dabei machen. Ihren Töchtern gestand sie, daß sie es sehr beschwerlich finde, an diesen Partys teilzunehmen, und daß sie sich wie ein Nervenbündel fühle, solange sie dort sei.
Sie war größer als ihr Mann und ging gebeugt, um kleiner zu erscheinen. Ihre Tochter erinnert sich betrübt daran, daß sie niemals stolz auf ihre Mutter habe sein können; sie habe eine schlechte Körperhaltung gehabt, sich geschmacklos gekleidet und habe älter ausgesehen als sie tatsächlich war. Die Tochter fragt sich, was ihr Vater bei solchen Anlässen wohl empfunden haben mochte. Obgleich die Mutter kein Interesse an ihrer äußeren Erscheinung zeigte, stand sie dieser doch höchst kritisch gegenüber. Ihre Tochter fand Fotos von ihr, die sie mit abfälligen Bemerkungen versehen hatte, wie zum Beispiel: »Warum muß ich bloß so zimperlich und spröde aussehen?« – »Dieses Kleid steht mir ganz und gar nicht!« – »Ich hätte lieber im Hintergrund bleiben sollen.« Aber auch ohne Kommentare zeigten die Fotos eine unsichere, schüchtern aussehende Frau, der es an Selbstachtung und Würde fehlte. Die einzige Ausnahme ist ein Foto aus ihrer Studentenzeit, auf dem sie mit einer Zimmergenossin zu sehen ist, verkleidet in einer verrückten Mischung bunter Kostüme für einen Karneval. Im College war sie unter dem Namen Peter bekannt, und soweit man es sich aus diesem Foto und den Gesichtern zusammenreimen kann, die sie aus dieser Zeit und von dieser Freundin erzählte, muß sie damals voll Übermut und Leben und Spaß gewesen sein. Hatte sie dies alles aufgegeben für ihren Mann oder für ihr Dasein als Frau und Mutter?

Kein einziger ihrer Zweifel kam jemals ans Tageslicht. Das Ehepaar war unzertrennlich, und die beiden Töchter wurden in die enge Familiengemeinschaft einbezogen und trugen ihrerseits in heimlichem Einverständnis zur Aufrechterhaltung dieses Familienbildes bei, in dem der Vater der Mittelpunkt des Universums war. Diese geradezu klaustrophobisch enge Geschlossenheit der kleinen Familie stand in einem krassen Gegensatz zu ihrem lebhaften gesellschaftlichen Leben, blieb von diesem jedoch unbeeinflußt. Beide Töchter empfanden den Gegensatz zwischen diesem Beharren auf der engen Familienbindung und dem Mangel an wirklichem Interesse für sie, zwei deutlich verschiedenen Wesen: Die ältere war überwiegend intellektuell, die jüngere hatte nur weibliche Interessen. Wurden diese Differenzierungen von den Eltern ignoriert, weil sie das Risiko nicht einzugehen wagten, Differenzen untereinander aufkommen zu lassen? Eine weitere Widersprüchlichkeit verwirrte die Töchter: Trotz der fraglosen Dominanz und Prominenz des Vaters war es die Mutter, die nicht nur ihrer beider Leben und Selbstbildnisse gestaltete und formte, sondern ihnen auch das Gefühl einer verborgenen Kraft vermittelte. Sie machten manchmal Witze über Mutters »heimliche Waffe« die diese geschickt und klug einzusetzen wußte, während sie zugleich so tat, als sei sie schwach und hilflos. Hierzu gehörte beispielsweise ihre Fähigkeit, heimlich Geld zusammenzukratzen, (der Familie ging es finanziell immer schlecht) – das sie dann in Augenblicken einer Krise hervorzauberte, und zwar immer nur für ihren Mann oder die Familie, niemals für sich selbst.
Den klaustrophobisch engen Zusammenhalt der Familie führten die Töchter zu einem großen Teil auf die Tatsache zurück, daß die Eltern, die beide aus Neuseeland stammten, niemals in England richtig Fuß gefaßt hatten. Sie waren schon acht Jahre verheiratet gewesen, als sie nach England kamen. Damals war ihr Vater schon auf dem besten Wege, ein »berühmter Mann« zu werden. Die ersten sieben Ehejahre waren kinderlos geblieben. Das heißt also, daß die Tochter, die mir diese Geschichte erzählte, gerade ein Jahr alt war, als die Familie in England eintraf. Die Eltern hörten niemals auf, sich nach Neuseeland zurückzusehnen, das für sie immer die Heimat blieb, zumal sie dort beide viele Verwandte hatten.

Die Eltern des Vaters stammten aus großen, sehr erfolgreichen Professorenfamilien, und obwohl der Vater nur einen Bruder hatte, und sein Vater ein bescheidener Pfarrer der baptistischen Kirche war, fühlte er sich als ein Mitglied dieses beträchtlichen intellektuellen Clans. Mit fünfzehn Jahren wurde er im Hause eines Onkels untergebracht, der Leiter eines College war, und der ihn auf die Universität vorbereiten sollte. Er war von vornherein für eine erfolgreiche akademische Laufbahn vorgesehen worden.

Die Eltern der Mutter kamen ebenfalls aus großen Familien. (Ihre Mutter war die jüngste von dreizehn Kindern.) Beide elterlichen Familien waren sehr hilfsbereit und die Mutter, die ein Einzelkind war, wurde für die Sommermonate immer zu einer der Familien aufs Land geschickt. Als sie drei Jahre alt war, machte sie die Reise zum erstenmal ganz allein. Auf einem Pappschild, das sie an einer Schnur um den Hals trug, standen Namen und Adressen. So sehr die Kleine die Ferien auf dem Lande bei ihren Verwandten genossen und herrlich gefunden haben mag, so wahrscheinlich ist es aber auch, daß schon hier der Grundstein gelegt wurde zu ihren späteren Gefühlen der Minderwertigkeit und Unzulänglichkeit.

Der Vater der Mutter betrieb eine kleine Bäckerei; seine Frau hatte jedoch ganz andere Träume – und sehr große Ambitionen für ihre einzige Tochter. Ihrem Elan ist es hauptsächlich zu verdanken, daß der Tochter eine Universitätsausbildung ermöglicht werden konnte. Daß es Mrs. Green jedoch nicht schaffte, den Ambitionen ihrer Mutter zu entsprechen, mag entscheidend dazu beigetragen haben, daß später die außerordentliche Karriere ihres Mannes doppelt wichtig für sie wurde. Durch ihn konnte sie sowohl ihre eigenen Träume als auch die ihrer Mutter erfüllen und ihrem Leben einen Sinn geben. Kein Wunder also, daß er zum Mittelpunkt ihres Lebens wurde. Die Kinder waren ihr oft im Wege, waren Ärgernis und Plage, insbesondere solange sie noch klein waren und ihre Zeit, ihre Liebe und ihre Gegenwart besonders nötig hatten. Sie machte keinen Hehl daraus, daß kleine Kinder sie langweilten, und später sagte sie manchmal zu ihren heranwachsenden Töchtern: »Erwartet nicht von mir, daß ich jemals eine närrische, hingebungsvolle Großmutter sein werde!«

Obwohl Mrs. Green seit jeher von zarter Gesundheit war, bestritt sie es, Ruhe und Rücksichtnahme nötig zu haben; sie war fest entschlossen, für ihren Mann und die Familie auf dem Posten zu bleiben. Ihr Mann war indes sehr robust und kräftig, bis er, zwei Jahre vor seinem Tod, einen Herzanfall erlitt. Er versuchte, keine Notiz davon zu nehmen; genauso wie seine Frau wies auch er alle Besorgnisse weit von sich. Er ließ es sich nicht nehmen, an Sonntagen schwer im Garten zu arbeiten, zu graben und Holz zu hacken. Seine Tochter erinnert sich an eine Kontrolluntersuchung im Krankenhaus, zu der sie ihn begleitet hatte. Er rannte energisch durch die Korridore, so schnell, daß sie nicht mit ihm Schritt halten konnte. Als sie ihn bat, doch etwas langsamer zu gehen, sagte er: »Wenn ich renne, können die nicht behaupten, daß ich krank sei.« Er verabscheute es, wenn jemand Bemerkungen über seine Gesundheit machte; und so war es denn für die Familie ein furchtbarer Schock, als er plötzlich an einem Herzinfarkt starb. Eigentlich war die Mutter weitaus kränker gewesen, und es war ihre Gesundheit, um die sich die Töchter gesorgt hatten.

Es war daher nicht überraschend für sie, daß ihre Mutter unmittelbar nach dem Begräbnis ihres Mannes einen Schlaganfall erlitt. Während die Ärzte noch darüber debattierten, ob sie zu Hause gepflegt werden könne, bekam sie in schneller Folge zwei weitere Schlaganfälle und mußte ins Krankenhaus eingeliefert werden. Sie lebte noch fünf Monate lang, war gelähmt und hatte schwere Sprachstörungen, aber sie war bei vollem Bewußtsein – mit der einen Einschränkung allerdings, daß sie sich weigerte, die Tatsache, daß ihr Mann tot sei, zu akzeptieren; sie stritt einfach jeden Beweis dafür ab. Sie hatte ihre eigenen Beweise, daß er noch lebte, denn er besuchte sie im Krankenhaus, indem er durchs Fenster hereinflog. Da dies das einzige Symptom einer Wahnvorstellung war in ihrem ansonsten vernünftigen Betragen, hielten ihre Töchter und ihre Freunde es für die berechtigte Abwehrmaßnahme einer kranken Frau gegen den Schock über den tödlichen Verlust ihres Mannes. Diese Haltung wurde ungefähr vier Monate lang nach dem Tode ihres Mannes aufrechterhalten, bis zu dem Tage, an dem der Anwalt der Familie sie aufsuchte, um mit ihr über das Testament und das

Vermögen zu sprechen. Er traf morgens um zehn Uhr bei ihr ein, und fand sie frisch und lebhaft vor. Sobald er jedoch anfing, über den Nachlaß zu sprechen, was ja an sich schon gleichbedeutend war mit einem Beweis für den Tod ihres Mannes, verlor sie augenblicklich und vollständig die Fähigkeit zu sprechen. In diesem Moment akzeptierte sie die Tatsache, daß ihr Mann gestorben war; von da an gab sie sich keine Mühe mehr weiterzuleben. Ihr Zustand verschlechterte sich rapide, und sie starb noch vor Ablauf eines Monats.

Mrs. White

Mrs. White war eine sehr hübsche und anziehende Frau in ihren fünfziger Jahren, die mich kurz nach dem zweiten Jahrestag des Todes ihres Mannes aufsuchte. Sie befand sich in einem Zustand heftiger Erregtheit und großer Beängstigung. Sie war von Chile, wo sie lebte, nach London gereist, weil sie hoffte, daß ihr dies helfen würde, sich besser zu fühlen, zumal London für sie und ihren Mann Paul schon immer ein glücklicher Ort gewesen sei. Sie war ihrem Mann damals in London begegnet, als sie noch Kunststudentin war, und er Journalismus studierte. Beide hatten sie London geliebt, und später waren sie noch oft mit großer Freude als Besucher hierher zurückgekehrt. Diesmal jedoch habe London sie enttäuscht, sie sei rastlos und verängstigt, könne weder schlafen noch essen, verspüre keinerlei Lust, Freunde aufzusuchen; alle Menschen und alle Dinge empfinde sie als feindselig und bedrohlich.
Mrs. White war ein Einzelkind. Ihre Eltern hatten sie vergöttert und sich innig geliebt. Ihr Vater war ein erfolgreicher Geschäftsmann. Im Mittelpunkt seiner internationalen Geschäfte stand ihr großes, wunderschönes Haus; seine Frau war die Gastgeberin für seine vielen Geschäftsfreunde. Die Tochter paßte sich diesem Leben fröhlich und glücklich an. Als sie beinahe zwanzig Jahre alt war, hatte sie jedoch das Verlangen, einmal aus allem herauszukommen; sie wollte ihre künstlerischen Talente und ihr eigenes Selbst finden. Die Eltern waren zwar betrübt darüber, sich von ihr trennen zu müssen, aber

sie unterstützten sie in jeder Weise. Sie hatte sich für London entschieden, wo sie dann zwei sehr glückliche Jahre verbrachte.
Als sie und Paul beschlossen zu heiraten, kehrten sie nach Chile zurück, wo auch Paul zufällig den größten Teil seiner Kindheit verbracht hatte. Ihre Eltern waren hocherfreut, ihn in der Familie willkommenheißen zu können. Ihr Vater ließ ihnen ein schönes kleines Haus bauen, gleich neben seinem großen. Nach einem Jahr willigte Paul ein, den Journalismus aufzugeben und der Geschäftspartner seines Schwiegervaters zu werden. Das junge Ehepaar White bekam zwei Kinder, einen Jungen und ein Mädchen; sie waren beide gesund, fröhlich, hübsch und intelligent. Das Leben war wunderschön – und völlig schattenlos. Sie selbst hatte ihr Interesse für die Kunst aufgegeben und lebte in ihrer Drei-Generationen-Familie. Sie war glücklich sich »einzufügen« und fühlte, daß dies für alle Beteiligten genau das Richtige sei, und es gab nichts, das sie entbehrt hätte.
Als sie zwanzig Jahre verheiratet waren, starben in rascher Folge Mrs. Whites Eltern; ihr Vater an einem rapide fortschreitenden Krebs, und die Mutter wenige Monate später an »gebrochenem Herzen«. Damals schien es, daß es auch gar nicht anders hätte sein können, so nahe hatten sich die beiden gestanden, so sehr waren sie eins gewesen.
Ungefähr zur gleichen Zeit fingen Mrs. Whites Kinder an, das Haus zu verlassen. Die Tochter ging nach Paris, auf eine Kunsthochschule; später heiratete sie einen französischen Kollegen. Jetzt hat sie zwei Kinder und lebt in Paris. Der Sohn ging nach Boston, wo er Jura studierte; er hatte dort eine ernsthafte Freundschaft mit einem Mädchen.
Mr. und Mrs. White zogen nun aus geschäftlichen Gründen hinüber in das große Haus ihrer Eltern. Mrs. White übernahm die Rolle ihrer Mutter, die ihr schon vertraut war. Sie wurde die Gastgeberin für die Kunden ihres Mannes, begleitete ihn auf seinen Reisen und nahm teil an allem, was er unternahm. Darüber hinaus wünschte sie sich nichts, und sie waren beide überaus glücklich. Trotz ihres engen Angebundenseins an das Geschäft erlebten sie wundervolle Ferien. Ihren dreißigsten Hochzeitstag feierten sie in

Mexiko, und verbrachten dort eine herrliche Zeit zusammen. Dann, eines Nachts, ohne jede Vorwarnung, geschah es, daß ihr Mann nach ihr rief – es sei ihm nicht wohl – und binnen weniger Minuten in ihren Armen verstarb.

Sie konnte es einfach nicht fassen, nicht begreifen, vermochte es nicht, ihn aus ihren Armen zu lassen, sich von ihm zu trennen, war völlig außerstande, überhaupt irgend etwas zu tun. Dann rief der Hoteldirektor ihren Sohn herbei, der sich der Dinge annahm. Er tat alles, was für die Beerdigung seines Vaters und den Gedenkgottesdienst getan werden mußte. Dann entschloß er sich, zu seiner Mutter zu ziehen und bei ihr zu leben. Er gab seine Anwaltskanzlei auf und übernahm das Geschäft seines Vaters und auch dessen Rolle im Hause. Mrs. White erinnert sich nicht mehr, wie lange sie in ihrer dumpfen Apathie verharrte; sie glaubt, daß es viele Monate lang angedauert haben müsse. Als sie schließlich wieder mit einem gewissen Grad an Bewußtsein zu leben begann, hatte ihr Sohn den Platz ihres Mannes eingenommen, und sie wandte sich ihm in jeder Weise ganz so zu, wie sie sich ihrem Manne zugewandt hatte. Zuweilen nannte sie ihn sogar Paul.

Dann, am ersten Jahrestag von Pauls Tod, hatte sie erstmals das empfinden, daß ihr Sohn bedrückt sei, daß er sich nicht glücklich fühle, weder im Geschäft noch im Hause, und sie bemerkte auch, daß seine Freundin ihm böse war, weil er sein eigenes Leben aufgegeben und ihr gemeinsames aufs Spiel gesetzt hatte. Mrs. White fühlte, daß alles irgendwie verkehrt sei. Was sollte sie nur machen? Wie vermochte sie zu überleben, den Sohn aufzugeben, wie konnte das Geschäft weitergehen ohne ihren Sohn? Sie wurde rastlos, alle möglichen körperlichen Unpäßlichkeiten stellten sich ein, sie wurde ihrer selbst immer unsicherer, fühlte sich verängstigt und verzweifelt. Zu diesem Zeitpunkt faßte sie den Entschluß, nach London zu fahren, und später ihre Tochter in Paris zu besuchen. Da nun aber London eine solche Enttäuschung für sie geworden war, fühlte sie sich außerstande, noch nach Paris weiterzureisen. Wäre es nicht besser, wenn sie nach Hause zurückkehrte, um lieber dort unglücklich zu sein?

Während ihres fünfwöchigen Aufenthalts in London habe ich zehn

Zusammenkünfte mit ihr gehabt. Schon im Verlauf unseres ersten Gesprächs löste sich ihre Angstpsychose, und ich gewann den Eindruck, daß sie ganz nahe daran sei, ihren eigenen Ausweg zu finden, und daß sie nur etwas Hilfe und Unterstützung brauchte, um diesen Weg klar zu erkennen und ihn dann auch einzuschlagen. Sie hatte sich ebenso eng mit ihrem Mann identifiziert, wie ihre Eltern sich miteinander identifiziert hatten, aber sie lehnte dennoch die Lösung ab, die ihre Mutter gewählt hatte: ihren Ehemann nicht zu überleben. Was ihr jetzt jedoch bevorstand, war dies: der Tatsache ins Auge zu sehen, daß sie es vermieden hatte, um ihren Mann zu trauern. Als sie nach seinem Tode »ins Leben zurückgekommen« war, nach der Zeitspanne dumpfen Benommenseins und der Apathie, die schon beinahe eine Bewußtlosigkeit gewesen war, hatte sie ihn durch ihren Sohn ersetzt.

In ihrem Bemühen, Schmerz und Leid zu umgehen, hatte sie einige der Gefühle, die sie für ihren Mann empfunden hatte, auf ihren Sohn übertragen, und sich mit diesem in der gleichen Weise identifiziert, und ihn auch in die gleichen Rollen gedrängt. Dadurch hatte sie ihren verlorenen Mann nie verinnerlicht, und als Folge hatte sie ihren Trauervorgang nicht vollenden können. Denn die Verinnerlichung des Verstorbenen ist notwendig für die Vollendung der Trauer. Sie begann einzusehen, daß das, was sie als richtig empfunden hatte in bezug auf ihre Eltern und ihren Mann, eben nicht richtig war in bezug auf ihren Sohn, sondern falsch und zerstörerisch. Er mußte sein eigenes Leben leben, und sie mußte eine neue Lösung dieses Problems suchen, die sie nicht länger in der ihr so vertrauten Identifizierung finden konnte. Ihre Flucht nach London kam einem unbewußten Versuch gleich, den Teufelskreis zu durchbrechen, die schützende Hülle abzuwerfen und ihrem Verlust ins Auge zu sehen, Schmerz und Leid auf sich zu nehmen, koste es was es wolle. Ihr Ärger über London, ihre Gefühle von Feindseligkeit und ihr Verfolgungswahn wurden nunmehr zu einem Ausdruck eines verspäteten Trauervorgangs, in welchem sie sich unterstützt fühlte und Hilfe fand durch ihre Besprechungen mit mir.

In denen fragte sie sich, ob sie wohl zu überleben vermocht hätte, wenn ihr Sohn diese ihre Übertragung von Gefühlen auf ihn abgelehnt hätte, oder ob sie in diesem Falle gestorben wäre, so wie ihre Mutter gestorben war. Während sie darüber sprach, wurde es ihr klar, daß sie selbst in den Augenblicken tiefster Verzweiflung immer gewußt hatte, daß sie leben wollte, und auch genug Kraft dazu haben werde. Jetzt war sie betrübt darüber, ihren Sohn so »mißbraucht« zu haben, aber sie war ihm »ewig dankbar« dafür, daß er ihr bei der Rückkehr ins Leben geholfen hatte, ohne daß sie das Gefühl haben mußte, ihm unwiderruflichen Schaden zugefügt zu haben.

Nach fünf Wochen reiste sie nach Paris, um dort ihre Tochter und deren Familie zu besuchen. Ich bekam eine Postkarte, auf der sie schrieb, daß sie begeistert sei vom Leben ihrer Tochter und ihren künstlerischen Leistungen, und daß sie am allerglücklichsten über ihre Enkelkinder sei. Drei Monate später schrieb sie von Santiago, daß sie ein Apartment in einem Künstlerviertel gemietet und wieder zu malen begonnen habe. Der Sohn stehe im Begriff, das große Haus zu verkaufen, das Geschäft einem Partner zu überlassen und in sein früheres Anwaltsbüro zurückzukehren. Er habe die Absicht, seine Freundin zu heiraten. Ein Jahr später erhielt ich die kurze Nachricht, daß alles gut gehe, und daß sie selbst vorhabe, wieder zu heiraten, und zwar einen alten Künstlerfreund, der verwitwet sei. »Wir haben vieles gemeinsam, aber befürchten Sie nichts, ich habe meine Lektion gelernt.« Und das habe ich so verstanden: Ich habe meine eigene Identität gefunden, und die werde ich nicht wieder aufgeben.

Auf den ersten Blick sind die Geschichten von Mrs. Green und Mrs. White einander sehr ähnlich. Beide waren Einzelkinder und eng mit ihren Eltern verbunden gewesen; beide hatten sie sich auf eine Laufbahn vorbereitet, die anderer Art war als die ihrer Eltern, beide hatten ihren Beruf aufgegeben, als sie heirateten und von Stund an alle ihre Fähigkeiten, Mittel und Möglichkeiten eingesetzt, um ihre Männer in deren Arbeit zu unterstützen. Beide Ehemänner waren einverstanden gewesen mit den bestehenden Vorbildern der Identifizierung mit den Eltern und bereit, die auf sie gerichteten Erwartungen der Eltern zu erfüllen. Mr. Green wurde der erfolgreiche Akademiker, den sich seine Schwiegermutter ersehnt hatte; Mr.

White wurde der ideale Partner und Nachfolger im Geschäft seines Schwiegervaters. Beide Frauen waren in ihren Fünfzigern, als ihre Ehemänner unerwartet starben, beide hatten sie zwei Kinder, die zum Zeitpunkt des Todesfalles das Elternhaus bereits verlassen hatten, die jedoch erreichbar waren und sich ihren verwitweten Müttern zur Verfügung stellten. Keine der beiden Witwen hatte ernstliche Probleme materieller Art bewältigen müssen. Beide hatte der Tod ihrer Männer furchtbar getroffen, keine von beiden hatte die Wirklichkeit ihres tödlichen Verlustes anerkennen können, beide hatten sich in ihrer eigenen Existenz bedroht gefühlt.
Mrs. Green war dieser Bedrohung erlegen und war bald nach ihrem Mann gestorben. Mrs. White schaffte es, nach zwei Jahren von Verwirrungen und inneren Kämpfen eine unabhängige Existenz zustande zu bringen und ein neues Leben aufzubauen. Gibt es etwas in dem, was wir vom früheren Leben aus den Geschichten dieser beiden Frauen kennen, das die unterschiedlichen Lösungen der Trauervorgänge in scheinbar gleichen Situationen erklären könnte?
Schon von ihrem dritten Lebensjahr an war Mrs. Green allsommerlich ganz allein auf die Reise zu ihren Verwandten geschickt worden. Diese Ferien wurden ihr als ein Vergnügen dargestellt, als ein ganz besonderer Spaß. Aber das kleine Mädchen, das in der übrigen Zeit des Jahres in enger Verbundenheit mit seinen Eltern zusammengelebt hatte, könnte sich sehr wohl abgewiesen gefühlt haben und unsäglich ängstlich gewesen sein. Diese verwirrende Situation hatte zu einer Verunsicherung ihrer inneren Welt geführt, die ihr weiteres Leben beeinflußte.
Später, als sie die väterliche Bäckerei verlassen hatte, um auf die Universität zu gehen, waren ihr wiederum Selbständigkeit und Wachstum geboten worden, aber sie hatte es so empfunden, als sei sie fortgeschickt worden, um die Bedürfnisse ihrer Eltern zu erfüllen, insbesondere die Ambitionen ihrer Mutter. Wie wenig diese Veränderung in ihrem Leben ihren eigenen Bedürfnissen und Wünschen entsprochen hatte, können wir aus ihrer Bereitwilligkeit, ja nachgerade Erleichterung sehen, mit der sie in ihrer Heirat alle ihre Bemühungen um eine eigene Karriere sofort aufgegeben hatte.
Mrs. Greens Vorstellung von Identität war aufgebaut auf ihrer

Identifizierung mit den Erwartungen, die andere für sie hatten, und diese Methode des sich Beziehens auf andere hatte sie auch auf ihren Mann übertragen. Er war für diese Rolle vorzüglich geschaffen gewesen, denn er war die exakte Erfüllung der Ambitionen ihrer Mutter. Mit diesem erfolgreichen Schwiegersohn verschaffte Mrs. Green ihrer Mutter die freudige Genugtuung, die sie ihr selbst, auf direktem Wege, hatte nicht geben können. Von da an hatte sie ihre Rolle nur noch in der Festigung und Förderung dieser Quelle der Zufriedenheit gesehen, sowohl für sich selbst als auch für ihre Familie, während sie ihr eigenes Ich verleugnete. Als autonome Persönlichkeit fühlte sie sich verloren. Unmittelbar nach dem Tode ihres Mannes erlitt sie einen Schlaganfall, hatte jedoch noch so lange weiterleben können, wie es ihr möglich gewesen war, die Realität seines Todes abzuleugnen.

Mrs. White hatte ebenfalls in enger Identifikation mit ihren Eltern und später auch mit ihrem Ehemann gelebt. In ihren frühen Jahren hatte sie jedoch eine größere gefühlsmäßige Sicherheit gehabt. Als sie in jugendlichem Alter dann von zu Hause hatte fortgehen wollen, hatte sie dies mit voller Unterstützung ihrer Eltern tun dürfen. Als sie ihren Ehemann mitgebracht hatte in das Haus ihrer Eltern, hatten sich die jungen Leute ihr Leben nach dem Vorbild der Eltern eingerichtet, nämlich auf der Grundlage gegenseitiger Unterstützung und Zuneigung. In dieser »idealen« Drei-Generationen-Familie scheint es nur sehr wenige Spannungen und Konflikte gegeben zu haben – und auch sehr wenig Gelegenheit, das Ertragen von Frustrationen zu erlernen. Als Mrs. Whites Vater gestorben war, und ihre Mutter ihm innerhalb von Wochen nachfolgte, hatten Mrs. White und ihr Mann sofort den Umzug ins Haus ihrer Eltern vorgenommen, und, wie selbstverständlich, auch die Rollen der Eltern im Geschäft und in der Gesellschaft übernommen. Die Struktur des sich Anpassens und der mitwirkenden, aktiven Identifizierung wurde ohne sichtbare Anstrengung oder Überwindung und ohne jeden Kampf um eine individuelle Autonomie fortgesetzt und beibehalten.

Mrs. Whites Welt fiel in Trümmer, als ihr Mann unerwartet starb. Nach der ersten Phase des Schocks und der dumpfen Benommenheit, versuchte sie, die ihr gewohnte Welt wieder aufzubauen, indem sie ihren Mann durch ihren Sohn ersetzte, und das Schema der Identifizierung auch mit ihm aufrechterhielt dadurch, daß sie sich weigerte, Schmerz, Trauer und tödlichen Verlust zu akzeptieren. Zwei Jahre später wurde es Mrs. White klar, daß ihre gewohnte Verhaltensweise der neuen Situation nicht mehr gemäß war. Und erst an diesem entscheidenden Punkt konnte sie akzeptieren, daß ihr Mann wirklich tot war. Erst jetzt konnte sie anfangen zu trauern.

In ihrem verzögerten Trauervorgang konnte Mrs. White auf die von ihr verinnerlichten »guten« Eltern und auf das glückliche Leben ihrer frühen Kinderjahre zurückgreifen. Dies befähigte sie, ihre eigenen inneren Kraftquellen auszuschöpfen, und das machte sie stark für die Aufgabe, das Trauern zu vollenden und zu überleben.

Mrs. Green hingegen, die in vielerlei Hinsicht es ebenfalls versucht hatte, Konflikte dadurch zu vermeiden, daß sie sich mit den ihr bedeutungsvollen Menschen ihres Lebens identifizierte, war sich ihres eigenen Wertes und ihrer eigenen Autonomie zu ungewiß, um den Verlust ihres Mannes ertragen zu können. Ihr war es verwehrt, auf innere Kraftreserven »guter Objekte« zurückzugreifen, die ihr ein Überleben hätten ermöglichen können; und so starb sie.

Es scheint daher, daß die so verschiedenen Reaktionen dieser beiden Frauen auf ihre in vielerlei Weise gleichen Trauersituationen am ehesten verstanden werden können, wenn man sie vor dem Hintergrund der Erlebnisse ihrer frühen Jahre betrachtet.

6
Vorgänge des Trauerns und des Leidens

Die wachsende Anzahl psychologischer Studien der jüngsten Vergangenheit sind Ausdruck eines zunehmenden Interesses für die Probleme des Trauerns und der Verluste durch den Tod. Teilweise ist diese Entwicklung auf Bemühungen zurückzuführen, die Tabus über Tod und Trauer zu brechen. Kürzlich laut gewordene Ungewißheiten hinsichtlich der Grenzen zwischen geistiger Gesundheit und geistiger Krankheit haben es möglicherweise noch dringlicher werden lassen, die Unterschiede zu erforschen, die zwischen normaler und krankhafter Trauer, zwischen Trauer und Geisteskrankheit bestehen. Da jedoch die Ausdrucksweisen des Trauerns so mannigfaltig und die Reaktionen der einzelnen Persönlichkeiten so überaus unterschiedlich sind, dürfte es sehr schwierig sein, zu einer klaren Definition zu gelangen. Im Zuge der Bemühungen um die Lösung dieses Problems hat man den Versuch unternommen, den Ablauf des Trauerns in erkennbare Phasen aufzugliedern; obwohl die Anzahl und Stärke der Phasen in den verschiedenen Untersuchungen variiert, zeichnet sich nunmehr doch ein Bild ab, das weiterhilft, das Problem besser zu verstehen, es einzuschätzen und richtiger zu bewerten.

Alle Untersuchungen stimmen darin überein, daß die erste Reaktion auf den Tod eines für einen persönlich bedeutsamen Menschen der Schock ist, und daß dieser Schock im Falle eines plötzlichen, unerwarteten Todes besonders ausgeprägt und schwer ist. Der Schock kann sich in einem physischen Zusammenbruch (wie das bei Tony und Mrs. Green der Fall war) äußern oder in vehementen Affekt-

ausbrüchen (wie denen von Yvonne) oder in einer gelähmten Zurückgezogenheit, einer Verweigerung: alles Zeichen der Unfähigkeit, die Wirklichkeit des Todes zu akzeptieren (Mrs. White).
Trauernde beklagen sich oftmals darüber, nicht darauf vorbereitet gewesen zu sein, wie das sein würde: »Warum hat mich kein Mensch gewarnt, daß ich mich so elend und hilflos fühlen würde . . . oder krank . . . oder müde . . . oder erschöpft?« – »Niemand hat mir je gesagt, daß das Gefühl der Trauer so sehr dem Gefühl der Angst gleicht.« – »Ich wollte, ich hätte etwas gewußt von diesem Ausbruch von Emotionen.« Aber vermag man denn tatsächlich Gültiges auszusagen, ist jemand dazu befugt, Warnungen auszusprechen? Können Bücher überhaupt eine wirkliche Hilfe sein? Oder ist es nicht vielmehr so, daß auch dieses Leidenmüssen einer jener emotionalen Lernprozesse ist, deren Sinn wir erst durch die Erfahrung des Leidens begreifen?
Und ich sitze trotzdem da und schreibe ein Buch über Leid und Trauer! Aber ich habe die Hoffnung, daß dieses Buch, wenn es auch im Augenblick des Verlustes selbst nicht helfen kann, doch dazu beitragen kann, eine Atmosphäre zu schaffen, in der diese Probleme nicht noch durch die verwirrten und verständnislosen Reaktionen anderer vertieft und verschlimmert werden. Ich hoffe ferner, daß, sobald die Phase des Schocks und der Bestürzung überstanden ist, die Scham und die Verängstigung des Trauernden über sein vermeintlich so vernunftloses Benehmen durch das Wissen gemildert werden können, daß all dies über die gesamte Welt verbreitete, allgemeine und natürliche Reaktionen auf Leid und Verlust sind, und daß der Trauernde nicht nur ein Anrecht darauf hat, seine Gefühle zu empfinden und auszudrücken, sondern daß es obendrein falsch und vielleicht sogar schädlich wäre, wenn er sie unterdrücken würde.
Die Bemühungen des Trauernden, mit der ersten Phase des Schocks und der Verwirrung fertig zu werden, werden je nach seinem Temperament und der Situation, in der er sich befindet, sehr verschieden sein. Er kann sich völlig benommen und apathisch verhalten, er kann aber auch übermäßig geschäftig sein. Bei einem physischen Schock sind Ruhe und Wärme die anerkannte Behandlungsmetho-

de. Im Fall eines emotionalen Schocks hingegen wird zumeist der Ratschlag erteilt, »geschäftig zu bleiben«. Dieses »Heilmittel« kann nicht nur dazu führen, daß sich der Trauernde gegen sein Bedürfnis zu trauern sperrt und seinen Kummer ableugnet, was eine pathologische Entwicklung zur Folge haben kann, sondern es kann auch noch sonst alles mögliche Unheil anrichten. Aus eigener Erfahrung und denen, die andere mit mir teilten, kenne ich die furchterregenden und unsäglich ermüdenden Folgen der unzähligen und oft genug schwerwiegenden Fehler und Mißgriffe, die in diesen ersten geschäftigen Tagen begangen werden: Dinge werden verlegt, gehen verloren, werden falsch adressiert und ähnliches mehr, und dann die verzweifelten Versuche, sie wiederzufinden. So hatte ich beispielsweise die wichtigsten Papiere meines Mannes bei seinem Anwalt abgeholt, und es dann zustande gebracht, sie in einen fremden Briefkasten zu werfen. Was soll also dieser Rat: »Arbeite, tu' etwas?« Drückt er am Ende nur die Angst des Ratgebers aus, selbst in den Schmerz des Trauernden verwickelt zu werden? Geoffrey Gorer sagt: »Es wird als morbid, ungesund und demoralisierend gebrandmarkt, wenn jemand sich in seinem Kummer gehenläßt. Für richtig und angemessen hält man es, wenn ein Freund oder jemand, der es mit dem Trauernden gut meint, diesen von seinem Leid ablenkt.«[1]

Diesem Wunsch, abzulenken, mag auch die Erkenntnis zugrunde liegen, daß der gerade von einem Verlust Betroffene, der nicht einmal des Nachts schlafen kann, sich vermutlich erst recht nicht am Tage zu entspannen vermag, und es daher besser ist, wenn er »im Gang« bleibt. Die Rastlosigkeit des Trauernden könnte von seiner Angst herrühren, anerkennen und zugeben zu müssen, daß er allein ist, verlassen. Was er jetzt vermutlich nötiger hätte als alles andere, wäre die tröstliche körperliche Nähe eines anderen Menschen; aber in der Isolierung, in der wir heute leben, gibt es diesen Trost nicht eben häufig.

Witwen und Witwer »lösen« dieses Problem gewöhnlich so, daß sie den leeren Platz im Ehebett mit einem Kind ausfüllen. Da das Verlangen nach Wärme und Trost jedoch über die im allgemeinen kurze Phase des Schocks hinaus andauert, bringt diese »Ersatzlösung« eine gewisse Gefahr; sie könnte nämlich sehr wohl den bewußten oder unbewußten Wünschen des Kindes entgegenkommen, den Platz des toten Elternteils in seiner Beziehung zum noch lebenden einzunehmen, und dies könnte eine Situation herbeiführen, die später unter Umständen nur schwer wieder aufzulösen wäre, sogar neurotische Probleme und Abhängigkeiten zur Folge haben könnte. Oft hilft ein Stofftier, den Jammer einsamer Nächte zu lindern. Eine wirkungsvollere Lösung des Problems fand eine Witwe, die nach einer anfänglichen Zeit der Schlaflosigkeit glücklich einschlafen konnte, wenn sie ein Kissen in ihre Arme kuschelte, genau wie ein Baby, das ohne seinen Teddy nicht einschlafen kann, wenn die Mutter fort ist. Warum sollte man sich schämen, die eigenen kindlichen Bedürfnisse, die durch einen Trauerfall wieder wach werden, sich selbst einzugestehen und auch zufriedenzustellen?

Im allgemeinen dauert die Phase des schweren Schocks nur ein paar Tage. Danach folgt das, was man als die *Phase der Beherrschung* bezeichnen könnte. In dieser müssen alle möglichen Dinge erledigt werden: vor allem muß die Beerdigung durchgestanden und ertragen werden. Während dieser Zeit ist der Trauernde zumeist von hilfreichen Freunden und Verwandten umgeben. Diese Phase der Unterstützung von außen, und die Form, die diese Hilfe annimmt, ist je nach Tradition, Kultur, sozialen und religiösen Gruppierungen sehr verschieden; sie variiert aber auch darin, was man als ihre hauptsächliche Funktion ansieht: die Unterstützung kann sozusagen an das Über-Ich im Trauernden appellieren, indem er ausgesprochen oder unausgesprochen dazu aufgefordert wird, vernünftig zu sein; oder es können die regressiven Bedürfnisse des Trauernden unterstützt werden, indem man erwartet, daß dieser seinem Kummer freien Lauf läßt. In beiden Fällen werden Gegenwart und Sympathie anderer Menschen und die »besondere« Position, in der sich der Trauernde befindet, diesem ein Gefühl der Sicherheit und der Geborgenheit vermitteln. Er kann buchstäblich das Gefühl haben, daß die anderen sich schon darum kümmern werden, daß die Dinge nicht außer Kontrolle geraten, und daß das Leben weiter seinen Gang geht.

Der wirkliche Gram und das wirkliche Elend werden erst spürbar, wenn diese Phase der Beherrschung, die Schonzeit, mitsamt den Privilegien, die sie mit sich gebracht hatte, vorüber ist und nun die Aufgabe beginnt, die Realität in den Griff zu bekommen, sich mit der neuen Lage zu arrangieren und der schmerzliche Prozeß der Loslösung der eigenen Libido von dem verlorenen Menschen einsetzt. Dies ist die Zeit, in der sich der Trauernde verloren und alleingelassen fühlt, und in der er versuchen wird, Abwehrmaßnahmen gegen die Bitternis der Verzweiflung zu entwickeln. Die *Suche* nach dem verlorenen Menschen, eine beinahe automatische, vollständige Abwehr dagegen, die Realität des Verlustes akzeptieren zu müssen, kann für eine lange Zeit andauern. C. M. Parkes zitiert aus dem Katalog einer Ausstellung der Arbeiten von Käthe Kollwitz:

> Mehrere Jahre lang arbeitete K. Kollwitz an einer Statue ihres jungen Sohnes, der im Oktober 1914 gefallen war. Sein Tod wurde für sie so etwas wie eine persönliche Verpflichtung. Zwei Jahre später schrieb sie in ihr Tagebuch: »Eine Zeichnung gemacht: die Mutter, die ihren toten Sohn in ihre Arme gleiten läßt. Ich könnte hundert solche Blätter machen, und doch komme ich ihm so *nicht näher*. Ich suche ihn. Als ob ich ihn in der Arbeit finden *müßte*.«[2]

Die Verhaltensweise, die ein Verlust hauptsächlich hervorruft, ist das Suchen. Kinder und Tiere suchen nach dem fehlenden Gegenstand. Der Erwachsene, der einen anderen Menschen verloren hat, fährt fort, in unbeobachteten Augenblicken, in Halluzinationen und besonders in seinen Träumen, nach seinem Toten zu suchen, selbst dann, wenn er weiß, daß etwas Irrationales an seinem Tun ist. Mein Nachbar Andrew (siehe die »Diskussion« in Kapitel 4) ist ein deutliches Beispiel dafür. In seinen Träumen versuchte er wieder und wieder mit größter Dringlichkeit an den Ort zu gelangen, an dem er seine verlorene Frau wiederfinden würde. So wünschte er sich in seinen Träumen, daß ein Wunder geschehen möge. Die meisten Leute sind sich ihres Bedürfnisses, suchen zu müssen, gar nicht bewußt, aber sie drücken es aus, indem sie rastlos und angespannt sind und kein Interesse für Dinge aufbringen können, die nicht den

Verstorbenen betreffen. Diese Symptome lassen in dem Maße nach, in dem Stück für Stück die Wirklichkeit des Verlustes akzeptiert werden kann, und der Hinterbliebene ganz, ganz langsam seine innere Welt wieder aufbaut. Aber ich bezweifle, daß der Impuls, die verlorene Person zu suchen, jemals vollkommen aufhört. Denn sogar bei den Leidtragenden, die ihr neues Leben erfolgreich wieder aufgebaut haben, stellt sich das Suchen nach dem verlorenen Liebesobjekt in Augenblicken großer Belastungen, in Zeiten der Schwäche oder der Krankheit hartnäckig wieder ein. Auch beim Sterbenden tauchen ja häufig die Erinnerungen an seine Kindheit wieder auf und er scheint nach den ersten Bezugspersonen seiner Liebe zu suchen, nach seinen Eltern.
Wenn der Trauernde allmählich etwas gelöster wird, und die Spannung, die Frustration und der Schmerz nachlassen, kann das *Suchen* vielleicht dazu führen, daß man etwas *findet*: man spürt, daß der verlorene Mensch gegenwärtig ist. C. S. Lewis sagt in »Über die menschliche Trauer«:[3]

> Denn leidenschaftliche Trauer verbindet uns nicht mit den Toten – so habe ich erlebt –, sondern schneidet uns von ihnen ab. Das wird immer deutlicher. Gerade in den Augenblicken, wo ich am wenigsten Kummer empfinde – in der Regel, zum Beispiel, der Augenblick, wo ich morgens ins Bad steige –, wird mir H. in ihrer ganzen Wirklichkeit, ihrem Anderssein gegenwärtig. Nicht wie in meinen schlimmsten Augenblicken, ganz verkümmert, gefühlig und feierlich vor Elend, sondern so, wie sie von sich aus ist. Das tut gut und erfrischt.

Bei mir dauerte es Jahre, bis ich diese »Stärkung« durch Fritz' Gegenwart erleben konnte und es ist wundervoll und überraschend, wie dieses Erleben im Lauf der Zeit zunimmt. Es passiert meist beim Erwachen (wenn er mit meinem Frühstückstablett hereinzukommen pflegte, wie er dies in meiner Vorstellung auch jetzt tut) oder des Nachts, wenn ich einschlafe. Dies hat nichts Übernatürliches an sich, es ist vielmehr ein beruhigendes, erfreuliches Erlebnis, das ich durchaus als wirklich empfinde. Andere Witwen haben erzählt, daß sie das gleiche erlebt hätten, und daß dies um so häufiger geschehe, je mehr sie in ihrem neuen Leben zur Ruhe kämen, und die »Sehnsucht« aufhörte oder zumindest nachließe. Wie immer diese tröstlichen Erlebnisse auch sein mögen, Depressionen und Verzweiflung werden weiterhin kommen und wieder vergehen; sie werden, wenn alles gut geht, nach immer längeren Pausen und für eine immer kürzere Dauer auftreten. Wenn die Trauernden dies akzeptieren und begreifen können, werden ihnen die »Rückfälle« weniger Schmerz und Angst verursachen.

Es gibt weder einen Zeitplan für den Ablauf dieser Trauerphasen, noch gibt es genaue Abgrenzungen der verschiedenen Schmerzsymptome, die in diesen Phasen zum Ausdruck kommen. Für den Trauernden sind die Erscheinungsformen seines Schmerzes am verwirrendsten und bestürzendsten, in denen er sich selbst nicht mehr wiedererkennt, so etwa in seinem oft irrationalen Zorn und der Feindseligkeit, die seinem normalen Verhalten völlig entgegengesetzt sind, und die ihm das Gefühl geben, verrückt zu werden. Ich erinnere mich noch immer beschämt daran, daß ich selbst in eine vollkommen irrsinnige Wut darüber geriet, daß ein Verwandter, den ich ansonsten sehr mochte, bei einer Gelegenheit, bei der ich es für unpassend hielt, einen Regenschirm trug. Zorn und Feindseligkeit können sehr irrationale Folgen annehmen, und sich nicht nur gegen Ärzte und Schwestern richten, die den Verstorbenen pflegten, sondern auch gegen die Nächsten und Liebsten und sogar gegen den Toten selbst.

Sie sind Ausdruck der zwiespältigen Einstellung des Hinterbliebenen zu all diesen Leuten, aber besonders, und das ist am schmerzlichsten, zu dem verlorenen Menschen, der ihm soviel Leid verursacht, indem er ihn verlassen hat. Ein Aspekt dieser Verzweiflung ist die Tatsache, daß weder die Liebe zu dem verlorenen Menschen noch der Verstorbene selbst vollkommen waren. »Um sich mit dem Tod eines anderen wirklich abzufinden, muß man sowohl die geliebten als auch die gehaßten Elemente seiner Persönlichkeit assimilieren. Für den Überlebenden bedeutet dies, daß er ein Teil Selbsthaß, Selbstanschuldigung und Schuldgefühle durchmachen muß.«[4]

Hier können wir vielleicht am deutlichsten die Wiederholung kindlicher Reaktionen beobachten: Wenn die geliebte Mutter oder der geliebte Vater das Kind verlassen, werden sie zum Gegenstand des Hasses und mörderischer Vorstellungen. Zwiespältigkeit gegenüber der abwesenden Mutter oder gegenüber dem Toten ist mehr als nur ein Ausdruck gemischter Gefühle. Gemischte Gefühle können auf einer bewußten und realistischen Einschätzung der betreffenden Leute basieren. Ambivalenz kann nur mit Anstrengung und durch Überwindung von Widerständen zu einem bewußten Vorgang werden. Das Schmerzliche an dieser Zwiespältigkeit sind die widersprüchlichen und voneinander abhängigen Gefühle der Liebe und des Hasses gegenüber ein und derselben Person. Das Kind muß mit der Angst fertigwerden, daß sein Haß die Mutter töten könnte, und daß sie ihm dann für immer verloren sein würde. Der erwachsene Trauernde, der den Gegenstand seiner Liebe verloren hat, erlebt noch einmal die kindliche Todesangst, daß sein Haß und sein Mangel an Liebe den Verlust herbeigeführt haben könnten.

Ambivalenz ist untrennbar mit Schuld verbunden, und jeder Tod eines bedeutungsvollen Menschen impliziert Schuld – Schuld aufgrund der Dinge, die gesagt oder nicht gesagt, getan oder nicht getan wurden, berechtigte Schuld und Schuld, die nicht rational begründet werden kann. Vielleicht liegt die schmerzlichste und verwirrendste Schuld in den, wenn auch noch so flüchtigen, Augenblicken des Triumphs, daß der andere tot ist, ich aber lebe. Wie die gemischten Gefühle, können natürlich auch die Schuldgefühle auf einer gerechtfertigten Reue basieren, den Toten nicht richtig gepflegt, sich zu wenig um ihn gekümmert zu haben. Oft läuft es auf eine Mischung von gerechtfertigten und ungerechtfertigten Gefühlen hinaus, und eben diese Mischung macht es so schwer, mit einer Schuld zu leben.

Wir alle kennen Situationen, in denen ein Trauernder, der sich gegenüber der verstorbenen Person sehr schlecht betragen hat, in seiner Schuld nur dadurch Trost und Linderung zu finden vermag, daß er sein Leben in den Dienst der Wiedergutmachung stellt. Onkel Jack, der Onkel eines Freundes von mir, war so ein Mensch. Er hatte seiner Frau Molly bis zu ihrem Tode das Leben zur Hölle gemacht. Bevor sie ihren muffigen, übellaunigen Mann geheiratet hatte, war Molly eine lebenslustige, charmante Frau gewesen. Das Ehepaar hatte zwei Söhne; die Familie lebte in Yorkshire, wo Onkel Jack Höfe aufkaufte, um sie dann in kleine Pachtobjekte aufzuteilen und umzubauen. Vor oder im Verlauf solcher Umwandlungsperioden wohnte er mit seiner Familie in behelfsmäßigen Unterkünften. Mal richteten sie ihr Heim in einem Herrenhaus ein, leer, spärlich möbliert, mit prächtigen Marmorkaminen ausgestattet, die sie aber im Winter nicht beheizen konnten, weil ihnen das Geld für das notwendige Heizmaterial fehlte. Ein andermal mußten sie mit einer Baracke auf dem Baugelände vorlieb nehmen. Auf jeden Fall waren sie fortwährend unterwegs, kamen nie zur Ruhe, hatten nie ein gemütliches Zuhause. Der häufige Ortswechsel hatte für die Jungen einen ebenso häufigen Schulwechsel zur Folge: Das Ergebnis waren schlechte Schulzeugnisse, und diese bewirkten bei den Jungen Unsicherheit und Aggressivität.

Obendrein war nie Geld da, nicht eigentlich deswegen, weil Onkel Jack keines hatte, sondern weil er alles, was verfügbar war, für neue Umbauten brauchte. Seiner Frau redete er ein, daß er für den Haushalt kein Geld entbehren könne. Sie war es, die den Unterhalt der Familie mit ihrem eigenen Verdienst bestreiten mußte. Da sie eine ausgebildete Lehrerin war, brachte sie dies auch fertig. Aber die häufigen Umzüge wirkten sich natürlich nachteilig auf ihre Stellungen aus und machten das Leben für sie unerträglich schwer, insbesondere deswegen, weil ihr Mann niemals anerkannte, daß er ihr diese Schwierigkeiten aufbürdete.

Wann immer sie Mühe hatte, eine Stellung zu finden, oder sich aufgrund der widrigen Umstände gezwungen sah, eine Stellung anzunehmen, die ihren Fähigkeiten nicht entsprach, und natürlich auch entsprechend schlechter bezahlt wurde, warf er ihr ihre Untüchtigkeit vor.

Es gab keine Anzeichen von Liebe oder gegenseitiger Fürsorge zwischen den Eltern. Die einzige Gefühlsbindung, die es in dieser Hausgemeinschaft gab, war die zwischen der Mutter und den Söhnen. Die Mutter tat ihren Söhnen herzlich leid, und sie haßten ihren bösartigen, mürrischen Vater.

Aus der lustigen hübschen Molly wurde eine traurige, vorzeitig gealterte Frau. Im Alter von fünfzig Jahren starb sie ganz plötzlich und ohne jedes Aufhebens in ihrem Klassenzimmer an einem Herzschlag.

Von Stund an war Onkel Jack trostlos. Sofort gab er alle Arbeit auf, verlor jegliches Interesse an seinen Höfen und kaufte ein Haus, das ganz nahe am Friedhof gelegen war, auf dem man Molly beerdigt hatte. In einem der Zimmer im Erdgeschoß ließ er sich ein besonderes Fenster so einbauen, daß er immer auf Mollys Grab hinausschauen konnte. Den teuersten Grabstein ließ er für seine Frau aufstellen, die er ihr ganzes Eheleben hindurch vernachlässigt und gedemütigt hatte. Jetzt dachte er gerne an sie und sprach von ihr, wie von einer zärtlich geliebten, ganz außergewöhnlichen und sehr wichtigen Persönlichkeit. Bis an das Ende seines Lebens, sechs volle Jahre lang, saß er am Fenster und starrte auf ihr Grab. Als Onkel Jack starb, noch keine sechzig Jahre alt, war er nicht wirklich krank gewesen, er hatte nur sein für ihn sinnloses Leben aufgegeben. Sein einziger Wunsch war es, neben seiner Frau begraben zu werden, und mit ihr das »Denkmal« zu teilen, mit dem er sie hatte idealisieren wollen, und von dem er nun hoffte, daß ein Abglanz auch auf ihn fallen werde. Eine solche Idealisierung des Verstorbenen kann Ausdruck des Versuchs sein, etwas wiedergutzumachen, und es kann eine Abwehrmaßnahme gegen quälende Schuldgefühle sein. Oft ist die Idealisierung eines verlorenen Menschen eng mit einer Identifizierung mit ihm verbunden. Die Identifizierung scheint ein Bestandteil des Trauerns zu sein, der, mit graduellen Unterschieden, als ein Aspekt der notwendigen Aufgabe angesehen werden kann, den Verstorbenen zu internalisieren. Für den Trauernden ist die Identifizierung ein Trost, sie gibt ihm das Gefühl, dem Verstorbenen nahe zu sein, wodurch der Schmerz über den tödlichen Verlust ein wenig gemildert wird. Robin (4. Kapitel) wollte dadurch, daß er alles so machte, wie Anne es zu tun pflegte, ihr nicht nur eine Freude bereiten, es war ihm auch bewußt, daß er selbst sich weit besser fühlte, wenn er so war wie Anne, die für ihn seit ihrem Tode etwas Vollkommenes war.

Es ist bekannt, daß Hinterbliebene oft die gleiche Krankheit bekommen, die zum Tode des ihnen nahestehenden Menschen geführt hatte. Gewohnheiten und Interessen des Verstorbenen werden oft kritiklos übernommen. Eine Frau, die über vierzig Jahre alt war, hatte sich bis zu dem Zeitpunkt nicht für Gartenarbeit interessiert, an dem sie ihren Bruder verlor, der ein leidenschaftlicher Gärtner gewesen war. Nach seinem Tode stand sie zwanghaft allmorgendlich vor Sonnenaufgang auf, um sich um den Garten zu kümmern, denn sie fühlte, daß ihr Bruder wünschte, daß sie diese Arbeit tue.

Eine bis dahin ziemlich langweilige Frau überraschte nach dem Tode ihres witzigen Ehemannes sich selbst und ihre Umgebung durch ihre neuerworbene Schlagfertigkeit. In dem Versuch, dies zu erklären, sagte sie abwechselnd: »Ich muß das jetzt für ihn tun«; oder: »In Wirklichkeit bin nicht ich es, er spricht aus mir«, (wie ein Bauchredner). Diese Frau, die mit ihrem Mann eine sehr gute und liebevolle Ehe geführt hatte, erzählte mir, daß es sie immer amüsiert habe, wenn ihr Mann so geduldig die Spitze seines gekochten Eies abgeschält hätte, während sie selbst das ihre mit dem Messer zu köpfen pflegte. »Jetzt«, sagte sie, »kann ich es einfach nicht über mich bringen, die Eispitze abzuschlagen, ich muß sie geduldig abschälen.«

Eine andere Frau, die sich immer über die schlechten Tischmanieren ihres Mannes aufgeregt (und auch oft genug über sie genörgelt) hatte, entwickelte nach seinem Tode die gleichen Manieren. Freud sagt: »Wenn man ein Objekt verloren hat oder es aufgeben mußte, so entschädigt man sich oft genug dadurch, daß man sich mit ihm identifiziert.«[5] Eine Identifikation mit Aspekten der Persönlichkeit des Verstorbenen, die man früher abgelehnt und zurückgewiesen hatte (wie zum Beispiel die schlechten Tischmanieren), könnte ein Versuch der Wiedergutmachung sein, der Versuch, die frühere Ablehnung zurückzunehmen. Identifikation, Wiedergutmachung, Zorn, Rache, Feindschaft, Haß und Schuld können in einem Trauervorgang allesamt miteinander verknüpft sein. Es gibt hier weder eindeutige Abgrenzungen noch exakte Zeitpläne. Die Identifikation mit dem verlorenen Objekt wie Freud sie versteht – ist eine Auffüllung und eine Ergänzung des eigenen Selbst, mit dem Ziel, ein stärkerer, besser integrierter und selbständiger Mensch zu werden.

Diese Identifikation ist klar zu unterscheiden von der Identifikation mit einem Ehepartner, über die ich in vorangegangenen Kapiteln gesprochen habe; letztere bedeutet, wie wir dort sahen, eine Schwächung, eine Selbstaufgabe.

Die vielleicht wichtigste und kritischste, und auch die schmerzlichste und verwirrendste Phase des Trauerns ist die der Regression, über die ich im 3. Kapitel ausführlicher gesprochen habe. Leute, die strikt an Selbstdisziplin und Selbstbeherrschung glauben, können in große Verwirrung geraten über regressives Verhalten – sowohl über das eigene als auch das von anderen. Der von einem Verlust durch den Tod Betroffene fühlt sich vielleicht verängstigt und beschämt wegen des irrationalen, kindischen Verhaltens, das er selber nicht begreift, und dem seine Umwelt verständnislos gegenübersteht. Was der Trauernde jetzt am nötigsten braucht, sind Mitgefühl und liebevolle Anerkennung, damit er sich sicher fühlen kann. Wenn er dies nicht bekommt, besteht die große Gefahr, daß der Trauernde in der Regression steckenbleibt, und daß diese zu einer Krankheit führt. Die Befürchtung, daß diese Regression für immer andauern könnte, bereitet wahrscheinlich allen Trauernden große Sorge. In meinen Fallstudien wie auch in Begegnungen, über die ich nicht berichtet habe, sagten die Leute: »Ich hatte das Gefühl, wahnsinnig zu werden.« – »Ich war zu Tode erschrocken darüber, daß mir die Dinge außer Kontrolle gerieten.« Das Entsetzen dieser Leute rührte weniger daher, daß sie sich so kindisch benommen hatten, sondern vielmehr daher, daß sie einen inneren Zwang verspürt hatten, sich so zu verhalten.

Weiter oben haben wir gesehen, daß der Trauernde in seinem Leid zu Methoden zurückkehrt, die ihm in seiner Kindheit geholfen hatten, den Schmerz zu beherrschen und zu überwinden. Das regressive Verhalten ist eine dieser Methoden. Das dreijährige Kind, das nach der Geburt eines rivalisierenden Geschwisterchens plötzlich wieder anfängt, ins Bett zu nässen und dies zu beschmutzen, bittet durch sein Verhalten um besondere Hinwendung und größere Aufmerksamkeit. Wie das kleine Kind, das wieder ein Baby sein möchte, so lernt es auch der Erwachsene, in seinem Leid mit Hilfe der Regression, in der neuen Lage Trost und Liebe zu finden. Wenn das kleine Kind die von ihm gewünschte Antwort erhält, kann es den Entwicklungsschritt nach vorn tun, es kann der »große« Bruder oder die »große« Schwester werden. Beim erwachsenen Trauernden kann die Regression mit Äußerungen außerordentlicher Reife und großer Selbstdisziplin abwechseln (wie das bei jener Frau der Fall war, die ihren kindlichsten Bedürfnissen nachgab, als sie sich in ein triefendes, heißes Badetuch einwickelte, die jedoch andererseits außerordentliche Stärke und beachtliche Selbstbeherrschung zeigte, als sie im Gedenkgottesdienst für ihren Mann einen der Bibeltexte laut vortrug). Die Regression innerhalb der Trauer muß als Mittel auf dem Weg zur Anpassung und Gesundheit angesehen und unterstützt werden.

Die Phase der Anpassung

Es gibt zwei Punkte, über die man sich in allen Studien über Leid und Trauer einig ist. Den ersten Punkt habe ich bereits erwähnt, nämlich den, daß der Schock die erste Reaktion auf einen Verlust durch den Tod ist. Den zweiten Punkt einzugrenzen, ist weitaus schwieriger. Es geht um die grundlegende Bedeutung der Fähigkeit, zu trauern und »den Trauervorgang zu vollenden«. Was bedeutet dies nun genau? Wir haben gesehen, daß der Ablauf der Trauerphasen nicht vorausgesagt werden kann, weil dieser von vielen Faktoren abhängig ist, wie beispielsweise von der Beziehung zwischen dem Verstorbenen und dem Überlebenden, von den Umständen des Todes, der äußeren Situation und auch von der Beschaffenheit der inneren Kraftquellen des Trauernden. Aus diesen Gründen wird der Trauervorgang bei jedem einzelnen Menschen ein anderer sein, mögen wir auch noch soviel über die Trauer lernen und in Erfahrung bringen. Die Voraussetzung dafür, daß ein Mensch seinen Trauervorgang »vollenden« kann, muß die sein, daß er in seiner ihm eigenen Art und zu seiner eigenen Zeit trauern darf.
Es gibt keine Norm für die Trauer und auch keine Norm für die Anpassung, also kann es auch weder für die Trauer noch für die Anpassung eine zeitliche Begrenzung geben. Die Zeitspanne, die in

gängigen Untersuchungen für die verschiedenen Phasen und für den gesamten Trauervorgang angeführt werden, sind zu kurz bemessen, um den Bedürfnissen vieler Trauernder entsprechen zu können. Ein Jahr, das den vollen Kreis der Jahreszeiten mit ihren Geburts- und Sterbesymbolen umschließt, ist »objektiv« möglicherweise die sinnvollste Zeitspanne für die Vollendung eines Trauervorgangs. Ich habe allerdings Trauernde kennengelernt, die, nach dem Verlust ihres Partners, noch mehr als zwei Jahre lang unter Perioden der Depression, der Verzweiflung und regressiver Rückfälle gelitten haben, die es später aber dennoch fertigbrachten, zu einer besonders guten Anpassung an ein neues Leben zu gelangen. Aufgrund besonderer innerer oder äußerer Situationen, wie beispielsweise an Geburtstagen oder in Krankheitsfällen, können jedoch auch noch später Zeiten der Verzweiflung, des quälenden Kummers und des Suchens wiederkehren. Diese Rückfälle sollten nicht als krankhaft angesehen werden. Das einzig gültige Kriterium für ein krankhaftes Trauern ist die Unfähigkeit des Trauernden, mit seinem Leben fertigzuwerden. Keinesfalls kann man den Weg zu einer Anpassung hin einfach als einen Weg kontinuierlichen Fortschritts ansehen, dessen Ziel, die Anpassung, man zeitlich genau festlegen kann; denn Perioden einer scheinbar guten Genesung können sehr wohl von krankhaften Zuständen abgelöst werden. Ärzte sind wohlvertraut mit den Mitteln, die bei körperlichen Wunden Schmerzen lindern und natürliche Heilkräfte unterstützen. Bei Wunden, die der Verlust eines geliebten Menschen durch den Tod verursacht, ist man in unserer Zeit und in unserer Gesellschaft hinsichtlich der Art und Weise, wie geholfen werden könnte, jedoch sehr unsicher. Ärztliche oder psychotherapeutische Hilfe werden nur in außergewöhnlichen Fällen nötig sein; aber in der Einsamkeit und Isolation der modernen Gesellschaft braucht jeder Trauernde das Mitgefühl und die besondere Unterstützung der Menschen seiner nächsten Umgebung.

Wie der Prozeß einer körperlichen Genesung, so schließt auch der Trauervorgang neben der Heilung der Wunde auch die Neubildung des gesunden Gewebes ein.

Im Trauerfall jedoch darf der Grund, der zur Verletzung führte, nicht vergessen werden, nämlich der Verlust eines bedeutungsvollen Menschen. Erst dann, wenn der Verstorbene vom Überlebenden internalisiert werden konnte, das heißt ein Teil seines Selbst geworden ist, ein Teil, der in seine eigene Persönlichkeit integriert werden und diese bereichern kann, ist der Trauervorgang vollendet. Mit dieser so bereicherten Persönlichkeit muß dann die Anpassung an das neue Leben vollzogen werden.

Oft kann gerade der Leidtragende, der von jeher außerstande war, seinem eigenen Tod ins Auge zu sehen, den Verlust eines anderen am wenigsten erfolgreich überleben. Wie Boswell in seinem »Life of Samuel Johnson« schrieb: »Unsere Angst vor dem Tode ist so groß, daß das ganze Leben nur darin besteht, die Gedanken an den Tod fernzuhalten.« 1755, nach dem Tode seiner Frau, schrieb er: »Seitdem habe ich unablässig das Gefühl gehabt, von der übrigen Menschheit abgeschnitten zu sein; eine Art einsamer Wanderer in der Wildnis des Lebens, ohne Weg und Ziel und ohne einen bestimmten Standpunkt; ein düsterer Betrachter der Welt, mit der mich kaum noch etwas verbindet.«[6]

Unterdrückte oder verzögerte Trauer können zu einem solchen Zustand führen und ein verarmtes Leben zur Folge haben.

In seinem Hauptbeitrag zu diesem Thema, in »Trauer und Melancholie«, sagt Freud deutlich:

> Es ist auch sehr bemerkenswert, daß es uns niemals einfällt, die Trauer als einen krankhaften Zustand zu betrachten und dem Arzt zur Behandlung zu übergeben, obwohl sie schwere Abweichungen vom normalen Lebensverhalten mit sich bringt. Wir vertrauen darauf, daß sie nach einem gewissen Zeitraum überwunden sein wird, und halten eine Störung derselben für unzweckmäßig, selbst für schädlich.[7]

»Worin besteht nun die Arbeit, welche die Trauer leistet?« Freud stellt die Frage – und beantwortet sie: »Die Realitätsprüfung hat gezeigt, daß das geliebte Objekt nicht mehr besteht, und erläßt nun die Aufforderung, alle Libido aus ihren Verknüpfungen mit diesem Objekt abzuziehen.«[8] Mit anderen Worten: Konfrontiert mit der

Tatsache des Todes, muß der Überlebende seine gefühlsmäßige Bindung an den Verstorbenen zurückziehen.

Freud spricht dann von dem »berechtigten Sträuben«, das diese Forderung heraufbeschwört, ein Sträuben, das so heftig sein kann, »daß eine Abwendung von der Realität und ein Festhalten des Objekts durch eine halluzinatorische Wunschpsychose (. . .) zustande kommt.«[9] Die Schwierigkeit, den Tod eines anderen Menschen als Tatsache hinzunehmen, ist oft so groß, daß ein Akzeptieren der Wirklichkeit unmöglich wird. Das Beispiel einer sinnestäuschenden Wunschpsychose wäre Mrs. Greens Vision von ihrem Mann, der durch das Krankenhausfenster hereingeflogen kommt, um sie zu besuchen. Aber wie Freud sagt: »Das Normale ist, daß der Respekt vor der Realität den Sieg behält (. . .). Warum diese Kompromißleistung der Einzeldurchführung des Realitätsgebotes so außerordentlich schmerzhaft ist, läßt sich in ökonomischer Begründung gar nicht leicht angeben. Es ist merkwürdig, daß uns diese Schmerzunlust selbstverständlich erscheint.«[10]

Melanie Klein, deren Beitrag zu diesem Thema hervorragend ist, geht in Richtung einer Antwort auf Freuds Frage nach einer ökonomischen Begründung:

> Der Schmerz in dem langsamen Prozeß der Realitätsprüfung bei der Trauerarbeit ist somit teilweise der Notwendigkeit zuzuschreiben, nicht nur die Bindungen zur äußeren Welt zu erneuern und so dauernd den Verlust wiederzuerleben, sondern damit auch gleichzeitig die innere Welt, die in Gefahr scheint zu zerfallen und zusammenzubrechen, mit Qual wieder aufzubauen.[11]

In »Trauer und Melancholie« hebt Freud den Abzug der Libido vom toten Menschen als die Hauptaufgabe des Trauerns hervor, er legt dabei kein Gewicht auf den anderen, vielleicht noch wichtigeren Teil der Aufgabe, der darin besteht, das verlorene Liebesobjekt zu internalisieren. Das liegt wahrscheinlich daran, daß Freud in dieser Arbeit hauptsächlich den Unterschied zwischen der relativen Normalität des Trauervorgangs und der relativen Pathologie des Zustandes der Melancholie aufzeigen will. Zu dem Zeitpunkt war

Freuds Hauptinteresse nicht auf die Trauer als solche gerichtet. Später vertritt er in »Trauer und Melancholie«, noch deutlicher in »Das Ich und das Es« (1923), die Auffassung, daß die Zurücknahme der Libido, die einen Menschen an den anderen bindet, nur dann stattfinden kann, wenn der verlorene Mensch im eigenen Ich wieder seinen Platz gefunden hat.

Abraham sagt in seinem »Versuch einer Entwicklungsgeschichte der Libido . . .«: »Das Liebesobjekt ist nicht verloren, denn nun trage ich es in mir und kann es niemals verlieren.«[12] Dieser Vorgang der Internalisierung des Toten, durch den man den Verstorbenen in sich selbst aufnimmt und einschließt, so daß er ein Teil des eigenen Ich wird, ist die wichtigste Aufgabe des Trauerns. Dies geschieht nicht unmittelbar nach dem Tode; während einer unterschiedlich langen Zeitspanne hält der Überlebende noch ständig an der äußerlichen Wirklichkeit des Verstorbenen fest. Wenn aber die Aufgabe der Internalisierung erfüllt ist, nimmt die Abhängigkeit von diesen äußerlichen Verknüpfungen ab, und es wird dem Trauernden dann möglich sein, Erinnerungen hervorzuholen, glückliche und unglückliche, und er wird diese anderen auch mitteilen können; er wird in der Lage sein, über den Toten zu sprechen, an ihn zu denken, seine Gefühle dem Toten gegenüber werden wieder lebendig werden. Vom Anbeginn des Lebens, durch alle Entwicklungsphasen des Kindes hindurch, sind Wachstum und Reife eines Menschen abhängig davon, daß er Verlust akzeptieren und bewältigen kann – den Verlust der Sicherheit im Schoß der Mutter, den Verlust ihrer Brust, realen, eingebildeten und drohenden Verlust. Melanie Klein (in ihrem Beitrag »Die Trauer und ihre Beziehung zu manisch-depressiven Zuständen«) sieht die »kindliche depressive Position« – (die Traurigkeit, die wir zuweilen in den Augen eines Säuglings sehen, der noch nicht sprechen kann, eine Traurigkeit, die uns zu sagen scheint, daß er sich fürchtet und sich verloren fühlt, weil die »gute« Mutter ihn verlassen hat, und nun zu einer »schlechten« Mutter geworden ist) – als die erste Reaktion auf einen drohenden Verlust, eine Bedrohung, die Haßgefühle erzeugt gegenüber der Mutter, deren Verlust befürchtet wird. Diese einander widersprechenden Gefühle des Kindes sind sein erstes beängstigendes Erleben der Ambivalenz. Sie legen den Grundstein zu allen künftigen Kämpfen auf diesem bedeutsamen Gebiet, auf dem der Mensch sich mit der Ambivalenz und den sich widersprechenden Kräften auseinandersetzen muß, die seine innere und äußere Welt gestalten.

Um mit dem Verlust fertig werden zu können, muß das Kind das Objekt, dessen Abwesenheit es fürchtet, in sich selbst aufnehmen; mit anderen Worten: Das Kind muß in seinem Inneren eine ständig anwesende Mutter errichten, um nicht durch das Kommen und Gehen der Mutter allzu verwirrt zu werden. Wenn die wirkliche Mutter eher bedrohlich als beruhigend empfunden wird, oder wenn das Kind ihre Abwesenheit mehr spürt als ihre Gegenwart, wird die internalisierte Mutter ein »schlechtes« Objekt sein statt eines »guten«. Melanie Klein sieht die erfolgreiche innere Etablierung eines »guten« Objekts in den frühen Kinderjahren als Vorbedingung für die Fähigkeit an, später auftretende Ängste, die aufgrund von Verlusten und Trennungen entstehen, ertragen zu können. Im trauernden Erwachsenen erfahren die Ängste, das internalisierte »gute« Elternteil zu verlieren, durch den Tod eines geliebten Menschen eine neue Belebung. Dies meint der Trauernde, wenn er sagt: »Ich habe nicht nur meinen Mann (meine Frau) verloren, ich habe alles Gute verloren; ich habe mich selbst verloren.« Im Trauervorgang wird der Trauernde Abwehrmaßnahmen wiederholen, die er in der »kindlich depressiven Position« entwickelt hatte, um mit den »schlechten« Objekten und den Gefühlen, die diese hervorriefen, fertig zu werden, und die »guten« Objekte wieder herzustellen, und er hofft, auf diese Weise mit Zwiespältigkeit gegenüber dem Toten, der ihn verlassen hat, zurechtzukommen. Genauso, wie das verängstigte Kind in seinem Inneren eine ständig anwesende Mutter etablieren mußte, wird der erwachsene Trauernde sein geliebtes Objekt in sich aufnehmen, internalisieren müssen, um es niemals zu verlieren.

Kleins wesentliche Behauptung, daß das internalisierte »gute« Objekt eine Vorbedingung für die Fähigkeit des Kindes ist, Verlust und Trennung zu ertragen, wird in John Bowlbys Studien über die Trennung noch weiter ausgeführt:[13] Bowlby legt den Akzent auf die Begriffe Bindung und Verlust, und er sieht in der Trennungsangst früher Kinderjahre den Schlüssel zum Verständnis des Trauervorganges. Die Trennungsangst drückt das Grauen vor einer nicht genauer beschriebenen Gefahr aus, die entweder von außen kommt, oder aufgrund einer steigenden inneren Spannung entsteht; die Trennungsangst beruht auch auf der Furcht, das Objekt zu verlieren, von dem man glaubt, daß es fähig sei, vor dieser Angst zu schützen oder sie zu verringern. Die erste Reaktion des Kindes auf diese Bedrohung ist Protest und Geschrei. Wenn die Bedrohung daraufhin nicht beseitigt wird, zieht sich das Kind in sich selbst zurück, wird apathisch und verzweifelt.

Trennungsangst wird in allen folgenden Ängsten wieder belebt werden, in jeder Angst, einen Menschen zu verlieren, zu dem eine tiefe Bindung besteht. Es ist dies ein natürlicher Vorgang und die eigentliche Grundlage des Trauerns. Wenn ein Kind keine Trennungsangst erfahren und erlebt hat, ist dies ein Anzeichen dafür, daß es nicht fähig war, eine wirkliche Bindung zu entwickeln. Dadurch wird seine Fähigkeit lahmgelegt, einen Verlust durch das Trauern zu bewältigen. Auch seine Chancen, die verlorene Person im Verlauf des Trauervorgangs zu internalisieren, werden gering sein, und damit die Möglichkeit, die eigene Identität durch das internalisierte Objekt zu stärken. Kurz: Trennungsangst ertragen zu können und die Fähigkeit zu trauern sind Zeichen einer gesunden Persönlichkeit, die zu einer tiefen Bindung fähig ist. Ohne wirkliche Bindung kann keine sichere Autonomie erreicht werden.[14]

Literatur und Anmerkungen

1 Geoffrey Gorer in: Death, Grief and Mourning in Contemporary Britain, London 1965, S. 130.

2 Colin Murray Parkes, a. a. O. und Käthe Kollwitz, Tagebuchblätter und Briefe, hrsg. von Hans Kollwitz, Berlin 1948, S. 64.

3 C. S. Lewis, Über die menschliche Trauer, Einsiedel, Zürich, Köln 1967, S. 63.

4 John Hinton, Dying, Baltimore 1967, S. 181.

5 Sigmund Freud, Neue Folge der Vorlesungen zur Einführung in die Psychoanalyse. In: Ges. Werke, London 1952, Bd. XV, S. 69.

6 James Boswell, Life of Samuel Johnson, New York, S. 416 und 196.
7 Sigmund Freud, Trauer und Melancholie, in: Ges. Werke, Bd. XV, S. 429
8 Sigmund Freud, a. a. O., S. 429
9 Sigmund Freud, a. a. O., S. 429
10 Sigmund Freud, a.a.O., S. 429
11 Melanie Klein, Die Trauer und ihre Beziehungen zu manisch-depressiven Zuständen, a. a. O., S. 82
12 Karl Abraham, Versuch einer Entwicklungsgeschichte der Libido auf Grund der Psychoanalyse seelischer Störungen. In: Psychoanalytische Studien zur Charakterbildung . . ., Bd. 1, S. 130,Frankfurt1969.
13 John Bowlby, Bindung. Eine Analyse der Mutter-Kind-Beziehung, München 1975.
14 John Bowlby, Pathological Mourning and Childhood Mourning, in: Journal of the American Psycho-Analytic Association: 11 (1963), S. 500.

An dieser Stelle möchte ich gern meinen Dank gegenüber Colin Murray Parkes und Yorick Spiegel zum Ausdruck bringen, die durch ihre unermüdliche und andauernde Forschungsarbeit bedeutende Beiträge zu unserem Wissen auf diesem Gebiet geleistet haben, und deren Forschungsergebnisse ich mir in großem Umfange zunutze gemacht habe.

Ich möchte auch die autobiographischen Veröffentlichungen erwähnen, die den Verlust eines Ehepartners zum Thema haben, und die es mir ermöglichten, eine Verbindung herzustellen zwischen dem größer werdenden Wissen über den Trauervorgang und dem einzelnen Trauernden und seiner einmaligen Erfahrung:

C. S. Lewis, Über die menschliche Trauer, Einsiedeln, Zürich, Köln 1967
Mary Stott, Forgetting's No Excuse, London 1973
Sarah Morris, Grief and How to Live With It, New York 1972.

7
Verdrängte Trauer

Die Geschichten in diesem Kapitel weichen insofern von den übrigen Geschichten dieses Buches ab, als sie nicht die Vorgänge des Trauerns zum Mittelpunkt haben. In diesem Kapitel liegt der Schwerpunkt auf dem Versuch, mit therapeutischen Maßnahmen in Probleme einzugreifen, die, oberflächlich gesehen, nichts mit Verlusten durch den Tod zu tun hatten.

Die dargestellten Probleme waren folgende:

Dr. Allen war ihrem Mann davongelaufen, weil sie sich in die Enge getrieben fühlte. Beide Eheleute waren über dieses unverständliche Verhalten der Frau äußerst verwirrt.

Mr. und Mrs. Bond baten um Hilfe, weil die sexuelle Frustration der Frau eine Ehe gefährdete, die sich der Feier der silbernen Hochzeit näherte.

Die Familie Cohn suchte uns auf wegen der heftigen Auseinandersetzungen zwischen Mutter und Tochter, in die auch der Vater verwickelt war.

Mrs. Dean war besorgt über das Verhalten ihres ältesten Sohnes und über ihr eigenes Unvermögen, mit ihm zu einer Verständigung zu gelangen.

Die Behandlungsmethoden, die bei diesen Patienten angewandt wurden, waren sehr unterschiedlicher Art, aber in keinem der Fälle hatte ursprünglich irgendeine Absicht bestanden, nach Trauersituationen zu forschen.

Dr. Allen und ihrem Ehemann war eine Ehe-Therapie von einer psychiatrischen Abteilung empfohlen worden, an die sich Dr. Allen mit der Bitte um Aufnahme gewandt hatte. Während eines Zeitraumes von sechs aufeinanderfolgenden Monaten habe ich dieses Ehepaar zusammen und in Einzelsitzungen privat behandelt. Ein Jahr darauf hatte ich dann noch zwei zusätzliche Sitzungen mit Dr. Allan.

Mr. und Mrs. Bond hatten sich an das Eheberatungsinstitut gewandt, wo sie dann von einem meiner Kollegen und mir in miteinander verbundenen Sitzungen betreut wurden.

Mr. Cohns langandauernder therapeutischer Kontakt mit mir hatte auf Veranlassung eines Psychiaters begonnen, der seine Tochter behandelte. Dieser Kontakt wurde größtenteils in Verbindung mit den Behandlungen der Tochter und der Mutter fortgesetzt, die durch andere Therapeuten vorgenommen wurden.

Mrs. Dean habe ich ungefähr ein Jahr lang in wöchentlichen Privatsitzungen betreut. Während dieser Zeit wurde ihr Sohn in unregelmäßigen Abständen von einem anderen Therapeuten behandelt. Nachdem die bedrängende Belastung der eigentlichen Krise erst einmal hatte überwunden werden können, einigten wir uns auf sporadisch stattfindende Sitzungen, zu denen wir uns, je nach Bedarf und mit immer länger werdenden Pausen verabredeten. Während der letzten fünf Jahre blieben wir nur gerade noch in Verbindung und trafen uns einige wenige Male in jedem Jahre.

Trotz dieser unterschiedlichen Behandlungsweisen und der Verschiedenheit der Symptome lag das Problem, das sich bald herauskristallisierte, in der Unfähigkeit dieser Menschen, Gefühle zu empfinden und auszudrücken und in der sich hieraus ergebenden Sperre der Verständigungsmöglichkeiten mit den wichtigen Menschen ihrer nächsten Umgebung. Im Verlauf der weiter durchgeführten therapeutischen Behandlung konnte diese Sperre als Folgeerscheinung einer verbotenen oder verdrängten Trauer nach einem tödlichen Verlust erkannt werden, der sechs, acht, vierzig bzw. fünf Jahre vor dem Beginn der Therapie stattgefunden hatte.

Diese Geschichten werfen eine dringliche Frage auf: Wie viele Symptome physischer oder psychischer Störungen haben ihre Ursache in nicht erkannter, verdrängter Trauer um den Verlust eines bedeutsamen Menschen?

Dr. Allen

Dr. Allen und ihr Mann waren beide praktische Ärzte, beide in ihren dreißiger Jahren. Sie waren seit sieben Jahren verheiratet, hatten keine Kinder, schienen aber sehr glücklich zu sein. Zwischen ihnen hatte es nie Auseinandersetzungen gegeben, nie war ein böses Wort gefallen. Es gab viele Gemeinsamkeiten zwischen ihnen, sie hatten zusammen gearbeitet, hatten gespart und Pläne gemacht für den Kauf eines Hauses. Der Einzug in ihr eigenes Haus war eine große Errungenschaft, ein Höhepunkt in ihrem Leben gewesen. Dieses Ereignis hatte gerade zwei Monate vor meiner Begegnung mit ihnen stattgefunden. Wenig Wochen später hatte die Frau ohne jede Vorwarnung das Haus verlassen, und unmittelbar danach um Aufnahme in die psychiatrische Abteilung des örtlichen Krankenhauses gebeten. Der dort praktizierende Psychiater konnte keine psychiatrische Störung feststellen. Nach einer Sitzung mit ihr und ihrem Mann meinte er, daß die Schwierigkeiten in ihrer Ehe begründet sein müßten, und er verwies sie an mich für eine Ehetherapie.

Unsere erste Sitzung war sehr schwierig. Beide waren äußerst verwirrt und nahezu außerstande, sich zu äußern. Der Mann war böse und schrie auf die Frau ohne jedes Verständnis ein: Er sei doch immer bemüht gewesen, sie glücklich zu machen. Warum könne sie ihm denn nicht sagen, was los sei, was er falsch gemacht habe? Warum sei sie ohne ein Wort aus dem Hause gegangen? Wie könne er jemals wieder Vertrauen zu ihr haben? Die Frau war deprimiert und über ihr eigenes Verhalten verwirrt; trotzdem war sie verärgert und gereizt darüber, daß ihr Mann für ihre Not so wenig Mitgefühl hatte. Sie wisse es ja selber nicht, warum sie fortgegangen sei; irgend etwas in ihrem Inneren habe sie dazu gezwungen. Sie fühle sich so entsetzlich in die Enge getrieben, so vollkommen hilflos und so hoffnungslos.

Im Verlauf dieser ersten, schwierigen Sitzung brachte ich in Erfahrung, daß die Frau schon einmal zuvor verheiratet gewesen, und daß ihr erster Mann nach sehr kurzer Zeit gestorben war. Etwas an der Art und Weise, in der sie mir diese Tatsache mitteilte, ließ mich empfinden, daß dieses Erlebnis etwas mit ihrer gegenwärtigen De-

pression zu tun haben müsse; ich forderte sie daher auf, zurückzukommen, um ein paar Gespräche mit ihr alleine zu führen.
Sie war ein Einzelkind und wurde geboren, als ihr Vater Soldat war. Da er noch in Kriegsgefangenschaft geriet, sah sie ihn zum erstenmal, als sie sieben Jahre alt war. Ihre Mutter war Leiterin der Schule, in die sie selbst im Alter von viereinhalb Jahren aufgenommen wurde. Die Mutter war immer sehr beschäftigt. Dr. Allen wurde unentwegt darauf hingewiesen, daß sie der einzige Gegenstand der Liebe ihrer Mutter sei, und daß sie vor allem die Aufgabe habe, ihre Mutter glücklich zu machen. Aber sie fühlte auch, daß sie für ihre schwer arbeitende Mutter eine sehr große Bürde war. Sie wurde hin- und hergerissen zwischen dem Wunsch, sehr lieb und gut zu sein, ihre Mutter zufriedenzustellen und ihre beste Schülerin zu sein und dem Verlangen, das immer wiederkehrte, zu rebellieren, ein Ärgernis zu sein, wegzulaufen.
Als sie dies erzählte, sah sie selber ein, wie sehr dies alles ihrer Ehe ähnlich war. Auch in der Ehe hatte sie so inständig gewünscht, ihrem Mann zu gefallen, eine gute Ehefrau zu sein, eine ideale Ehe zu führen, – bis das Gefühl sie überwältigt hatte, in eine Falle gelockt worden zu sein und weglaufen zu müssen.
Sie erinnerte sich jetzt auch wiedererkennend daran, daß sie schon als Backfisch das Verlangen hatte, fortzulaufen. Seit ihrem siebten Lebensjahr und der Rückkehr ihres Vaters hatte sie sich in ihren Treuepflichten gegenüber Vater und Mutter hin- und hergerissen gefühlt. Ihr Vater war ein aufregender Fremder, in den sie sich verliebte, und den sie ganz für sich allein haben wollte, während sie sich ihrer Mutter gegenüber zutiefst schuldig fühlte. Als junges Mädchen beschloß sie, von zu Hause fortzulaufen, sobald dies möglich sein würde. Kranken Menschen zu helfen, war seit jeher ihre große Leidenschaft gewesen; von frühen Kindertagen an hatte sie »Doktor« gespielt. Sie war daher überglücklich, als sie ein Stipendium für die medizinische Fakultät an der Universität gewann, und sie widmete sich ganz ihren Studien.
In ihrem letzten Jahr als Assistenzärztin, als sie im Krankenhaus wohnte, und auf der Nierenstation ihren Dienst tat, hatte sie in ihrer Obhut einen nierenkranken Patienten, der nur noch eine Lebenser-

wartung von ein paar Wochen hatte. Frederic war sehr viel älter, so alt wie ihr Vater; er war Witwer und Vater erwachsener Kinder. Sie verliebte sich leidenschaftlich in ihn. Seine Reaktion auf ihre liebevolle Pflege und die herzliche Wärme ihrer Zuneigung war die einer sensationellen Besserung seiner physischen Kondition, die von allen ärztlichen Betreuern als ein Wunder angesehen wurde.

Gerade zu dem Zeitpunkt, als Dr. Allen ihre Assistentenzeit im Krankenhaus beendet hatte, war Frederics Befund so gut, daß man meinte, ihn entlassen zu können. Es gelang ihr, auf der Wöchnerinnenstation im Krankenhaus seines Heimatortes eine Anstellung zu bekommen. Sie zog nun zu Frederic, wo sie von seinen Kindern, die etwa so alt waren wie sie, herzlich empfangen wurde. Als Frederic nach weiteren vier Monaten immer noch lebte, beschlossen sie zu heiraten. Sechs Wochen nach der Hochzeit erlitt er einen schweren Rückfall, wurde so schnell wie möglich ins Krankenhaus gebracht und starb binnen eines Tages. Als Dr. Allen hierüber sprach, sagte sie: »Ich fühlte mich völlig betäubt. Was auch alles um mich herum geschehen mochte, mit Frederic und mir hatte es nichts zu tun; es war unwirklich, war nicht wahr, es konnte einfach nicht sein. Erst, als mein Vater kam, und ich mich an seiner Schulter ausweinen konnte, akzeptierte ich einen flüchtigen Augenblick lang, daß ich Frederic für immer verloren hatte.

In den sechs Sitzungen, die ich allein mit Dr. Allen hatte, sprach sie nur von Frederic und ihrem kurzen gemeinsamen Leben mit ihm. Sie schluchzte und trauerte zum erstenmal um ihn, acht Jahre nach seinem Tode. Sie behauptete, zum Zeitpunkt seines Todes zu betäubt und zu benommen gewesen zu sein, um trauern zu können. Und alle Leute hätten damals zu ihr gesagt: »Welch ein Segen, daß Frederic so schnell dahinging, ohne leiden zu müssen!« Und: »Sie sind ja noch so jung und so hübsch, Sie werden bald darüber hinwegkommen.« Und letzten Endes, sagte sie, »ich durfte einfach nicht deprimiert sein oder an mich selber denken. Ich mußte meinen Müttern und meinen Babies doch ein freundliches Gesicht zeigen.«

Sie wohnte weiterhin zusammen mit Frederics Kindern. Als sie ihre letzte Prüfung bestanden hatte, arrangierten die Kinder ein Fest für sie. Einer der Gäste dieser Party war George, ihr jetziger Mann. Sie heirateten ein Jahr darauf. Sie sagte, daß sie nie in Erwägung gezogen hätten, Kinder zu bekommen; ihre Arbeit nähme sie viel zu sehr in Anspruch, sie hätten zuviel zu tun. Nach dieser Feststellung sagte Dr. Allen lange Zeit nichts. Dann fing sie an zu weinen. Später erzählte sie mir, wie verzweifelt sie sich ein Kind von Frederic gewünscht hätte: »Sogar damals, als ich glaubte, daß er nur noch Wochen leben würde.« Aber dieses Verlangen sei vergangen. »Ich glaube, ich habe den Wunsch nach einem Kind zusammen mit Frederic begraben.«

Wenige Wochen später, nach einer sehr qualvollen Sitzung, sagte sie: »Jetzt möchte ich ein Kind von George, – aber ich kann ihn nicht danach fragen. Wenn er mir nicht ganz genau die Antwort gäbe, die ich unbedingt von ihm haben muß, wäre alles aus für immer.« Sie bat mich, mit George zu sprechen. Im Verlauf dieses Gesprächs mit ihrem Mann zeigte es sich ganz deutlich, wie wenig er über die erste, kurze Ehe seiner Frau wußte. Er hatte es damals als seine Aufgabe angesehen, sie aufzumuntern und ihr zu helfen, dieses unglückliche Erlebnis zu vergessen, ihre Gedanken abzulenken. Er liebte sie innig, und er wollte nur das, was sie wollte. Kinder – ja, er hätte gern ein Kind gehabt; sie hätte diesen Wunsch jedoch nie geäußert, und deshalb hätte er sie auch nie danach gefragt. Jetzt war er ganz begeistert, denn ein Kind zu haben, wäre der sicherste Beweis dafür, daß sie ihn nicht wieder verlassen würde.

Bald nach dieser Sitzung wurde sie schwanger; sie hatte eine gute Schwangerschaft, und sie waren beide überaus glücklich. Dennoch gab es auch jetzt noch Augenblicke der Depression; während der ersten Monate der Schwangerschaft fiel es ihr schwer, sich von der Vorstellung zu befreien, Frederics Kind auszutragen, seinen Sohn, denn von dem Kind sprachen sie nur als von »ihm«. Als sie mir dies erzählte, erinnerte sie sich an die Vorstellungen ihrer Kinderjahre, einen Sohn von ihrem Vater zu bekommen – dann sprach sie schnell und mit offensichtlicher Erleichterung von den freudigen Vorbereitungen, die ihre Mutter für die Ankunft des Kindes treffe, und wie aufregend diese es finde, Großmutter zu werden.

Pünktlich zur vorgesehenen Zeit erhielt ich die Nachricht von der gesunden Ankunft eines Mädchens; und schon bald wurde es mir stolz vorgezeigt. Dr. Allen war außer sich vor Glück. Sie konnte ihr Kind kaum für eine Minute aus ihren Armen geben; und aus den Augen ließ sie es nicht eine Sekunde lang. Wieder und wieder sagte sie: »Ich kann es kaum glauben, daß ich ein so perfektes Kind habe!« Lachend sagte sie, wie entzückt sie darüber sei, eine Tochter zu haben, und erst recht eine, die unmittelbar nach ihrer Geburt ein geradezu lächerliches Ebenbild von George gewesen sei. »Als wolle sie aller Welt kundtun, wer ihr Vater ist!« Sie drückte es zwar nicht mit Worten aus, aber man merkte es ihr deutlich an, welche Erleichterung es für sie war, daß dieses Kind ihr nun eine Wirklichkeit bescherte, die endlich alle Phantasievorstellungen ihrer Wünsche nach einem Sohn von ihrem eigenen Vater oder von Frederic verscheucht hatte.

In einer späteren Sitzung erzählte sie mir von einer drei Tage andauernden Nachgeburtsdepression nach ihrer Entlassung aus dem Krankenhaus, die ihr die ganze Schwärze ihres früheren Zusammenbruchs zurückgebracht hätte. Das habe sie zu Tode erschreckt, »aber aufgrund dieser Erfahrung werde ich ein viel besserer Arzt sein können.« Und, nachdem sie ein langes Schweigen hindurch mit sich gekämpft hatte, sagte sie: »Es wird immer ein grauenvoller Alpdruck für mich bleiben, und noch heute weiß ich nicht, warum es gerade zu der Zeit über mich kam. Das einzige, was ich weiß, ist, daß ich ohne diesen Alptraum niemals meine Tochter bekommen hätte (zärtlich drückte sie das Kind an sich). Ich mußte sie mir erst verdienen, indem ich die Qualen des Kummers durchlitten habe.«

Mr. und Mrs. Bond

Mrs. Bond wandte sich mit einem wild-verzweifelten Hilferuf an das Eheberatungsinstitut: Ihr Mann könne sie sexuell nicht zufriedenstellen, er habe kein Verständnis für sie, er sei gefühllos, und er teile sich ihr nicht mit.

Mr. und Mrs. Bond waren Anfang Vierzig und seit vierundzwanzig Jahren verheiratet (sie hatten sehr jung geheiratet, weil ein Kind unterwegs war). Ihre beiden Söhne waren dreiundzwanzig und neunzehn Jahre alt. Aus den Unterlagen wußten wir, daß ein dritter Sohn im Alter von neun Jahren gestorben war, sechs Jahre vor unserer Begegnung mit ihnen.

Mrs. Bond unterstrich nachdrücklich, daß sie seit jeher mit ihrer sexuellen Beziehung zu ihrem Mann unzufrieden gewesen sei. Aber erst jetzt, nachdem sie ein eigenes Geschäft eröffnet habe, einen Schönheitssalon mit Sauna, habe sie von ihren Kundinnen erfahren, wie der Sexualverkehr auch anders sein könne, und seitdem sei ihre Frustration unerträglich geworden. Sie hatte das Gefühl, daß für sie durch dieses Geschäft eine neue, befreiende Lebensphase begonnen habe; endlich habe sie jetzt das Empfinden, erfolgreich und unabhängig zu sein, nachdem sie zuvor immer abhängig gewesen sei, entweder von ihren Eltern oder von ihrem Mann. Wir erfuhren später, daß ihr Mann sie beim Aufbau des Geschäfts maßgeblich unterstützt und auch die Geschäftsräume für sie besorgt hatte. Er führte ihre Bücher und war von Anfang an für alle mit dem Geschäft in Verbindung stehende Verwaltungs- und Büroarbeit veantwortlich gewesen.

Mr. Bond war niedergedrückt und apathisch. Er fühlte sich bedroht und untergraben von den Forderungen, die seine Frau an ihn stellte, sowohl in sexueller Beziehung als auch auf allen übrigen Gebieten. Er sagte es nicht direkt, aber durch sein Verhalten gab er seiner Hoffnungslosigkeit Ausdruck und seinem Gefühl, daß, je mehr er gäbe, sie um so mehr wolle, und er sich immer weniger imstande fühle, sie jemals zufriedenzustellen. Er war sehr abhängig von ihr, fühlte sich ihrer Gnade auf Gedeih und Verderb ausgeliefert. Wiederholt sagte er: »Ohne deine Unterstützung gelingt mir nichts.« Er war unzufrieden mit seiner Arbeit, aber während seine Frau ihn einerseits dazu antrieb, seine Stellungen zu wechseln, hatte sie andererseits mehrere seiner Bemühungen boykottiert. Selbst dann, wenn sehr verlockende Möglichkeiten auftauchten, fand sie Mängel heraus und legte ihm Hindernisse in den Weg. Sie wollte es nicht zulassen, daß er eine Arbeit annähme, die gelegentliche Abwesenheiten von zu Hause mit sich brächte, oder vieles Autofahren erforderlich machte. Sie dachte gar nicht daran, ihr jetziges Haus zu verlassen, und dies war gleichbedeutend damit, daß er an eine Stellung im sel-

ben Ort gebunden war; sie hatte von vornherein alle seine Bemühungen um einen Wechsel zunichte gemacht. Er sprach mit gedämpfter Stimme über dies alles, und wählte seine Worte mit Vorsicht, damit sie sich nicht kritisch gegenüber seiner Frau anhörten. Er verbarg sein Gesicht in seinen Händen, so daß weder wir (ein Kollege und ich betreuten dieses Ehepaar während einer befristeten Zeitspanne in gemeinsamen Sitzungen) noch seine Frau sein Mienenspiel sehen konnten. Seine Frau widersprach ihm nur insofern, als sie behauptete, daß ihre Einwände gegen diese Arbeitsplätze immer nur in ihrer Liebe zu ihm begründet seien. Sie haßte es, wenn er nicht in ihrer Nähe sei. In ihrer Besorgnis um ihn und seine Sicherheit könne sie es nicht zulassen, daß er eine Arbeit annehme, die vieles Autofahren mit sich bringe. Ihre eigenen Klagen über seinen Mangel an Initiative und über seine allgemeine Untauglichkeit waren vermischt mit Ausdrücken der Bewunderung für seinen klugen Kopf und seine vielen Interessen und künstlerischen Talente; dieses Lob wechselte wieder ab mit ihren Befürchtungen, daß »er sich mir gegenüber als Herr aufspielen will«. Als sie über ihre sexuellen Beziehungen sprach, sagte sie, daß er es stets verstanden habe, sich zu befriedigen, selbst dann, wenn sie selbst sich völlig teilnahmslos verhalte. Jetzt hätte sie sich sehr gebessert, aber »ich bleibe immer noch weit hinter ihm zurück«.
Mrs. Bonds kastrierendes Verhalten und die, wenngleich verärgerte, Wehrlosigkeit, mit der ihr Mann dieses Verhalten akzeptierte, traten auffallend deutlich in Erscheinung. Es ist dies eine sehr bekannte Spielart von Interaktion zwischen Eheleuten, die Hilfe suchen. Parallel zu dieser von ihnen an den Tag gelegten Verhaltensweise stellten wir aber fest, daß Mr. und Mrs. Bond sich sehr lieb hatten und sehr abhängig voneinander waren.
Ihrer beider Lebensgeschichten waren eine Bestätigung dafür, daß sie die Grundregel für ihr Interaktionsmuster aus ihrer jeweiligen Vergangenheit mit in die Ehe eingebracht hatten. Mrs. Bond war eine einzige Tochter gewesen; sie hatte einen um weniges älteren Bruder, den sie beneidete, weil er so klug war. Ihre Mutter war dumm und mischte sich in lästiger Weise in alles ein; sie verabscheute und haßte sie. Ihr Vater wurde idealisiert. Er war einfach al-

les, was ein Vater überhaupt sein konnte; sie stand ihm sehr nahe. Außerdem war er ein sehr erfolgreicher Geschäftsmann und sie hatte in seinem Geschäft mitgearbeitet.

Mr. Bonds Vater verlor seine Stellung in Yorkshire, der Heimat dieser Familie, als sein Sohn gerade in die Pubertät kam und für eine Schule in Yorkshire ein Stipendium gewonnen hatte. Es war gerade die Zeit der Wirtschaftsdepression und der großen Arbeitslosigkeit. Da es dem Vater nicht möglich war, in Yorkshire einen anderen Arbeitsplatz zu finden, sah er sich gezwungen, mit seiner Familie nach Süden zu ziehen, wo sie niemanden kannten und sich fremd und isoliert fühlten. Sie mußten alles aufgeben, was sie geliebt hatten, auch die Möglichkeit des Sohnes, ein Gymnasium besuchen zu können, ging auf diese Weise verloren. Der Vater, der nie viel Selbstvertrauen gehabt hatte, konnte sich an seinem neuen Arbeitsplatz nicht zurechtfinden und versagte total. Sein Sohn litt mit ihm und für ihn. Er stand dem Vater sehr nahe und bewunderte ihn als einen Mann von großer Intelligenz, vielen Gaben und einer unerschütterlichen Rechtschaffenheit. Er identifizierte sich mit ihm in seiner Unfähigkeit, sich in einer feindseligen Welt zu behaupten, insbesondere auch deswegen, weil er selbst Schwierigkeiten hatte, sich der neuen Umgebung und den Lehrmethoden der neuen Schule anzupassen. Trotz seiner hohen Intelligenz empfand auch er sich als ein Versager, und dies trug noch zu den Sorgen des Vaters bei. Das einzige andere Kind, eine ältere Schwester, hatte kurz vor dem Umzug der Familie in den Süden geheiratet und war dann mit ihrem Mann ins Ausland gegangen. Sie ließ ihre Mutter mit zwei depressiven Männern zurück.

Mr. und Mrs. Bond hatten sich bei einem Tanzvergnügen kennengelernt; sie war damals achtzehn und er gerade eben zwanzig. Es war Liebe auf den ersten Blick, für beide jungen Leute eine erste Liebe und ein erstes sexuelles Erlebnis. Nach ein paar Wochen leidenschaftlichen Verliebtseins wurde das Mädchen schwanger: Es hatte den schüchternen Jungen mehr oder weniger verführt. Ihre Eltern gerieten außer sich. Die Schwangerschaft wurde als äußerste Katastrophe angesehen. Der junge Mann bekam allein die ganze Schuld. Die Eltern bestanden darauf, daß eilig geheiratet werde, ohne Segen und ohne Flitterwochen. Unmittelbar nach der Hochzeit ging der junge Ehemann als Freiwilliger in die Armee; er wurde ins Ausland geschickt und war vier Jahre lang fort. Ob ihm dies von seiten der Eltern seiner Frau nahegelegt worden war, oder ob er darin einen Ausweg gesehen hatte, weil er sich durch diese gedemütigt fühlte, bleibt unklar. Er hatte sich außerstande gesehen, mit dem machtvollen Vater und dem erfolgreichen Bruder um die Liebe seiner Frau zu wetteifern. Seine Frau sprach von dieser Zeit seines Soldatseins so: »Damals, als er mich im Stich ließ.« Während seiner Abwesenheit wohnte sie weiterhin bei ihren Eltern und setzte auch die Arbeit im Geschäft ihres Vaters fort. Die Mutter versorgte das Kind.

Als sie bald nach der Rückkehr ihres Mannes abermals schwanger wurde, brach der Zorn der Eltern erneut los. Sie warfen ihm vor, verantwortungslos zu sein, ein neues Kind in die Welt zu setzen, ohne in angemessener Weise für seine Familie sorgen zu können. Seine Frau war ebenfalls sehr aufgeregt darüber und beschuldigte ihn, sie ans Haus binden zu wollen, um sich störend in ihre beginnende Emanzipation einzumischen.

Zu diesem kritischen Zeitpunkt kaufte der Vater für seine Tochter ein Haus, und er stellte es völlig klar, daß es ihr Haus sein solle. Dieses Haus, für das der Ehemann immer alles bezahlte, was zu bezahlen war, blieb für Mrs. Bond von großer Wichtigkeit. Als wir das Ehepaar kennenlernten, »dachte sie nicht im Traum daran, es zu verlassen«, obwohl sie genau wußte, daß es eine ungünstige Lage hatte und die Arbeitsplatzprobleme ihres Mannes noch vergrößerte.

In den zwanzig Jahren, die seitdem vergangen waren, war das Ehepaar aber immerhin doch zusammengeblieben. Die beiden waren zeitweilig bemerkenswert glücklich gewesen, und es war klar erkennbar, daß zwischen ihnen eine sehr starke emotionale Bindung bestand. Was mochte sie veranlaßt haben, an diesem kritischen Punkt ihres Lebens mit solcher Dringlichkeit um Hilfe zu bitten? Obgleich sie ein geradezu überdeutliches Bild einer kastrierenden Frau und eines kastrierten Mannes abgaben, und obwohl ihre Lebensgeschichten dieses auch dokumentierten, hatten wir das Gefühl, wortlos gebeten zu werden, etwas zu sehen, das uns nicht gezeigt wurde.

Hatte die gegenwärtige Situation, in der die beiden älteren Söhne gerade das Haus verließen, Freundinnen hatten und vom Heiraten sprachen, die Ängste dieses Ehepaares erneut heraufbeschworen, die damals der ungesegnete Beginn ihrer Ehe und ihre gehemmte, verklemmte Sexualität mit sich gebracht hatten? Die Frau, kurz vor ihren Wechseljahren, befand sich im Zustand einer sexuellen »Torschlußpanik«; sie bestand darauf, den Orgasmus, den sie so lange entbehrt hätte, jetzt zu erleben – andernfalls würde es dazu zu spät sein. Die Tatsache, daß das Ehepaar nun zum ersten Male mit sich allein war, hatte ihren Mangel an Verständigungsmöglichkeiten zu einem dringlicheren Problem werden lassen. Aber trotz der Stichhaltigkeit all dieser Belastungen, die von der Frau überdramatisiert wurden, und von denen sich der Mann zu distanzieren schien, konnten wir uns des Gefühls nicht erwehren, daß der Anlaß dieses Ehepaares, uns an diesem kritischen Punkt um Hilfe zu bitten, von derart beängstigender Art sein müsse, daß die beiden »ohne elterliche Hilfe« den Dingen nicht ins Auge zu sehen wagten. Auch machte uns das Schweigen über den Tod des jüngsten Sohnes stutzig, – der uns ja nur aufgrund der Fragebogeneintragungen bekannt geworden war.

Auf unsere Bemühungen, den wirklichen Grund dieser Krise herauszufinden, reagierte der Mann nur durch ein schweigsames, niedergedrücktes Verhalten; wenn er überhaupt etwas sagte, sprach er nur über seine beruflichen Schwierigkeiten. Die Frau bestand nachdrücklich darauf, daß sie zwar erst jetzt in vollem Umfange begriffen habe, wie frustriert sie sei, und wie gefühllos und dickfellig ihr Mann sich verhalte, daß sie die Krise jedoch bereits seit sechs Jahren zugespitzt habe. Mit vielen theatralischen Ausschmückungen gab sie alles wieder, was sich zugetragen hatte. Das aufregendste Ereignis innerhalb dieser Zeitspanne von sechs Jahren war der plötzliche Tod ihres Vaters an einem Herzschlag, während er in der Neujahrsnacht auf der Toilette gesessen hatte. Es war gräßlich, daß dieser mächtige Vater einen so unwürdigen Tod sterben mußte. Welch ein furchtbares Omen für das neue Jahr! Kein Wunder, daß der Schock

bei ihrer Mutter zu einem Nervenzusammenbruch geführt hatte. Auch heute noch, sechs Jahre danach, befindet sich die Mutter noch immer in der Nervenheilanstalt; die Tochter empfindet die Besuche bei ihr als eine große Last.
Mr. Bonds Vater war ebenfalls im selben Jahr gestorben, – an einem Gehirntumor. Er hinterließ seine Witwe unversorgt. Das war ein großer Kummer für seinen Sohn, der sich während des dramatischen Berichts seiner Frau über all die schrecklichen Dinge, die sich im Verlauf der letzten sechs Jahre zugetragen hatten, schweigsam verhalten und niedergedrückt ausgesehen hatte. Der Tod ihres jüngsten Sohnes im Herbst jenes unheilvollen Jahres, der doch für dieses Ehepaar der traumatischste aller Verluste gewesen sein mußte, wurde von keinem der beiden erwähnt, noch sonst irgend etwas, das diesen Sohn betraf; nicht einmal sein Name fiel – kein einziges Mal.
In unserer dritten Sitzung sprachen sie über den bevorstehenden Wochenendbesuch ihrer beiden Söhne. Mr. Bond gab seiner Hoffnung Ausdruck, daß seine Frau die Söhne diesmal wirklich willkommenheißen und freundlich empfangen werde, und sich nicht die ganze Zeit nur über deren Forderungen beklagen möge. Mrs. Bond erwiderte scharf, daß sie sich einzig und allein darüber beklage, daß ihr Mann immer die Söhne mit Beschlag belege, und daß sie alle drei dann Gespräche führten, die für sie »zu hoch« seien, und von denen sie sich ausgeschlossen fühle. Die Ehepartner sprachen weiter ziemlich verkrampft miteinander über ihre Söhne, und wir hatten das Gefühl, daß sie sich keine Pause zu gestatten wagten, aus Angst, das etwas auftauchen könnte, über das sie keinesfalls reden wollten, von dem wir jedoch fühlten, daß es der Grund ihrer augenblicklichen Belastung sei. Deswegen richtete ich in diesem kritischen Moment die Frage an sie, ob ihre Söhne ihren jüngeren Bruder nicht sehr vermißten. Beide rangen erschrocken nach Luft. Dann fing der Mann an zu weinen. Die Frau, sichtlich erschüttert, versuchte, sich noch ein wenig länger zu halten; mit ganz hoher, unnatürlicher Stimme redete sie atemlos weiter, sprach von ihrem Ausgeschlossensein aus dem Kreis der Männer. Dann, nach einem Schweigen, und etwas gedämpfter, wandte sie sich zu ihrem wei-

nenden Mann und sagte ganz weich, daß sie wisse, daß dieser jüngste Sohn James sein Liebling gewesen sei. Mittlerweile bemühte sich der Mann, seine Fassung soweit zurückzugewinnen, daß er über James sprechen konnte; er beschrieb ihn als das schönste und begabteste ihrer Kinder. Schluchzen verschlug ihm immer wieder die Sprache. Die Frau, die offensichtlich vom Kummer ihres Mannes sehr erschüttert war, versuchte immer noch, die Gefühle etwas zu dämpfen. »Ja«, sagte sie, »in deinen Augen konnte er ja überhaupt nichts verkehrt machen, du hast ihn nach Strich und Faden verwöhnt, und dabei hätte er so manches Mal Prügel verdient.« Als ihr Mann, der immer noch weinte, nichts darauf erwiderte, fuhr sie fort: »Und was für einen bildschönen Po er dafür gehabt hatte!« Schließlich fing auch sie an zu weinen. Eine Weile weinten sie zusammen, und wir konnten ihnen die ungeheure Erleichterung nachempfinden, die es für sie bedeutete, weinen zu können. Dann erzählten sie uns beide abwechselnd von diesem Jungen und von seinem Tod am Geburtstag seines ältesten Bruders und einen Tag vor seinem eigenen neunten Geburtstag.

Als Extravergnügen wollten die Eltern ihren ältesten Sohn an seinem Geburtstag ins Kino ausführen. James wollte unbedingt mit; und er wurde wütend, als die Eltern ihm diese Bitte verweigerten. Sie bestanden darauf, daß er früh ins Bett müsse, um frisch zu sein für seine eigene Geburtstagsfeier am nächsten Tage. Er war sehr böse und schrie frech und wütend hinter ihnen her, als sie das Haus verließen.

Als sie von ihrem Ausgang nach Hause zurückkehrten, war das Haus voller Rauch, und James war tot; umgeben von Feuerwerkskörpern lag er auf einer Schaumgummimatratze. Die Eltern hatten das Feuerwerk als eine Geburtstagsüberraschung geplant. Er mußte die Feuerwerkskörper gefunden und in seiner Wut einige von ihnen angezündet haben. Die Matratze hatte Feuer gefangen, und er war an einer Rauchvergiftung gestorben.

Die Eltern müssen von Schuld und Reue überwältigt gewesen sein, daß sie den zornigen Jungen allein zu Hause zurückgelassen und die Feuerwerkskörper nicht sicher genug versteckt hatten, aber sie hatten ihre Schuld und ihr tiefes Leid nie miteinander geteilt. Sie taten, was getan werden mußte, aber über James sprachen sie nie, nie mehr. Jetzt sagte die Mutter, daß sie das wütende Gesicht des Jungen, als er zu Hause bleiben mußte, jahrelang verfolgt hätte; lange Zeit sei es ihr einfach nicht möglich gewesen, sein Zimmer zu betreten oder irgend etwas anzurühren, das ihm gehört hatte. Mr. Bond weinte still vor sich hin, während seine Frau sprach. Als unsere Sitzung sich ihrem Ende näherte, ging er quer durchs Zimmer zu ihr hin, um sie zu trösten. Er sagte ihr, wie leid es ihm täte, daß diese Stunde so aufregend für sie gewesen sei – gerade so, als wäre es seine Schuld. Sie nahm seine Hand und sagte weich: »Aber für dich war es doch auch aufregend.« Es verblüffte uns, daß Mr. Bond sogar in diesem Augenblick einer großen Gefühlserschütterung und nachdem er und seine Frau so vereint gewesen waren in ihrem Kummer, uns alle spüren lassen mußte, daß er an allem schuld sei. Wir konnten es uns vorstellen, wie er seit Anbeginn ihrer Ehe ihre vorwurfsvolle, zersetzende Haltung ihm gegenüber geradezu herausgefordert hatte. Bei dieser Gelegenheit hatte sie es unterlassen, ihn zu provozieren, sie war ihm vielmehr mit freundlichem Mitgefühl entgegengekommen. Als sie uns verließen, waren sie ganz erschöpft von diesem Erlebnis, das ihre Gefühle aufgewühlt hatte, aber sie waren zärtlich und eng miteinander verbunden.

Wir waren nur noch in zwei weiteren Sitzungen zusammen mit Mr. und Mrs. Bond. Die letzten Begegnungen bestätigten unsere unmittelbar gemachte Beobachtung, daß das Teilen des Kummers ein Hindernis beseitigt hatte, das dem Ehepaar bisher unmöglich gemacht hatte, miteinander zu einer Verständigung zu gelangen. Der tragische Tod ihres Sohnes war der Kulminationspunkt der Ereignisse gewesen, der für jeden von beiden die schlimmsten Ängste bestätigt hatte. Auf einer Ebene ihres Seins war es Mrs. Bond immer bewußt gewesen, daß sie denen wehtun mußte, die sie liebte, wie sie sich auch immer ihrer zerstörerischen Impulse bewußt gewesen war. Sie wußte, wie sehr sich ihre Eltern über ihre uneheliche Schwangerschaft aufgeregt hatten, insbesondere ihr Vater, und wie sie ihren Mann bestraft hatte, als sie ihn die ganze Schuld tragen ließ (obwohl sie genau wußte, daß sie die Verführerin gewesen war). Sie muß es auch empfunden haben, daß sie selbst nicht ganz schuldlos

am Nervenzusammenbruch ihrer Mutter gewesen war: Als ihre Nebenbuhlerin hatte sie sich eifrig bemüht, ihr den ersten Platz im Herzen des Vaters streitig zu machen. Und später, nach seinem Tod, hatte sie ihre Mutter hilflos und verschmäht alleingelassen, geradeso, als wolle sie, daß man sie fortbringe in die Nervenheilanstalt, sie ihr aus dem Wege räume. Und sogar die monatlichen Besuche mißgönnte sie ihr. Der Tod ihres Sohnes, der nach dieser bösen Szene erfolgt war, muß die Bürde ihrer Schuld sehr viel schwerer gemacht haben. Sie war stolz gewesen auf dieses Lieblingskind, hatte jedoch immer die besondere Liebe seines Vaters zu ihm übelgenommen. Immer war es James gewesen, der auf allen Familienausflügen im Rampenlicht gestanden hatte. War dies der Grund dafür, daß sie ihn bei jener Gelegenheit ausgeschlossen hatte?
Mr. Bond dagegen war es gewohnt, immer alle Schuld und alle Verantwortung zu tragen. Sein ganzes Leben lang hatte er erfahren müssen, daß er alles verlieren mußte, was er liebte, daß er gleichsam nicht wert war, es festzuhalten. Er hatte die Hoffnung auf einen akademischen Erfolg aufgeben müssen, für den er das geistige Rüstzeug in hohem Maße gehabt hätte, weil die Familie so ungelegen umziehen mußte. Er hatte seinen Schwung und seinen Unternehmungsgeist eingebüßt, weil er sich mit seinem geliebten, depressiven Vater identifiziert hatte. Man gab ihm zu verstehen, daß er seiner Frau Schaden zugefügt hätte durch die Schwangerschaften, und daß seine Liebe schädlich sei; damals hatte er sie gleich nach der Hochzeit verlassen müssen. Sein Lieblingskind war aufgrund seiner Unachtsamkeit gestorben; warum hatte er das Feuerwerk nicht versteckt, warum hatte er die Szene nicht zu vermeiden vermocht?
Jeder der beiden Partner hatte sich zu sehr abgeschirmt gegen diese Ängste, jeder von ihnen hatte sich zu unsicher, zu verletzlich gefühlt dem Partner gegenüber, um eine Bloßstellung riskieren zu können. Als sie dann schließlich in der sicheren Geborgenheit unserer Gegenwart es dennoch wagten, ihre echten Gefühle zu zeigen, fühlten sie sich verstanden und erleichtert.

Im Verlauf unserer letzten Sitzungen sagten sie uns wiederholt, daß sie sich dadurch, daß sie mit uns hätten sprechen und uns auch ihren gemeinsamen Kummer hätten zeigen dürfen, zum ersten Male als

Paar anerkannt und geschätzt gefühlt hätten, »von Leuten, die etwas gelten«. Um dies noch zu unterstreichen, sagte Mrs. Bond: »Sie müssen bedenken, daß wir niemals den Segen unserer Eltern bekommen haben. Nachdem nun Sie uns diesen Segen gegeben haben, fühlen wir erst wirklich, daß wir zusammengehören.« Sie versuchten nun vielerlei Wege und Möglichkeiten auszuprobieren, um ihrer neuen Zusammengehörigkeit Ausdruck zu verleihen. Sie traten in einen Schauspielklub ein und nahmen Flugstunden. Auf beiden Gebieten übertraf Mr. Bond seine Frau, und als sie uns davon erzählte, benutzte sie noch immer die gleiche Phrase, daß »er sich mir gegenüber als Herr aufspielen will«. Da sie nun jedoch alle diese Dinge gemeinsam unternahmen und die gleichen Interessen hatten. schien dies viel von seiner Bedrohlichkeit verloren zu haben. Der eine Sohn hatte inzwischen geheiratet, und der andere hatte den Termin für seine Hochzeit festgelegt. Die beiden Schwiegertöchter und ihre Familien gefielen Mr. und Mrs. Bond sehr gut. Die Familie Bond war auf diese Weise gewachsen, und die weibliche Komponente in ihr war gestärkt worden. Die neu hinzugekommenen Familienmitglieder kannten Mr. und Mrs. Bond nur als Paar. Mrs. Bond »plauderte« gerne mit den Mädchen, während die Männer ihre »klugen Gespräche« führten. Und Mr. Bond genoß es sehr, daß »zwei hübsche, junge Dinger soviel Wesens um ihn machten«. Die so hart umkämpfte Männlichkeit in der Familie hatte ihre Wichtigkeit verloren, jetzt, da die Weiblichkeit aufgewertet worden war und mit Freuden genossen werden konnte.

In unserer letzten Sitzung wurde die Frage aufgeworfen, was nun mit dem Haus geschehen solle. Schließlich brauchten sie ja nicht mehr soviel Platz, wenn beide Söhne erst verheiratet und sie »nur noch wir zwei« sein würden. Wenn sich für den Mann eine bessere Stellung böte, – warum sollte man dann nicht umziehen? Das Haus könnte ihnen einen guten Gewinn einbringen.

Trotz der Tatsache, daß sich die grundlegende Struktur ihrer Interaktion nicht verändert hatte und sich auch nie mehr ändern würde, schienen Mr. und Mrs. Bond in alledem viel entspannter und zusammengehöriger zu sein. Da sie sich jetzt zu einer besseren Verständigung und mehr Toleranz durchgerungen hatten und es fertigbrachten, ihrer Schuld an dem, was sie glaubten James angetan zu haben, gemeinsam ins Auge zu sehen, könnten sie durchaus in der Lage sein, ihre wechselnde Lebenssituation konstruktiv zu nutzen, und die Ängste im Zaume zu halten, die ihnen ihre gegenseitige Destruktivität verursachte.

Die Familie Cohn

Mr. Cohn lernte ich kennen, weil seine Tochter Anne, sechzehn Jahre alt, ihren Eltern viele Sorgen bereitet hatte. In der Schule störte sie den Unterricht, und zu Hause hatte sie unablässig Streit mit ihrer Mutter; sie rebellierte und protestierte gegen ihr elterliches Heim, stellte sich jedoch allen Versuchen hindernd in den Weg, die darauf abzielten, sie woanders unterzubringen. Aus den Internaten lief sie einfach fort, Besuche bei entfernt lebenden Verwandten kürzte sie eigenmächtig ab, nicht einmal Ferien zusammen mit anderen Jugendlichen konnte sie ertragen.
Der Psychotherapeut, der Anne behandelte, gewann den Eindruck, daß Annes Feindseligkeit gegenüber ihren Eltern und ihre gleichzeitige Abhängigkeit von den Eltern nicht als ein sie allein betreffendes Problem angesehen werden dürfe, sondern vielmehr als ein Familienproblem behandelt werden müsse. Es hatte sich gezeigt, daß das Verhältnis zwischen den Eltern sehr gespannt war; keiner von beiden konnte den anderen gelten lassen, beide fühlten sich vom Partner angegriffen und nicht genügend geachtet. Vornehmlich im Konflikt mit Anne hatte die Mutter das Gefühl, daß der Vater ihr die Schuld gab, das bißchen Autorität, das sie besaß, untergrub und sich stets auf die Seite von Anne stellte. Trotz Mr. Cohns beharrlicher Beteuerung, daß dies allein das Problem seiner Frau sei, und daß er gar nichts damit zu tun hätte, spürte der Psychotherapeut, daß der Vater auf eine undefinierbare Weise die Hauptperson in diesem Konflikt sei, und daß es obendrein sein unbewußtes Anliegen zu sein schien, den Streit im Gange zu halten.
Beide Eltern erklärten sich nur sehr widerstrebend dazu bereit, einer Therapie mit je einem eigenen Therapeuten zuzustimmen, die mit-

einander in Kontakt bleiben, sowie auch die Verbindung zu dem Therapeuten aufrechterhalten wurden, der Anne betreute. So sahen die Umstände aus, als ich meine Arbeit mit Mr. Cohn begann, der damals in seinen vierziger Jahren war.

Von Anfang an fielen mir die sich widersprechenden Charakterzüge der Persönlichkeit dieses Mannes auf. Er hatte eine leitende Position in einer großen, internationalen Firma, und offensichtlich hatte er außergewöhnlichen Erfolg in seinem Beruf. Sein Verhalten und seine Erscheinung waren jedoch die eines Versagers, eines Mannes, der nichts gilt. Er bereiste die ganze Welt und traf mit bedeutenden Menschen zusammen, aber er hatte von sich selbst das Gefühl, stumpfsinnig und langweilig zu sein und über nichts reden zu können, das für seine Familie oder sonst für jemanden von Interesse oder Belang wäre. Sein wunderschönes Heim hatte er zwar bezahlt, aber es war der Herrschaftsbereich seiner Frau, in dem er nichts zu sagen hatte. Wenn sie Gäste hatten, fühlte er sich nicht als Gastgeber, sondern wie ein Fremder; daß er sich bei solchen Gelegenheiten auch als Gast bedienen ließ, ärgerte seine Frau. Dies alles war um so verwunderlicher, als Mr. Cohn viele Interessen und große Kenntnisse hatte. Er schätzte diese vor sich selbst jedoch nicht hoch ein, meinte, daß sie auch für andere keinen Wert haben könnten und pflegte seine Interessen insgeheim und geradezu verschämt. Er machte den Eindruck eines Mannes, der glaubt, kein Recht zu haben, am Leben zu sein.

Es war ganz offensichtlich, wie enorm tief er in die Gefühlskrise zu Hause verwickelt war. Unsere Sitzungen waren ausgefüllt mit ausführlichen Berichten über das unerträglich provokative Verhalten seiner Frau gegenüber Anne, deren Schwierigkeiten ganz allein auf die ungerechten Forderungen und Ansprüche ihrer Mutter zurückzuführen seien. »Ich weiß ja, daß sie manchmal frech ist, aber ich kann ihren Standpunkt immer verstehen.« Sein eigenes Einbezogensein in die Szenen zwischen Mutter und Tochter wirkte geradezu zwanghaft, und obgleich er das Gefühl hatte, daß diese Szenen ihn wahnsinnig machten, konnte er sich doch nicht aus ihnen heraushalten. Sogar wenn er geschäftlich auf Reisen war, beschäftigte er sich in Gedanken damit, was wohl zu Hause passieren könnte,

und rief täglich an, egal wo er sich gerade befinden mochte. Die Erwartung, daß eine Katastrophe erfolgen werde, beherrschte sein Leben. Oft sagte er: »Das Unheil lauert hinter der Ecke.«
Obwohl er so deutlich seine emotionale Verwicklung in die Kämpfe zwischen Mutter und Tochter zur Schau trug, war es ihm einfach nicht möglich einzusehen, daß dieses alles etwas mit den Gefühlen zu tun haben könnte, die seinen früheren Erlebnissen und Lebenserfahrungen angehörten. Er behauptete, daß ihn die häuslichen Szenen nur deshalb so aufregten, weil er Auseinandersetzungen hasse. Er fing jedoch langsam an, eine Verbindung zu entdecken zwischen der schlechten Laune seiner Frau, ihrem gereizten, gebieterischen Verhalten ihrer Tochter gegenüber und ihrer Enttäuschung über ihn selbst. Sie beklagte sich oft über seine Gefühlskälte, sein fehlendes Selbstvertrauen und seinen Mangel an Liebe, aber er vermochte nichts daran zu ändern, er hatte eben keine Emotionen, und er wollte auch kein emotionales Leben, er wollte nichts anderes als Frieden.
Allmählich erfuhr ich etwas über Mr. Cohns Vorgeschichte. Als Fünfzehnjähriger war er mit einem Transport Jugendlicher nach England gekommen, nachdem die Deutschen in die Tschechoslowakei einmarschiert waren. Seine jüdische Familie hatte ihm nachfolgen wollen, aber bevor dies möglich war, wurden sie verhaftet. Sein Vater starb, bevor er deportiert wurde, alle anderen kamen ins Konzentrationslager und wurden vergast. Mr. Cohn erwähnte dies nur als eine Information und ganz ohne Gefühl. Das bedeutsamste Ereignis seines Lebens hatte sich viel früher abgespielt.
Als Mr. Cohn drei Jahre alt war, brachte sein Vater ihn und seine um ein Jahr ältere Schwester aufs Land; er erzählte den Kindern, daß ihre Mutter krank sei. Allwöchentlich einmal besuchte der Vater seine Kinder und brachte ihnen Geschenke mit. Ein Jahr darauf kam er mit »Mutter« und holte die Kinder wieder ab. Zusammen fuhren sie nach Hause, und Mr. Cohn erinnert sich daran, die Bemerkung gemacht zu haben, daß »Mutter« viel kleiner geworden sei. Dies war sein erster und einziger Versuch, seine Zweifel zu äußern, ob diese Frau tatsächlich die Mutter sei, die er gekannt hatte. Er fragte seinen Vater niemals, und auch mit seiner Schwester

sprach er nie über seine Zweifel. Bis heute weiß er noch nicht, was diese damals gedacht haben mochte. Zu keiner Zeit wurde die neue Familiensituation offen in Frage gestellt. Dabei wußten beide Kinder, daß die Eltern ihrer Mutter, die in ihrem Leben eine beträchtliche Rolle spielten, nicht die Eltern ihrer gegenwärtigen Mutter waren. Auch hierüber wurde nie offen gesprochen und es wurde auch nicht ausdrücklich zugegeben. Als der Junge älter wurde, nahm ihn der Großvater alljährlich am zehnten Februar mit in die Synagoge, um für die Toten zu beten. Der Großvater sagte nie, für wen sie beteten, und der Junge fragte ihn auch nie danach.
Seine Schwester hatte laufend Auseinandersetzungen mit der Stiefmutter, während er selbst ganz gut mit ihr auskam; er war bemüht, ihr zu gefallen und sich anzupassen. Anne war dieser Schwester ähnlich, und sie sah auch so aus wie sie; deshalb konnte er Anne so gut verstehen. Schon zu jener Zeit verhielt sich Mr. Cohn teilnahmslos und introvertiert, sehr zum Ärger seines Vaters, der ihm oft vorhielt, daß er stumpfsinnig sei und keinen Unternehmungsgeist habe. »Der Junge wird es nie zu etwas bringen«, war das Urteil seines Vaters. Alles, was der Junge schon damals wollte, war sein Friede. Er stellte keine Fragen, er vermied jeden Konflikt und jedes Gefühl, und er hütete sich, irgend etwas zu sagen oder zu tun, das vieles Befragtwerden zur Folge hätte haben können; und das alles um des Friedens willen. Auch wurde er nicht zu einem Verbündeten seiner Schwester, die sich nicht damit zufriedengeben wollte, den Betrug ohne Widerrede und Empörung hinzunehmen. Aber viel später, als seine Schwester bereits tot war, stellte er sich auf Annes Seite, identifizierte sich mit ihr in ihren Auseinandersetzungen mit ihrer Mutter; in Wirklichkeit war sie Anne, in seiner Vorstellung war sie seine Schwester!
Als Mr. Cohn mir von seiner Kindheit und Jugend erzählte, sagte er: »Sie sehen ja, daß ich es zu etwas bringen konnte in meinem Beruf, und daß ich Unternehmungsgeist in meiner Arbeit bewies, sobald ich fort war von meinem Vater und meinem Elternhaus; aber in meiner eigenen Familie und in meinen häuslichen Verhältnissen habe ich die gleichen Gefühle von Hoffnungslosigkeit und Hilflosigkeit, die ich schon als Junge hatte.« Lebhaft erinnert er sich noch

an den Tag seiner Abreise nach England, als seine Großmutter mütterlicherseits ihn in tiefer Ergriffenheit ermahnte, immer am zehnten Februar seine Gebete zu sprechen. »Ich war einer Ohnmacht nahe, denn ich dachte: jetzt kommt die Wahrheit. Ich konnte sie nicht ertragen und rannte die Treppen hinunter.«

In England lernte er einen entfernten Verwandten kennen, der ihm erzählte, daß seine schöne, begabte Mutter sich in einem Zustand geistiger Umnachtung ertränkt hätte. Man sagte ihm auch, wie sehr sein Vater die Rechtschaffenheit und Intelligenz seiner Frau bewundert habe, daß es ihm aber nicht möglich gewesen wäre, mit ihren emotionalen Ansprüchen fertig zu werden; es wäre ihm nicht gelungen, sie glücklich zu machen. Der Verwandte gab ihm ein Foto von seiner Mutter, das erste, das er je gesehen hatte.

Es dauerte lange, bevor Mr. Cohn einzusehen vermochte, daß diese Geschichte für seine gegenwärtige Situation von Belang sei. Viel später im Verlauf unserer therapeutischen Behandlung sagte er: »Erst jetzt habe ich erfahren, wie alles zusammenhängt.« Damit meinte er die Verhältnisse und Beziehungen in seiner jetzigen Familie und in seiner elterlichen Familie, und die Art und Weise, in der die letzteren Einfluß auf sein ganzes Leben gehabt und auch das Bild geformt hatten, das er von sich selbst in sich trug. Ungefähr zur gleichen Zeit entdeckte er auch, daß er eine Frau gewählt hatte, die in ihrer Erscheinung seiner Mutter irgendwie ähnlich sah, und daß er an ihr die gleichen Eigenschaften von Rechtschaffenheit und Intelligenz bewunderte, die, dem Vernehmen nach, sein Vater an seiner Mutter bewundert hatte. Genau wie seine Mutter, war auch seine Frau eine sehr gefühlsbetonte Frau; er fühlte sich arg bedrängt durch ihre Forderungen nach einer Art von Liebe, die zu geben er sich außerstande fühlte. Auch fühlte er sich ihren intensiven sexuellen Ansprüchen nicht gewachsen, die den seinen zuwiderliefen. Ihm genügte ein gelegentlicher und flüchtiger Sexualverkehr, alles andere war ihm völlig fremd.

In Augenblicken großer Gefühlsbewegungen fühlte er sich vollkommen hilflos. Nach einem bösen Streit mit Anne drohte seine Frau einmal damit, sich mit Gas das Leben nehmen zu wollen. Er saß wie gelähmt im Zimmer neben der Küche, in die sie sich eingeschlossen hatte, und unternahm keinen Versuch, sie zu beruhigen oder sie von ihrem Vorhaben abzubringen. »Ich fühlte mich hoffnungslos, ich konnte einfach nichts dagegen tun.« Genau diese gleichen Gefühle muß er gehabt haben, als seine Mutter durch Selbstmord aus seinem Leben verschwand.

Er sagte mir, daß er sich nie für Mädchen interessiert und keine sexuellen Beziehungen gehabt hätte, bevor er seine Frau traf, die ihm von ihrem Vater, einer Geschäftsbekanntschaft, vorgestellt worden war. Auch sie war von ihrer Mutter verlassen worden, die von ihrer Familie fortgegangen war wegen eines anderen Mannes, mit dem sie jetzt in Australien lebte. Ihr Vater hatte wieder geheiratet, und Mrs. Cohns Verhältnis zu ihrer Stiefmutter war gespannt und unbehaglich. Sie fühlte sich im Stich gelassen und nicht für wert befunden, die Liebe ihrer Mutter zu behalten. Sie war sich ihrer selbst sehr unsicher und überaus verletzlich gegenüber den versteckten Kränkungen ihres Mannes. In unseren Sitzungen rief sich Mr. Cohn etwas erstaunt und beschämt ins Gedächtnis zurück, daß er von dem Augenblick an, in dem Anne geboren wurde, seine Frau unablässig kritisiert habe, wie sie dieses erste Kind behandle. Er beaufsichtigte sie beim Stillen und Füttern und Pflegen des Säuglings und an allem, was sie auch tun mochte, fand er etwas auszusetzen. Sein tiefes Mißtrauen und seinen Groll gegenüber »Müttern« übertrug er auf seine Frau; er selbst schien sich mit Anne zu identifizieren, als derjenigen, die Hilfe und Schutz brauchte.

Mrs. Cohns richtige Mutter wurde den Cohn-Kindern (ihren Enkelkindern) beiläufig als eine australische Tante dargestellt, während die Stiefmutter den Platz einer richtigen Großmutter einnahm. Erst ganz kürzlich hatte Anne diesen Betrug aufgedeckt und war wütend; ihre Eltern standen fassungslos der rasenden Wut ihrer Tochter gegenüber, die sie nicht verstanden.

Nicht nur Mrs. Cohn war verwundbar und empfindlich gegenüber den versteckten Kränkungen ihres Mannes, auch Mr. Cohn fühlte sich tief verletzt durch ihre Kritik an ihm; er glaubte nicht, daß sie ihn jemals um seines eigenen Wertes willen achtete. Vorsichtig verbarg er vor ihr all die Aspekte seines Lebens und seiner Persönlichkeit, die ihm schmerzlich waren. Seit Kriegsende war er alljährlich am zehnten Februar in seinen Geburtsort gereist, um am Grabe seiner Mutter zu beten; seiner Familie gegenüber stellte er diese Fahrt jedoch immer als Geschäftsreise dar. Diese jährlichen Pflichtübungen, diese ganz bewußt gesuchten Begegnungen mit der Realität des Todes seiner Mutter scheinen es nicht vermocht zu haben, den dikken Panzer zu durchdringen, mit dem er seine Gefühle schützend umgab.

In unseren zahlreichen Gesprächen wurde der Tod des Vaters niemals erwähnt, ebensowenig die Tatsache, daß seine Schwester und die Halbgeschwister aus der zweiten Ehe des Vaters in Gaskammern umgekommen waren. Erst nach jahrelangem Kontakt mit Mr. Cohn erfuhr ich endlich, daß sein Vater kurz vor der Deportation an einem Herzschlag gestorben und tatsächlich neben seiner Mutter beerdigt worden war. Wenn er sonst über seine alljährlichen Besuche am Grab seiner Mutter gesprochen hatte, war vom Vater nie die Rede gewesen. Es hatte den Anschein, daß er es seinem Vater niemals verzeihen konnte, seine Mutter nicht genug geliebt zu haben, um sie am Leben zu erhalten. Auch konnte er ihm den grundlegenden Betrug an den Kindern nicht vergeben, durch den er ihm und seiner Schwester die lebendige Erinnerung an die Mutter und die Trauer um ihren Verlust verwehrt hatte. Der Widerstand, den er aufgrund dieser Gefühle jeder Identifikation mit seinem Vater entgegensetzte, hatte es ihm später so schwergemacht, die Rolle eines Vaters, eines Ehemannes und eines Hausherrn zu übernehmen. In der Rolle eines Geldverdieners und Geschäftsmannes übertraf er jedoch seinen Vater, und das war ihm eine sehr große Genugtuung. Die Erlebnisse seiner frühen Kinderzeit hatten es mit sich gebracht, daß er der Welt, Männern und Frauen, mißtraute, insbesondere dann, wenn Gefühle mit im Spiel waren. In seinem geschäftlichen Leben fühlte er sich wohl, war er gelöst; hier befand er sich auf sicherem Grund, hier hatte er sich selbst und die anderen fest in der Hand. Sobald er sich jedoch außerhalb des Bereichs von Geschäften und Konzernen befand, verlor er diese Selbstsicherheit, die ihm nicht half, als Privatmann oder als Mitglied seiner Familie etwas Selbstvertrauen zu gewinnen oder überhaupt einen Selbstwert zu entdecken.

Alle Todesfälle in seinem Leben haten sich sozusagen hinter seinem Rücken ereignet. Er wußte nichts über das Wann, Wo und Wie irgendeines dieser Tode. Er hatte weder als Trauernder an ihnen teilhaben können, noch hatte er den Verlust mit irgendeinem anderen teilen dürfen. Die Gewalttätigkeit, die mit diesen Sterbefällen verbunden war, brachte es mit sich, daß er sich bewußt »nichts anderes als Frieden« wünschte. Dennoch konnte er sich nicht davon zurückhalten, sich wider bessere Vernunft in die heftigen Auseinandersetzungen zwischen seiner Frau und seiner Tochter einzumischen, diese sogar zu provozieren. Seine verdrängte Trauer, der Betrug und das Mißtrauen, die unausgesprochenen Zweifel, der Haß und das Grauen, und die totale emotionale Isolierung (sowohl in seiner Kindheit als auch in seiner Ehe) wurden umgesetzt in eine Ablehnung aller Gefühle schlechthin, in eine bewußte Zurückweisung aller Emotionen. Es war, als müsse er sich selber töten, um auf diese Weise für die Schuld zu büßen, der einzige Überlebende der elterlichen Familie zu sein.
Als ich Mr. Cohn kennenlernte, hielt er sich selbst für unnütz – außer als Geldverdiener – und für einen unbedeutenden und liebeleeren Charakter. So war er nun einmal geschaffen, daran sei nichts mehr zu ändern. Seit Anbeginn unserer therapeutischen Verbindung hatte er sich jedoch durch sein Verhalten verraten, wie wichtig ihm diese war. Er liebte es, zu seinen wöchentlichen Sitzungen zu kommen, pflegte immer ungeduldig auf meine Türklingel zu drükken und wie ein Schuljunge ins Zimmer zu stürzen, der es eilig hat, zu seiner Mutter heimzukehren. Dann ließ er sich mit einem Seufzer der Erleichterung in den Sessel fallen: »Endlich kann ich entspannen!« Ich fragte mich oft, was er wohl mit dieser seiner Ankunft bei mir wiedererleben mochte. War es der Wunschtraum von einer Mutter, zu der er so nach Hause laufen konnte? Eine Besonderheit fiel mir allerdings in unseren Sitzungen auf, die ich als eine Reaktion dieses Mannes auf seine uneingestandenen Verluste erkannte. Er konnte mich nie ansehen, wenn er sich von mir verabschiedete. Es war, als ob ihm dieser bewußte Vorgang des Abschiednehmens von einem Menschen, der ihm etwas bedeutete, nicht geläufig sei und allzu bange Gefühle in ihm wachrufe, die vielleicht denen ähnlich

sein mochten, die er empfunden hatte, als er die Treppen hinuntergerast war, um nicht einem richtigen Abschied von seiner Großmutter ins Auge sehen zu müssen, die ihm möglicherweise die Wahrheit über den Tod seiner Mutter gesagt hätte.

Mr. Cohns jungenhafte Ankünfte bei mir waren nicht der einzige Widerspruch, den er in unsere Sitzungen brachte. Er sprach mit Leichtigkeit und lebhaftem Interesse über alles, das ihm in den Sinn kam. Viele der Begebenheiten, sowohl aus seiner Gegenwart als auch aus seiner Vergangenheit, über die er sprach, waren äußerst schmerzlich, aber er ließ sich niemals Kummer anmerken. Das war besonders beeindruckend, als er von seiner traurigen, verwirrten Kindheit und seiner apathischen Jugend erzählte. Obwohl er es vermied, schmerzliche Gefühle auszudrücken, und er sich offensichtlich weigerte, seinen verspäteten Trauervorgang aufzuarbeiten, fing er doch an, sich zu verändern, wie sich auch das Bild änderte, das er von sich selbst hatte. Langsam, behutsam und von vielen Rückzügen unterbrochen, erlaubte er sich, einige Gefühle zu empfinden und auszudrücken. Wiederholt habe ich in diesem Buch die Verbindung zwischen Sexualität und Tod hervorgehoben. Auch in Mr. Cohn bemerkte ich diesen Zusammenhang: Er wehrte sich gleichermaßen dagegen, seinen sexuellen Gefühlen wie auch dem Schmerz des Trauerns ins Auge zu sehen. Als er anfing, in jeder Beziehung seines Lebens freier zu werden und den Versuch unternahm, die Gründe seiner sexuellen Verdrängungen zu erforschen, wurde sein zunehmendes Interesse durch die Sexualität seiner Tochter stimuliert, die gerne ihre sexuellen Heldentaten mit ihm besprach. Er wiederum liebte es, mit mir über diese Dinge zu sprechen – ein bißchen in der mir schon bekannten Schuljungenart, als ob er ausprobieren wollte, was man sich wohl mit Mutter leisten könne. Es schien, als ob er einen Teil des versäumten Wachstumsprozesses nachholen müßte!

Gleichzeitig erlaubte er sich zögernd das für ihn ganz neue Gefühl, um seiner selbst willen geschätzt und geachtet zu werden und nicht mehr nur des Geldes wegen, das er verdiente, und mit dem er, nebenbei bemerkt, alles andere als freigebig gewesen war. Dieses neue Gefühl, geschätzt zu werden, drückte sich beispielsweise in seinem

Wunsch aus, seinen Geburtstag zu feiern, während er sich früher die größte Mühe gegeben hatte, diesen zu übergehen, indem er sogar seine Geschäftsreisen so legte, daß er dann gerade nicht zu Hause war. Es gelang ihm nun auch, sich selbst und seiner Familie etwas Freude zu bereiten, auszugehen und Ferien zu machen. Er schaffte es, sich ein wenig von seiner Arbeit zurückzuziehen und seine Freiheit zu vergrößern. Er war nicht mehr halbtot, er kehrte langsam ins Leben zurück.

Die häusliche Situation fing ebenfalls an, sich zu verändern – trotz vielerlei Behinderungen und wiederholter Krisen. Anne und ihre Mutter fingen an, duldsamer miteinander umzugehen. Als dann Anne, die bis dahin die größten Schwierigkeiten gehabt hatte, feste Freundschaftsverhältnisse aufzubauen, einen Mann fand, den sie liebte und auch heiratete, und daraufhin von zu Hause fortzog, hielt der so heißersehnte Friede seinen Einzug.

Während sich Mr. Cohn hierüber sehr zufrieden äußerte, schien er etwas zu entbehren. Er empfand das Leben zu Hause als platt und fade; seit Anne fortgegangen war, hatten auch die Aufregungen und alle Streitigkeiten aufgehört, und ihm war dadurch die einzige Gelegenheit verlorengegangen, laut seine Meinung zu sagen. Als wir dann zu ergründen versuchten, warum er es so empfinde, daß die Auseinandersetzungen zwischen Mutter und Tochter für ihn die einzige Gelegenheit gewesen seien, seine Meinung zu äußern, sagte er, daß Anne so wie seine Schwester sei, und daß man ihm erzählt habe, daß diese Schwester seiner Mutter sehr ähnlich gewesen sei. Dadurch, daß er sich für Anne eingesetzt hätte, habe er sich gewissermaßen für seine Mutter und für seine Schwester eingesetzt. Damals, in seinem elterlichen Heim, hätte er versäumt, dies zu tun; er hätte es seiner Schwester ganz allein überlassen, all die Wut und den Groll auszudrücken über die Art und Weise, in der sie beide betrogen worden waren, und er hätte es zugelassen, daß sie dafür bestraft wurde, während er für sich selbst dafür gesorgt hätte, akzeptiert zu werden, und sich in seinen »Frieden« zurückziehen zu können. Um dieses Ziel zu ereichen, hätte er auch niemals den Versuch unternommen, mit der Erinnerung an seine Mutter in Verbindung zu bleiben; vielmehr wäre er wissentlich allen diesbezüglichen Gelegenheiten aus dem Wege gegangen, die seine Großeltern ihm geboten hätten. Ich überlegte mir, ob Mr. Cohn in den Streitigkeiten zwischen Mutter und Tochter, in denen sie sich gegenseitig verrückt gemacht hatten, womöglich versucht haben könnte, mit dem in Kontakt zu kommen, was seine Mutter einstmals verrückt gemacht haben mochte – in ihrer Beziehung zu seinem Vater oder zu ihm selbst, einem vielleicht ungezogenen Jungen. Seine Teilnahme am Konflikt zwischen Anne und seiner Frau, der Zwang, seine Meinung zu sagen, sich nicht noch einmal aus dem Konflikt herauszuhalten, war so etwas wie ein Wiedergutmachungsversuch seiner Schwester und seiner Mutter gegenüber. Er schien das Gefühl zu haben, diese Wiedergutmachung nicht völlig abgeschlossen zu haben, so daß der Friede, den er jetzt genießen könnte, jedoch nicht richtig genießen konnte, den Pseudo-Frieden seiner Kindheit mitsamt seinen diesbezüglichen Schuldgefühlen wieder heraufbeschwor.

Mr. Cohn und ich waren über fünf Jahre lang miteinander in Verbindung gewesen; während der letzten fünf Monate dieser Zeitspanne allerdings nur noch wenige Male und jeweils nach einer Pause von einem Monat oder noch mehr. Aber wie lange die Zwischenpausen auch währen mochten, Mr. Cohn kam doch immer wieder in seiner schuljungenhaften Art bei mir an und fing sogleich an, mir alle seine Neuigkeiten mitzuteilen. In diesen Sitzungen nach jeweils langen Zeitabständen wurde mir die Veränderung, die mit ihm vor sich gegangen war, besonders deutlich; am beeindruckendsten zeigte sie sich, als dieser Mann, für den »das Unheil immer hinter der nächsten Ecke gelauert hatte«, bei einer Gelegenheit spontan ausrief: »Ich bin doch wirklich ein Glückspilz!«

Als ich anfing, dieses Buch zu schreiben, bat ich ihn um seine Erlaubnis, seine Geschichte mit einbeziehen zu dürfen; ich machte den Vorschlag, den Entwurf miteinander zu besprechen. Er stimmte bereitwillig zu. Als er jedoch bei mir erschien, sah er ganz bleich und angespannt aus. Das erinnerte mich wieder einmal an seine Flucht vor seiner Großmutter, als er das Gefühl gehabt hatte: »Jetzt kommt die Wahrheit; ich kann sie nicht ertragen.« Ich hatte den Schreibblock in der Hand und machte Notizen, was ich normaler-

weise nicht tue. Als wir die Einzelheiten seiner Kindheit noch einmal durchgingen und über die jährlichen Besuche am Grab seiner Mutter sprachen, fragte ich ihn wieder, wie so oft schon zuvor, was er denn bei diesen Gelegenheiten empfunden habe. Früher hatte er immer ausweichend geantwortet: »Ich sprach die vorgeschriebenen Gebete«, oder »Ich versuchte, an meine Mutter zu denken«. Diesmal schwieg er ziemlich lange, und dann fing er an zu weinen. Erst später in dieser Sitzung erzählte er mir zum erstenmal, daß sein Vater neben seiner Mutter begraben liege. Es wurde eine sehr bedrückte Sitzung, und er verließ mich wie ein Mann in Trauer.
Wenn ich daran zurückdenke, glaube ich, daß für Mr. Cohn der Verlust seiner Eltern durch meinen Schreibblock und meine Notizen mehr zur Wirklichkeit geworden ist als durch seine Besuche an ihren Gräbern. Er mag auch gefühlt haben, daß er nunmehr seinen Verlust in anderer Weise mit mir teilen könne, und daß dieser nun auch für mich einen Wert und einen Sinn habe.
Nach dieser sehr ergreifenden Sitzung habe ich Mr. Cohn noch vier- oder fünfmal gesehen. Er sieht jünger aus und freier, seine Bewegungen sind zielbewußter und entschlossener und doch auch gelöster und entspannter. Sein Verhältnis zu mir ist ein anderes geworden. Er kommt jetzt nicht mehr wie ein Schuljunge zur Mama angerannt, sondern wie ein Erwachsener, der seinen Vertrauten und zuverlässigen Freund besucht, von dem er sich geschätzt fühlt, und dem er etwas zu geben hat.

Mrs. Dean

Mrs. Dean hatte für ihren Sohn Simon um Hilfe gebeten, der damals fünfzehn Jahre alt war. Sein Verhalten gab Anlaß zu Besorgnis, er war faul und verantwortungslos; sowohl zu Hause als auch in seinem Internat legte er provozierendes Betragen an den Tag. Ein jüngerer Sohn, Ralph, schien sich gut zu entwickeln, aber nichtsdestoweniger wurde auch er mit einbezogen in die Selbstanschuldigungen der Mutter, die darauf hinausliefen, daß sie schlecht für ihre Kinder sei.

Der Psychotherapeut, mit dem sie ihre Sorgen über Simon besprach, gewann den Eindruck, daß das Hauptproblem in Mrs. Deans Verhältnis zu ihren Kindern liege. Parallel zu ihrer ungeheuren Liebe zu ihnen spürte er ein Unvermögen, dieser Liebe Ausdruck zu geben. Auch bemerkte er, daß sie es nicht über sich brachte, den Kindern zu erlauben, ihre Liebe zur Mutter auszudrücken. Mrs. Deans wertvolle Persönlichkeit, ihre natürliche Kreativität und die ihr innewohnende Liebe erschien dem Therapeuten in starkem Kontrast zu stehen zu der Sorte Mensch, für die sie sich selber hielt. Er willigte ein, mit Simon zu arbeiten, aber er meinte, daß auch Mrs. Dean Gelegenheit geboten werden sollte, die Ursachen ihrer Schuldgefühle zu erforschen und herauszufinden, warum sie das Gefühl habe, zu versagen, und woher die Furcht komme vor ihren vermeintlich so zerstörerischen Eigenschaften. Sie schien erleichtert darüber, daß ihr diese Chance gegeben wurde.

Als Simon zehn und Ralph neun Jahre alt waren, war Mrs. Deans Ehemann plötzlich gestorben. Seitdem war es ihr nicht mehr möglich gewesen, mit den Kindern über ihren Vater zu sprechen; sie empfand es als eine Belastung, die Kinder um sich zu haben. Obwohl sie nur für sie lebte und in jeder Beziehung gewissenhaft für sie sorgte, fühlte sie sich außerstande, ihnen das geringste Gefühl zu zeigen. Sie sagte, daß sie eine Todesangst hätte, ihnen nahezukommen, weil sie ihnen schaden könnte. Als wir zu verstehen versuchten, was dies zu bedeuten hätte, sagte sie, daß sie sich davor fürchte, »die Schleusentore ihrer Gefühle zu öffnen, weil sie dann alle fortgerissen werden könnten.« Sie hatte oft grauenvolle Träume zu ertrinken, von Unheil überfallen zu werden.

Mrs. Dean kam aus einer wohlhabenden, ehrgeizigen und standesbewußten Familie, die sie ihrer falschen Werturteile wegen verabscheute. In dieser Familie dokumentierte man seinen Reichtum ganz bewußt durch Snobismus und Geldinteresse, eine gute Adresse und Karrieren. Es war eine sehr große Familie mit fünf Mädchen und nur einem Jungen, der natürlich sehr kostbar war, insbesondere für seine Mutter. Mrs. Deans Gefühl von Selbstverachtung mußte zu einem Teil von ihrer Mutter herrühren, die eigentlich keine Mädchen leiden mochte, obgleich sie selbst ungewöhnlich schön und ausgesprochen weiblich war. Ihrem Mann schien sie sehr ergeben zu sein. Für das Aussehen ihrer Töchter zeigte sie kein Interesse, und niemals ermunterte sie sie zu irgendwelchen weiblichen Betätigungen. Die Mädchen konnten nicht auf die Idee kommen, sich mit ihrer Mutter zu identifizieren. Es schien ganz ausgeschlossen, die Mutter jemals zufriedenstellen zu können; es war sogar schwer, überhaupt zu wissen, was sie zufriedenstellen könnte, da sie im Verhältnis zu ihren Töchtern derart widersprüchliche Wünsche äußerte. Ihre ganze Sorge, ihre Liebe und Anerkennung galten ihrem Sohn. Dies war einer der Gründe dafür, daß Mrs. Dean mit ihrer Mutter nicht auskam und eine besondere Beziehung zu ihrem Vater anstrebte und schätzte. Ihr Vater war einundzwanzig Jahre älter als ihre Mutter. Für seine Kinder war er ein sehr aufregender, wenngleich auch ein sehr verwirrender Mann. Man wußte nie, wie man mit ihm dran war. Er konnte charmant sein, liebevoll und voller Spaß; zu anderen Zeiten konnte er unberechenbar böse sein, furchterregend und strafend. Trotz ihrer Angst vor ihm stand Mrs. Dean ihrem Vater sehr nahe, und sie stellte sich gerne vor, daß sie sein Liebling sei. Obwohl niemals offen darüber gesprochen wurde, gab es im Verhältnis zum Vater zwischen ihr und ihrer Mutter ein Gefühl der Rivalität.

Als Mrs. Dean zwölf Jahre alt war, erkrankte ihr Vater an einem Gehirntumor. Er überstand zwar eine erfolgreiche Operation, aber seine Persönlichkeit hatte sich total verändert. Er wurde teilnahmslos und zog sich in sich selbst zurück. Die Mutter schien nur allzu bereit, ihre Weiblichkeit im Stich zu lassen und die Angelegenheiten der Familie und des Geschäfts zu übernehmen. Sie entpuppte sich als eine überaus fähige, tüchtige und erfolgreiche Managerin, die ziemlich rücksichtslos die Familieninteressen wahrzunehmen wußte, – sehr zur Überraschung ihres Bankdirektors, der voller Bewunderung und Anerkennung für sie war. Die Rollen innerhalb der Familie wurden grundsätzlich anders und neu verteilt, ja, genaugenommen wurde jetzt das Gegenteil von dem praktiziert, was vorher gewesen war.

Dieser enorme Wandel vollzog sich nicht nur gleichzeitig mit dem Eintreten von Mrs. Deans erster Menstruation und damit ihres

erstmaligen Sichbewußtwerdens, eine Frau zu sein, sondern auch der Krieg begann um dieselbe Zeit. Die Familie blieb in London. Ihre Mutter wurde Luftschutzwart. Von den Kindern wurde erwartet, daß sie alle ihr Teil zum Ganzen beitrügen; dabei wurden sie oft gefährlichen und beängstigenden Situationen ausgesetzt. Nur der Vater verkroch sich unter seiner Bettdecke, wenn die Bomben fielen. Die Mutter warnte ihre Töchter, die alle Teenager waren, davor, sich mit Männern einzulassen: »Alle Männer sind ekelhaft.« Die Töchter waren sehr beeindruckt von den Gefahren der Sexualität. Für Mrs. Dean vermischte sich all dieses mit den auf den Kopf gestellten Rollen zu Hause, mit den verwirrenden Gefühlen, eine Frau zu werden und mit der vielen Gewalttätigkeit um sie herum. Jedenfalls war keine Zeit da für Vergnügen und Eitelkeiten und auch nicht für Freundschaften mit jungen Männern; was überhaupt an jungen Männern da war, schien im Krieg zu fallen.
Gegen Ende des Krieges, als sie achtzehn war, begann sie eine Arbeit in der Redaktion einer der großen Tageszeitungen. Hier traf sie ihren zukünftigen Mann, der Redakteur war.
Er war dreizehn Jahre älter als sie, stammte aus irischen Arbeiterkreisen, war groß und stark, hatte Charme und einen überragenden Verstand.
Sie verliebte sich leidenschaftlich in ihn und war fest entschlossen, ihn gegen jeden Widerstand ihrer Eltern zu heiraten. Die Eltern, die sich ihrer wilden Entschlossenheit gegenübersahen, einer Eigenschaft, die sie bis dahin noch nie an ihr wahrgenommen hatten, gaben schließlich ihre Zustimmung. Sie war die erste in der Familie, die heiratete, und trotz der Mißbilligung der Eltern bestand ihre Mutter darauf, eine große Veranstaltung zu inszenieren, eine richtige Hochzeit der feinen Gesellschaft. Das junge Brautpaar hielt dies für völlig unangebracht, aber um des lieben Friedens willen gaben sie nach und fanden es gräßlich.
Mrs. Dean hatte das Gefühl, mit dieser Heirat ein neuer Mensch zu werden. Ihr Mann gab ihr alles, was sie immer hatte haben wollen, jedoch nie hatte haben dürfen. Er baute sie intellektuell und auch gefühlsmäßig auf, und ihr war, als verdanke sie ihm alles. Er lehrte sie das Denken, er half ihr, in ihrem Beruf voranzukommen (Jour-

nalismus), und er war es auch, der ihre Gefühle weckte, die von einer ganz unerwarteten Intensität und Stärke waren. Ohne ihn war sie gar nichts, unnütz, wertlos.

Als sie ein Kind erwartete, kauften sie und ihr Mann ein kleines Haus auf dem Lande, in das sie nach der Geburt einziehen wollten. Wenige Tage vor diesem Ereignis starb Mrs. Deans Vater. Obwohl er schon seit einiger Zeit krank gewesen war, quälte sich Mrs. Dean mit dem Gefühl, daß sein Tod und die Geburt eines ersten Enkelkindes irgendwie miteinander in Verbindung stünden. Sie ließ sich davon abbringen, ihren toten Vater noch einmal zu sehen oder an seinem Begräbnis teilzunehmen, so daß »sein Tod für mich niemals Wirklichkeit wurde.«

Nach der Geburt des kleinen Jungen, Simon, zog die junge Familie um in ihr einsames Landhaus. Es war mitten in einem sehr kalten Winter, und das Haus war seit Jahren nicht mehr bewohnt gewesen. Mrs. Dean kannte keinen ihrer Nachbarn, kannte überhaupt niemanden hier. Sie hatte keine Ahnung von Säuglingspflege, hatte noch nie einen Säugling im Arm gehabt. Sie war voller Angst und Schrecken, weil sie nicht wußte, wie sie mit Simon fertigwerden sollte. Ihr Mann hatte eine lange und immer unregelmäßige Arbeitszeit, wie das bei Zeitungsleuten zumeist der Fall ist; für ihn kam noch die lange Anfahrt hinzu. So wurde sie denn sehr viel alleingelassen, und sie muß sehr böse gewesen sein auf ihren Mann, weil er sie in diese Situation gebracht hatte. Aber sie war sich dieser Empfindung nicht bewußt, sie hatte vielmehr das Gefühl, daß ihr Mann sie hasse, sie lossein wolle, ihr nach dem Leben trachte. Sie glaubte sicher, daß der Schlaftrunk, den er ihr allabendlich brachte, vergiftet sei; aber sie trank ihn bereitwillig, denn sie war davon überzeugt, daß dies nur ihre gerechte Strafe sei, und daß ihr Mann allen Grund hätte, sie loswerden zu wollen. Als sie es aber nicht ertragen konnte, wenn er ihr körperlich nahekam und mit ihr schlafen wollte, geschah dies nicht aus Angst, getötet zu werden, sondern »weil sein Gesicht genauso aussah wie das meines Vaters.«

Die Schuld, die Mrs. Dean empfunden hatte, weil sie ihren nicht mehr aufregenden Vater durch eine andere aufregende Gestalt ersetzt hatte, durch einen Mann, den sie nur aufgrund ihrer leidenschaftlichen Rebellion hatte erringen können, war dadurch reaktiviert worden, daß ihr Vater gerade in dem Augenblick starb, als sie ihrem ersten Kind das Leben schenkte, seinem ersten Enkelkind, einem Sohn. Jetzt verbanden sich ihre neu entfachten Schuldgefühle mit mörderischen Gefühlen, wie »Leben um Leben«. Die Gedanken, Leben zu geben und Leben zu nehmen, Sexualität und Tod, Mann und Vater gingen wirr durcheinander.

Die beiden Hauptbelastungen, denen sie kürzlich ausgesetzt worden war, durch den Tod des Vaters und die Geburt ihres ersten Kindes, waren zuviel für sie gewesen. Besonders erschwerend kam noch hinzu, daß sie sich auch äußerlich zum Zeitpunkt dieser Ereignisse in einer so schwierigen Lage befand: mit ihrem neugeborenen Kind allein in einer fremden Umgebung; sie hatte keine Erfahrung in der Säuglingspflege, lebte in einem kalten, ungemütlichen Haus mit einem Mann, der nur selten daheim war. Wenngleich sie die Gründe für seine Abwesenheit verstand und offensichtlich auch akzeptierte, fühlte sie sich dennoch wie in der Verbannung.

Diese Belastungen ihrer inneren und äußeren Welt trafen sie deshalb so ganz besonders hart, weil sie die Wiederholung einer früheren beängstigenden Situation waren, die sich zu einer Zeit abgespielt hatte, in der sie in gleicher Weise verletzlich und empfindlich gewesen war: In der Zeit ihrer ersten Menstruation. Damals war es geschehen, daß sich ihr geliebter, aufregender, aber angsteinflößender Vater verändert hatte, ein Fremder geworden war. Damals war ihre Mutter allmächtig geworden, und die Rollen in der Familie waren total auf den Kopf gestellt worden. Dies alles war obendrein noch zeitlich mit dem Beginn des Krieges zusammengefallen, mit dem Beginn von Tod und Gewalt.

Damals wie heute hatte sie ihre Ängste und grauenvollen Vorstellungen für sich selbst behalten; sie war bestürzend erfolgreich darin, ihre Not vor jedem Menschen zu verbergen, der ihr hätte helfen können. Sie wagte es nicht, ihre entsetzlichen Gedanken über Tod und Mord zu offenbaren, sondern sie hatte das Gefühl, daß sie eben dieser Gedanken wegen bestraft und vernichtet werden müsse. Ihr Mann war dazu ausersehen, ihr die gerechte Strafe zuzumessen und sie zu töten, so wie sie es verdient hatte. Daß sie nun die Züge ihres

Vaters im Gesicht ihres Mannes sah, zeigt den Zusammenhang auf zwischen diesen beiden schmerzlichen Perioden ihres Lebens: Die verbotenen, verborgenen sexuellen Gefühle für ihren Vater waren durch seinen Tod und durch die Geburt ihres Sohnes wieder aufgewühlt worden.

Verquickt mit all diesen verwirrenden Gefühlen war ihr ganz realer – aber uneingestandener – Groll gegen ihren Mann, der es zugelassen hatte, daß sie sich, allein mit ihrem Kind und ihren Ängsten, in dieser schwierigen Lage befand. Als sie seiner am dringlichsten bedurfte, ließ er sie allein, wies sie zurück, so wie ihr Vater es getan hatte. Ihr sachlicher Ärger über ihren Mann wurde verwandelt in mörderische Phantasien gegen ihn; und diese übertrug sie auf ihn, als sei er es, der sie umbringen wolle.

Trotz der Verzweiflung, die sie nach dem Tode ihres Vaters gequält hatte, war sein Verlust dennoch nie zu einer Realität für sie geworden. Es hatte keine wirkliche Trauer stattgefunden, Schmerz und Leidtragen, Geburt und Angst, alles war in einer depressiven Verworrenheit vermischt, in schreckenerregenden Vorstellungen. Sie hatte eine so große Geschicklichkeit im Verbergen solcher Phantasien entwickelt, daß weder ihr Mann noch der örtliche Arzt bemerkt zu haben scheinen, daß ihre psychische Labilität zu einer nachgeburtlichen Depression geführt hatte.

Erst als sie feststellte, daß sie wieder ein Kind erwartete (Simon war sechs Monate alt), gewährte sie ihrem Arzt teilweisen Einblick in ihre Ängste. Sie tat dies nicht, weil sie sich Hilfe von ihm erhoffte, sondern weil sie befürchtete, daß ihr nervöser Zustand dem Ungeborenen schaden könne. Nachdem sie erst einmal ihren Arzt hatte teilnehmen lassen an ihren Nöten, fühlte sie sich besser.

Wenige Wochen vor der zu erwartenden Geburt fand man heraus, daß Mrs. Dean Rhesus-negativ sei; sie wurde augenblicklich ins Krankenhaus eingeliefert. Das Kind, wieder ein Junge, dem sie den Namen Ralph gaben, war sehr zart, aber die Ärzte des Krankenhauses hofften, daß er als das erste ihrer Kinder mit negativem Rhesus-Faktor überleben könne. Es wurde alles nur denkbare für Mutter und Kind getan; man nahm die größte Rücksicht auf sie und ließ beiden die bestmögliche Pflege angedeihen. Sie stellten einen besonderen Fall dar, und sie wurden von den Ärzten der umliegenden Krankenhäuser aufgesucht. Sie und ihr Kind waren zu »sehr wichtigen Persönlichkeiten« geworden. Etwas »Besonderes« zu sein, umsorgt und geschätzt zu werden, war für Mrs. Dean ein ganz neues Erlebnis, das ihr das Gefühl gab, gut zu sein. Die Tatsache, daß die Überlebenschancen ihres Kindes von ihrer eigenen intensiven Pflege abhingen, gab ihr ein neues Selbstwertgefühl, und diesmal wiederholten sich die nachgeburtlichen Störungen nicht. Sie fühlte sich tatsächlich besser als je zuvor, mit einer Ausnahme: Simons wegen quälten sie Gewissensbisse; sein frühes Leben war von so vielen Schwierigkeiten belastet worden, erst aufgrund ihres eigenen, unausgeglichenen Wesens, dann durch die lange Trennung von ihr vor und nach Ralphs Geburt, und jetzt durch ihr Inanspruchgenommenwerden von dem Säugling, der so viel Extrapflege bedurfte. Während dieser ganzen Zeit wurde Simon zwischen den verschiedenen Verwandten hin- und hergeschoben, und sie war sich schmerzlich bewußt, wie sehr er hatte leiden müssen. Sie nahm sich fest vor, dies alles wiedergutzumachen, und, sobald sie genesen war, widmete sie sich ganz und gar ihren Kindern. Dies, dachte sie, sei auch das, was ihr Mann von ihr erwarte.

Wie seine Frau kam auch Mr. Dean aus einer großen Familie, aber seine Mutter war ganz anders als die ihre; sie war die »ideale Frau«, Gattin und Mutter. Es gab für sie keine größere Freude als die, riesige Mahlzeiten für ihre große Familie zu kochen und für ein Heim zu sorgen, das alle liebten und schätzten. Sie war fürsorglich und liebevoll, und schien ganze Welten von Liebe verschenken zu können. Mr. Dean verehrte seine Mutter sehr, und seine junge Frau war nur zu gerne bereit, seine Bewunderung für sie zu teilen. Sie glaubte, daß es sein Wunsch sei, daß sie so wie seine Mutter würde; und so wäre sie auch gern geworden. Seit Ralphs Geburt, als man sie so behutsam umsorgt und sie hatte fühlen lassen, daß sie gut und wichtig sei, war es ihr, als seien ihr all ihre bösen Gedanken vergeben worden. Sie fühlte sich anerkannt in ihrer Liebe und in ihrer schöpferischen Kraft. Sie wollte sich dieses Selbstwertgefühl bewahren, selbst wenn dies gleichbedeutend damit sein sollte, daß sie ihre eigene Identität aufgeben und versuchen müsse, etwas anderes zu werden, eine ideale Mutter, wie ihre bewunderte Schwiegermutter eine war. Es war sehr schmerzlich für sie, eingestehen zu müssen, daß sie dieses Ziel nicht erreichen könne; das Bild, das sie anstrebte, entsprach nicht ihrer Veranlagung, es war falsch und konnte nicht in ihre eigene Persönlichkeit integriert werden. Sie tat zwar ihre Pflicht, solange die Kinder klein waren, aber sie fühlte sich oft gelangweilt und minderwertig, und, was das Schlimmste war, von ihrem Mann vernachlässigt. Ausgerechnet in der Zeit, als sie sich so angestrengt darum bemüht hatte, ihm zu gefallen und sich dem anzupassen, was er von ihr zu erwarten schien, hatte es den Anschein, als achte und liebe er sie immer weniger. Er blieb immer längere Zeit von zu Hause fort; es wurde gemunkelt, daß er mit einer seiner jungen Kolleginnen eine Affäre hätte, einem strahlenden, jungen Ding, Mrs. Dean sehr ähnlich, wie diese damals gewesen war, als sie noch keine Kinder hatte. Mrs. Dean war aufs Äußerste bestürzt; es gab Auseinandersetzungen und häßliche Szenen und viel Widerwärtiges. Dies hatte erst ein Ende, als Mrs. Dean den Entschluß faßte, jemanden für die Kinder einzustellen und selbst wieder anfing zu arbeiten, und eine Kollegin ihres Mannes zu werden, wie sie dies früher gewesen war.

Inzwischen hatte sich ihr Ärger auf ihren Mann soweit gelegt, daß sie den Versuch unternehmen konnte zu verstehen, was eigentlich geschehen war. Schließlich hatte er sie nie wirklich darum gebeten, die Kinder und den Haushalt zu einer Vollbeschäftigung zu machen, oder zu versuchen, wie seine Mutter zu werden. In Wahrheit hatte er sie ja gerade deshalb gewählt, weil sie so anders war. Ihre eigene Interpretation seiner unausgesprochenen Wünsche hatte all diese Qualen und »Widerlichkeiten« heraufbeschworen, und er hatte ganz recht, sie dafür zu bestrafen. Ihr Volltags-Mutter-und-Hausfrauen-Dasein war irgendwie unecht gewesen, eine Fälschung. Auf diesem Wege würde sie niemals die Art von Frau werden können, die sie zu sein vermochte, und die sie auch sein wollte.

Später, als sie mit mir über diese Periode sprach, sagte sie, daß sie niemals den lebenswichtigen Prozeß zu Ende geführt hätte, der damals in Gang gebracht worden war: nämlich herauszufinden, welche Art von Frau sie denn tatsächlich sei. Keine zwei Frauen könnten verschiedener sein als ihre Mutter und ihre Schwiegermutter. Es sei ihr unmöglich, sich mit einer von diesen beiden zu identifizieren, sie müsse ihre eigene weibliche Identität finden. Als sie sich damals so betrogen und von ihrem Mann im Stich gelassen gefühlt habe, hätte sie diesen in ihren Gedanken mit ihrem Vater verglichen, und ihn ebenso unzuverlässig und unberechenbar gefunden. Woher mochte es nur kommen, daß in ihrer Vorstellung ihr Vater und ihr Mann in Krisen-Situationen so oft durcheinandergerieten? Hatte sie den Wunsch ihres Mannes, daß er wolle, daß sie wie seine Mutter sei, deshalb dahingehend interpretiert, weil sie selbst das Bedürfnis hatte, daß er so sei wie ihr Vater?

Diese schmerzlichen Explorationen fanden Jahre später statt, als Mr. Dean bereits gestorben war, und die Krise, die diese Ereignisse motiviert hatte, schon längst der Vergangenheit angehörte. Damals war diese Periode von einer Zeit der Bejahung und der Liebe abgelöst worden, in der sie beide sehr erfolgreich in ihren Karrieren waren, die viele Gemeinsamkeiten mit sich brachten, wie sie sich auch gemeinsam über ihre Söhne freuen konnten. Ihr Haus, das in einer herrlichen Landschaft lag, war ein Zufluchtsort des Friedens und der Ruhe, an den sie nach langen Arbeitsstunden zurückkehrten, und wo sie von ihren blühenden Kindern herzlich empfangen wurden. Dies Haus war zu einer Stätte großen Glücks geworden. Der einzige Schatten, der über dieser glücklichen Zeit lag, waren vielerlei unbestimmte Schmerzen, unter denen Mrs. Dean seit Ralphs Geburt litt. Auch hatte sie oft schwere Blutungen. Plötzlich eines Tages mußte sie in größter Eile ins Krankenhaus gebracht werden, um eine Notoperation an Blinddarm und Eierstöcken vornehmen zu lassen. Diese neue Krise erneuerte auch all ihre Gefühle von Schuld und drohender Strafe. Wieder ließen ihre mörderischen Phantasien sie die Todesstrafe erwarten. Diesmal sah sie den Chirurgen als den Henker an. Sie war ganz sicher, daß sie sterben werde; mit großer Umsicht besprach sie mit ihrem Mann alle für ihn und die Kinder zu treffenden Vorkehrungen für die Zeit nach ihrem Tode.

Sie überlebte jedoch; wie bei früheren Gelegenheiten war sie auch diesmal wieder der Mittelpunkt fürsorglicher Liebe und Aufmerksamkeit. Sie fühlte sich wieder geliebt und gut; das Leben war wieder lebenswert. Ihre angeborene Spannkraft trug zu einer raschen Genesung bei. Die Operation hatte auch die Ängste vor weiteren Schwangerschaften aufgehoben, Ängste, die für dieses römisch-katholische Ehepaar schweres Gewicht gehabt hatten. Da ihr Sexualleben fortan nicht mehr von Schuld und Furcht beeinträchtigt war, fühlten sie sich glücklicher und enger miteinander verbunden denn je zuvor in ihrem Eheleben.

Die Söhne waren jetzt im Internat, und da beide Eltern arbeiteten, mußten sie auch zeitweilig während der Ferien dort bleiben. Dafür waren die Zeiten, die sie alle gemeinsam verbrachten, um so kostbarer, waren mit Spaß und Glück angefüllt. Stundenlang brachten sie auf dem Fluß zu, dies war eine Leidenschaft ihres Mannes; die Jungen teilten diese Begeisterung ihres Vaters voll und ganz.

Diese Periode des Glücks und der Sorglosigkeit war nur kurz. Etwa zwei Jahre nach Mrs. Deans Operation erkrankte ihr Mann, ohne daß es zuvor irgendwelche warnenden Vorzeichen gegeben hätte. Die Diagnose: ein rasch fortschreitender Krebs. Innerhalb nur weniger Tage wurde Mrs. Dean mitgeteilt, daß keine Hoffnung auf eine Genesung bestehe, daß er sterben werde. Sie konnte ihm dies nicht sagen, vermochte es selbst nicht zu fassen. Er starb binnen einer Woche, aber die Jungen wurden erst an seinem Todestag benachrichtigt. Es hatte einfach keine Zeit dafür gegeben.

Mrs. Dean war gelähmt, überwältigt von dem Schock. Sie konnte es nicht fassen, fühlte sich ganz außerstande zu glauben, daß sie ihren Mann wirklich für immer verloren habe. Sie fühlte sich leergebrannt und wie von Sinnen. Es war, als sei all das Gute, das ihr Mann ihr gegeben hatte, mit ihm dahingegangen.

Als sie schließlich die Endgültigkeit des Verlustes akzeptieren mußte, wurde sie abermals von Schuldgefühlen überwältigt. Sie war es, die hätte sterben müssen; er war für sie gestorben. Es kam ihr vor, als habe sie ihn getötet. Auch deswegen fühlte sie sich schuldig, weil sie ihm nichts von seinem bevorstehenden Tod gesagt und ihn dadurch der Möglichkeit beraubt hatte, sich auf das Sterben vorzubereiten. Sie klagte sich an, ihn nicht genug geliebt, ihm nicht genug Kraft gegeben zu haben, wie dies seine Mutter zu tun vermocht hät-

te. In ihrer grenzenlosen Verzweiflung quälten sie erneut all die destruktiven Phantasien, die sie nach ihres Vaters Tod bis an die Schwelle des Wahnsinns getrieben hatten. Für niemanden, den sie liebte, sei es ungefährlich, ihr nahe zu sein. Diesmal bangte sie um das Leben ihrer Kinder, wähnte sie in Gefahr. Die einzige Möglichkeit, sie zu bewahren und in Sicherheit zu halten und ihnen ihre Liebe zu beweisen, sei die, sie ihr fernzuhalten.
Sie wollte allein sein in ihrer hilflosen Not, wollte sich in ihrem Leid vergraben, niemanden sehen in ihrem unsäglichen Kummer; aber eben dieses ließ die Umwelt nicht zu. Alle Leute um sie herum – ihre Familie, der Arzt, der Pfarrer – erwarteten wie selbstverständlich von ihr, daß sie sich zusammenreiße, nicht Anstoß errege, ihre Kinder nicht aufrege und beunruhige, ihre Stellung nicht gefährde durch griesgrämigen Trübsinn, andere Leute nicht belästige mit ihrer Niedergeschlagenheit. Ihre Mutter war von allen die verletzendste. Sie sagte mehr oder weniger folgendes: »Es geschieht dir ganz recht ... Warum hast du gegen unseren ausdrücklichen Wunsch geheiratet? ... und obendrein einen soviel älteren Mann ... Es war ja nicht anders zu erwarten, als daß er dich so früh im Stich lassen würde ... Jetzt kannst du ja mal sehen, wie es ist, eine Witwe zu sein ...«
Mrs. Dean, die in der Zeit ihres tiefsten Leids Hilfe und Trost so bitter nötig gehabt hätte, war wie vernichtet durch dieses Verhalten ihrer Mutter, und sie fühlte sich außerstande, etwas anderes als Haß und Abscheu gegen sie zu empfinden. Sie wollte weder sie noch sonst irgendwen sehen, sie wollte sich ganz in ihren Kummer und ihre Schuld einschließen. Sie wünschte es nicht, daß die Kinder mitgingen zur Beerdigung, sie wollte sie eine Zeitlang lieber gar nicht sehen. Nicht allein, daß ihr im Augenblick ihr Anblick unerträglich war, sondern sie fühlte sich auch so haßerfüllt und so zerstörerisch, daß sie ihnen nur Schaden zufügen würde, wenn sie ihr nahekämen. Der Tod ihres Mannes, der für sie der wesentlichste und bedeutsamste ihrer Verluste war, schien die Phantasien des Sterbens, Vernichtens und Tötens bestätigt zu haben. Wenn sie diejenigen, die sie liebte, bewahren wollte, mußte sie sich von ihnen fernhalten, auch wenn es sie gefühlsmäßig umbrächte.

Der Tod ihres Mannes war um so traumatischer für sie, als sich nach jeweils nur kurzen Intervallen die Krisensituationen gehäuft hatten. Wenngleich all diese schmerzlichen Vorfälle außerhalb ihrer selbst stattgefunden hatten, hatte sie jeden von ihnen durchlebt und durchlitten, als habe sie selbst ihn verursacht, als sei er von ihrem Destruktionstrieb veranlaßt worden. Jede äußere Krise verursachte daher eine innere Krise; wir haben jedoch gesehen, daß Mrs. Deans natürliche Kraft und Elastizität wieder und wieder für eine rasche Genesung sorgten. Auch diesmal war sie trotz des Leids und der tiefen Niedergeschlagenheit bald wieder an ihre Arbeit zurückgekehrt, die jetzt wichtiger war als je zuvor; es galt, gesund zu sein, und um der Kinder willen zu arbeiten.

Als ich Mrs. Dean fünf Jahre nach dem Tode ihres Mannes kennenlernte, befand sie sich noch immer in einem Zustand äußerster Selbstverachtung; sie mochte nicht mehr leben. Trotz ihrer grenzenlosen Verzweiflung war sie jedoch nach dem Verlust ihres Mannes nicht zusammengebrochen, war nicht krank geworden und hatte ihre Arbeit nicht versäumt. Sie mußte weiterleben, weil sie arbeiten mußte, solange die Kinder noch abhängig von ihr waren. Das war ihr Rettungsanker. Sie hatte eine unsägliche Angst davor, in ihrer Arbeit zu versagen; sie fühlte sich wie eine Schwindlerin in ihrer Stellung (und hatte deswegen oft grauenvolle Träume). Als Mensch oder Frau zählte und galt sie gar nichts. Ihr Äußeres interessierte sie nicht, und am gesellschaftlichen Leben nahm sie überhaupt nicht teil. »Wer möchte schon mit einer Witwe zusammensein?«

Das Theater war für Mrs. Dean und ihren Mann eine Quelle großer Freude gewesen; jetzt mochte sie nicht mehr ins Theater gehen, obwohl ihr an ihrer Arbeitsstätte des öfteren Freikarten angeboten wurden. »Ich mag niemanden bitten, mich zu begleiten, und ich könnte es nicht ertragen, alleine hinzugehen.« Kurz nachdem wir dies miteinander besprochen hatten, brachte sie es bei einer besonderen Gelegenheit doch einmal über sich, allein zu gehen, aber da fiel sie im Theater in Ohnmacht.

Trotz ihrer Selbstverachtung und Selbstzerstörung hat mich diese im Grunde so starke, intelligente, einfallsreiche und liebende Frau von Anbeginn unserer Verbindung tief beeindruckt. Sie reagierte ihrerseits sogleich mit einem Hoffnungsschimmer, als sie mein Interesse für sie empfand und sah, wie sehr ich mir wünschte, sie zu verstehen. Sie wollte jetzt mit mir zusammen versuchen, herauszufinden, wer sie wirklich sei, welche Art von Frau sie sein könne. Wenn sie nur sich selbst ein wenig besser leiden möchte, würde sie auch für andere annehmbarer werden können. Wenn sie nur ihrer Familie gegenüber freundlichere Gefühle aufzubringen vermöchte, würde sich diese vielleicht auch ihr gegenüber freundlicher verhalten. Welche ihrer Gefühle waren wirklich ihre eigenen, und welche ihrer Gefühle gehörten in Wahrheit anderen an? Hatte sie möglicherweise ihre eigenen abweisenden Gefühle in der Zeit ihrer hilflosen Verzweiflung auf die Menschen ihrer nächsten Umgebung übertragen, so wie sie damals nach dem Tode ihres Mannes und nach Simons Geburt ihre mörderischen Phantasien auf ihren Mann übertragen hatte? Mrs. Dean stellte diese Fragen in der einen oder der anderen Form immer und immer wieder, obgleich sie sie schmerzlich quälten. Sie war noch nicht so weit, erkennen zu können, daß das, was sie als ihre Schlechtigkeit, ihren Haß und ihren Destruktionstrieb empfand, die Gegenseite ihrer so außergewöhnlich starken Gefühle der Liebe, der Anteilnahme und der Fürsorglichkeit waren.

Im Verlauf dieser Monate, in denen Mrs. Dean mit äußerster, schmerzlichster Anstrengung sprach und gleichsam »um Hilfe schrie« in der Angst vor ihrer Schlechtigkeit, setzten erneut starke Blutungen ein, »als habe sich eine alte Wunde wieder geöffnet«; so daß eine Hysterektomie vorgenommen werden mußte. Das Ausruhendürfen im Krankenhaus und die fürsorgliche Aufmerksamkeit, die ihr von ihrer Familie, von Freunden und Kollegen entgegengebracht wurde, schienen ihr bei der Bewältigung der Aufgabe zu helfen, die sie sich selbst gestellt hatte: sich selber mit neuen Augen zu betrachten. Wieder war es für sie ein großer Trost, sich einer Krankheit hingeben zu dürfen, verwöhnt und versorgt zu werden. Nur wenn eine Krankheit sie dazu zwang, durfte sie es sich erlauben, in die Frühstadien ihrer kindlichen Bedürfnisse zurückzufallen, Pflege und Fürsorge und eine bevorzugte Behandlung zu akzeptieren – sie brauchte jedoch diese Regression, um Kraft zu sammeln für ihre Aufgabe, die vornehmlich darin bestand, die Verantwortung nicht nur für andere, sondern auch für ihr eigenes Leben zu übernehmen. Dieses »neue Leben«, von dem ihre Arbeit nur der eine Teil war, befähigte sie dazu, sich selbst etwas mehr zu schätzen. Es fiel ihr jetzt leichter, die Anerkennung, die man ihrer Arbeit zuteil werden ließ, einzuräumen und gelten zu lassen. Ihren Kindern gegenüber konnte sie jetzt ihre Gefühle zum Ausdruck bringen, Freude am Zusammensein mit ihnen zu empfinden; sie hatte auch keine Befürchtungen mehr, ihnen schaden zu können, und die Kinder reagierten mit zunehmender Verbundenheit.

Auch ihre Ansichten über ihre Familie begannen sich zu verändern. Die dominierende, aggressive Mutter ist nun – fünf Jahre nach Mrs. Deans tödlichem Verlust – eine hilflose Invalidin geworden, außerstande, sich zu bewegen oder zu sprechen. Ihren Gefühlen kann sie nur noch Ausdruck verleihen durch stille Tränen oder ein schönes Lächeln. Mrs. Dean fühlt sich beim Anblick ihrer Mutter jetzt oftmals tief ergriffen; sie entdeckt neue Aspekte ihrer Persönlichkeit. Wegen ihrer früheren Haßgefühle gegen sie belasteten sie Schuldgefühle; jetzt kann sie ihrer Mutter ihre Liebe zeigen.

Auch andere Familienmitglieder werden nicht mehr als Bedrohung angesehen, sondern als Leute mit eigenen Problemen, die Hilfe bedürfen. Da sie nunmehr in der Lage ist, den anderen etwas zu geben, ist es nicht mehr eine solche Bürde, daß sie seit dem Tode ihres Mannes für die Ausbildung der Kinder auf ihre finanzielle Unterstützung angewiesen war.

Und ihr Mann mußte nun nicht mehr eine so idealisierte Gestalt bleiben, ebensowenig wie ihr Vater. Beide wurden sie zu menschlichen Wesen mit vielen starken Seiten, aber auch mit vielen Schwächen, zu Menschen, die sie geliebt und die ihr weh getan hatten, und die sie zutiefst geliebt und zutiefst gehaßt hatte. Als sie begann, diese beiden Männer etwas realistischer zu beurteilen, und sich auch einige ihrer Ressentiments gegen sie einzugestehen vermochte, gelang es ihr schließlich auch, sich selbst realistischer zu sehen; so konnte sie denn etwas Gutes auch in sich selbst zurückholen, konnte einen Teil ihrer destruktiven Beängstigungen gegen ihre große Liebeskraft aufrechnen. Erst an diesem Punkt ihrer Therapie war es ihr möglich, mir etwas über die »widerliche« Periode ihrer Ehe zu erzählen. Die bedeutungsvollste ihrer »widerlichen« Erinnerungen war die Zeit, in der sie gemeint hatte, sich dazu zwingen zu müssen, wie ihre Schwiegermutter zu werden, als sie sich dem unterwarf, was sie glaubte, daß ihr Mann von ihr erwarte. Ebenso schmerzlich, oder vielleicht noch schmerzlicher waren die Erinnerungen an jene Zeiten in ihrer Ehe, in denen sie ihren Mann veranlaßt hatte, so zu werden wie ihr Vater. Dadurch hatte sie ihm eine Rolle aufgezwungen, die mit seiner Identität in Konflikt stand.

Viel später, als sich Mrs. Deans Leben grundlegend geändert hatte, und wir uns nur noch hin und wieder einmal trafen, erzählte sie mir, daß es ihr möglich sei, enge Freundschaften mit Männern zu haben, daß sie jedoch nie wieder eine Heirat in Erwägung ziehen würde; sie könne es nicht ertragen, entweder von des Partners Besitzergreifung und seinen Erwartungen beherrscht zu werden, noch wolle sie selber die Beherrschende sein in einer solchen Partnerschaft. Sie meinte, daß sowohl in ihrer eigenen als auch in der Ehe ihrer Eltern immer der eine Partner das Opfer des anderen gewesen sei. Sie könne sich keine Ehe vorstellen, in der Mann und Frau gleichermaßen ihre Autonomie zu bewahren vermöchten.

Diese ihre Einstellung ist ein Zeichen dafür, daß sie, obwohl sie jetzt eine äußerst erfolgreiche und hochgeschätzte Journalistin ist, ihr Mißtrauen gegen ihre eigene Autonomie nicht zu überwinden vermochte, und daß sie noch immer an der Kraft zweifelt, sich behaupten zu können. Sie nimmt auch jetzt noch kaum am gesellschaftlichen Leben teil, aber dies spielt insofern keine Rolle mehr, als es ihr die augenblickliche Position erlaubt, die ganze Welt zu bereisen und viele interessante Menschen kennenzulernen. In ihrem Beruf ist sie nunmehr eine »sehr bedeutende Persönlichkeit« aus eigenem Recht und eigener Kraft, trotz der Tatsache, daß sie »nur eine Witwe« ist. Auch ihre Söhne sind stolz auf sie, bewundern und schätzen sie sehr; und dies hilft ihr wiederum, sie gewähren und werden zu lassen, was sie glauben, sein zu müssen, wenn dies auch nicht immer dem entspricht, was sie für sie wünschen würde. Sie ist froh über ihre vielen Reisen, nicht allein deswegen, weil sie sie mit Freuden genießt, sondern auch, weil sie und die Jungen dadurch voneinander getrennt werden. Sie ist sich durchaus im klaren darüber, in wie hohem Maße ihr eigenes Leben schmerzlich beeinträchtigt wurde von den ungelösten Phantasien in ihrer Beziehung zu ihrem Vater. Sie ist sich der Gefahr bewußt, daß sich dies bei ihren Söhnen, die mit nur einem Elternteil aufwachsen mußten, möglicherweise wiederholen könnte. Wo immer sie kann, stellt sie den Söhnen Verbindungen zu ihrem Vater her, zu seinen Interessen, seinen Hobbys, nur als Anregung, »als ein Angebot«. Simon schenkte sie zu seinem einundzwanzigsten Geburtstag eine winzige Insel im Fluß, die seines Vaters Lieblingsplatz zum Angeln gewesen war; Ralph bekam an seinem einundzwanzigsten Geburtstag ein von ihr mit großer Sorgfalt ausgesuchtes Grundstück in seines Vaters Lieblingsdorf in Irland.

Wenn wir auch klar erkennen, daß Mrs. Deans Reaktionen auf ihren Verlust durch den Tod in ihrer frühen Kindheit ihre Wurzeln hatten, in der Zeit, als ihre innere Welt aufgebaut worden war, so können wir auch feststellen, daß die äußere Welt und alle Menschen um sie herum Mrs. Dean im Augenblick ihrer größten Hilfsbedürftigkeit vollkommen im Stich gelassen haben. Nicht nur, daß man ihr in ihrem Leid und Schmerz keinerlei Hilfe angedeihen ließ, sondern man vertiefte obendrein ihre schlimmsten Befürchtungen, indem man sie aktiv in ihren Beängstigungen bestärkte. Dabei liebten diese Menschen sie im Grunde ihres Herzens und auf ihre eigene Art und Weise; sie waren gewiß nicht besonders boshaft, ihr Verhalten war nur Ausdruck ihrer Lebensweise und ihres sozialen Standes, ihrer eigenen Verleugnung des Todes und der Trauer. Wie sehr sie möglicherweise auch den Wunsch gehabt haben mochten, ihr zu helfen, so hatten ihre eigenen Abwehrmaßnahmen gegen den Schmerz des Trauerns und des Todes dies einfach nicht zugelassen.

Es ist mir sehr schwergefallen, Mrs. Deans Geschichte zu schreiben, nicht nur wegen der vielen Widersprüche in ihrer so faszinierenden, kreativen Persönlichkeit, sondern auch wegen ihrer außerordentlichen Schutzbedürftigkeit gegen die Gewalt ihrer eigenen emotionalen Kräfte. Wir haben gesehen, wie ihr Leben lang jede Krise einen Gefühlssturm destruktiver Phantasien in ihr entfesselte, wie es ihr dann aber wieder gelang, Situationen herzustellen, in denen ihr eine besondere Fürsorge und viel Aufmerksamkeit zuteil wurden, und in denen sie sich geliebt und liebend empfinden durfte. Im Verlauf ihrer Therapie durchlebte sie noch einmal die Krisensituation und die Todesangst vor ihrem eigenen Destruktionstrieb. Sie brauchte dringend die Anerkennung und Akzeptierung ihrer Therapeutin, daß dieser Zerstörungstrieb nur ein Teil ihrer liebenden fürsorgenden Persönlichkeit sei. Dadurch wurde sie fähig, ihre Angst als einen Aspekt ihrer kreativen Vorstellungskraft unter anderen zu erfahren. Nachdem dieser Vorgang der Selbstintegration erst einmal vollendet war, konnte Mrs. Dean, nunmehr befreit, in ihrem persönlichen und beruflichen Leben ihre Erkenntnis zum Ausdruck bringen, daß ihr früheres, zwanghaftes »Leben mit dem Tode und dem Sterben« kein bedrohlicher Teil ihres gegenwärtigen Lebens mehr ist.

Nachtrag

Wir konnten in den hier besprochenen vier Fallgeschichten am Ende der therapeutischen Kontakte beachtliche Veränderungen in den Lebenssituationen aller Betroffenen feststellen. Lassen Sie uns noch einen Blick auf diese Menschen werfen: Sie waren verschieden alt, hatten unterschiedliche soziale und religiöse Hintergründe, wiesen Unterschiede auf sowohl in ihrer Ausbildung als auch in ihren Beschäftigungen, vor allem aber wichen sie in ihren persönlichen Charaktereigenschaften voneinander ab. Ihnen allen waren jedoch auch sehr wichtige Eigenschaften gemeinsam: Sie hatten sich alle in den Bindungen ihrer frühen Jahre unsicher gefühlt, hatten sich gegenüber ihren ersten Liebesobjekten, ihren Müttern, ambivalent verhalten. Und irgendwann in ihrem Leben hatten sie alle einen Verlust durch den Tod erlitten, um den sie, aufgrund der Umstände, nicht hatten trauern können. In einer Krisensituation ihres Lebens hatten sie alle wegen ihres Unvermögens, Gefühle zu äußern, um Hilfe gebeten.

Wir sollten uns die Frage stellen: Haben die Gleichartigkeiten und die gemeinsamen Eigenschaften dieser im übrigen voneinander so verschiedenen Individuen irgendeine Verbindung miteinander, und können sie mit der Tatsache in Zusammenhang gebracht werden, daß anscheinend alle die therapeutische Intervention gut genutzt hatten?

In diesem Buch haben wir wiederholt gesehen, daß der Verlust eines bedeutungsvollen Menschen durch den Tod an die tiefsten Wurzeln menschlicher Existenz rührt. Ein solcher Verlust ruft die Erlebnisse früherer Bindungen und Verluste ins Bewußtsein zurück und reaktiviert den Schmerz früherer Trauer, sowohl in physischer als auch in psychischer Hinsicht. Das Kind, das gefühlsmäßig vernachlässigt und bedroht worden war, mag gelernt haben, die Beängstigungen des Verlassenseins und der Vereinsamung dadurch zu vermeiden, daß es Gefühle und Schmerz ableugnet, und damit schon den Grundstein legte zu Abwehrmaßnahmen gegen die Qualen eines endgültigen Verlustes durch den Tod. Wenn das Leben nicht dazu beiträgt, die Ängste aufzulösen, die diesen Abwehrmechanismen zugrunde liegen, wird dieser Mensch auch weiterhin seine Gefühle verdrängen und verleugnen – Gefühle der Liebe wie auch Gefühle des Hasses, Gefühle der Freude und Gefühle des Kummers – und er wird die Erscheinungsform eines fühllosen und teilnahmslosen Individuums entwickeln.

Durch die therapeutische Beziehung wurden die Menschen dieses Kapitels dazu fähig, mit ihren eigenen Gefühlen in Kontakt zu kommen; sie gewannen so ihre Fähigkeit zurück, neue Bindungen herzustellen, und sich selbst als liebende und hassende menschliche Wesen zu erfahren, deren Verhalten verstanden und geachtet werden konnte. Jedes therapeutische Eingreifen impliziert einen solchen Prozeß. Es war das besondere Merkmal dieser vier Fälle, daß die Gefühlssperre, die einer emotionalen Kommunikation hindernd im Weg stand, in Wahrheit eine Trauer war, die zum Zeitpunkt des Verlustes durch den Tod verdrängt wurde. Die in der therapeutischen Beziehung wiedererlangte Fähigkeit zu einer Bindung ermöglichte es diesen Menschen, sich dem Verlust zu stellen und ihn zu akzeptieren. Dadurch wurden die Patienten frei genug, um ihr Leben mit verminderten Schuldgefühlen und zunehmendem Selbstvertrauen leben zu können. In ihren wichtigen Beziehungen zu anderen Menschen konnten nun Kommunikationen stattfinden, und somit verlor das Problem, das sie veranlaßt hatte, Hilfe zu suchen, sein schweres Gewicht.

Die Veränderungen, die in diesen Familien stattfanden, waren Vorgänge des normalen Kreislaufs des Lebens, und wahrscheinlich wären sie auch ohne therapeutisches Eingreifen eingetreten. Wir sind jedoch befugt, die Frage zu stellen, ob diese Menschen, die alle derart verwirrt und gehemmt gewesen waren, so völlig außerstande, ihre Gefühle zu äußern, auch dann in der Lage gewesen wären, sich so frei und selbständig und so voller Gefühl an ihren neuen Lebenssituationen zu beteiligen, und auf neue Bedrohungen so realistisch und voller Hoffnung zu reagieren, wenn ihre Gefühlssperre und die Hemmung ihres Leidempfindens unberührt geblieben wären.

Lassen Sie uns ferner in Betracht ziehen, in welcher Weise sich das Leben dieser vier Familien verändert hat: Die Allens, beide Anfang dreißig, sind stolze Eltern einer kleinen Tochter geworden. Dieses Ereignis erfüllt sie mit der Hoffnung, daß ihre immer noch bestehenden, ungelösten Konflikte ihre bedrohliche Gewalt eingebüßt haben, und daß sie nunmehr mit diesen Konflikten zu leben vermögen.

Die Söhne der Familie Bond haben das elterliche Haus verlassen, um ihre eigenen Familien zu gründen. Ihre Eltern fühlen sich durch diese neuen Familien bereichert, und sie sind nun damit zufrieden, ihr Leben »nur für uns zwei« einzurichten. Es bleibt ungeklärt, ob ihre sexuellen Schwierigkeiten überwunden werden konnten, aber diese hatten jedenfalls ihre zerstörerische Macht verloren.

Anne Cohn ist ihrer jugendlichen Auflehnung und Verwirrtheit entwachsen, und ihre Eltern hatten sich imstande gefühlt, sie in ihrer unabhängigen Lebenswahl unterstützen zu können. Sie selber haben es nun nicht mehr nötig, die Kämpfe ihrer Kindheit in ihrer Ehe auszutragen. Und Mr. Cohn hat aufgehört, immer »das Unheil hinter der nächsten Ecke lauern« zu sehen, denn er hat nunmehr die Ursache seiner Lebensbedrohung zu verstehen gelernt. Er und seine Frau probieren noch immer ganz behutsam aus, wie weit sie ihre Gefühle preisgeben können.

Mrs. Deans Söhne sind jetzt erwachsen; sie können in gegenseitiger

Unabhängigkeit und in einem gefühlsmäßig freundlichen Verwandtschaftsverhältnis ihre Mutter teilnehmen lassen an ihren Interessen für das Weltgeschehen wie auch an ihren sie voll in Anspruch nehmenden Karrieren. Darüber hinaus verbleiben allerdings noch Bereiche, in denen es keine Kommunikationsmöglichkeiten gibt. Mrs. Dean vermeidet es noch immer, durch Wiederheirat eine neue bindende Partnerschaft einzugehen; auch trifft sie nach wie vor Vorsichtsmaßnahmen gegen allzu enge Bindungen an ihre Söhne.

Wir können feststellen, daß sich die Lebenssituationen all dieser Menschen grundlegend geändert haben. Während in ihren Persönlichkeiten nur begrenzte Veränderungen zu beobachten sind, hat sich das gesamte Gefühlsklima erhellt und genügend gebessert, so daß die Betroffenen nun eine Chance haben, sich weiterzuentwikkeln und innerlich zu wachsen. Der Teufelskreis gegenseitigen Mißtrauens und Zerstörens ist abgelöst worden von einer wohlwollenden Atmosphäre gegenseitiger Hilfe und Unterstützung.

Die vier Fälle, die wir hier besprochen haben, sind Beispiele dafür, welche Konsequenzen es haben kann, wenn das Trauern versäumt wird. In jedem der betroffenen Menschen führte das unterlassene Trauern, das nicht erfüllte Leidtragen zu Abwehrmaßnahmen gegen emotionale Bindungen, zu einer Verleugnung des Gefühls und zu einer Verarmung der Persönlichkeit. Dadurch wurden diese Menschen der Gefahr psychischer und physischer Krankheiten ausgesetzt. Solche Fälle von ernsten Trauerverweigerungen machen therapeutische Hilfsmaßnahmen erforderlich.

Sowohl in Eheproblemen als auch in den Problemen des Trauerns aufgrund Verluste durch den Tod ist es dringend notwendig, Erfahrungen und Erlebnisse aus früheren Bindungen ins Bewußtsein des Betroffenen zurückzurufen, um ihn auf diese Weise frei- und bereitzumachen für neue, wirklichkeitsnahe Beziehungen und Partnerschaften. Ziel und Zweck der Therapie ist es, diesen Vorgang hilfreich zu unterstützen. In der Ehe-Therapie kann mit beiden Partnern gearbeitet werden, deren Interaktionen möglicherweise einer Modifizierung bedürfen, um eine gegenseitige Bindung erreichen zu können, in der jedem von ihnen die Möglichkeit zu Autonomie und

Wachstum geboten werden. In Fällen des Trauerns aufgrund eines Verlustes durch den Tod muß der überlebende Partner allein die weiterbestehende Interaktion zwischen sich selbst und dem von ihm internalisierten Verstorbenen begreifen und modifizieren. Er muß mit der schwierigen doppelten Aufgabe fertig werden, die Realität des Todes zu akzeptieren, und zugleich die Erinnerung an seinen verlorenen Partner in seinem Inneren zu bewahren, der in seine wiedergewonnene Autonomie integriert wird. Nur wenn ihm dies gelingt, wird er die Fähigkeit wiedergewinnen können, eine neue Bindung einzugehen, und die Freiheit zu erringen, die für sein neues Leben nötig ist.

Es wäre jedoch völlig falsch, den Eindruck zu erwecken, daß der Verlust durch den Tod als solcher – mit all seinen Qualen und Verwirrungen, all seinem unsäglichen Schmerz und seiner hilflosen Zerrissenheit – eine therapeutische Intervention erforderlich mache. Erforderlich und notwendig ist vielmehr die Erkenntnis, daß Leid und Schmerz die ganz normale Reaktion auf den Tod eines geliebten Menschen sind, und daß es von grundlegender Bedeutung und Wichtigkeit ist, den Trauervorgang durchzustehen und diesen ohne schädliche Einmischung oder Verdrängung zu vollenden.

8
Witwen in unserer Zeit: Soziale und persönliche Auswirkungen

In den vorausgegangenen Kapiteln ging es in erster Linie darum, die Reaktionen der Hinterbliebenen auf ihre Verluste verstehen zu lernen, und zwar im Zusammenhang mit dem Leben und den früheren Bindungen und Verlusten der Betroffenen. Wir haben dabei unser Hauptaugenmerk auf jene Reaktionen gerichtet, die sich aus der inneren Welt der Leidtragenden ergaben. In diesem Kapitel möchte ich den Schwerpunkt der Untersuchung auf die äußere Welt der Betroffenen verlegen und versuchen festzustellen, inwieweit sich die Situation auf die bewußte und die unbewußte Einstellung des Überlebenden zu dem verlorenen Partner auswirken.
Alles, was in der äußeren Welt der Witwe vor sich geht, wird sich in ihrer inneren Welt widerspiegeln: Die Umstände des Todes ihres Mannes, die Beziehungen und Verhältnisse innerhalb der Familie zum Zeitpunkt des Sterbefalles, die Vermächtnisse, die der Verstorbene hinterlassen hat, sowohl in materieller als auch in geistiger Hinsicht, die Lage, in der sich die Witwe selbst befand. Diese Folgerung ist keineswegs neu, eine andere gibt es überhaupt nicht. Und trotzdem wird dieser Umstand wieder und wieder außer acht gelassen: Hilfe, Rat und Unterstützung, die der Witwe geboten werden, beziehen sich hauptsächlich auf die äußerliche Situation.
Obgleich Söhne und Töchter in den folgenden Geschichten eine Rolle spielen, so sind Witwen die Hauptfiguren, teils weil es diese in einer so großen Anzahl gibt, daß sogar eine nicht-soziologische Studie wie die meine versuchen muß, ihre spezielle Situation in unserer Gesellschaft heute zu verstehen, teils weil gerade das Leben

dieser Frauen nach dem Tode ihrer Partner der grundlegendsten Veränderung unterworfen sein dürfte.

Was bedeutet es heutzutage und hier, Witwe zu sein? In einer Zeit, in der die Gleichberechtigung der Geschlechter, die Befreiung der Frau, und die Ehen, in denen beide Partner berufstätig sind, zu den häufigsten Diskussionsthemen gehören in Presse, Funk und Fernsehen, in Universitäten, Fabriken, Regierungen und Familien? Der Tod nimmt von diesen Diskussionen keine Notiz. In den Angelegenheiten des Todes gibt es keine Gleichberechtigung. Männer sterben beträchtlich jünger als Frauen. Aus der Sterblichkeits-Statistik geht hervor, daß Frauen im Durchschnitt nicht Jahre, sondern Jahrzehnte älter werden als Männer. Die Übersichten auf Seite 205 zeigen die große Diskrepanz in den Sterblichkeitsziffern zwischen Witwen und Witwern. Witwen haben bestimmt nicht den Seltenheitswert ihrer männlichen Gegenspieler, und dieser Umstand führt in unserer Gesellschaft zu einer sehr unterschiedlichen Einstellung gegenüber Witwen und Witwern. Viele Witwen fühlen sich ausgestoßen oder gemieden, während die Einstellung der Umwelt die Witwer veranlaßt, sich so kostbar und wertvoll zu empfinden wie begehrte Junggesellen. Der »Todeshauch«, der Witwen oft angelastet wird, scheint für Witwer gar nicht in Betracht zu kommen: Auch auf diesem Gebiet ist eine Ungleichheit festzustellen.

Unnötig zu sagen, daß dies alles zu sehr verallgemeinert ist: Einstellung und Verhalten gegenüber Witwen sind natürlich je nach Alter und Persönlichkeit der Betroffenen verschieden; bei Witwen, die einen Beruf haben und diesen auch ausüben, kann die Abweisung durch die Umwelt bedeutend abgeschwächt sein. Da die Anzahl dieser Frauen ständig zunimmt, dürfte sich eine sachlichere Einstellung zu Witwen allmählich durchsetzen. Wie wir jedoch in früheren Kapiteln gesehen haben, wühlt jede Berührung mit Tod und Trauer alle möglichen irrationalen Phantasien und Gefühle auf; die hierdurch unbewußt beeinflußten Verhaltensweisen werden sich solange auf Witwen auswirken, bis ihre Ursachen deutlicher bewußt und begriffen werden.

Beim Durchsehen dieser Geschichten bin ich mir darüber klar geworden, daß nur sehr wenige von ihnen über Familien aus der Ar-

Sterblichkeits- und Wiederverheiratungsziffern in den Vereinigten Staaten, 1970[1]
(die Werte beziehen sich auf je tausend Personen der einzelnen Gruppen)

Sterblichkeitsziffer

Alter	weiblich	männlich
jedes Alter	8,0	10,8
35–44	2,3	4,0
45–54	5,2	9,5
55–64	10,8	23,1
65–74	26,8	49,1
75–84	64,9	97,0

Wiederverheiratungsziffer

Alter	weiblich	männlich
jedes Alter	10,2	40,6
unter 45	54,1	107,8
45–64	17,7	79,2
65 und darüber	2,3	19,4

beiterklasse berichten. Das kommt nicht allein daher, daß ich selbst aus dem Mittelstand komme, es liegt wohl noch mehr darin begründet, daß auch die Klienten des Eheinstituts, in dem ich gearbeitet habe, hauptsächlich Angehörige des Mittelstands waren. Deswegen freute ich mich, als mir ein Taxifahrer, der mich Jahre hindurch gefahren hatte, die Geschichte seiner Mutter erzählte: Mrs. Leather, geboren 1873, verwitwet 1901 und gestorben 1944.
Als ihr Mann an einem Gehirntumor starb, war Mrs. Leather achtundzwanzig Jahre alt und Mutter von fünf Kindern, vier Jungen und einem Mädchen, zwischen einem und zwölf Jahren. Ihr Mann hatte eine kleine Schusterwerkstatt besessen, in der er gearbeitet hatte. Nach seinem Tode versuchte seine Witwe zunächst, das Geschäft weiterzuführen, aber es mißlang ihr, und um das bißchen

Geld, das da war, wurde sie betrogen. Sie hatte keine Verwandten, die ihr hätten helfen können, und auch keine Rente oder Pension irgendwelcher Art. Sie wohnte mit ihren Kindern in einer ärmlichen Gegend, nahe an einem großen Straßenmarkt, und kannte viele von den Leuten, die hier ihren Stand hatten. Die Leathers waren in ihrer Gegend ein beliebtes Ehepaar gewesen: Er kannte viele Zauberkunststücke, und seine hübsche junge Frau konnte singen und tanzen. Gemeinsam hatten sie anderen Leuten Freude und vergnügliche Unterhaltung bereitet, und sich dabei auf Rummelplätzen und in Vereinslokalen ein Taschengeld verdient.

Nach dem Tode ihres Mannes ergab sich für Mrs. Leather der Ausweg, bei sich zu Hause anderer Leute Wäsche zu waschen. In der Zeit vor den Waschmaschinen war dies für viele Witwen mit kleinen Kindern eine naheliegende Lösung, und der Markt bot Mrs. Leather die günstige Gelegenheit, Kunden zu werben. Zusammen mit ihren Kindern sammelte sie hier die Wäsche ein und lieferte sie auch hier wieder ab. Sie war eine gewissenhafte, überaus fleißige Frau, die fest entschlossen war, ihre Kunden zufriedenzustellen, und die zeigten sich ihrerseits erkenntlich, indem sie Eßbares und andere gute Dinge, die sie von ihren Ständen übrighatten, mit in die Wäschesäcke hineinsteckten.

Die Familie kam gar nicht so schlecht zurecht. Die Kinder hatten zu essen, und, insgesamt gesehen, waren sie besser angezogen als die meisten Kinder in der Schule ihrer ärmlichen Gegend, was sie den hohen Ansprüchen ihrer Mutter verdankten.

Ihr Sohn wußte wenig über die Vorgeschichte seiner Eltern. Er erinnerte sich nur, gehört zu haben, daß seine Mutter mit fünf Jahren Waise geworden und in der Familie einer verheirateten Tante aufgewachsen sei, bei Leuten, die schwer arbeiteten und einen einwandfreien Lebenswandel führten. Hier lernte sie es, Not und Mißgeschick zu meistern. Und wie sie sie meisterte! Während des Ersten Weltkrieges arbeitete sie in einer Unterkunft für Fabrikarbeiter und nach dem Kriege in einem Hotel im Westend, wo sie für die Wäscheschränke verantwortlich war. Ihren jüngsten Sohn, dem ich diese Geschichte verdanke, und der damals achtzehn war, wollte sie noch etwas im Auge behalten; er war daher mit ihr zusammen in

diesem Hotel, wo er Gelegenheitsarbeiten verrichtete. Ihre einzige Tochter heiratete jung und wanderte dann mit ihrem Mann aus nach Australien. Als der Zweite Weltkrieg begann, waren auch alle Söhne verheiratet, hatten Kinder und waren ehrbare Bürger. Nur war es ein äußerst bestürzendes Ereignis, daß ziemlich am Anfang des Krieges die Frau ihres jüngsten Sohnes diesen verließ. Der natürliche Platz für seine kleinen Kinder, ein Junge und ein Mädchen, war nun das Heim seiner Mutter. Die Kinder liebten ihre Großmutter, und sie liebte die Kinder; ihr Vater wußte, daß sie gut aufgehoben und versorgt waren. Er sagte, daß er es niemals gewagt haben würde, eine andere Frau mit nach Hause zu bringen, solange seine Mutter noch lebte. »Damals waren sie alle ›Frauen nur eines Mannes‹, – niemals wäre es meiner Mutter eingefallen, einen anderen Mann anzuschauen, nachdem mein Vater gestorben war; und dabei war sie damals erst achtundzwanzig Jahre alt.«
Zu der Zeit, als die Bomben London zu einem gefährlichen Aufenthaltsort machten, war Mrs. Leather über siebzig. Ihr ältester Sohn wurde damals verwundet und vom Militär entlassen. Da er auf dem Lande wohnte, erbot er sich, die Kinder seines Bruders in sein Haus aufzunehmen. Dies schien eine ganz natürliche Lösung zu sein, der jedermann zustimmte. Der Abschiedsschmerz von der Großmutter mußte eben in Kauf genommen werden. Diese selbst hat niemals gesagt, was die Trennung von den Enkelkindern für sie bedeutete, aber es muß wohl schwer gewesen sein, denn wenige Wochen später erlitt sie einen sogenannten nervösen Zusammenbruch und mußte ins Krankenhaus eingeliefert werden. Die Söhne bekamen Urlaub. Mit Entsetzen fanden sie die Wohnung ihrer Mutter voll von Ratten und Mäusen. Sie hatte viele Wochen lang ihre Rationen nicht mehr gegessen, sondern in den Schränken aufbewahrt, wo sie dann verdorben waren. Als die Söhne sie im Krankenhaus besuchten, war sie sehr verwirrt. Sie sagte, Gott habe ihr verboten zu essen. Sie, die ihr Leben lang für andere gesorgt hatte, sah keinen Sinn darin, jetzt, da sie sonst niemanden mehr hatte, für den sie hätte sorgen können, nur noch für sich selbst dazusein. Ein paar Wochen darauf starb sie, im Jahre 1944.
Heutzutage halten nicht mehr alle Witwen an dem »ein-Mann-Ide-

al« für Frauen fest; auch braucht ihr Leben nicht unbedingt einsam und alltagsgrau zu sein, wenn sie alleine bleiben. Es gibt Klubs, Abendkurse, Veranstaltungen und Gruppen für die über »Fünfundfünfzig«. In England können Witwen jetzt ungeniert in ihre örtlichen Lokale gehen, was zu Mrs. Leathers Zeiten noch ganz undenkbar gewesen wäre. Das Fernsehen trägt auch dazu bei, daß sich die Leute weniger einsam fühlen, und Telefone schützen bis zu einem gewissen Grad vor der Isolierung.

Für Frauen, die ihren Partner verloren haben, liegt die natürlichste Möglichkeit eines gefühlsmäßigen Trostes in der Versorgung von Kindern und Enkelkindern. Wenngleich diese Aufgabe oft überaus ermüdend ist, kann sie für die Witwe doch zu einem Lebenswerk werden, ihr das Gefühl geben, benötigt und nützlich zu sein, ihr helfen, die Einsamkeit, der größte Fluch der Witwenschaft, als weniger schmerzlich zu empfinden. Aus diesen Gründen suchen sich kinderlose Witwen oft auch anderer Leute Kinder, die sie betreuen können, und es kommt vor, daß junge Verwandte oder Nachbarn zum Mittelpunkt ihres Lebens werden. Inwieweit solche Beziehungen tatsächlich zum Wohlbefinden der Witwe beitragen, hängt letzten Endes von ihrer eigenen inneren Sicherheit und von ihrem Selbstwertgefühl ab. Kinder, Freunde und Nachbarn können diese Empfindungen fördern und festigen, erzeugen können sie diese jedoch nicht, wenn sie überhaupt nicht vorhanden sind.

Die Witwe, die sich in ihrer Ehe verunsichert und nicht geliebt gefühlt hat, kann es schwer haben, anderen Menschen Liebe und Zuneigung entgegenzubringen, oder solche Gefühle von anderen zu empfangen – und das betrifft auch Mitglieder ihrer eigenen Familie. Vielleicht hatte sie Zweifel an der Liebe ihres Mannes, vielleicht war sie eifersüchtig auf sein liebevolles Verhältnis zu den gemeinsamen Kindern. Eine Tochter, zumal eine einzige Tochter, kann als Rivalin ihre tiefen Ressentiments heraufbeschworen haben. Solcherart Gefühle sind peinlich, sie scheuen das Tageslicht, werden aus dem Bewußtsein verdrängt. Solange der Ehemann am Leben ist, gelingt es zumeist, diese Gefühle zu beherrschen. Nach seinem Tode jedoch, wenn die Abwehrmaßnahmen in sich zusammenfallen, wenn unbewußte Neigungen und Triebe die Oberhand gewinnen, können die Gefühle des Grolls, des Hasses und der Verärgerung Liebe und Rücksicht übermannen und die Reaktionen der Witwe in ihrem Verhalten ihren Kindern und dem Vermächtnis ihres Mannes gegenüber beeinflussen.

Generationskonflikte sind so alt wie die Menschheit. Eifersucht und Neid, Liebe und Haß, erbitterte Kämpfe zwischen Jungen und Alten um Vorherrschaft und Unterwerfung waren seit jeher ein Hauptthema der Mythen und Legenden, der Bräuche und Sagen und der Literatur. Seitdem psychoanalytische Theorien in alle Lebensbereiche vorgedrungen sind, hat es Bemühungen gegeben, die Ursachen und Gründe dieser Konflikte zu ergründen, und in Erfahrung zu bringen, in welcher Weise man sie besser bewältigen könnte. Parallel zu dieser Entwicklung ist das Generationsproblem jedoch neuen schweren Belastungen ausgesetzt worden und den neuen Status der Jugend mit all seinen Privilegien: die betonte Bewunderung für die Jugendlichkeit hat die Angst vor dem Altwerden verstärkt, die Angst vor dem Übergangen- und Beiseitegeschobenwerden. Die angestrengten Bemühungen älterer Leute, den Anschein von Jugendlichkeit zu erwecken, haben die alten Probleme nicht nur nicht gelöst, sondern sie haben zusätzlich neue geschaffen. Ein vielleicht nicht allzu tragisch zu nehmendes Problem dieser Art wurde mir gleichsam ins Haus geliefert von einem sechsjährigen Mädchen: Die Kleine war ganz vertieft in ihr Spiel mit einer Art Puppe, die sie liebevoll »Omi« nannte. Da dieses Mädchen vier wirkliche, lebendige Großmütter hatte, (beide Großelternpaare waren geschieden und wiederverheiratet) – fragte ich es, warum es denn zusätzlich eine neue geschaffen habe. Das Kind antwortete traurig: »Ich habe keine richtige Oma.«

Da die Großmütter heutzutage den Ehrgeiz haben, wie ihre Töchter oder gar wie ihre Enkelinnen auszusehen, und sich auch entsprechend zu benehmen, und die Großväter von Liebesaffären mit den Freundinnen ihrer Enkeltöchter träumen, sind die Verworrenheiten zwischen den Generationen und die sich hieraus ergebenden Konflikte lästig und unangenehm geworden. Die enge Verbundenheit einer jungen Frau mit ihrem jugendlichen Vater kann für ihren Ehemann als Gefahr empfunden werden. In gleicher Weise kann eine Ehefrau nicht nur wegen der Bindung ihres Mannes an seine Mutter besorgt sein, sondern obendrein noch, weil sich ihre eigene Mutter für ihn als Mann interessiert.

Ich erinnere mich noch lebhaft an eine höchst dramatische therapeutische Sitzung mit einem Ehepaar: Die Frau behauptete hartnäckig, ihr Mann habe sie nur geheiratet, weil er sich für ihre Mutter interessiere. Den Bemühungen des Ehemannes, dies abzustreiten, und seiner Frau seine Liebe zu zeigen, begegnete diese mit zornig aufgebrachten Anschuldigungen, daß sein liebevolles Benehmen nur meinetwegen zur Schau getragen würde. Diese junge Frau war ein Einzelkind gewesen, das sich von der engen Gemeinschaft seiner Eltern ausgeschlossen gefühlt hatte. Nach dem Tode des Vaters hatte die Tochter geheiratet, und das junge Paar war in das Elternhaus eingezogen, wo es zusammen mit der Mutter lebte. Dadurch hatte sich die junge Frau wiederum in eine Dreierposition gedrängt und von ihrer Mutter bedroht gefühlt. Die Dreiergruppe in unserer therapeutischen Sitzung hatte ihre früheren Beängstigungen schmerzlich reaktiviert.

Äußerliche Umstände wie die, ein Haus gemeinsam zu bewohnen, oder einen Beruf gemeinsam auszuführen, können nicht nur zu tatsächlichen Konflikten führen, sie können auch in einer unheimlichen Weise irrationale, innere Konflikte wieder aufleben lassen. Dies war der Fall bei Mrs. Draper, deren Mann Inhaber eines Möbelladens war. Ihr Schwiegersohn, der Mann ihrer einzigen Tochter, war der Partner seines Schwiegervaters. Er war ein tüchtiger junger Mann, der es jedoch als schwierig empfand, mit seinem Schwiegervater Schritt zu halten, sich seinen Arbeitsmethoden anzupassen. Dieser Mangel an Kooperation war dem Geschäft abträglich. Es gab beträchtliche Schulden und viele Sorgen und Mrs. Draper beschuldigte ihren Mann, an allem verantwortlich zu sein. Nach seinem Tode beschuldigte sie sich jedoch selbst, denn es quälte sie das Gefühl, mit ihrem Genörgel zu seinen tödlichen Herzbeschwerden beigetragen zu haben. In der Absicht, das fühllose Verhalten gegenüber ihrem Mann, das sie zu seinen Lebzeiten an den Tag gelegt hatte, wiedergutzumachen, trat sie unmittelbar nach seinem Tode ins Geschäft ein und machte dieses fortan zu ihrer Vollzeitbeschäftigung. Ihr Schwiegersohn war nunmehr ihr Partner; sie arbeiteten eng zusammen, und einer wußte des anderen Leistungen zu würdigen und zu schätzen. Sie widmeten sich dem Geschäft mit Leib und Seele, waren voller Unternehmungsgeist und neuer Ideen. Binnen eines Jahres begann das Geschäft aufzublühen. Nach Ablauf eines Jahres bat Mrs. Draper um therapeutische Hilfe, weil sie zeitweilig unter Depressionen litt. Sie hatte sich in zunehmendem Maße außerstande gefühlt, den Erfolg des Geschäfts noch mit Freuden genießen zu können. Es war ihr unbehaglich, dort erfolgreich zu sein, wo ihr Mann versagt hatte. Sie fing auch an, sich Sorgen zu machen wegen ihrer engen Beziehung zu ihrem Schwiegersohn. Früher hatte sie sich immer ein solches Verhältnis zu ihrem Mann gewünscht, ohne es jedoch jemals gehabt zu haben. Sie befürchtete auch, daß ihre Tochter sich ausgeschlossen fühlen könnte, und der Gedanke bekümmerte sie, was ihr Mann wohl empfinden würde, wenn er noch lebte. Sie war voller Schuldgefühle und brauchte eine beruhigende Versicherung, daß sie sich nicht auch jetzt wieder zerstörerisch verhalte, wo es doch ihr bewußter Wunsch gewesen sei, dafür zu büßen, daß sie ihren Mann nicht genug geliebt habe. Ihre Schuldgefühle und Depressionen konnten als Aspekte eines verspäteten Trauervorgangs erkannt werden. Sie bedurfte der Hilfe ihres Therapeuten, diesen Trauervorgang aufzuarbeiten.

Ich möchte mich jetzt einmal jenen Witwen zuwenden, die ihren eigenen Beruf erlernt und während ihrer gesamten Ehe gearbeitet hatten, Frauen, deren Identität offensichtlich nicht von ihren Ehemännern abhing, und die auch finanziell von ihnen unabhängig gewesen waren. Man sollte meinen, daß sich in einer solchen Situation allenfalls kleinere gesellschaftliche Anpassungskorrekturen als notwendig erweisen würden – zumindest im sozialen und finanziellen Bereich. Ich will die Journalistin Mary Stott für diese Gruppe von Frauen sprechen lassen:

> Es war einfach, das Selbstmitleid als den Hauptfeind zu identifizieren – für mich noch einfacher als für die meisten, denn als Redakteurin einer Frauenseite wußte ich über die Probleme der

Witwen besser Bescheid als andere. »Warum mußte dies ausgerechnet mir passieren?« durfte ich mir nicht erlauben, wußte ich doch sehr genau, daß es allein in diesem Lande drei Millionen Witwen gab, und daß es für viele von ihnen sehr viel schlimmer gewesen sein mußte als für mich. Meine Besessenheit, mir die mißliche Lage der anderen vorzustellen, ihren Mangel an Beruf und Arbeit, ihren Mangel an Erfahrung, auf eigenen Füßen zu stehen, war zweifellos ein Teil meiner Abwehrmechanismen. Dinge in Worte zu fassen, war mir eine Lebensgewohnheit. Es war jedoch wie eine Zwangsvorstellung, daß ich mich jetzt mit den drei Millionen befassen und mich mit ihnen identifizieren mußte, und daß ich versuchen mußte, den bisher so Sicheren zu helfen, sich wenigstens ein bißchen auf die Witwenschaft vorzubereiten. *Im Schmerz tun wir, was wir tun müssen.*

Sogar heute noch fällt es mir schwer, mich in das Leben der Menschen hineinzuversetzen, die sich glücklich fühlen in ihrer Einsamkeit, die keinerlei Bedürfnis verspüren, mit irgendwem über das zu sprechen, was sie gelesen, gesehen, gehört und gedacht haben. Und dabei war es in meinem Falle gar nicht so, daß tatsächlich niemand dagewesen wäre, mit dem ich hätte sprechen können: Es waren Kollegen, Freunde, Nachbarn da, und in den ersten Tagen sah ich durchaus die Notwendigkeit ein, es den anderen leichtzumachen, mit *mir* zu sprechen, sie vor der Verlegenheit zu bewahren, das Gefühl zu haben, »sich in mein Leid einzudrängen«, oder ihnen die Angst zu nehmen, daß ich in Tränen ausbrechen könnte ...

Erst etwas später ging es mir auf, daß niemand mehr da war, mit dem zu sprechen ich einen Anspruch, ein Anrecht hatte. Wenn man plötzlich seines »Sprech-Freundes« beraubt wird (wie William Morris es nannte), fürchtet man, um einen Gefallen zu bitten, wenn man einen anderen Menschen in ein Gespräch zieht. Gesellschaftliche Selbstsicherheit ist prekärer, als wir gemeinhin annehmen, denn sie geht von der Voraussetzung aus, daß Konversation und Zusammensein für beide Seiten gleichermaßen willkommen und angenehm seien.

Aber selbst Mary Stott, die den Verlust ihres Mannes bewältigte, wie sie ihre Doppelbelastung durch Ehe und Beruf bewältigt hatte, brauchte die Regression: »Am Tage nach K.'s Tod ging ich ziellos umher, und, aus Gründen, die mir nicht mehr gewärtig sind, hielt ich den schäbigen, weißen Stoffpudel meiner Enkelin krampfhaft umklammert, streichelte ihn geistesabwesend und hielt ihn fest an mich gedrückt.«[2]

Daß sie sich selbst diese Regression zugestand, mag sie möglicherweise dazu befähigt haben, ihren Trauervorgang einzuleiten und erfolgreich zu beenden.

Wir haben bisher über jene Witwen gesprochen, die in ihrer Ehe hauptsächlich Hausfrauen und Mütter gewesen waren, die dann aber nach dem Tode ihrer Ehemänner zu Karrierefrauen wurden. Auf der anderen Seite kenne ich berufstätige Frauen, die, nachdem sie ihre Ehemänner verloren hatten, auch jedes Interesse an ihren Karrieren verloren zu haben schienen, obwohl sie früher in ihrer Identität scheinbar unabhängig von ihren Männern gewesen waren, und sich selbst immer in beruflichen Begriffen definiert hatten. Um dies verstehen zu können, müssen wir ihre ursprüngliche Identifikation mit ihren Vätern näher untersuchen, die die Wahl ihrer eigenen Persönlichkeitsvorstellung und -bildung bestimmt hatte.

Ich lernte diese kleine Gruppe von Frauen – alle in ihren späten vierziger Jahren – zwei oder drei Jahre nach dem Tode ihrer Ehemänner kennen, und zwar deshalb, weil sie zu diesem Zeitpunkt noch immer voller Kummer und Leid und sehr niedergedrückt waren. Ihre Depression und ihr emotionales Gelähmtsein waren ihren früheren Persönlichkeiten völlig fremd gewesen, und sie empfanden diesen Zustand nun als sehr beängstigend. Sie sahen dieses »Trübsalblasen« beschämt als eine Zeitverschwendung an, und es beunruhigte sie, daß es ihnen einfach nicht gelingen wollte, es aufzugeben. Zuweilen empfanden sie einen Groll gegen ihre Ehemänner, weil diese sie verlassen und dadurch Entbehrungen ausgesetzt hatten. In gelegentlichen Ausbrüchen von Bitterkeit und Empörung machten diese Witwen ihrem Gefühl Luft, ihr Leben damit verschwendet zu haben, das zu werden, was ihre Väter und Ehemänner aus ihnen gemacht hatten. Und jetzt seien ihre Männer von ihnen gegangen und hätten sie ohne ein wirkliches Selbst zurückgelassen, ohne eine echte, eigene Identität.

Die Übereinstimmungen in den Vorgeschichten der Familien dieser Karrierefrauen waren verblüffend: sie alle hatten sehr erfolgreiche, intellektuelle Väter gehabt, denen sie eng verbunden gewesen waren; sie hatten ihren Vätern gefallen und diese zufriedenstellen wollen, dadurch, daß sie selber erfolgreiche, intellektuelle Frauen wurden. Sämtliche Frauen dieser Gruppe haßten ihre Mütter, die sie für dumm und aggressiv und vor allem für lästig und aufdringlich hielten, für das Gegenteil ihrer liebevollen, gütigen, hochintelligenten und interessanten Väter. Jede dieser Frauen hatte einen einzigen Bruder, den sie alle als »Tunichtgut« beschrieben, verdorben und verwöhnt, weil er der Liebling ihrer Mütter gewesen war. Sie selbst waren zweifellos die Lieblinge ihrer Väter gewesen, sehr darauf versessen, den Platz des Bruders für sich selbst zu beanspruchen.

Alle diese Frauen hatten weitaus ältere, gütige, mütterliche und nicht sehr maskuline Männer geheiratet, die sich ihrer sexuellen Potenz unsicher gefühlt hatten, dafür aber in ihrem Beruf glänzend und erfolgreich gewesen waren. Ihre Ehefrauen sahen in ihnen die gleichen guten, »heiligen« Eigenschaften, die sie an ihren Vätern so sehr geschätzt und geliebt hatten. Das einzige, worüber sich diese Frauen hinsichtlich ihrer Männer beklagten, war, daß diese es abgelehnt hatten, sich von ihnen bemuttern zu lassen. Und eben dieses Bemuttern sei ihnen ein Bedürfnis gewesen. Es war geradezu absonderlich, in wie vielerlei Weise diese Frauen es dennoch versucht hatten, ihre Männer insgeheim zu bemuttern: Eine Frau legte immer die Kleidung für ihren Mann bereit, zog ihn für besondere Anlässe an, bürstete ihm sogar das Haar. (Dieselbe Frau bestand darauf, ihren Mann nach seinem Tode selber aufzubahren.)

Der hervorstechendste Charakterzug aller dieser Frauen war der Haß auf ihre Mütter. Und dieser Haß muß ihre eigenen mütterlichen Bemühungen ihren Männern und Kindern gegenüber zwiespältig und falsch gemacht haben. Diese Frauen hatten auch nach ihrer Heirat ihren Beruf mit der gleichen Intensität weiterhin ausgeübt, hatten häufige Abwesenheiten von zu Hause in Kauf genommen, und sich überaus eng mit ihrer Arbeit verbunden gefühlt. Sie behaupteten, daß ihre Männer sie hierin unterstützt hätten; es habe keinerlei Rivalitäten zwischen ihnen gegeben bezüglich der Arbeit und der Leistungen. Gleichzeitig ließen sie gelegentlich durchblikken, daß sie selbst viel zum Erfolg ihrer Männer beigetragen hätten, und deuteten an, daß auch die sexuelle Potenz des Ehemannes von ihrer Anregung und Hilfe abhängig gewesen sei.

Der Verlust ihrer Ehemänner verstärkte ihre Schuldgefühle und lähmte ihre Abwehrmechanismen in einem solchen Maße, daß diese Frauen, die normalerweise so großartig zurechtzukommen schienen, sich außerstande fühlten, ihren Kummer und ihre Trauer zu bewältigen, und sich veranlaßt sahen, ihre gesamte Lebensweise dramatisch zu ändern. Entweder gaben sie ihre Arbeit ganz auf, die ihnen vorher so überaus wichtig gewesen war, oder aber sie schränkten sie drastisch ein; und dann unternahmen sie alle möglichen Wiedergutmachungsversuche in ihren Beziehungen zu ihren Kindern, oder sie kümmerten sich um Menschen, die in Not waren. Das dringende Bedürfnis nach Karriere und intellektuellem Erfolg schien aufgehört haben zu existieren, da es jetzt ja keine Väter und keine Ehemänner mehr gab, mit denen sie sich identifizierten oder mit denen sie wetteifern könnten.

Ich möchte darauf hinweisen, daß meine Interpretation dieser Geschichten unvermeidlicherweise die Gefahr einer allzu großen Vereinfachung in sich birgt; außerdem kann meine kleine Auswahl von Beispielen natürlich nicht repräsentativ sein. Dessenungeachtet möchte ich zum Zwecke eines besseren Verständnisses für diese Frauen eine einzelne von ihnen, Mrs. Bright, etwas eingehender behandeln. Zwei Jahre nach dem Tode ihres Mannes bat sie um therapeutische Hilfe, weil es ihr trotz verzweifelter Bemühungen immer noch nicht gelungen war, Herr über ihren Kummer zu werden. Sie empfand es als unerträglich anstrengend und belastend, ihre Arbeit aufrechtzuerhalten und den tagtäglichen Anforderungen gerecht zu werden. Wann immer sie sich überreden ließ, mit Freunden zusammenzusein, brach sie unweigerlich zusammen. Sie hatte das Empfinden, daß sie in ihrer Not ja doch keiner verstehe, und daß niemand ihr helfe, und schämte sich bitterlich ihrer Tränen, von denen sie sagte, es sei »als mache sie die Hosen naß«.

Dieses lähmende Leid stand in einem krassen Gegensatz zu Mrs. Brights früherem Leben, in dem sie und ihr Mann irgendwelche Gefühlsäußerungen streng unter Kontrolle gehalten hatten. Schließlich gab sie dem Drängen ihres Arztes nach, der ihr empfahl, therapeutische Hilfe in Anspruch zu nehmen. Es war ein schwerer Entschluß für diese intelligente, tatkräftige Frau, die aus eigener Kraft eine sehr erfolgreiche Karriere als PR-Beamtin im öffentlichen Dienst aufgebaut hatte. Seit dem Tode ihres Mannes war ihr das Interesse an ihrem Beruf jedoch verlorengegangen, und es fiel ihr ungeheuer schwer, ihn nicht zu vernachlässigen.
Ihr Mann war ebenfalls ein erfolgreicher Beamter im öffentlichen Dienst gewesen. Als er starb, war er sechzig Jahre alt, und sie war fünfzig. Sie hatten vier Kinder zwischen neun und zwanzig Jahren, zwei Jungen und zwei Mädchen. Obwohl die Eheleute sich eine große Familie gewünscht hatten, hatte Mrs. Bright ihre Arbeit für die Geburt jedes ihrer Kinder nur für die erlaubten vier Monate unterbrochen, die ihr als unbezahlter Urlaub gewährt worden waren. Danach waren die Kinder größtenteils der Obhut von Au-pair-Mädchen überlassen worden, wie dies auch der Fall gewesen war, wenn Mrs. Bright sich beruflich auf Reisen befunden hatte.
Ihre ganze Kindheit hindurch gaben die drei älteren Kinder beträchtliche Probleme auf, insbesondere die Söhne. Nach dem Tode ihres Vaters standen sie ihrer Mutter sehr feindselig gegenüber, wodurch sie ihre Verzweiflung und ihr Gefühl des Verlassenseins noch steigerten. Die abweisende Haltung der Kinder vertiefte ihre Schuldgefühle, die in ihrem Unvermögen gipfelten, den Vater seinen Kindern gegenüber überhaupt zu erwähnen, oder irgend etwas zu tun, um ihn für sie »lebendig zu erhalten«.
Trotz dieser dringlichen, akuten Ängste und Sorgen erzählte Mrs. Bright ihrem Therapeuten in ihren ersten Sitzungen, daß die Ursache ihrer Verwirrungen und Bedrängnisse, ihrer Verzweiflung und ihrer Depression in der unbewältigten Schuld und Trauer läge, die sie in Verbindung mit ihren Eltern belasteten; der Tod ihres Mannes habe diese Gefühle reaktiviert. Es drängte sie, nur von ihrer Kindheit und ihren frühen Bindungen zu erzählen. Es dauerte viele Wochen, bevor sie imstande war, über ihre gegenwärtige Situation und

über ihren Mann zu sprechen. Sie war auf Malta aufgewachsen, wo ihr Vater im Diplomatischen Korps tätig gewesen war. Sie waren sehr wohlhabend, führten ein großes Haus mit ziemlich viel Personal. Sie war die einzige Tochter, hatte nur noch einen älteren Bruder, den sie zugleich beneidete und verabscheute; sie beschrieb ihn als dumm und grobschlächtig. Ihre Mutter sei, wie sie sagte, eine alberne, flattrige Frau von zarter Gesundheit gewesen, mit der es nicht möglich war, ein wirkliches Gespräch zu führen. Das einzige, was sie gut konnte, war kostbare, völlig unnütze Stickereien herzustellen. Sie war besitzergreifend und aufdringlich, und ihre ganze Jugend hindurch hatte ihre Tochter um ihre Autonomie kämpfen müssen. Erst nach monatelanger Therapie änderte Mrs. Bright diese Darstellung ihrer Mutter.
Ihren Vater sah sie als einen charmanten, interessanten, hochintelligenten Mann an. Mit ihm zusammen verbrachte sie viel Zeit, denn er zog ihre Gesellschaft der ihres Bruders vor. Als sie dreizehn war, starb ihr Vater ganz plötzlich. Die Angestellten überbrachten die Todesnachricht, was sie als eine Beleidigung empfand, und ihre Reaktion darauf war eisiger Unglaube. Als sie die Tatsache schließlich doch akzeptieren mußte, vermochte sie es nicht zu fassen, daß sich die Erde auch ohne ihn weiter drehte, fand es ganz unbegreiflich, daß der Gärtner weiterhin den Rasen mähte, daß die Mädchen immer noch die Fußböden bohnerten. Sie konnte den Gedanken nicht ertragen, daß das Leben so weitergehen solle wie vor dem Tode des Vaters. Als es sich dann aber ergab, daß es eben nicht mehr so weitergehen werde, war dies noch viel schlimmer. Das Haus, in dem sie lebten, mußte aufgegeben, die Angestellten mußten entlassen werden. Ihr Bruder wohnte nicht mehr zu Hause um diese Zeit. So zog sie denn allein mit ihrer Mutter in die kleine Wohnung, die ihre Mutter unter der Voraussetzung ausgesucht hatte, daß sie beide im selben Schlafzimmer schlafen würden. Diese Zumutung wies ihre Tochter zornig zurück und drohte damit, fortzulaufen, wenn die Pläne nicht geändert würden. Das Mädchen konnte die enge Nähe zur Mutter einfach nicht ertragen, haßte ihre Aufdringlichkeit und ihre tyrannische Liebe. Ihr graute es vor den Mahlzeiten, weil sie sich von den gezierten Tischgewohnheiten ihrer Mutter abgestoßen

fühlte. Nahezu alles an ihrer Mutter widerte sie an. Sie errichtete einen Schutzwall um sich herum, um nicht von ihrem anwachsenden Haß überwältigt zu werden. Sie hatte das Gefühl, daß sich hinter der zur Schau getragenen Liebe ihrer Mutter in Wahrheit unterdrückter Haß verberge, so daß dieser Wall Schutz nach beiden Seiten bot.

Mrs. Bright war noch niemals gern ein Mädchen gewesen. Sie hatte nur wenige Freundinnen und kaum mädchenhafte Interessen gehabt. Immer hatte sie ihren Bruder darum beneidet, ein Junge zu sein. Und wenn sie sich jetzt vorstellte, daß Frausein gleichbedeutend damit wäre, wie ihre Mutter zu sein, wollte sie ganz bestimmt keine werden. Ihre Identifizierung mit ihrem Vater führte bei ihr zu einer Ablehnung ihrer Weiblichkeit und zu einem lebenslangen Kampf gegen ihre Mutter.

Ihre Menstruation trat zum ersten Male ein, als sie bereits sechzehn war, kurz nachdem sie ihren ersten Freund, Kenneth, kennengelernt hatte, den sie später heiratete. Sie widmete sich ganz ihrer Ausbildung, studierte soviel wie möglich allein und konzentrierte sich dabei auf die Dinge, die ihr Vater geschätzt hatte, auch wenn diese schwer für sie waren. Alle ihre Prüfungen bestand sie glänzend.

Kenneth war zehn Jahre älter als sie; er hatte eine anfällige Gesundheit, war sehr groß, sehr intelligent, sehr sanft und liebenswürdig. Seine Freunde nannten ihn den »sanften Riesen«. Er erinnerte sie in vielerlei Weise an ihren Vater. Als sie sich kennenlernten, studierte er noch; er hatte gerade in den Vereinigten Staaten ein dreijähriges Stipendium angenommen. Während er dort war, blieben sie in enger Verbindung miteinander, und als er zurückkam, beschlossen sie zu heiraten. Da sie noch minderjährig war, benötigten sie die Zustimmung ihrer Mutter, die entschieden gegen diese Heirat war: Ihre Tochter sei noch so jung, Kenneth sei gesundheitlich so anfällig. Aber Kenneths Charme und seine ausgezeichneten Umgangsformen nahmen sie für ihn ein. Sie heirateten, bevor er seinen Abschluß hatte, und so mußte seine junge Frau eine Stellung annehmen, um zu ihrem gemeinsamen Unterhalt beizutragen. Als er seine Prüfung abgelegt hatte, nahm sie ihre Studien wieder auf und erwarb einen akademischen Grad nach dem anderen.

Kenneth war ein Einzelkind. Er und seine junge Frau stimmten überein in ihrer Ansicht über seine Mutter: Sie fanden sie selbstsüchtig und äußerst unerfreulich – sogar noch schlimmer als seine Schwiegermutter. Ihr Mann hatte sie schlecht behandelt, war oft unverschämt zu ihr gewesen und hatte sie mit anderen Frauen betrogen. Obwohl sich dies alles vor Kenneths Augen abgespielt hatte, nahm er keine Notiz davon, und behauptete, daß seine Mutter weitgehend selbst für ihr Elend verantwortlich sei.
Auch als Kenneth bereits eine gute und hochbezahlte Stellung innehatte, behielt Mrs. Bright ihre Volltagsbeschäftigung bei; aus beruflichen Gründen war sie oft auf Reisen. Beide Partner befürworteten verstandesmäßig die Ehen, in denen Mann und Frau gleichermaßen ihren Beruf ausübten. Sie waren wechselseitig hocherfreut über die Erfolge des anderen, jeder von beiden hatte ein reges Interesse an der Arbeit des anderen. Mrs. Bright will es zwar nicht eingestehen, aber der Wettstreit zwischen ihnen scheint eine große Rolle gespielt zu haben. In den ersten Jahren hatte Mrs. Bright wesentlich mehr Geld verdient als ihr Mann. Es schien sehr wichtig für sie zu sein, betont darauf hinzuweisen, daß sie es später in ihrer Ehe nie wieder versucht habe, soviel zu verdienen wie ihr Mann, da sie das Gefühl gehabt hätte, daß sich dies möglicherweise zerrüttend auf ihre Ehe auwirken würde. Auch auf allen übrigen Gebieten stellte sie irgendwelche wetteifernden Ambitionen in Abrede. Später in der Therapie, als sie in den Sitzungen schließlich anfing, über ihren Mann zu sprechen, erwähnte sie jedoch oft ihre Besorgnis, alle Dinge haben zu wollen, die er hatte, beispielsweise das gleiche Auto. Sie war eine große, gut gewachsene Frau, fast immer in teure Hosenanzüge gekleidet. Sie sprach mit Bewunderung darüber, wie geschmackvoll ihr Mann sich zu kleiden gewußt habe, wie perfekt seine Anzüge waren.
In diesem Stadium ihrer Therapie mußte Mrs. Bright die Überzeugung aufrechterhalten, daß ihr Verhältnis zu ihrem Mann vollkommen gewesen sei. Nach ihrer Aussage hatten sie niemals Auseinandersetzungen miteinander, und sie standen Ehen sehr kritisch gegenüber, in denen die Partner Streitigkeiten hatten. Nie habe es ein böses Wort zwischen ihnen gegeben. In glückseliger Eintracht

seien sie, Hand in Hand, durchs Leben gewandert. Über ihre sexuellen Beziehungen zueinander sprach sie nicht.
Eines der Bande, die das Ehepaar miteinander verknüpfte, war ihr Haß auf ihre Mütter, ein Band gemeinsamer Schuld. Diese Schuld und dieser Haß beherrschten ihr Leben und führte zu einer gemeinsamen Ablehnung jeglicher Bemutterung und liebevoller Fürsorge. Das brachte es mit sich, daß es keiner von beiden dem anderen erlauben konnte, sich mütterlich fürsorglich aufzuführen. Das einzige, was Mrs. Bright an ihrem Mann auszusetzen fand, war die Vernachlässigung seiner angegriffenen Gesundheit, die ganz besonders sorgfältiger Pflege bedurft hätte. Sie beklagte sich darüber, daß er es ihr stets verwehrt habe, ihm diese unerläßliche Pflege angedeihen zu lassen. Insgeheim mag ihr seine Zurückweisung ganz recht gewesen sein, kam sie ihren eigenen Hemmungen auf dem Gebiet mütterlich liebevoller Fürsorge doch sehr entgegen.
Wir wissen ja bereits, daß Mrs. Bright den weiblichen Aspekten des Lebens sehr zwiespältig gegenüberstand. Sie haßte das Kochen und die Hausarbeit. Jedes ihrer Kinder hatte sie nur während der drei bis vier Monate Stillzeit selbst versorgt. Das Stillen befriedigte sie nicht, und auch der Säugling schien nicht damit zufrieden zu sein. Sobald sie nach der Geburt eines Kindes an ihre berufliche Arbeit zurückkehrte, kam ihre Mutter ins Haus, um es zu versorgen. Mrs. Bright haßte diese Situation, die sie schließlich selbst herbeigeführt hatte. Ihr fiel es derart schwer, ihre Mutter freundlich zu empfangen, daß es allein Kenneths vermittelndem, aussöhnenden Verhalten zu verdanken war, daß diese überhaupt bleiben mochte. Wie es um seine eigene Einstellung zu den Kindern gestanden hat, wußte Mrs. Bright nicht genau, aber er scheint die mangelnde Mütterlichkeit seiner Frau nicht durch eigene mütterliche Fürsorge ausgeglichen zu haben, denn es hat den Anschein, daß die Kinder unter großen Entbehrungen zu leiden hatten – mit Ausnahme des jüngsten Kindes: Vivian. Vivian war gleichsam als Unterpfand einer Aussöhnung empfangen worden – nachdem Mrs. Bright eine Affäre mit einem anderen Mann gelöst hatte. Später, insbesondere nach dem Tod ihres Vaters, hatte Vivian als einzige in dieser Familie die Rolle eines geliebten, liebevollen, abhängigen Kindes innegehabt. Seit ihr Vater

gestorben war, schlief sie im Ehebett ihrer Mutter, und das dauerte solange, bis Mrs. Bright, aufgrund ihrer Therapie, imstande war, ihre eigenen abhängigen Bedürfnisse zu tolerieren; dann brauchte sie Vivian nicht mehr, diese für sie zum Ausdruck zu bringen.

Die eher platonische Liebesaffäre, die Vivians Geburt vorangegangen war, war die zweite in Mrs. Brights Ehe; die erste hatte fünf Jahre zuvor stattgefunden. In beiden Fällen unterschieden sich die »Liebhaber« sehr von ihrem Ehemann, waren Männer »aus Fleisch und Blut«, die vielleicht eher ihrem Bruder ähnlich waren, der nichts von Kenneths Sanftheit hatte, und auch nichts von seinen Hemmungen und Potenzsorgen. Da diese Männer nichts von den überirdischen, nahezu heiligen Eigenschaften hatten, die Mrs. Bright ihrem Vater und ihrem Mann zusprach, konnte sie ihnen zumuten, jene weniger schönen Eigenschaften in ihr selbst zu akzeptieren, von denen sie befürchtete, daß sie ihrem Mann Schmerz bereiten und ihre Gemeinschaft auseinanderreißen könnten.

Bei jeder dieser beiden Gelegenheiten hatte sie Kenneth alles beichten und mit ihm über ihre Gefühle zu diesen Männern sprechen wollen, aber er verwehrte es ihr, wollte nichts davon wissen, ebenso, wie er sich früher geweigert hatte, die Untreue seines Vaters gegenüber seiner Mutter zur Kenntnis zu nehmen. Er wünschte, nur Gutes über seine Frau zu wissen; vielleicht fürchtete auch er, daß es andernfalls zu einem Bruch ihrer Ehe führen könnte. Während ihrer Brautzeit, als er noch in den Vereinigten Staaten studierte, und sie drei Jahre voneinander getrennt waren, hatte sie einmal einen anderen Studenten geküßt, und ihm dies in einem Brief gebeichtet. Er hatte mit kalter Verachtung geantwortet, verurteilte diesen unschuldigen Kuß eines Mädchens, das so eifrig und ehrgeizig ihren Sinn auf ihre Studien konzentrierte, warf ihr Promiskuität vor und drohte damit, die Verlobung zu lösen. Diese Geschichte, eine der wenigen, die auch nur den geringsten Hinweis auf eine Kritik an Kenneth enthielten, macht es deutlich, wie sehr er Mrs. Brights Ambivalenz entgegenkam oder gar herausforderte: Der ideale Vater und die widerliche Mutter durften nie zusammenkommen, nie vereint werden; das reine, gute, fleißige Mädchen darf mit nichts in Berührung kommen, das gierig, sexuell sein könnte.

Mrs. Brights Mutter, die zu der Zeit in den Vereinigten Staaten lebte, war ein Jahr vor Kenneths Tod sehr krank geworden. Mrs. Bright gab ihre Arbeit für mehrere Monate auf und blieb bei ihrer Mutter, bis sie starb. Sie bemühte sich mit Sorgfalt und Umsicht darum, ihr das Leben zu erleichtern. Sie verwandte Stunden darauf, ausgesuchte Speisen zu bereiten, die diese sterbende Frau gar nicht mehr zu genießen vermochte. Wenn wir uns daran zurückerinnern, wie sehr Mrs. Bright das Kochen verabscheute, wie sie sich vor den Tischmanieren ihrer Mutter angewidert gefühlt hatte, können wir ihre Schuldgefühle nachempfinden, ihr verzweifeltes Wiedergutmachungsbedürfnis, ihre angestrengten Bemühungen, ihre Lebensgeschichte noch einmal neu und anders zu schreiben.
Als sie ihrem Therapeuten vom Tode ihrer Mutter erzählte, weinte sie hin und wieder, aber es war auch ein Gefühl der Erleichterung zu spüren, so als habe sie das Empfinden, es doch noch geschafft zu haben, ein wenig wiedergutzumachen. Als sie vom Tode ihres Mannes sprach, war nichts als Leid und Schmerz da, keine erlösende Erleichterung. Sie fühlte sich schuldig und zerstörerisch. Folgende Tatsachen kamen zutage: bald nach dem Tode von Mrs. Brights Mutter wurde die Mutter ihres Mannes, die ebenfalls in den Vereinigten Staaten lebte, sehr krank. Auch Kenneth bestand darauf, zu seiner Mutter zu fahren, und die letzten Tage ihres Lebens bei ihr zu sein. Als er heimkehrte, stellte es sich heraus, daß auch seine Gesundheit schlechter geworden war. Seine Ärzte sagten ihm, daß der Zustand seines Herzens ein sehr ruhiges Leben erforderlich mache, das Leben eines Invaliden, es sei denn, er fasse den Entschluß zu einer Operation. Kenneth war unentschlossen, aber Mrs. Bright meinte, daß es ihn unglücklich machen würde, für immer als ein Invalide leben zu müssen, und so unternahm sie nichts, ihn von der Durchführung der gefährlichen Operation abzuhalten.
Nach seinem Tode quälte sie sich mit heftigen Selbstvorwürfen; sie fühlte, daß ihre tatenlose Zustimmung Kenneth dazu veranlaßt hatte, sich für den chirurgischen Eingriff zu entscheiden, der dann eine Serie von Operationen nach sich zog, und entsetzliche Leiden für Kenneth zur Folge hatten. In den Zeiträumen zwischen den Operationen, in denen Kenneth sich besser fühlte, war er so vom Kran-

kenhausleben gefangengenommen, daß sie sich ausgeschlossen fühlte, als habe sie ihn schon jetzt verloren. So und so waren die Krankenhausbesuche qualvoll für sie. Aber sie wagte es nicht, ihm zu zeigen, wie es um sie stand, oder gar vor seinen Augen zusammenzubrechen. Auch war es ihr unmöglich, dieses entsetzliche Erlebnis, das sie beide durchmachten, mit ihm gemeinsam zu tragen. Es kam schließlich so weit, daß Kenneth nach einem nochmaligen, drastischen Eingriff so entsetzlich litt, daß seine Frau nicht mehr wünschte, daß er überleben möge. In den letzten Wochen wich sie nicht mehr von seiner Seite. Sie beobachtete sein Leiden und Sterben mit unsäglicher Angst. Nach seinem Tode fühlte sie sich unentrinnbar verlassen, war ganz untröstlich. Es war ihr einfach nicht möglich, mit ihren Kindern über deren Vater zu sprechen; sie konnte seinen Namen nicht über die Lippen bringen, ertrug es nicht, Fotos von ihm, oder irgend etwas, das sie an ihn erinnerte, um sich zu haben. Sobald wie nur möglich zog sie um in ein anderes Haus, ließ alles zurück, auch die Möbel. Sie wollte an nichts mehr erinnert werden, das der Vergangenheit angehörte, brachte es in ihrem Schmerz und Leid aber doch nicht über sich, sich davon loszureißen. Sie ertappte sich oft dabei, wie sie an dem verlassenen Haus vorüberging, oder hinter einem Auto herfuhr, das jenem ähnlich sah, das Kenneth gehört hatte. Ihre eigene Laufbahn verlor jegliches Interesse für sie.

Mrs. Bright, die so widerstrebend um therapeutische Hilfe gebeten hatte, begann, guten Nutzen daraus zu ziehen. Der Wendepunkt trat ein, als sie es fertigbrachte, ihrem Therapeuten etwas über ihre närrische Verliebtheit in jene Männer zu erzählen, denen sie die Eigenschaften ihrer Persönlichkeit hatte offenbaren können, die sie selbst verabscheut hatte, und die sie Kenneth niemals hätte zeigen dürfen. Als sie hierüber sprach, stellte sie diese ihre Eigenschaften auch ihrem Therapeuten offen dar und sein Verständnis, seine Billigung und Aufnahmebereitschaft waren ein erster Schritt zur Aussöhnung ihrer inneren Zwiespältigkeit.

Diese Aspekte ihrer Persönlichkeit, die Mrs. Bright von frühester Kindheit an verdrängt hatte, erschienen ihr jetzt in phantastischen Formen und Gestalten in ihren Träumen. Diese Frau, die eine strenge hygienische Erziehung zu äußerster Sauberkeit genossen hatte, die in ihrem späteren Leben diese Abneigung gegen alles Schmutzige verinnerlicht hatte, träumte jetzt in gräßlicher Weise von Fäkalien und »Haufen von Dreck« – nicht ihren eigenen, sondern denen anderer Leute – die man sie zwang wegzuräumen; aber soviel sie auch wegschaffen mochte, sie waren ewig aufs neue wieder da. In ihren Träumen verbanden sich diese Dreckhaufen zuweilen mit Kenneth, dem sie es niemals erlaubt hatte, mit Schmutz auch nur irgendwie in Berührung zu kommen. Nicht allein hatte sie vor ihm ihre eigene »schmutzige« Seite, sorgfältig versteckt gehalten, eingeschlossen alles, was mit der Menstruation zusammenhing oder mit den Geburten der Kinder; sie konnte es nicht einmal leiden, wenn er in die Küche kam, um ihr beim Abwaschen zu helfen. Sie mochte es auch nicht, daß er ihr mit den Kindern half, beim Wechseln der Windeln, oder auch nur, daß er ihr dabei zusah. Ihre Phantasien von den schmutzigen, schlechten, häßlichen Aspekten der Persönlichkeit ihres so beherrschten, höflichen und kultivierten Ehemannes scheinen derart überwältigend gewesen zu sein, daß sie ihn unbedingt von jedem Kontakt mit Schmutz bewahren mußte. Unbewußt waren die beiden Ehepartner übereingekommen, daß Männer gut und heilig seien (der Ehemann, ihr Vater und, angesichts aller Beweise des genauen Gegenteils, sogar sein Vater) und daß Frauen dumm und widerlich seien. Allerdings war Mrs. Bright nicht bereit, dieses Frauenbild für sich selbst zu akzeptieren; sie meinte, ihre Ehe nur dadurch vollkommen erhalten zu können, daß sie die femininen Aspekte ihrer Persönlichkeit ablehnte, oder diese lächerlich machte und verachtete. Sie kompensierte sie mit ihren intellektuellen Anstrengungen und Erfolgen, die von ihrem Mann ebenso gutgeheißen und geschätzt wurden wie früher von ihrem Vater. Mit anderen Worten: Die Weiblichkeit wurde aus ihrer Ehe verbannt; alles, was schlecht und böse war, wurde abgespalten und auf die beiden Mütter übertragen. Als Mr. Bright nur Monate später starb als die beiden Mütter, blieb seine Witwe allein zurück mit aller »Schlechtigkeit«. Zu der Last dieser Schlechtigkeit kam nun noch ihr Schuldgefühl erschwerend hinzu, denn sie glaubte, zum Tode ihres Mannes beigetragen zu haben; außerdem fühlte sie sich schuldig, weil sie so entsetzlich haßerfüllt gegen ihre Mutter gewesen war.

Die Krise ihrer Verzweiflung brachte sie schließlich in die Therapie; hier wurde ihre Befürchtung, kritisiert zu werden, zu einem Hauptthema. Für Mrs. Bright gab es nämlich absolut nichts zwischen der totalen Güte und der totalen Schlechtigkeit, so daß für sie jede Kritik an ihr gleichbedeutend damit war, daß sie sich total im Irrtum befinde, oder daß sie total schlecht sei. Ganz allmählich gelang es ihr, die Vorstellungsbilder von der nur-schlechten Mutter und dem idealisierten nur-guten Ehemann und Vater zu ändern. Damit konnte sie dann auch ihre eigenen zwiespältigen Triebe eingestehen, und ihr eigenes Gutsein und Schlechtsein, ihre Liebe und ihren Haß besser erkennen. Gleichzeitig gelang es ihr, Verbindungen zu ihrer eigenen Weiblichkeit herzustellen, und die Zusammenhänge zu begreifen. Die größte Veränderung zeigte sich in ihrem Verhalten zu den Kindern. Früher hatte sie ihnen, in der Zwangsvorstellung, versuchen zu müssen, Vergangenes wiedergutzumachen, wahllos materiell alles gegeben. Jetzt konnte sie sich besser entspannt auf die individuellen Bedürfnisse der Kinder einstellen.

Zur selben Zeit entwickelte sie eine größere Flexibilität in der Beziehung zu ihrer Arbeit, die anfing, ihr Freude zu machen, ohne daß sie sich von ihr abhängig gefühlt, oder die Aufgabe sie überfordert hätten.

An diesem Punkt ihrer Therapie berichtete Mrs. Bright in sehr freudiger Erregung von einem Traum: Sie sei über eine große Mauer gesprungen, und auf der anderen Seite habe sie ein wunderschönes, weißes Mädchen inmitten einer Gruppe schwarzer, junger Männer entdeckt. Die jungen Männer seien um das Mädchen herumgetanzt und hätten es der Reihe nach geliebt. Das Mädchen habe Freude daran gehabt, während sich Mrs. Bright, in ihrem Traum, Sorgen darüber gemacht habe, daß das Mädchen ein Kind bekommen könnte. Als sie diese Frage an sie gerichtet habe, hätten die jungen Männer singend im Chor geantwortet: »Wir werden es alle väterlich versorgen!« Dazu habe das Mädchen zufrieden gelächelt, und auch Mrs. Bright habe langsam eingesehen, daß dies eine gute Vereinbarung sei.

Dieser Traum, in dem sie sich sowohl mit der leidenschaftlichen Frau als auch mit dem Kind identifizierte, sagt etwas aus über den Fortschritt ihrer Veränderung, die zum Ziel hatte, daß Mrs. Bright sich selbst akzeptierte und zu einem besseren Verständnis ihrer selbst gelangte.

In der Vergangenheit, als Mrs. Bright ihr eigenes feminines und mütterliches Verhalten abgeleugnet hatte, hatten die Kinder darauf mit Wut und Feindseligkeit reagiert und unvernünftige Forderungen nach »Sachen« an sie gestellt. Jetzt reagierten sie auf die fortschreitende Veränderung ihrer Mutter mit einer liebevolleren Annahme. Es begann sich ein Verhältnis zwischen Mutter und Kindern zu entwickeln, das beide Seiten besser zufriedenstellte. Gleichzeitig änderte Mrs. Bright auch ihr Bild von ihrer eigenen Mutter. Sie begann einzusehen, daß ihre Mutter eine tüchtige Frau gewesen war, die wertvolle, freiwillige Dienste in ihrer Gemeinde geleistet hatte, und die, wie sie selbst, unter einer unglücklichen Kindheit gelitten hatte und früh Witwe geworden war.

Es ist noch zu früh, eine Prognose über Mrs. Brights Gesundung zu wagen, aber wir können doch schon jetzt sehen, daß die Krise ihrer Trauer, die sie in die Therapie führte, als ein Wendepunkt genutzt werden konnte, der sie auf den Weg zu einer Selbstintegration brachte. Sie hatte sich seit jeher schuldig gefühlt wegen ihrer Beziehung zu ihren Eltern. Als ihr Mann starb, nahmen diese Schuldgefühle überwältigende Ausmaße an, weil sie glaubte, zu seinem Tode beigetragen zu haben. Die Tatsache, daß ihre Kinder sie zurückwiesen, schien zu bestätigen, daß sie schlecht und böse sei, und das stürzte sie in Verzweiflung. Ihr Wunsch nach therapeutischer Hilfe drückte ihre Hoffnung aus, daß sie möglicherweise überleben und sich ändern werde. Sie befindet sich noch mitten in diesem Prozeß, an dem sie aktiv beteiligt ist. Langsam tritt ein Bild zutage, das sehr verschieden ist von dem der Karrierefrau, die nicht an ihre eigene Weiblichkeit glaubte, und die keine Freude daran hatte, eine Frau zu sein. Kurz nach dem Tode ihres Mannes war sie noch in Gefahr, ihre Stellung ganz und gar aufzugeben; jetzt ist sie in der Lage, ihre Arbeit in einer weniger besessenen Weise fortzusetzen, und noch Zeit und Kraft für ihre Kinder aufzubringen.

Mrs. Brights Erlebnis verhilft uns zu einem besseren Verständnis für andere Karrierefrauen mit ähnlichen Geschichten, die ebenfalls dramatischerweise ihr Interesse an ihren Karrieren verloren, als sie ihre Ehemänner verloren, und die die gleichen Schwierigkeiten hatten, ihre Trauer zu vollenden.

Königin Viktoria, die berühmteste endlos Trauernde, zeigte viele dieser Züge. Genau wie Mrs. Bright war auch sie besessen von einem tiefen Haß gegen ihre aufdringliche Mutter, mit der sie im selben Schlafzimmer schlafen mußte, bis sie Königin von England wurde. Ihre erste Handlung als Königin war die, ein eigenes Schlafzimmer zu fordern. Auch sie idealisierte ihren sanften Ehemann, und auch sie hatte ein äußerst zwiespältiges Verhältnis zu ihrem ältesten Sohn. Nach dem Tode ihres Mannes fiel es ihr ungeheuer schwer, in ihr königliches Amt zurückzukehren, und vielleicht hätte sie es nie getan, wenn ihre Minister ihr erlaubt hätten zurückzutreten. Königin Viktoria blieb zwar bis zu ihrem Tode eine tieftrauernde Witwe, aber auch sie verliebte sich in »Fleisch und Blut«-Männer. Einmal war es ein indischer Lakai; aber am tiefsten war sie verstrickt in ihre Beziehung zu ihrem schottischen Haushälter John Brown. Er war der einzige Mensch, der die Gabe hatte, sie froh zu machen. Damals kursierte der Spruch: »Alles was nicht Brown ist, ist schwarz.«

Verlassen wir die Karriere-Witwen und wenden wir uns zwei Frauen zu, die keine eigenen Karrieren machten, die aber den Eindruck erweckten, eindeutig »feminine« Identitäten zu haben. Nach dem Tode ihrer Männer nahmen diese Frauen schweren Schaden. Trotz all der Unterschiede zwischen diesen beiden Arten von Witwen gibt es eine grundsätzliche Übereinstimmung zwischen ihnen, die ich gerne untersuchen möchte.

Joy und Sibyl waren als junge Mädchen bildschön und sehr anziehend gewesen; sie wurden von ihren Vätern innig geliebt und bewundert, waren überall gern gesehen, wurden von jungen Männern umschwärmt. Als sie Ende zwanzig waren, heirateten sie Männer, die zwölf und fünfzehn Jahre älter waren als sie selbst und beide schon Ehen hinter sich hatten. Beide Männer waren von ganz besonderer Art, interessant, schöpferisch, hochintelligent, wahre Genies auf dem Gebiet der Liebe und der Freundschaft; trotz der ihnen eigenen kritischen und pessimistischen Lebenseinstellung waren sie von bewundernden Freunden umgeben. Diese Männer waren in vielerlei Weise das krasse Gegenteil ihrer Frauen, die beide unermüdliche Optimisten waren, fröhliche »Naturkinder«, »Sonnenstrahlen«; sie liebten lange Spaziergänge, Freiluftbeschäftigungen und Gartenarbeit. Beide Frauen aßen gerne gut, und sie konnten ganz vorzüglich kochen. Trotz ihrer übertriebenen, geradezu komischen Ungeschicklichkeit waren sie talentierte Hausfrauen, aber weder in dem einen noch im anderen Haus war es eine Seltenheit, die Hausfrau in der Küche dabei anzutreffen, wie sie gerade das ganz besondere Essen, das ihr aus den Händen geglitten war, vom Fußboden aufkratzte. Beide Frauen waren kinderlos, und sie hatten auch weder Lust noch Geschick, mit Kindern umzugehen. Irgendwie waren sie selbst Kind-Frauen, und ihre Ehen waren die erfolgreiche Fortsetzung ihrer früheren Vater-Tochter – Beziehungen. Dabei hatten sie sich beide ernsthaft darum bemüht, die Arbeit und die Interessen ihrer Männer zu verstehen, und an den Gesprächen mit ihren intellektuellen Freunden teilzunehmen. Sie selbst hatten es nie versucht, fachliches Können zu erwerben, oder eine eigene, feste Arbeit auszuführen.

Diese beiden Ehen strahlten Schönheit und Güte aus, und die Heime, die sie schufen, waren für ihre Freunde eine Quelle der Freude. Die Frauen liebten ihre Männer innig und nannten sie höchst unpassenderweise mit babyhaften Kosenamen. Die Männer fanden ihre Frauen bezaubernd; trotz häufiger Neckereien und Ermahnungen waren sie ihnen zärtlich zugetan, brauchten sie, waren auf sie angewiesen als auf die optimistischen, lebensbejahenden Widerparte zu der eigenen, intellektuellen Existenz.

Beide Ehemänner hatten schon mehrfach Herzanfälle gehabt, die sie selber, soweit wie möglich, unbeachtet ließen; die Frauen ihrerseits weigerten sich, diese Vorwarnungen zur Kenntnis zu nehmen. In der Tat waren es die Frauen, die darauf bestanden, daß weitergelebt wurde wie bisher, daß sie weiterhin bei jedem Wetter Spaziergänge unternahmen, sich anstrengenden Vergnügungen hingaben und Reisen machten.

Was geschehen mußte, traf auch ein. Beide Männer starben plötzlich an Herzschlägen. Beim Tode des einen war ich zugegen, mit dem anderen war ich eng verbunden. Es war zwar eigentlich meine Absicht, diese Geschichte wiederzugeben, um die Reaktionen der Witwen auf diese Verluste aufzuzeigen, aber ich möchte in diesem Buch doch gern dem Gedächtnis von Ben, Joys Mann, einen kleinen Platz widmen und von seinem unvergeßlichen und außergewöhnlichen Tod erzählen.

Es war am Abend des zweiten Weihnachtstages im Jahre 1968, die Nacht der ersten Versuche der Menschheit, den Mond zu umrunden. Wir hatten einen herrlichen Abend zusammen, Joy, Ben, ein Freund von ihnen und ich. Joy hatte sich als Köchin und Gastgeberin selber übertroffen, und Ben, der kürzlich seinen achtzigsten Geburtstag gefeiert hatte, war in Hochform, strahlend, voller Witz und Weisheit. Wir sprachen ziemlich viel über das Ereignis des Tages, die Umrundung des Mondes, und stellten uns die Frage nach den Auswirkungen auf das Weltbild. Ben war besorgt. Trotz seines so bewegten und oft auch rebellischen Lebens und seiner vielfältigen, sich widersprechenden Neigungen, war er ein großer Liebhaber der Stille. Einmal hatte er einer Zirkustruppe beitreten wollen, und er hatte ohne Zweifel das Zeug zu einem Akrobaten. Ein andermal ging er in ein Kloster, aber nach Ablauf eines Jahres schickte ihn der weise Abt hinaus in die Welt, damit er diese erfahre, bevor er die Priesterweihe nehme. Unnötig zu erwähnen, daß er nicht mehr dorthin zurückkehrte. Aber grundsätzlich und letztlich war er der Kunst am tiefsten ergeben; er wußte Worte, Bilder und Träume so zu gestalten, daß sie für andere lebendig wurden.

Irgendwann an diesem vergnüglichen Abend sprachen wir auch über den Tod. Ich glaube, daß ich dieses Thema aufbrachte, mit der Frage, die mich schon damals stark bewegte: Wie kann es sein, daß manche Menschen, die in der Welt so sicher in sich selbst gefestigt zu sein scheinen, soviel Angst vor dem Sterben haben, während andere, die schwach und hilflos in ihrem Leben waren, eine so unerwartete Kraft und Würde zeigen, wenn sie dem Tod gegenüberstehen? Ben wollte dies nicht wahrhaben: »So kann es nicht sein ... Du siehst das irgendwie falsch ... Die Einstellung zum Leben und zum Sterben muß immer die gleiche sein.« – »Was mich betrifft«, fügte er hinzu, »so wünsche ich mir nur das eine: Bis zum Tode bei vollem Bewußtsein zu bleiben.«

Die Zeit verging schnell. Bald war es nach Mitternacht und wir hatten es ganz versäumt, die spannenden Nachrichten zu hören und wußten nun nicht, ob es den Astronauten gelungen sei, den Mond zu umrunden und eine Verbindung mit der Erde herzustellen. Als ich dies bedauerte, bot Ben einen Ersatz an, ein Gedicht, das er an diesem Tage für seine Enkelin geschrieben hatte, ein Gedicht an den Mond. Er erhob sich aus seinem Sessel, eine kleine, schmale Gestalt, lehnte sich an ein Bücherregal und las uns sein Gedicht vor. Die Quintessenz war seine Trauer darüber, daß es jetzt, da wir die andere Seite des Mondes kannten, den Mond von Matthias Claudius nicht mehr geben könne. Für Matthias Claudius hatte Ben eine besondere Vorliebe und ein großes Interesse, und Matthias Claudius' besondere Liebe hatte dem Mond gegolten, den er in herrlichen Versen besang:

> Der Mond ist aufgegangen,
> Die goldnen Sternlein prangen
> Am Himmel hell und klar[3]

Die letzten Zeilen in Bens Gedicht waren voller Traurigkeit darüber, daß sein eigenes Leben, das der Poesie und der Kunst gewidmet gewesen sei, nun von einem Computer abgelöst werden würde. Er las diese Zeilen mit steigender Bewegung; dann tat er still einen Schritt nach vorn, legte sich selbst ganz sanft, mit dem Gesicht nach unten, auf ein nahe stehendes Sofa und war tot, ohne einen Laut, ohne Bewegung.

Dieser Schritt von der höchsten Bewußtseinsstufe unmittelbar in den Tod war die vollkommene Erfüllung der Wünsche dieses Mannes. So wunderbar dies auch war, zu verstehen war es nur schwer. Daß seine Frau dies nicht konnte, war ganz natürlich; sie war völlig außerstande zu begreifen, was geschehen war, konnte den Schock nicht überwinden. Vor dem Begräbnis und während der Trauerfeierlichkeiten verhielt sie sich wie betäubt und war sehr still. Vor Ablauf einiger Monate wurde es jedoch deutlich, daß grundlegende Veränderungen mit ihr vorgegangen waren.

Jetzt möchte ich Joys Geschichte wieder mit der Geschichte von Sibyl verbinden, deren Mann ungefähr zur selben Zeit gestorben war, ebenfalls an einem Herzschlag. Nach einem Zeitraum des Nichtbegreifenkönnens reagierte auch sie auf ihren Verlust mit unerwarteten und grundlegenden Veränderungen ihrer Persönlichkeit und ihrer äußeren Erscheinung.

Als ihre Ehemänner noch lebten, schienen sich Joy und Sibyl ihrer femininen Identität sehr sicher gewesen zu sein, sie hatten ausgeprägte Charaktereigenschaften gehabt, Neigungen und Abneigungen, Interessen und Talente. Weder sie selbst noch die Leute um sie herum hätten je an ihrer Autonomie gezweifelt. Und dennoch war es so, daß diese beiden Frauen binnen Monaten nach ihrem Verlust alle jene Grundzüge und Merkmale einbüßten, die sie einst so »anbetungswürdig«, liebenswert und besonders gemacht hatten – so als sei all dies nicht mehr erstrebenswert. Beide wurden sehr deprimiert, und dies war an sich schon ihrer früheren Natur so fremd, daß es das Persönlichkeitsbild völlig veränderte, das sie früher hatten.

Sogar heute noch, fünf Jahre nach dem Tode ihrer Männer, ist das Leben beider Frauen leer und ohne Zweck und Ziel. Sie waren nicht imstande, einen neuen Sinn, eine neue Identität zu finden, weder in der Rolle einer Mutter oder Großmutter für anderer Leute Kinder, noch in einem Beruf, der ihnen ein gewisses Maß an Selbstbestätigung hätte geben können. Beide blieben sie wohnen in den Häusern, in denen sie einstmals so hervorragende Gastgeberinnen gewesen waren; aber auch diese Rolle hatten sie völlig aufgegeben. Ihr äußeres Erscheinungsbild änderte sich fast bis zur Unkenntlichkeit. Sibyl aß wie besessen und verdoppelte beinahe ihr Gewicht. Joys Körper geriet auf andere Weise außer Kontrolle. Sie fiel häufig hin, hatte plötzliche Bewegungshemmungen, und heute kann sie kaum noch gehen, sie, die früher eine so forsche Wanderin gewesen war. Diese Lähmungserscheinungen, deren Beginn in die Zeit von Bens erstem Herzanfall zurückverfolgt werden können, wurden nach seinem Tod rapide schlimmer. Der Verlust ihres Mannes und ihr Herzeleid mögen die Voraussetzungen für diesen körperlichen Verfall geschaffen haben.

Die Frage, die ich mir fortwährend stelle, ist die, ob Joys und Sibyls dramatische Veränderungen tatsächlich grundlegende Veränderungen sind oder lediglich das Offenbarwerden logischer Weiterführungen ihrer urspünglichen Veranlagungen. Die Identitäten dieser beiden Frauen drückten sich in Rollen aus, die sie für andere Menschen spielten, Rollen, die ihnen selbst Liebe und Bewunderung einbrachten. Sowohl in ihrer Kindheit als auch in ihren Ehen waren diese Frauen charmant und schön für andere. Jetzt, da kein Mensch mehr da ist, der ihnen etwas bedeutet, gibt es auch niemanden mehr, der ihren Charme auf den Plan ruft, um den es sich lohnt, schön zu sein.

Daß die Karriere-Witwen ihr Erscheinungsbild, das sie vor ihrem Verlust durch den Tod hatten, ebenso drastisch veränderten wie diese Kind-Frauen, wenn auch in ganz anderer Weise, und daß auch sie mit ihren Ehemännern zugleich ihre Identitäten verloren, ist ein Hinweis darauf, daß es zwischen diesen scheinbar so sehr verschiedenen Frauen einige Übereinstimmungen gibt. Wir sollten uns daran zurückerinnern, daß sich keine dieser Frauen mit ihrer Mutter identifiziert hatte. Die Karriere-Frauen hatte ihre Selbstbildnisse auf ihrer Identität mit ihren Vätern aufgebaut, während sie ihre Mütter restlos abgelehnt hatten. Das letztere muß ihr weibliches Selbst sehr fragwürdig und unsicher gestaltet haben. Die Kind-Frauen waren die Objekte der Liebe ihrer Väter gewesen, was gleichbedeutend damit war, daß sie unablässig bemüht gewesen waren, ihre Mütter auszustechen. Ihre Weiblichkeit war nicht ein ursprünglicher Teil ihrer selbst, sie wurde von Männern hervorgerufen.

Alle diese Frauen scheinen eine Art von negativem Selbstbewußtsein gehabt zu haben, das heißt, daß sich ihre Identität nur in der engen Beziehung zu einem anderen Menschen entfalten konnte, in einem Verhältnis, in dem sie fortwährend bestätigt wurde. Diese Bestätigung wurde ihnen zuteil durch ihre Partner; – ihre Identität war ein Echo, und als das Echo verstummte, gingen Identität und Selbstbewußtsein gleichermaßen verloren.

Es ist nicht möglich, aus meiner begrenzten Anzahl von Musterbeispielen Schlüsse auf die Häufigkeit derart grundlegender Veränderungen in jenen Witwen zu ziehen, die vor ihrem tödlichen Verlust den Eindruck gemacht hatten, sehr selbstsicher zu sein und ausgeprägte Persönlichkeiten zu haben.

Die Frauen, die mir dadurch bekannt wurden, daß sie Hilfe brauchten, um mit ihrer Anpassung an das Witwendasein fertig werden zu können, sind wahrscheinlich jene, die niemals ihrer selbst ganz sicher und deren Identität seit jeher abhängig von anderen gewesen waren. Die Krise des Verlustes erhellt schlaglichtartig ihre innere Verfassung.

Ein kleines Mädchen wird in der Vorstellung erzogen, daß es die höchste Erfüllung seines Lebens darin zu sehen habe, eine hübsche Braut, eine Ehefrau und eine Mutter zu werden. Die Heirat ist also ein Anlaß zur Freude. Verheiratet zu sein heißt, einen neuen Stand und eine neue Identität zu erreichen. Auf der anderen Seite ist die Heirat jedoch der Augenblick, in dem ein Mädchen ihren Namen zugunsten des Namens ihres Mannes aufgibt, in dem die junge Frau an jeden Ort zieht, der dem Mann als passend und seinen Bedürfnissen angemessen erscheint; sie unterwirft sich den unzähligen Gesetzen und Anforderungen, in denen sie nicht als eine Person aus eigenem Recht angesehen wird, sondern als Ehefrau ihres Mannes. Natürlich bietet diese Situation auch mancherlei Ausgleich, und die meisten Frauen in unserer Gesellschaft entscheiden sich frei und freudig für die Ehe, aber ihr Sinn für Autonomie kann durch die Heirat geschwächt werden.

Der zweifache Sinn der Ehe in unserer Zeit ist um so erstaunlicher, als die Anzahl der Scheidungen und Trennungen ständig wächst, durch die doch die Identität untergraben wird, die eine Frau in ihrer Ehe erwirbt. Gleichzeitig haben aber heutzutage mehr Frauen die Möglichkeit, durch Arbeit und einen eigenen Beruf eine neue Identität aufzubauen. Die Doppelwertigkeit der heutigen Gegebenheiten kommt auch in der Trauersituation zum Ausdruck. Es gibt Witwen, die nach dem Tode ihres Mannes aufblühen und einen neuen Lebenssinn und -zweck finden. Es sind diese Frauen, die die Bezeichnung »Witwe« wegen ihres mitleidigen Beigeschmacks hassen. Es gibt aber auch andere Witwen, die mit ihrem Mann zugleich auch ihre Identität verlieren. Es wäre durchaus denkbar, daß dieses Vorhandensein zweier so unterschiedlicher Reaktionen der Frauen auf ihre Witwenschaft die Schuld daran trägt, daß den Witwen in unserer Gesellschaft so wenig Hilfe und Unterstützung zuteil wird. Es gibt andere Gesellschaftsformen, in denen zum Unterschied hierzu, die Mehrzahl aller Witwen ganz fraglos Hilfe in Anspruch nimmt, und sich darauf verläßt, sowohl materiell wie auch gefühlsmäßig, in der fürsorglichen Obhut der Gemeinschaft geborgen zu sein.

Und wie ist es nun um die Witwer bestellt? Ich habe bei Witwern selbst allerdings noch nicht das Phänomen des Persönlichkeitsverlustes beobachten können, aber ich vermute, daß es gewiß auch Witwer gibt, deren Identität von bedeutungsvollen Frauen in ihrem Leben bestimmt und in enger Gemeinschaft mit ihnen aufrechterhalten wurde.

Sind diese Witwer imstande, ihre Autonomie auch nach dem Verlust ihrer Frauen zu bewahren? Während die kleinen Mädchen dazu erzogen werden, ihre Selbsterfüllung darin zu sehen, Ehefrauen und Mütter zu werden, erzieht man die Jungen dazu, ihre Identität in ihrem Beruf zu verwirklichen, sei es als Astronaut, als Fußballspieler oder als Lokomotivführer. Es ist daher wahrscheinlicher, daß für den Mann die größere Bedrohung seiner Autonomie im Verlust seiner Arbeit liegt, in seiner Pensionierung, die gleichbedeutend ist mit dem Verlust seiner Stellung und seiner Rolle in der Gesellschaft. Der Verlust seiner Frau scheint für den Mann vergleichsweise weit weniger gefährlich zu sein.

Es gibt bedeutend weniger Witwer als Witwen. Prozentual heiraten weit mehr Witwer ein zweites Mal, als dies bei Witwen der Fall ist. Bei den Witwern, die nicht wieder heiraten, ist die Sterblichkeitsziffer relativ hoch. In einer Untersuchung, die Michael Young und seine Kollegen an 4486 Witwern über vierundfünfzig Jahren vorgenommen haben, stellten sie fest, daß die Sterblichkeitsziffer dieser Witwer um 40% höher war als bei verheirateten Männern gleichen Alters. Dies betrifft allerdings nur die ersten sechs Monate nach dem tödlichen Verlust. Dreiviertel dieser 40% der Witwer starben an Herzversagen. Nach Ablauf dieses Zeitraumes von sechs Monaten verringerte sich die Sterblichkeitsziffer der Witwer sehr rapide auf beinahe den normalen Stand.[4] Sind nun diese Witwer, und ist Herr Sachs, dessen Geschichte folgt, an gebrochenem Herzen gestorben?

Herr Sachs war in Österreich ein bekannter Filmproduzent. Er war überaus erfolgreich, und es war deutlich zu sehen, daß er am Beginn einer überragenden Karriere stand. Er war in jeder Weise eine eindrucksvolle Persönlichkeit, hatte eine attraktive Frau und zwei schöne Kinder. Er hatte einfach alles, was sich ein Mann nur wünschen kann.

Herr Sachs, der Nichtjude war, verliebte sich mit fünfundvierzig Jahren leidenschaftlich in eine jüdische Frau, die halb so alt war wie er. Er bat seine Frau, in eine Scheidung einzuwilligen und heiratete diese junge Frau. Wenig später marschierte Hitler in Österreich ein. Herr Sachs verlor augenblicklich seine Stellung an einem Staatstheater und zugleich jede Möglichkeit, in seinem Beruf weiterzuarbeiten. Er war in Lebensgefahr, aber es blieb ihm noch der eine Ausweg, sich von seiner jüdischen Frau scheiden zu lassen. Er verwarf diese Lösung und emigrierte mit seiner Frau nach England – sehr zum Leidwesen seiner Familie und seiner Freunde.

Es war äußerst schwierig für ihn, in England Fuß zu fassen; das mochte teilweise an der Sprache liegen. Um seinen Lebensunterhalt zu verdienen, sah er sich gezwungen, praktisch jede Arbeit anzunehmen, die ihm geboten wurde, auch wenn sie noch so tief unter seiner bisherigen Tätigkeit lag. Das Ehepaar war an jeden erdenklichen Luxus gewöhnt gewesen, wie auch an das Verwöhntwerden, das ein sehr erfolgreicher Künstler erfährt. Jetzt waren sie nur noch Ausländer, die ums Überleben kämpften in einer feindseligen Welt, unter sehr begrenzten Umständen und sehr begrenzten Möglichkeiten. Aber sie liebten einander, und zusammen machten sie das Beste aus ihrem so veränderten Leben, bis Frau Sachs an einem unheilbaren Krebs erkrankte und innerhalb von neun Monaten starb. Zum Zeitpunkt ihres Todes war sie achtunddreißig, ihr Mann war sechzig. Er war verlassen und verloren, hilflos und verzweifelt durch diesen schmerzlichen Verlust, der ihn in ein grenzenloses Alleinsein drängte. Er hatte inzwischen auch in England Freunde und Bewun-

derer gefunden, die nun versuchten, ihn zu trösten, aber sie vermochten nicht, zu ihm vorzudringen. Er empfand nur noch die Leere und die Sinnlosigkeit seines Lebens.
Obwohl er selber das Mitgefühl seiner Freunde zurückwies, hat er sehr schmerzlich erfahren müssen, was er als »ein undurchdringliches Schweigen« beschrieb, »Keine Stimme vermag mich zu erreichen.« Tief betrübt und ein wenig pathetisch beklagte er sich darüber, daß sein Telefon ein ganzes Wochenende lang nicht einmal geklingelt hätte; er gestand, daß er hin und wieder den Hörer abgenommen habe, um überhaupt einen Laut zu hören. Diejenigen unter seinen Freunden, die in Trauerfällen erfahren waren, sahen ein böses Vorzeichen darin, daß Herr Sachs jeden Trost ablehnte, jedes Mitgefühl von sich wies; sie befürchteten, daß er nicht die Kraft aufbringen würde, sein Leid durchzustehen und selbst zu überleben. Er wurde immer bedrückter, und bevor sechs Monate vergangen waren, starb er, ohne eigentlich krank gewesen zu sein. An gebrochenem Herzen? Oder aufgrund seines tiefen Ressentiments, weil seine so viel jüngere Frau ihn verlassen, ihn allein zurückgelassen hatte? Wäre er imstande gewesen zu überleben, wenn er noch seine ehemalige Arbeit hätte ausüben dürfen, die seine Berufung gewesen war, die seine besondere Persönlichkeit geprägt und seine Rolle in der Gesellschaft bestimmt hatte?
Wir müssen uns fragen, worin die Unterschiede zwischen Witwen und Witwern in der besonderen Trauersituation bestehen, die der Tod eines Partners in Ehen hervorruft, in der beide Eheleute beruflich tätig gewesen sind, eine Form der Partnerschaft also, die in jüngster Zeit vielfach als besonders wünschenswert dargestellt wird? Berufstätige Ehefrauen werden mit sehr realen Problemen konfrontiert. Wie begeistert ihre Ehemänner auch rein theoretisch den Doppelberufen in der Ehe zustimmen mögen, so trifft es doch immer nur die Frau, wenn eine Panne im Haushalt passiert, ein Kind krank wird oder Spannungen in den Familienverhältnissen auftreten. Immer ist dies die Frau, die sich verantwortlich und schuldig fühlt. Nach dem Tod ihres Mannes wird eine Witwe aber nur dann ihre bisherige berufliche Arbeit abqualifizieren und sich außerstande fühlen, ihren Beruf weiterhin auszuüben, wenn die äu-

ßeren Belastungen und Schwierigkeiten den inneren Problemen ihrer Persönlichkeit entsprechen, sich mit diesen verbinden. Ehemänner werden nach dem Verlust ihrer Partnerin weniger dazu neigen, ihre Einstellung zu ihrer Berufsarbeit zu ändern, denn sie waren vorher ja nicht mit äußeren Schwierigkeiten im Hause und in der Familie belastet gewesen und brauchen nicht das Gefühl zu haben, etwas falsches oder unnatürliches getan zu haben, weil sie einen Beruf ausübten. Ganz im Gegenteil: Der Beruf wird nach dem Verlust des Partners noch wichtiger werden für den Mann, wichtiger als je zuvor, wie das ja auch bei den meisten Karriere-Frauen der Fall ist. In den Partnerschaftsehen, in denen Mann und Frau im gleichen Beruf zusammenarbeiten, ist die psychologische Situation einzigartig. Ehepaare, die imstande sind, eine solche Situation erfolgreich durchzustehen, haben ganz besondere Qualitäten. Pierre und Marie Curie, die gemeinsam die Radioaktivität entdeckten, sind ein klassisches Beispiel für eine solche Partnerschaft. Mme. Curies Reaktion auf den Verlust ihres Mannes ist einer der erschütterndsten Beweise einer Liebe und einer Witwenschaft. Mme. Curie wurde die Nachfolgerin ihres Mannes im Lehramt an der Sorbonne. Obwohl sie vielleicht die hervorragende dieser beiden Wissenschaftler war, ist ihr gesamtes Werk nach seinem Tode wie ein Tribut an ihren Mann empfunden und auch so von ihr dargestellt worden. Vielleicht haben die grausamen Umstände seines Todes – sein Kopf wurde von Pferden zertrampelt – mit dazu beigetragen, daß seine junge Witwe das Bedürfnis hatte, seinen Geist in ihrem Inneren zu erhalten und ihre eigene Leistung hintanzustellen.
Mrs. Rodgers, die Witwe eines zeitgenössischen Wissenschaftlers, die ebenfalls in engster, schöpferischer Partnerschaft mit ihrem Mann zusammengearbeitet hatte, fand eine etwas andere Lösung, die schwierige Aufgabe zu erfüllen, das Vermächtnis der Partnerschaft zu fördern und zugleich ihre eigene Autonomie zu verwirklichen. Nach dem Tode ihres Mannes machte sie eine schwere Zeit durch, litt entsetzlich unter ihrem Verlust, war tief verzweifelt, aber sie wußte, daß sie das gemeinsame Werk fortsetzen müsse, und daß sie nunmehr allein die Verantwortung trage für das, was bisher ihre gemeinsame Verpflichtung gewesen war. Zusätzlich mußte sie noch

einige der Ämter, Rollen und Funktionen übernehmen, die zuvor ihr Mann alleine innegehabt hatte. Auf beiden Gebieten konnte sie, da sie ihn integriert hatte, seine Beiträge zu den eigenen Leistungen hinzufügen. Durch die Weiterentwicklung der gemeinsamen Arbeit und die Förderung ihres eigenen Werkes ist sie aus ihrem Unglück als eine noch schöpferischere und stärkere Persönlichkeit hervorgegangen.

Literatur und Anmerkungen

1 Aus: Monthly Vital Statistics Report. Annual Summary for the United States, 1972 (Rockville, Maryland: National Center for Health Statistics) und von Public Health Service, Rockville, Md.

2 Mary Stott, a.a.O., S. 184/185.

3 Matthias Claudius, Abendlied, Sämtliche Werke, München 1972.

4 Michael Young et al., Mortality Rate of Widowers, London 1963.

9
Söhne und Töchter aller Altersstufen

In früheren Kapiteln habe ich zwar bereits Reaktionen der Kinder auf den Tod des Vaters oder der Mutter erwähnt, aber nur in Verbindung mit den Reaktionen des überlebenden Elternteils auf den erlittenen Verlust des Ehepartners, Reaktionen, die sich unvermeidlicherweise auf das Verhalten ihrer gemeinsamen Söhne und Töchter auswirken. An diese Tatsache wollen wir uns erinnern, wenn wir uns jetzt den Kindern selbst etwas näher und direkter zuwenden. Ich möchte hier nochmals wiederholen, daß sich mein Material nicht auf systematische Forschung stützt. Ich habe die Fälle dem Material entnommen, das sich aus meiner Beratertätigkeit ergab. Sie sind daher zufälliger Art, und dies trifft in besonderem Maße auf dieses Kapitel zu. Ich habe niemals direkt mit Kindern gearbeitet, und habe beispielsweise kein Material zum Tod eines Bruders oder einer Schwester. Ich habe auch davon abgesehen, das Trauern aufgrund des Verlustes eines Kindes – des wohl schmerzlichsten aller Verluste in unseren kleinen Familien – in meine Untersuchungen einzubeziehen. (Eine Ausnahme ist der Fall von Mr. und Mrs. Bond im 7. Kapitel.)
Wie im Kapitel über Witwen, habe ich auch in diesem Kapitel ein etwas unbehagliches Gefühl, weil mein Material nahezu ausschließlich aus der Mittelschicht stammt. Ich fragte mich, ob diese Leute, von denen sich mehrere in psychotherapeutischer Behandlung befanden, oder noch immer befinden, womöglich »Freudsches Material« produzierten, in der Annahme, daß man dies von ihnen erwarte. Aber meine Kollegen unter den Sozialarbeitern, die sich haupt-

sächlich mit solchen Menschen befassen, die es nicht gewohnt sind, komplizierte emotionale Vorgänge zu artikulieren, haben meine Zweifel zu zerstreuen vermocht, denn diese Kollegen haben mit ihren Patienten, die ganz anderer Art waren als die meinen, die gleichen Erfahrungen gemacht. Ich glaube daher nicht, daß es sich um ausgefallene Phantasien von Angehörigen der Mittelschicht handelt, denen die psychologische Terminologie vertraut ist. Ich glaube vielmehr, daß es sich um universale Phänomene handelt, die aus dem Unbewußten aufsteigen und in Symbolen ihren Ausdruck finden, in der Bibel, in Mythen, in Sagen und Legenden.

Die Witwen, deren Geschichten ich erzählt habe, sprachen wenig von ihren soviel naheliegenderen Entbehrungen und Frustrationen, die ihnen durch den Verlust ihres Partners verursacht worden waren. Beispielsweise war kaum die Rede von den sexuellen Frustrationen, die doch bei dem oft plötzlichen Verlust eines Ehemannes zu erwarten gewesen wären. Die Gefühle, die mir vermittelt wurden, und die den Witwen wahrscheinlich am beängstigendsten waren, drückten sich in ihrem Bedürfnis aus, »sich gehenzulassen«, in ihren Wutausbrüchen und in ihrem Rückfall in die kindliche Psyche. Dieser Regression in kindliches Verhalten, dieser ersten Reaktion auf einen Verlust, dürfen und können die meisten Erwachsenen nicht nachgeben, insbesondere dann nicht, wenn sie Kinder zu versorgen haben oder einem Beruf nachgehen müssen. Diese Regression, die im Grunde das natürlichste Bedürfnis des trauernden Menschen ist, wird in unserer Gesellschaft scharf verurteilt und mißbilligt. In der Öffentlichkeit oder auch nur im privaten Kreis zu weinen, wie Kinder es tun, ist den Erwachsenen allenfalls noch am Totenbett gestattet, bei der Beerdigung oder unmittelbar nach dem Tode des Angehörigen. In einigen meiner Beispiele drückte sich dieses Bedürfnis nach kindlichem Verhalten allerdings in seltsamerer Weise aus: Die Frau, die sich von ihrer Schwiegermutter dankbar baden und füttern ließ; die Frau, die sich in ein triefendes, heißes Badetuch einwickelte, als sie am tiefsten verzweifelt war; der Mann, der die Totengräber tätlich angreifen wollte, als sie seinen Sohn beerdigten; Mary Stott, die bei aller interessierten Anteilnahme an den »drei Millionen Witwen« eigenen Trost so nötig hatte, und ihn im

Liebkosen eines kleinen, weichen Stofftiers fand. Solche zeitweiligen Regressionen sind nicht nur nicht pathologisch, sie sollten vielmehr als ein Segen und eine Hilfe anerkannt werden in der Bewältigung ernster Belastungen.

In den Reaktionen erwachsener Söhne und Töchter auf den Verlust eines Elternteils kann ein solches Bedürfnis nach Regression allerdings nicht beobachtet werden. Es muß eher das Gegenteil festgestellt werden: Wunsch und Wille, den Platz des verstorbenen Vaters oder der verstorbenen Mutter einzunehmen, sowohl im Verhältnis des toten Partners zum Überlebenden, als auch im Beruf, in der schöpferischen Tatkraft und in der Position des Verstorbenen. Es scheint daher, daß der Verlust eines Ehe- oder Liebespartners das Bedürfnis weckt, in kindliches Verhalten zurückzufallen, während der Verlust eines Vaters oder einer Mutter den Entwicklungsgedanken auf den Plan ruft, den Wunsch nach Wachstum, Reife und Potenz.

Es ist sehr wohl möglich, daß Affektausbrüche der Witwe und ihre Angst, sich »gehenzulassen« ein Ausdruck ihrer sexuellen Frustrationen ist. Ihre Hemmungen, über Sexualität zu sprechen, scheinen ein Hinweis darauf zu sein, daß die erotischen Phantasien um den toten Mann, der zu seinen Lebzeiten ihr sexueller Partner gewesen war, beängstigender und verbotener sind als jene Gefühle, die der Tod eines Vaters oder einer Mutter in den Kindern weckt, zumal ja eine sexuelle Beziehung zu einem Elternteil immer dem Bereich der Phantasie angehört hatte. Viele der erwachsenen Söhne und Töchter, die mit mir über den Verlust ihres Vaters oder ihrer Mutter sprachen, hoben hervor, daß sie unmittelbar und sofort einen direkten Einfluß auf ihre Sexualität verspürt hätten, sprachen von aufregenden und anregenden sowie von hemmenden und hindernden Symptomen. Dies kann zum Teil als der bewußte oder der unbewußte Wunsch eines Sohnes oder einer Tochter verstanden werden, den Platz des verstorbenen Elternteils gegenüber dem überlebenden einnehmen zu wollen, ein Wunsch, den Kinder jeden Alters haben können. Der kleine Junge, der schon immer gerne den Platz seines Vaters im Bett seiner Mutter hätte einnehmen wollen, sah seinen bisher so hoffnungslosen Wunsch nach dem Tode seines Vaters sogleich im neuen Licht, und seine erste Bemerkung war: »Jetzt werde ich bei Mama schlafen!«

Wenn der gestorbene Vater oder die gestorbene Mutter gleichen Geschlechts waren wie der Sohn oder die Tochter, scheint sich das Kind sogleich in seinen Phantasien als Nachfolger des Verstorbenen zu sehen. Das kleine Mädchen, das schon immer gern an Mutters Statt gewesen wäre, kann diesen Platz jetzt tatsächlich einnehmen und ihn in mancherlei Weise ausfüllen, insbesondere dann, wenn der betrübte Vater seiner Tochter entgegenkommt, und sich im Schmerz seiner Verlassenheit von ihr trösten läßt. Dadurch wird er ihre Phantasien fördern und sie zugleich daran hindern, um ihre Mutter zu trauern, wie wir dies im Falle von Robin und seiner kleinen Tochter im 4. Kapitel gesehen haben, und wie wir es in der Geschichte von Mrs. Cooper sehen werden, die folgt.

Ein erwachsener Sohn, der zu Lebzeiten seines Vaters nie auf seinen eigenen Füßen zu stehen vermochte, kann sich durch den verinnerlichten toten Vater in seiner Männlichkeit gestärkt fühlen. Ich kannte einmal einen sehr untüchtigen, teilnahmslosen jungen Mann, der nach seines Vaters Tod eine erstaunliche Kraft entwikkelte und große Initiative zeigte. Plötzlich war er der Herr im Hause, und sein Wort war Gesetz. Seine frühere Passivität schien größtenteils ihre Ursache in einer verdrängten und mühsam bekämpften Rivalität zu seinem machtvollen Vater gehabt zu haben. Erst nach dem Tode des Vaters wagte es der Sohn, sich mit ihm zu identifizieren.

Die erwachsene Tochter, die ihre Mutter verabscheut und gehaßt hatte, und deren Leben auf der Identifikation mit ihrem Vater aufgebaut worden war, weil sie gehofft hatte, auf diese Weise den ersten Platz im Herzen des Vaters erobern zu können, versuchte nach dem Tode ihrer Mutter diese ihre Kindheitsträume auf direkterem Wege zu erfüllen. Sie gab das bißchen eigenes Leben auf, um fortan mit ihrem Vater zusammenzuleben. Als der Vater wenige Jahre später eine neue Frau wählte, vielleicht aufgrund seiner Besorgnis, sich zu eng an seine Tochter zu binden, fühlte sie sich verraten und im Stich gelassen. Erst jetzt konnte sie sich dazu entschließen, selbst auch zu heiraten.

Die Reaktionen verheirateter Söhne und Töchter auf den Tod eines Elternteils werden weitgehend davon abhängen, inwieweit sie in ihrer eigenen Ehe die Konfliktgefühle und Kindheitsvorstellungen in Bezug auf ihre Eltern zu bewältigen vermochten. Aus einigen der folgenden Fälle werden wir ersehen können, wie solche Phantasien reaktiviert werden, wenn eine Mutter oder ein Vater stirbt.

Tamara war seit zehn Jahren verheiratet, als ihr Vater starb; sie hatte zwei Kinder, einen sechsjährigen Jungen und ein dreijähriges Mädchen. Sie selbst war Einzelkind gewesen. Sie wurde geboren, als ihre Mutter schon nahe vierzig war und ihr Vater fünfunddreißig. Ihre Mutter, die es in ihrer akademischen Laufbahn schon weit gebracht hatte, gab ihre Karriere auf. Sie tat es nicht nur deswegen, weil sie jetzt ein Kind zu versorgen hatte, sondern auch, weil ihr Mann in zunehmendem Maße ihrer Hilfe und Unterstützung bedurfte. Er war die akademische Leiter schon sehr hoch hinaufgeklettert, und seine Verpflichtungen wurden immer größer. In allen praktischen Dingen war er hilflos. Außerdem war er von äußerst zarter Gesundheit. Seine Frau mußte alles für ihn sein: Haushälterin, Pflegerin, Sekretärin und zugleich auch die Frau eines immer berühmter werdenden Mannes. Sie bewältigte alle Aufgaben, und Unmut darüber ließ sie sich zumindest nie anmerken. Es fiel ihr allerdings nicht leicht, die Mutter ihrer Tochter zu sein, und das lag hauptsächlich daran, daß ihr Mann auf diesem Gebiet ihr großer Rivale war. Was dem Kind an Liebkosungen, Verwöhnung, Pflege und Trost zuteil wurde, bekam es von seinem Vater. Er liebte es, sich seinem Kind gegenüber mütterlich zu verhalten, während er in der Beziehung zu seiner Frau stets das hilflose, zarte Baby war. In seinem Beruf war er ungewöhnlich erfolgreich. Ursprünglich hatte seine Frau diesen Beruf mit ihm gemeinsam ausgeübt, und da sie fünf Jahre älter war als er, war sie sogar ranghöher als er. Für Tamaras Mutter war dies eine äußerst verwirrende Situation; sie hatte diesen jüngeren Mitarbeiter geheiratet und ihm bei seinen Studien geholfen. Jetzt hatte er die hohen Erwartungen erfüllt, die sie in ihn gesetzt hatte, aber er war zugleich in zunehmendem Maße abhängig von ihrer Bemutterung geworden, hatte aufgehört, ein Ehemann im herkömmlichen Sinne zu sein. Dafür übernahm er seinerseits die

Bemutterung ihrer gemeinsamen Tochter. Sie war sich ihrer Rolle nicht mehr gewiß, weder als seine Frau, noch als seine frühere Kollegin, noch als Mutter ihrer Tochter. Sie fühlte sich oftmals verunsichert und gedemütigt. Diese Gefühle kamen in einem gespannten Verhältnis zu ihrer Tochter zum Ausdruck, der sie nichts geben konnte.

Unvermeidlicherweise ergab sich aus dieser Situation eine enge, liebevolle Bindung zwischen Vater und Tochter. Tamara identifizierte sich mit ihrem Vater, und später studierte und schrieb sie Dinge, die sie und ihren Vater gemeinsam interessierten. Die wachsende Eifersucht der Mutter, die von Tamara oft provoziert wurde, trug nicht zu einer freundlicheren Atmosphäre innerhalb der Familie bei.

Als Tamara zwanzig war, heiratete sie einen Mann, der aus einem ganz anderen Milieu kam als ihr Vater und eher künstlerischer Natur war. Er hatte nur die sanften, mütterlichen Züge mit ihrem Vater gemeinsam. Dieser zeigte es nicht offen, daß er die Wahl seiner Tochter mißbilligte, aber er zog sich von Stund an von ihr zurück. Er gab keine Gründe an für sein verändertes Verhalten, und sie konnte ihn nicht danach fragen. Der bis dahin so rege Gedankenaustausch zwischen Vater und Tochter hörte völlig auf, die Verbindung zwischen ihnen brach ab. Dieser Umstand kam zwar dem Verhältnis zwischen den Eltern sehr zugute, aber für Tamara war es ein schmerzlicher Verlust. Dennoch war sie glücklich in ihrer Ehe, und ihren Kindern wurde sie eine gute Mutter. Ihr sanfter Mann half ihr bei der Pflege und Betreuung der Kinder, da sie meinte, »Mutterdasein als Vollzeitbeschäftigung ist nichts für mich.«

In ihrem Beruf hielt sie die Identifikation mit ihrem Vater aufrecht; sie arbeitete nach wie vor auf dem Gebiet, das sie beide interessiert hatte, und sie schrieb über Dinge, die ihnen gemeinsam waren. Der Riß zwischen diesen Aspekten in Tamaras erwachsenem Leben und der unbewältigten Zwiespältigkeit ihrer Kindheit drückte sich sowohl in ihrer äußeren Erscheinung aus als auch in ihrem Verhalten: sie gab sich abwechselnd als ernsthafte Schülerin, als verantwortungsbewußte Mutter, als Ehefrau und oft auch als kindliche, unreife Gelehrtentochter.

Als Tamara dreißig war, wurde ihr Vater ernstlich krank; die Prognose war schlecht. Sobald sie von der Art der Krankheit gehört hatte, waren sogleich alle Konflikte vergessen: Sie brachte ihrem Vater ihre ungeschmälerte Liebe entgegen, war voller Teilnahme für ihn, und er reagierte vorbehaltlos darauf, kam ihr liebevoll entgegen. Seine Entschlossenheit, trotz wiederholter Operationen und schmerzlicher Behandlungen um sein Leben zu kämpfen, war eine konsequente Fortsetzung des lebenslangen Kampfes dieses zarten, empfindsamen Mannes, Widerstände zu überwinden. Er fühlte sich in seinem Kampf bestärkt durch die Drohungen seiner Frau, daß sie ohne ihn nicht überleben wolle und werde, wie auch durch die inständigen Beteuerungen seiner Kollegen, daß sie seiner bedürften. Auch Tamara konnte den Gedanken an den nahe bevorstehenden Tod des Vaters nicht ertragen, aber ihr brachten diese beiden letzten Jahre, die er noch zu leben vermochte, einen besonderen, bedeutungsvollen Ausgleich. Vor dem Hintergrund der so bedrohlich sich nahenden endgültigen Trennung stellte sich die alte, enge Verbindung zwischen ihnen mit neuer Intensität wieder ein. Sie führten lange, vertrauliche Gespräche miteinander, arbeiteten zusammen an einem Buch, das Tamara schrieb, und das für ihren Vater von besonderem Interesse war, wodurch sich das Band zwischen ihnen noch verstärkte. Wie zu erwarten war, flammte die alte Eifersucht zwischen Mutter und Tochter wieder auf. Jede der beiden wollte diejenige sein, die dem Patienten am bedeutungsvollsten und wichtigsten war, der er sich anvertraute, die seiner Liebe gewiß sein konnte. Beide verbrachten sie zusammen seine letzten Stunden mit ihm, jede in der Überzeugung, daß sein letztes Wort, sein letzter Blick ihr gegolten habe.

Nach ihres Vaters Tod verließ Tamara gramgebeugt das Krankenhaus, zusätzlich belastet durch ihre mörderischen Vorstellungen gegen ihre Mutter, die, wie sie fühlte, zwischen ihr und ihrem toten Vater stand, wie sie auch zwischen ihr und ihrem lebenden Vater gestanden hatte. In diesem Augenblick war ihr erster Impuls der Wunsch nach einem weiteren Kind. Sie konnte ihrem Mann diesen Wunsch verständlich machen mit ihrem Bedürfnis, verlorenes Leben durch neues zu ersetzen, und es war ihm möglich, es so zu sehen und zu verstehen wie sie. Er half ihr jedoch, erst einmal eine Atempause zu akzeptieren, in der sie, mit seiner Hilfe, vielleicht fähig würde, ihre irrationalen Gefühle mit ihren etwas rationaleren zu integrieren. Nach ein paar Wochen war Tamaras Wunsch nach einem Kind in den Hintergrund getreten. Statt dessen wurde der Schmerz über den Verlust des ödipalen Vaters, von dem sie sich Kinder gewünscht hatte, durch eine stärkere Identifizierung mit dem intellektuellen, schöpferischen Vater ersetzt. Mit diesem nunmehr verinnerlichten Vater schrieb sie ihr bedeutendstes Buch, über ein Thema, das auch ihren Vater interessiert hatte. Sie richtete sich ein neues Arbeitszimmer ein, in dem sie ihren eigenen Büchern die Bücher des Vaters hinzufügte, und sie kaufte sich einen Schreibtisch, der wie der seine war.

Aber dieser Entwicklung ging zunächst noch die schwierige Zeit voraus, die unmittelbar auf den Tod des Vaters gefolgt war. In dieser Zeit wurde unvermeidlicherweise ihre Mutter als die Hauptleidtragende anerkannt, die Witwe eines berühmten Mannes. Die Mutter war es, die die Dinge entschied, die seine Beerdigung und den Gedenkgottesdienst betrafen, sowie auch die Anordnungen und Vorkehrungen, die im Zusammenhang mit seinem beruflichen Vermächtnis getroffen werden mußten. Tamaras grenzenloser Schmerz, ihre Schuldgefühle wegen der Jahre der Entfremdung und ihr tiefes Gefühl eines unwiederbringlichen Verlustes wurden nicht eben gemildert dadurch, daß ihre Mutter sie im Hintergrund hielt. Erschwerend kam noch hinzu, daß sie das Gefühl hatte, daß ihre Mutter eigentlich gar nicht fähig sei, diese Verantwortlichkeiten auf sich zu nehmen, zumal sie seit dem Tode ihres Mannes völlig gebrochen war.

Während es ihr selbst nicht möglich war, ihre trauernde Mutter zu trösten, die jetzt allein in einem großen Hause wohnte, erlaubte sie ihrem sechsjährigen Sohn mit einem gewissen Gefühl der Freude, dies für sie zu tun. Der Junge meinte, daß seine Großmutter jetzt nicht alleingelassen werden dürfe; und er ging zu ihr, um ein paar Tage bei ihr zu bleiben.

Tamara war hocherfreut darüber, daß ihr kleiner Sohn, über dessen aggressive Männlichkeit sie sich früher Sorgen gemacht hatte, ihre Mutter jetzt teilnahmsvoll zu trösten wußte und ihr Liebe entgegenbringen konnte; dadurch erleichterte er ihre Schuld, selbst außerstande zu sein, diese Aufgabe zu erfüllen. Daß der kleine Junge in seinem Verhalten so deutliche Züge von Sanftheit und Mitgefühl zeigte, – Eigenschaften, die für Tamara bei ihrem Vater und bei ihrem Mann immer von so großer Wichtigkeit gewesen waren – ließen sie hoffen, daß ihr Sohn vielleicht die Linie mütterlicher Männer fortsetzen werde, die sie als eine Ergänzung ihrer Persönlichkeit brauchte. In der Erziehung ihrer kleinen Tochter förderte sie sowohl das weibliche Äußere als auch weibliche Unabhängigkeit; sie sollte ihre wahre Nachfolgerin und Erbin werden. Tamara versuchte, den eigenen bisexuellen Konflikt, der durch den Tod ihres Vaters reaktiviert worden war, mit Hilfe ihrer Kinder zu lösen. Der vor dem Tode des Vaters erneut entfachte Wettstreit mit ihrer Mutter, wer von ihnen beiden die am meisten geliebte und für ihn wichtigste sei, hatte alte Eifersüchteleien und Schuldgefühle neu belebt, die ihren Wunsch betroffen hatten, den Vater ganz für sich allein zu haben, was die Verschmähung der Mutter voraussetzte. Obgleich Tamara einen Mann geheiratet hatte, der die eigenen bisexuellen Triebe ebenso achtete wie die seiner Frau, bedurfte sie selbst der unablässigen Versicherung, daß sie als Frau geliebt werde, aber auch daß ihr beruflicher Erfolg nicht ihrer Identifikation mit ihrem Vater zu verdanken, sondern Ausdruck ihrer eigenen Persönlichkeit sei. In unserem Bemühen, Tamara zu verstehen, sollten wir bedenken, daß sie ein neues soziologisches Dilemma verkörpert, das verschiedene Aspekte hat. In den kleinen Familien unserer westlichen Welt ist oftmals kein Sohn da, der als intellektueller Erbe seines Vaters in Betracht kommen kann. Die Tochter nimmt seinen Platz ein, insbesondere dann, wenn sie ein Einzelkind ist. Immer mehr berufstätige Frauen lassen sich in der Wahl ihrer Berufe von der Identifikation mit ihren Vätern leiten, heiraten andererseits in zunehmend jüngerem Alter und wollen dem Modell einer frühen Mutterschaft nacheifern. Dadurch entsteht unvermeidlicherweise das Problem, sowohl den männlichen Bedürfnissen nach einer Karriere als auch den weiblich-mütterlichen Bedürfnissen gerechtwerden zu wollen, ein Problem, das zur Reaktivierung des Dilemmas der Bisexualität führt.

Daß wir in vielen Geschichten dieses Buches gleichartige Probleme angetroffen haben, kann durchaus ein Anzeichen dafür sein, daß Konflikte der Bisexualität, ebenso wie andere Konflikte auch, die ihre Wurzeln in der Kindheit haben, angesichts des Todes und des Trauerns reaktiviert werden. Wir haben gesehen, daß Marion, die immer Tonys unsicherer Männlichkeit die Schuld an ihrem eigenen Mangel an Weiblichkeit gegeben hatte, in dem Augenblick, in dem sich sein Leben in Gefahr befand, diesen ihren Groll gegen ihn als unannehmbar empfand. Lieber starb sie selber, als daß sie ihm den Tod gewünscht hätte. Mrs. Greens Autonomie war durch ihren bisexuellen Konflikt derart ausgehöhlt worden, daß sie den Verlust ihres Mannes nicht zu überleben vermochte. Wir haben dieses Thema schon eingehender im Zusammenhang mit jenen Witwen besprochen, die ihre Mütter ablehnten, und aufgrund ihrer Identifizierung mit ihren Vätern Karriere-Frauen wurden, ihr Interesse an ihrer Karriere jedoch verloren, sobald ihre Männer gestorben waren. Alle diese Frauen, die ihrer Weiblichkeit so wenig sicher waren, wurden in eine Krise der Verzweiflung gestürzt, die ihre Existenz gefährdete, als sie vor der Notwendigkeit standen, den Tod eines ihnen bedeutungsvollen Mannes zu akzeptieren, sei es der Tod des Vaters oder der Tod des Ehemannes. Könnten sie möglicherweise das Gefühl gehabt haben, den Tod des Mannes dadurch verursacht zu haben, daß sie ihn seiner Männlichkeit beraubt hatten?
Tamara scheint gute Möglichkeiten zu haben, ihre Krise als einen Wendepunkt nutzen zu können, der sie auf den Weg zu Wachstum und Reife bringt. Sie gehört einer jüngeren Generation an, in der, besonders in den Mittelstandsfamilien, bisexuelles Verhalten tragbar geworden ist. Außerdem unterstützt ihr Mann sie hilfreich in ihren Bemühungen, eine Lösung des gemeinsamen Problems zu finden. Es hat den Anschein, daß es ihr in ihrer Lebenssituation gelingen könnte, sowohl die maskulinen, intellektuellen als auch die weiblichen, mütterlichen Aspekte ihrer Persönlichkeit zu entwikkeln, wie dies ihr Mann bereits tut. Ihre Ehe ist für sie von grundlegender Bedeutung, denn durch sie wird es ihr möglich, den Verlust ihres Vaters und den bisexuellen Konflikt zu überwinden, der durch diesen Verlust vertieft worden war.

Es ist ganz offensichtlich, daß die Interaktion in der Ehe immer einen entscheidenden Einfluß hat auf die Art und Weise, in der ein verheirateter Sohn oder eine verheiratete Tochter auf den Verlust eines Elternteils reagiert. Andererseits kann aber ein solcher Verlust auch die Ehe stark beeinflussen, wie wir dies später am Fall von Mr. und Mrs. Cooper sehen werden.

Felicitys Vater starb ein paar Wochen später als ihre Mutter. Obwohl die Ehe ihrer Eltern eine sehr gute gewesen war, hatte die älteste Tochter, die jetzt vierzig Jahre alt war, ihr ganzes erwachsenes Leben hindurch das Empfinden gehabt, ihrem dominierenden und attraktiven Vater zu nahe zu stehen, um selbst ein unabhängiger, selbständiger Mensch werden zu können. Die Tatsache, daß sie ganz genauso aussah wie er, bestärkte sie noch in ihrer Besorgtheit um ihre eigene Identität. Sie hatte in jeder Weise gegen das starke Band angekämpft, das zwischen ihr und ihrem Vater bestand und hatte sich bewußt geistig und physisch so weit wie nur möglich von ihm entfernt. Dreizehn Jahre vor seinem Tode hatte sie eine Stellung in Afrika angenommen, in der Hoffnung, ihre Freiheit erringen zu können.

Felicity war eine äußerst anziehende Frau; sie war intelligent und tüchtig, und, solange keine starken Emotionen im Spiel waren, hatte sie sich selbst und ihr Leben fest in der Hand. Sie fand Männer anziehend, und sie wirkte selbst anziehend auf Männer. Sie hatte einige bedeutende Verhältnisse mit Männern gehabt, in denen auch die Erotik nicht zu kurz gekommen war, und sie hatte diese Freundschaften auch als zufriedenstellend und schön empfunden, solange diese sie zu nichts verpflichtet hatten. Der Gedanke oder die bloße Erwähnung einer Heirat, einer Änderung ihres Namens und der Einrichtung eines gemeinsamen Heimes waren für sie ganz unannehmbar. Sie war sich durchaus darüber im klaren, daß für sie das Hindernis in ihrer Verbindung zu ihrem Vater bestand. Wenn sie daran dachte, ein Kind zu bekommen, war es das Kind ihres Vaters, das sie sich wünschte.

Diese Selbsterkenntnis gewann sie durch eine therapeutische Beziehung, die sie aufgenommen hatte, als sie nach zehn Jahren aus Afrika zurückkehrte und feststellen mußte, daß sich nichts geändert hatte. Über die besondere Beziehung, die sie mit ihrem Vater verband, war weder jetzt noch je zuvor zwischen ihnen gesprochen worden; es war jedoch ganz offensichtlich, daß die äußere Trennung ihren Zweck verfehlt hatte, und daß die notwendige Trennung innerlich vollzogen werden müsse.

Als sich ihr Vater ein Jahr vor seinem Tod eine unheilbare Krankheit zuzog, nutzte Felicity ihre Therapie, sich auf diesen Verlust vorzubereiten. Nach seinem Tode, der in so kurzem Abstand auf den Tod der Mutter erfolgt war, gelang es ihr, gut mit der doppelten Trauer, all dem Leid und den vielen Aufregungen fertigzuwerden, die diese Sterbefälle mit sich brachten. Auch das Haus verkaufte sie, das ihr Elternhaus gewesen war. Erst als sie in der Brieftasche ihres Vaters, als einzigen persönlichen Besitz, den Brief fand, den sie vor dreizehn Jahren an ihn geschrieben hatte, bevor sie nach Afrika abgereist war, brach ihre Abwehr zusammen. Der Brief sah aus, als sei er tausendmal gelesen worden, und sie begriff, daß der Kampf um die Standhaftigkeit gegen die inzestuösen Wünsche ein gemeinsamer Kampf gewesen war. Sie war von ihrem Vater so geliebt worden, wie sie ihn geliebt hatte. Dieses Wissen war zugleich unaussprechlich gut und erschütternd schmerzlich.

Sie bekam schwere Unterleibsschmerzen, für die keine organische Ursache gefunden werden konnte; diese waren begleitet von einer entsetzlichen Depression und von ausgesprochenen Wechseljahresbeschwerden. Ihr Zustand besserte sich erst, als sie einzusehen lernte, daß der Schmerz, die Beschwerden und die Depression Reaktionen waren auf den Verlust ihres Vaters, der sie jetzt für immer des Kindes beraubt hatte, von dem sie geträumt hatte.

Der Zusammenhang zwischen dem Tod eines Vaters und dem Wunsch seiner Tochter nach einem Kind – oder ihren Schuldgefühlen, weil sie ein Kind erwartet – tritt in meinen Geschichten immer und immer wieder zutage. Dies scheint mit den wiedererwachenden Ödipus-Phantasien des Kindes in Verbindung zu stehen, »ein Kind von Papa haben zu wollen«, wie auch mit dem uralten Gedanken: »Leben um Leben«, den wir noch in alten Kulturen antreffen und in Kindern wiederfinden. Auf einem Hochzeitsempfang flüsterte mir kürzlich der elfjährige Bruder der Braut ängstlich ins Ohr: »Ich

kann nur hoffen, daß Dinah kein Kind kriegt!« Als ich mich erkundigte, ob er sich denn nicht darüber freuen würde, ein Onkel zu werden, sagte er: »O doch! Aber dann muß Oma sterben.«
In welcher Weise der Tod eines Vaters eine Ehe gefährden oder bedrohen kann, können wir aus dem Fall von Mr. und Mrs. Cooper ersehen. Als sie zuerst zu mir kamen, waren sie seit zwei Jahren verheiratet. Sie waren beide Architektur-Studenten. Der unmittelbare Grund, weshalb sie kamen, waren Mrs. Coopers Depressionen und ihre Unfähigkeit, sich auf ihre Studien zu konzentrieren.
Ihr Mann begleitete sie, um ihr in der Sitzung »beizustehen«. Es zeigt sich jedoch bald, daß sie beide beunruhigt waren über Probleme, die ihre Ehe bedrohten, und daß er selbst auch Hilfe suchte wegen seines Anteils an diesen Problemen. Er beschuldigte sich selbst, gefühllos und unfähig zu sein, seine Liebe zu zeigen. Er sagte, daß er sich verärgert zurückziehe, wenn er seine Frau unvernünftig finde, »und das ist sie oft«. Vielleicht sei er egoistisch. Dessen beschuldigten sie sich gegenseitig: »Das Telefon wurde uns abgestellt, weil wir die Rechnung nicht hatten bezahlen können, aber er muß unbedingt ein teures Sportauto haben!« – »Ihre Schränke platzen von Kleidern, aber sie muß losgehen, um neue zu kaufen!« Sie waren beide sehr unglücklich.
Die Coopers waren ein sehr schönes Paar: Er dunkel, groß, männlich – sie blauäugig, schlank, mit langem, hellblondem Haar und sehr anziehend. Ihre liebevolle gegenseitige Anteilnahme, die Unterstützung, die sie sich gewährten, der stumme Austausch liebevoller Blicke, verrieten ein tiefes Verbundensein und nahmen ihren gegenseitigen Anschuldigungen den Stachel.
Mrs. Cooper fühlte sich ihrer selbst sehr unsicher und kein bißchen liebenswert; vom ersten Tag unserer Bekanntschaft an betonte sie, daß die Ursache zu aller Misere in ihrer unglücklichen Kindheit liege. In den ersten fünf Jahren ihres Lebens war sie das geliebte einzige Kind ihrer sehr liebevollen Eltern gewesen, ihres Vaters Liebling, was zu allerlei Eifersüchteleien geführt hatte in einem Haushalt, in dem ihre jungen Eltern uneingeschränkt ihrer eigenen großen Liebe zueinander lebten. Während die Kleine noch in ihren Ödipus-Phantasien verhaftet war, wurde ihre Mutter schwanger,

und in der Folgezeit beschäftigte sie sich vornehmlich mit den Vorbereitungen auf das neue Kind. Hierdurch verschärfte sich der Groll des kleinen Mädchens gegen die Mutter, während ihre Sehnsucht nach dem Vater noch größer wurde. Das Kind war ein Junge, ein ganz besonderes Geschenk des Himmels; und vom kleinen Mädchen wurde erwartet, daß es diesen verhaßten Rivalen auch noch lieben solle. Wenig später wurde die Mutter krank (Gehirntumor), es kam eine neue Trennung, die Mutter starb im Krankenhaus, der Vater litt sehr und das Kind entwickelte in der darauffolgenden Zeit schwere Schuldgefühle.

Die Eltern der Mutter boten dem Säugling sogleich ein Heim an; der kleine Junge ersetzte ihnen nicht allein die verlorene Tochter, sondern auch den Sohn, den sie sich immer vergeblich gewünscht hatten. Er wurde geliebt und zärtlich umhegt und blieb in vollkommener Geborgenheit bei ihnen, bis sein Vater wieder heiratete. Mrs. Cooper hingegen hatte in diesen fünf Jahren, die seit dem Tod der Mutter vergangen waren, kein sicheres und behütetes Zuhause gehabt; sie war in der Verwandtschaft von einem zum anderen herumgereicht worden. Auf ihren kleinen Bruder, der »am meisten geliebt wurde«, war sie äußerst eifersüchtig. Sie wurde immer ungezogener, und es wurde immer schwieriger, mit ihr fertigzuwerden. Wenn sie besonders unglücklich war und weinend nach ihrer Mutter verlangte, überhäuften ihre Tanten sie mit Spielzeug und Geschenken. Wenn sie dann diese Gaben wütend zurückstieß und rasende Wutanfälle bekam, bestraften die Tanten sie, und keiner verstand ihr Elend, ihre Not und ihre Schuldgefühle. Sie verstand sich selbst natürlich auch nicht, aber hätten die anderen Verständnis für sie aufgebracht, hätten sie ihr Liebe gegeben anstelle von Spielsachen. Sie erinnerte sich später daran, wie sehr es sie geschmerzt und verletzt hatte, wenn ihre Verwandten sich darüber beklagt hatten, daß sie die ganze Familie unglücklich mache, weil sie so anders sei als sie, und sich nicht bemühen wolle, sich ihnen anzupassen. Ihr einziger Trost war ihr Vater, der soviel Zeit wie nur möglich mit ihr zusammen verbrachte; auch auf Ferienreisen nahm er sie mit. Schon als sie noch klein war, durfte sie aufbleiben zum Abendessen und sich die schönen Kleider anziehen, die ihr Vater ihr speziell für diese

Gelegenheiten ausgesucht hatte. Er selbst sah so gut und so jung aus, daß alle Leute ihn für ihren älteren Bruder hielten.
Als sie elf Jahre alt war, hörte dies alles auf. Ihr Vater heiratete wieder, und nun konnte er seinem Sohn und seiner Tochter ein Heim bieten. Auf der Hochzeit war Mrs. Cooper eine der Brautjungfern, und sie war schrecklich aufgeregt. Sie dachte, daß jetzt alles viel, viel besser werden würde. Sie würde eine Mutter haben und ein Zuhause, und ihr Vater würde immer da sein. Die Stiefmutter war lieb und freundlich zu den Kindern, und sie kamen gut miteinander aus. Aber der Vater war nicht mehr der, der er gewesen war. Er schien keine Zeit mehr für sie zu haben, er wurde zurückhaltend, vielleicht, wie sie später folgerte, weil er besorgt war wegen der Kollision von Pflichten seiner Frau und seiner Tochter gegenüber, die mittlerweile zu einem jungen Mädchen herangewachsen war.
Sie glaubte, ihn verloren zu haben, fühlte sich abermals zurückgewiesen, ersetzt durch ihre Stiefmutter, auf die sie äußerst eifersüchtig wurde. Gleichzeitig fühlte sie sich schuldig, weil sie so undankbar war gegen die freundliche und hilfreiche Stiefmutter. Es war eine Wiederholung ihrer Kindheitssituation, denn wieder setzte sie sich selbst ins Unrecht, indem sie die Freundlichkeit zurückwies, die ihr entgegengebracht wurde.
Während Mrs. Cooper ihre Geschichte erzählte, hatte ihr Mann sie unterstützt, indem er sie gelegentlich an etwas erinnerte, das sie zu erwähnen vergessen hatte, oder indem er etwas näher erläuterte, was sie gesagt hatte. Trotzdem vermochte er nicht einzusehen, daß die gegenwärtigen Schwierigkeiten das geringste mit *seiner* Kindheit zu tun haben könnten, die, wie er behauptete, sehr glücklich gewesen sei. »Außer«, schaltete seine Frau ein, »daß du adoptiert warst.« Diese Adoption hatte stattgefunden, als er drei Monate alt war. Von seinen richtigen Eltern wußte er nichts, bis auf das eine, daß sie beide Studenten gewesen waren und daß er selbst sozusagen einem Sylvesterunfall sein Leben verdankte. Seine Adoptiveltern hatten ihr eigenes Kind verloren; obwohl sie gut zu ihm waren, fühlte er, daß er eine Enttäuschung für sie gewesen sein mußte, denn er konnte niemals das Kind ersetzen, das ihnen gestorben war. Sicher hätten sie ihr eigenes Kind nicht mit sechs Jahren ins Internat

geschickt, wie sie das mit ihm taten. Von dieser Zeit an sah er nur noch wenig von ihnen, denn er freundete sich mit einem Jungen an, einem Einzelkind, dessen Eltern eine Farm in Cornwall hatten. Sie luden ihn immer ein, seine Ferien bei ihnen zu verbringen, als Spielgefährte und Kamerad ihres Sohnes. In materieller Hinsicht waren seine Adoptiveltern großzügig zu ihm; sie gaben ihm alles, was er brauchte, förderten seine akademischen Interessen, ermöglichten ihm ein Studium und waren stolz auf seine Leistungen. Über ihre eigenen Angelegenheiten sprachen sie jedoch nie mit ihm; sie deuteten nur gelegentlich an, daß sie ziemlich wohlhabend seien, und daß er nie etwas entbehren werde. Dennoch wußte er nie, ob er ihr Erbe sein würde, und dies trug dazu bei, daß er sich ihnen gegenüber unsicher und beklommen fühlte. Er konnte nie wirklich entspannen, und er fürchtete sich, Forderungen an sie zu stellen. Andererseits mochte er es auch nicht, wenn Forderungen an ihn selbst gestellt wurden.

Als er sich verlobte, wurde seine Braut freundlich von seinen Eltern aufgenommen. Eigentlich gab es nichts, worüber er sich hätte beklagen können, wenn es auch niemals ein Gefühl der Wärme zwischen seinen Adoptiveltern und ihm gegeben hatte (und dies lag vermutlich an ihm selbst, wie er sagte). Für den Vater der Frau war es weitaus schwieriger gewesen, einen Schwiegersohn willkommen zu heißen. Mrs. Cooper war es so vorgekommen, als sei die alte Zuneigung ihres Vaters zu ihr in dem Augenblick wieder aufgeflammt, in dem sie einen Geliebten und ihren zukünftigen Mann gefunden hatte. Der Vater hatte ihnen nur widerstrebend und schweren Herzens seinen Segen gegeben.

Die emotionalen Erlebnisse und Erfahrungen dieser beiden Eheleute hatten eine verblüffende Ähnlichkeit miteinander. Beide hatten sie sich von ihrer richtigen Mutter im Stich gelassen und von den verfügbaren Elternfiguren betrogen gefühlt, beide hatten sich stets als die »Zweitbesten« empfunden und niemals als die »am meisten geliebten«. (Für Mr. Cooper hatte sich dieses Erlebnis zusätzlich noch während seiner Ferien wiederholt.) Beide fühlten sich in höchstem Maße schuldig und undankbar, weil sie das nicht hatten schätzen können, was ihnen geboten worden war, weil es niemals das gewesen war, was sie sich gewünscht hatten, niemals das Beste. Die (unbewußte) Anziehung, die sie aufeinander ausübten, hatte ihre Wurzeln wahrscheinlich in diesem Gefühl, daß keiner von beiden einen Vater oder eine Mutter gehabt hatte, auf deren größte und »beste« Liebe sie einen Anspruch gehabt hätten, so daß ihnen nun niemand im Wege stand, als sie, einer für den anderen, die am meisten und »besten« geliebten wurden, womit sich ihr tiefstes Bedürfnis schließlich doch noch erfüllte. Daher rührte ihre Verzweiflung, als alle möglichen unklaren und voreingenommenen Gefühle in ihrer Beziehung zu ihren Eltern sie gefangennahmen, zwischen sie zu treten schienen, und ihre Liebe bedrohten.

Zu dem Zeitpunkt, als ich dieses Ehepaar kennenlernte, – aufgrund eines Notrufs – hatte ich für regelmäßige Sitzungen keine freien Termine mehr. Da sie selbst sich gerade inmitten von Prüfungsschlachten befanden, und es so aussah, als seien wir in unserer ersten Sitzung mit der unmittelbaren Gefahr fertiggeworden (die Frau hatte gedroht, ihre Arbeit aufzugeben, da sie nicht mehr arbeiten könne), einigten wir uns darauf, zehn gemeinsame Sitzungen vorzumerken, und zwar eine pro Monat. Nach der ersten dieser zehn Sitzungen kam es zu einer Krise: In panischem Schrecken riefen sie mich an und baten um noch eine eilige »Not-Sitzung«, was ich ablehnte. Sie hatten ein Buch gelesen, in dem auch Beiträge von mir standen, aus denen sie ersehen hatten, daß ich normalerweise mit Ehepaaren wöchentlich eine Sitzung abhielte, und dies für eine unbegrenzte Zeitdauer. Nun waren sie erbost darüber, daß ihnen wieder einmal »Zweitbestes« angeboten worden war. In all den vielen anderen Situationen, in denen sie das Gefühl gehabt hatten, von ihren Eltern im Stich gelassen zu werden, hatten sie es nie gewagt, ihren Unmut zu äußern. Ich war daher sehr froh darüber, daß sie jetzt imstande waren, ihren Ärger über mich auszudrücken.

Nach diesem stürmischen Beginn – und wahrscheinlich gerade deswegen – verlief unsere Arbeit miteinander weit besser, als ich dies je bei einer Therapie mit monatlichen Intervallen zu hoffen gewagt hätte. Sie waren beide einsichtsvoll und sehr intelligent; sie strengten sich in unseren Sitzungen an, und in den Monaten dazwischen arbeiteten sie hart an sich selbst. Sie machten es mir unmiß-

verständlich klar, daß sie unbedingt das Gefühl haben müßten, meine am meisten geliebten Kinder zu sein. Ihrerseits ließen sie keinen Zweifel daran und sagten es auch mit vielen Worten, daß ich ihre gemeinsame best-geliebte Mutter geworden sei, die einzige, der sie jemals vollkommen vertraut hätten. In der Zeit ihrer Therapie bei mir haben sie beide berufliche Qualifikationen erworben und ein Haus gebaut. Sie haben auch lange Gespräche mit beiden Elternpaaren geführt, die zu einer beträchtlich besseren Kommunikation beitrugen, und zu einem bedeutend größeren Verständnis aller Beteiligten füreinander führten. Sie fühlten sich jetzt gut und sicher geborgen in ihrer Ehe, und wir stellten unsere Sitzungen ein.
Drei Jahre darauf erhielt ich einen verzweifelten Anruf von Mrs. Cooper: sie befinde sich in einer abgrundtiefen Depression. Könnte ich sie sofort empfangen? Wieder kamen sie beide zusammen bei mir an, der Mann, um mich ins Bild zu setzen und aufs Laufende zu bringen. Beide beteuerten sie, daß alles gutgegangen sei, seitdem wir uns das letzte Mal gesehen hatten. Sie waren erfolgreich gewesen in ihrer Arbeit, waren begeistert von ihrem Haus und überglücklich, einen kleinen Jungen zu haben, der jetzt neun Monate alt war. Drei Monate nach der Geburt des Kindes war Mrs. Coopers Vater ganz plötzlich einem Herzversagen erlegen. Seit seinem Tode war sie wieder zutiefst deprimiert, verhielt sich böse, gereizt und aggressiv gegen ihren Mann, der sich die größte Mühe gab, seine ganze Einsicht und all sein Mitgefühl zu mobilisieren, um ihr darauf nicht mit Irritation und Zurückweisung zu antworten. Er empfand es als besonders schwer, daß seine Frau sich nicht von ihm helfen und trösten lassen wollte, daß sie ihn sexuell zurückwies und es nicht ertragen konnte, wenn er ihr körperlich nahekam. Sie behauptete: »Dann siehst du aus wie mein Vater.«
Obgleich sie beide erschreckt und verwirrt waren, strahlten sie ein unzerstörbares Gefühl inniger Zusammengehörigkeit aus. Mrs. Cooper war ihrem Mann offensichtlich dankbar für seine Unterstützung in ihrer Not und in ihrem dringlichen Hilfeersuchen. Ich spürte, daß diesmal sie es war, die Hilfe brauchte, mehr als die Ehe, und so vereinbarten wir ein paar Einzelsitzungen.
Diese waren zunächst ausgefüllt mit bösen Gefühlen gegen ihre

Stiefmutter, die leidgebeugt sei und sich aufführe, als sei sie die einzige Leidtragende; sie tue gerade so, als ob Mrs. Coopers Verlust und der ihres Bruders unbedeutend seien im Vergleich zu dem ihrigen. Sie habe sie nicht teilhaben lassen an der Trauer, noch an sonst irgend etwas, das dem Vater gehört hatte. Sie habe sich sogar geweigert, dem Bruder eine Brieftasche herauszugeben, die dieser selbst früher einmal dem Vater geschenkt hätte, und die dem Vater ganz besonders lieb gewesen sei. Sie spreche unablässig von Geld, obwohl doch das Testament des Vaters ganz unmißverständlich besage, daß seine Frau die Alleinerbin sei. Das Schlimmste von allem sei jedoch, daß die Stiefmutter nunmehr Ansprüche stelle an die Unterstützung und Hilfe, das Mitgefühl und die Liebe, die einer Mutter zustünden; das erfüllte Mrs. Cooper mit Haß gegen sie. Die ersten Einzelsitzungen brachten wir damit zu, über ihre reaktivierten Empfindungen zu sprechen, die das Geben, Nehmen und Betrogenwerden betrafen, und ihre Besorgnis, nicht als die Hauptleidtragende anerkannt und wiederum zur Zweitbesten degradiert zu werden. Schließlich vermochte sie einzusehen, daß sie außerstande sei, für ihre Stiefmutter Verständnis und Mitgefühl aufzubringen, obwohl sie würdigte, daß diese sich sehr bemüht habe, ihr und ihrem Bruder eine gute Mutter zu sein, und sie auch wisse, wie vereinsamt sie jetzt sei, und wie schwer sie an ihrem Verlust trage. Mrs. Cooper fühlte sich schuldig, aber sie konnte ihrer Stiefmutter dennoch nicht verzeihen, daß sie immer so tue, als sei sie ihre richtige Mutter – und das sei sie eben nicht – und Ansprüche an sie stelle, die bei richtigen Kindern angemessen sein mochten, die sie und ihr Bruder jedoch nicht anzuerkennen vermöchten, ohne sich selbst untreu zu werden.

In der darauffolgenden Sitzung rief sie sich die angstvolle Verstörung ins Gedächtnis zurück, die sie gequält hatte, als ihr Vater wieder heiratete und sie zurückwies. Das Bild, das sie jetzt von ihrem Vater zeichnete, war ein anderes als das, was ich aus unseren früheren Sitzungen kannte. Sie stellte ihn jetzt weitaus verführerischer dar, und sich selbst beschrieb sie als fest entschlossen, die kleine Herrin des Hauses werden zu wollen. Sie beschrieb, wie sie so gut wie nichts von ihrer Mutter gewußt hätte, da ihr Vater nie von ihr gesprochen habe. Sie hätte die Verwandten mit bohrenden Bitten um Auskünfte geplagt und erfahren, daß ihre Mutter Schauspielerin und hinreißend schön, überaus fröhlich und von sprühender Vitalität gewesen sei, eine liebreizende, heitere, fröhliche und aufrichtige Frau, in die ihr Vater leidenschaftlich verliebt gewesen wäre. Er selbst war ganz anders, ruhig und besonnen, ein Bücherwurm, und müsse seine Frau ungemein schmerzlich entbehrt haben. Die Familie bekräftigte, daß er nach ihrem Tode verzweifelt gewesen sei und versucht habe, ein wenig Trost zu finden in seiner kleinen Tochter, die in seiner zärtlichen Zuneigung den Platz der Mutter eingenommen habe. Er sei sehr stolz auf das Aussehen seiner Tochter gewesen, habe es geliebt, ihr langes, hellblondes Haar zu bürsten, ihr wunderschöne Kleider zu kaufen und habe es herrlich gefunden, mit ihr anzugeben. Nicht nur zu ihrem eigenen Geburtstag, sondern auch am Geburtstag ihrer Mutter habe er ihr Geschenke gemacht. Ihre Stiefmutter erzählte ihr später, wie erleichtert die Familie gewesen sei, als der Vater wieder geheiratet hätte, denn das enge Verhältnis zwischen Vater und Tochter habe ihnen Anlaß zu ziemlicher Besorgnis gegeben. Mrs. Cooper selbst sei sich dessen bewußt gewesen, daß ihr Vater nicht wollte, daß sie erwachsen werde, sondern sich wünschte, daß sie ein Schulmädchen bliebe. In einer Mischung von Zufriedenheit und Verärgerung sprach sie von des Vaters eindringlichen Bemühungen, sie vom Heiraten abzuhalten. Und dabei habe sie gespürt, daß ihr Vater erst nach ihrer Heirat mit sich selber Frieden geschlossen habe und glücklicher und gelöster geworden sei. Allerdings habe sie von Anbeginn gefühlt, daß ihr Vater mit ihrer Stiefmutter nie wirklich glücklich gewesen sei. Nach ihrer eigenen Heirat habe er in einer Nachbarin eine Freundin gefunden, die eine Philosophin war, und mit der er seine intellektuellen Interessen habe teilen können. Mrs. Cooper fiel es leichter, diese Philosophenfreundin als Trost für ihren Vater zu akzeptieren, die so völlig anders war als sie selbst und ihre Mutter, als ihre Stiefmutter, die seine sexuelle Partnerin war. In den Sitzungen sagte Mrs. Cooper über ihren Vater: »Ich habe ihn idealisiert, und das tue ich immer noch. Alles, was mit ihm zusammenhängt, ist mir wert und teuer. Es wäre eine verlockende Aufgabe für mich, die Dinge zu erreichen, die er erreicht hat, nicht zuletzt, so wie er, das Gefühl haben zu dürfen, mit sich selber Frieden geschlossen zu haben, und mit so vielem ins reine gekommen zu sein.«

Als sie zum letztenmal mit ihrem Vater allein gewesen war, hatte er ihr sehr geheimnisvoll einen Kasten mit Fotos von ihrer Mutter und ihm selbst übergeben; es waren viele Bilder darunter, auf denen ein glückliches, schönes, junges Paar zu sehen war. Dies Geschenk hatte er ihr kurz nach der Geburt ihres kleinen Sohnes gegeben, die für ihn eine so ungeheuer große Freude gewesen war. Sie hatte daher angenommen, daß dieser Kasten ein Geschenk an sie sei, dafür, daß sie ihn zum Großvater gemacht hatte. Später meinte sie jedoch, ihr Vater müsse ein Vorgefühl seines Todes gehabt haben, als er ihr diesen kostbaren Kasten gab, und sie ist zutiefst unglücklich darüber, diese Gelegenheit verpaßt zu haben, mit ihm über ihre Mutter und ihr gemeinsames Leben zu sprechen. Jetzt, da ihr Vater tot sei, habe sie ihre Mutter endgültig verloren. »Als Vater noch lebte, war Mutter in ihm lebendig und nicht völlig verloren für mich.« Erst jetzt fühle sie sich wahrhaft verwaist, und aufgrund dieses Gefühls sei sie so böse auf ihre Stiefmutter geworden wegen ihrer »falschen Ansprüche«, ihre Mutter sein zu wollen.

In unseren Sitzungen trauerte sie schmerzlich abwechselnd über den Verlust ihres Vaters und den ihrer Mutter. »Ich erinnere mich jetzt deutlich daran, daß ich, als meine Mutter starb, mir so inständig wünschte, in jeder Weise genauso zu werden wie sie. Vermutlich glaubte ich, sie so lebendig in meinem Inneren bewahren zu können, und ich weiß, daß ich auch meines Vaters wegen so sein wollte wie sie . . . Ich wollte alles über sie wissen, wie sie ausgesehen hatte, was für sie im Leben von Wichtigkeit gewesen war. Ich wollte ihre Persönlichkeit verstehen, und ich war immer beglückt, wenn jemand feststellte, daß ich ihr in irgendeiner Weise ähnlich sei.«

Dieses Trauern um ihre Mutter, das nun möglich war, schien für Mrs. Cooper eine tröstliche Erleichterung zu sein. Bald fing sie an, Zukunftspläne zu schmieden, und mit immer größerer Freude sprach sie von ihrem wundervollen kleinen Jungen und erzählte von der »begeisterten Vernarrtheit« seines Vaters in ihn. »Ich weiß, daß für mich der Gedanke an meine verlorenen Eltern immer schmerzlich sein wird, aber jetzt kann ich auf diese Gefühle zurückblicken wie auf etwas, das der Vergangenheit angehört – und dabei wissen, daß mein Leben der Zukunft und meinem Mann gehört.«

Jetzt, da ich dies schreibe, ist Mrs. Cooper lange nicht mehr so deprimiert, aber sie wird noch einer beträchtlichen Hilfe bedürfen, damit sie ihre Eltern wirklich begraben und frei genug werden kann, ihren Mann noch einmal zu wählen, als den Mann, den sie wahrhaft braucht und nicht als einen »Zweitbesten«. Da er selbst inzwischen sehr viel selbstsicherer, seines eigenen Wertes bewußter und seiner Autonomie gewisser geworden ist, könnte er imstande sein, seiner Frau bei der Bewältigung dieser schwierigen Aufgabe zu helfen.

Daß ich die Gelegenheit hatte, mit diesem Ehepaar vor und nach dem Tode von Mrs. Coopers Vater zu arbeiten, hat mir geholfen, sowohl die Übereinstimmung als auch die Unterschiede klarer zu erkennen, die zwischen der Ehetherapie und der Therapie des Trauernden bestehen. Grundsätzlich führen bei beiden die gleichen Konflikte zur Krise. In der Zeitspanne, in der sich unsere erste therapeutische Verbindung abspielte, hatte Mr. Cooper seine Frau insgeheim unterstützt in ihren inzestuösen Phantasien, ihrem Neid, ihrer Eifersucht und ihren Zweifeln an sich selbst. Seine eigenen Zweifel an sich selbst, seine Verwirrung über Fragen der Abhängigkeit, des Gebens und Nehmens und seine Schuldgefühle und Zwiespältigkeiten im Verhältnis zu seinen Eltern hatten die Probleme und Nöte seiner Frau noch vertieft. Damals hatten wir diese verschwörerische Wechselwirkung des Ehepaares in den Mittelpunkt unserer therapeutischen Zusammenarbeit gestellt.

Der Tod von Mrs. Coopers Vater, der so kurz nach der Geburt ihres Sohnes erfolgt war, hatte ihre ungelösten Konflikte reaktiviert, insbesondere ihre inzestuösen Phantasien, wie auch ihre Schuldgefühle, weil sie um ihre Mutter noch nicht getrauert hatte. Die Idealisierung ihrer Eltern, die alles verkörpert und besessen hatten, was lebenswert war, hatte ihr eigenes Leben wertlos erscheinen lassen. Die therapeutische Wirkung meiner Sitzungen mit ihr wurde dadurch unterstützt, daß ihr Mann sie jetzt nicht mehr in ihren Ängsten bestätigte und bestärkte. Er war jetzt imstande, sie ihren eigenen Kummer haben und aufarbeiten zu lassen, wie auch ihr eigenes Trauern und ihre eigenen Depressionen. Er half ihr durch seine Liebe und sein Verständnis. Dies ermöglichte es ihr, ihr leidvolles Trauern um ihren Vater durchzustehen und zu der lange hinausgezögerten und verdrängten Trauer um ihre Mutter zu gelangen. Als sie dies einmal vollbracht hatte, war sie befreit von ihrer ausschließlichen, gedankenverlorenen Beschäftigung mit der Vergangenheit und konnte endlich anfangen, in die Zukunft zu blicken. In der letzten Nachricht, die ich von ihr erhielt, teilte sie mir mit, daß sie drei Monate Urlaub von ihrer Arbeit nehmen werde, um sich ihrem Mann und ihrem Sohn zu widmen und wiedergutzumachen, daß sie sich eine so lange Zeit hindurch fern von ihnen gefühlt hatte. Auch wollte sie, daß ihr Sohn sich sicher und geborgen bei ihr fühlen solle, bevor sie ein neues Kind bekäme, was sie sich wünschten.

Bisher habe ich hauptsächlich von erwachsenen Töchtern gesprochen; wie steht es um die erwachsenen Söhne? Mr. Todd, dessen Vater einer alten, sehr bekannten Familie angehörte, hatte immer seine Mutter beschuldigt, die aus einem etwas niedrigeren Stand kam, es den Kindern unmöglich zu machen, die der Familie gemäße Rolle in der Gesellschaft aufrechtzuerhalten. Er persönlich argwöhnte außerdem, daß sein Vater ihn nie geachtet habe, weder intellektuell noch als Mann. Nach dem plötzlichen Tod seines Vaters war er zutiefst deprimiert; er fühlte sich aufs stärkste heimgesucht von den widersprüchlichsten Impulsen. In diesem Augenblick brauchte er dringend einen überzeugenden Beweis von der weiteren Familie seines Vaters, daß er zu ihr gehöre, und daß er und seine Geschwister anerkannt seien. Als die Familie und die Freunde nach der Beerdigung noch volle zwei Wochen im Hause zusammenblieben, eine geschlossene Gruppe von Trauergästen, war dies für Mr. Todd von höchster Wichtigkeit als »ein Erlebnis, das weit über das Trauern hinausging«.

Parallel zu seinem Bedürfnis, als ein geachtetes Mitglied einer hochgeachteten Familie anerkannt zu werden, fühlte er sich in einem überwältigenden Ausmaß homosexuellen und heterosexuellen Impulsen gnadenlos ausgeliefert. Dies war ihm völlig neu, überkam ihn ganz unerwartet. Zunächst hatte er die Zwangsvorstellung, in öffentlichen Toiletten anonyme Penisse anfassen zu müssen. Es war ihm, als verbinde er sich mit seines Vaters Potenz, wenn er diese anonymen Männer berührte, die stellvertretend für seinen Vater dazusein schienen. Bis dahin hatte er große Hemmungen gehabt, war seiner maskulinen Sexualität sehr unsicher gewesen. Jetzt drängte es ihn ebenso zwanghaft zu einem Sexualverkehr mit Mädchen, insbesondere mit solchen Mädchen, für die sich sein Vater interessiert hatte, und möglichst an Orten, die sich in seiner Vorstellung eng mit seinem Vater verbanden, wie seine Bibliothek und sein Schlafzimmer.

Drei Monate nach dem Tode seines Vaters heiratete Mr. Todd eines der Mädchen, die der Trauergesellschaft angehört hatten, ein Mädchen aus der Arbeiterklasse. Aus seinem starken Bedürfnis heraus, die Potenz des Vaters für sich selbst zu erlangen, übertrieb er hier wie in allen anderen Aspekten seines Lebens auch, was er als einen Ausdruck der Persönlichkeit seines Vaters ansah. Es war ihm sehr wichtig, seiner Frau einen Ehering zu schenken, der seines Vaters Mutter gehört hatte.

Sigmund Freud stellt in seinen »Bemerkungen über einen Fall von Zwangsneurose« einleuchtend den Zusammenhang dar, der zwischen dem Tod eines Vaters und der Sexualität eines Sohnes besteht, indem er seinen Patienten zitiert, der nach einem erfolgreichen Beischlaf ausruft: ». . . das ist doch großartig, dafür könnte man seinen Vater ermorden!«[1]

In welcher Weise der Tod einer Mutter den gehemmten Antrieb ihres Sohnes zu Wachstum, Leistung, Potenz und schließlich zu seiner Heirat affizieren kann, mag die folgende Geschichte veranschaulichen.

Im ersten Kapitel dieses Buches habe ich den tragischen Tod meiner Freundin erwähnt, die an einem elektrischen Schlag starb. Ihr Sohn Walter war über den Tod seiner Mutter, die eine bekannte Schauspielerin gewesen war, tief erschüttert und niedergeschlagen. Obgleich er nur bis zu seinem vierten Lebensjahr mit seiner Mutter zusammengelebt hatte – weil zu diesem Zeitpunkt die Ehe seiner Eltern zerbrach –, hatte er sie stets tief verehrt. Seine Kindheit und seine Jugend waren nach der Trennung von seiner Mutter sehr verunsichert gewesen, und er hatte sehr vieles entbehren müssen. Er hatte nie Geborgenheit kennengelernt und kaum eine Ausbildung genossen. Obwohl nie etwas von seinem Groll und seinem Unmut gegen seine »innig geliebte Mutter« bis in sein Bewußtsein vordringen durfte, wurden diese verdrängten Gefühle darin ausgedrückt, daß er sich weigerte, etwas zu lernen, und die ihm gegebenen Möglichkeiten sinnvoll zu nutzen, wie auch darin, daß er Arbeiten annahm (wie zum Beispiel die eines Taxifahrers), die für einen Menschen, der wie seine Mutter in der Öffentlichkeit stand, demütigend waren. Solange seine Mutter lebte, blieb Walter in untergeordneten Stellungen und zeigte keinerlei Ehrgeiz. Wenngleich seine Mutter das Verhalten ihres Sohnes auch mißbilligte, und ihm höchst kritisch gegenüberstand, so war sie in vertrauter Zweisamkeit mit ihm doch sehr liebevoll und geradezu verführerisch. Aber in der Öffentlichkeit lehnte sie ihn ab, verleugnete ihn, insbesondere nach seiner ersten Heirat mit einem Mädchen, das sie völlig indiskutabel fand. Zu einem großen Teil war es ihrem Einfluß zu verdanken, daß diese Ehe auseinanderging.

Er heiratete ein zweitesmal, diesmal eine Freundin seiner Mutter, eine sehr nette, warmherzige Frau, die ihn innig liebte, ihn so nahm, wie er war, und die ihn mit einem gemütlichen Heim versorgte, in dem seine Mutter ein willkommener Gast war. Das Ehepaar schien sehr glücklich miteinander zu sein, aber zu der Zeit, als seine Mutter starb und Walter in seinen Vierzigern war, erzählte er mir, daß kein Mann, der eine solche Mutter hätte wie er, jemals eine andere Frau wirklich lieben könne. Ein Jahr später, als er und seine Frau ihre Ferien bei mir verbrachten, bekannte er sich beim Geschirrspülen ganz beiläufig zu sehr beunruhigenden Träumen, in denen seine Mutter ihn besuche, und er sie mit den Worten zurückweise: »Das ist nicht fair, Mutter, da du nun einmal fortgegangen bist, mußt du auch fortbleiben.« Im Zusammenhang mit diesen Träumen war er imstande, mir etwas von den starken Bindungen zu erzählen, die er immer zu seiner Mutter empfunden habe, die »mich wie schwere Gewichte unten hielten; ich fange gerade erst an, mich ein wenig freier zu fühlen«. Bald darauf bekam er eine bessere Stellung und entwickelte neue Interessen. Er schien jetzt freier zu sein, seine Möglichkeiten besser nutzen zu können; er war nicht mehr so niedergedrückt vom Gewicht seiner Schuldgefühle aufgrund seiner inzestuösen Phantasien; auch schien er sich von seinem unbewußten Bedürfnis zu befreien, seine Mutter zu strafen, was in hohem Maße ein Teil dieser Phantasien war.

Mehrere Jahre nach dem Tode seiner Mutter verliebt sich Walter in eine Frau, die typische Wesenszüge seiner Mutter hat, obgleich sie ganz anders aussieht. Sie akzeptiert ihn allerdings ganz und gar nicht so, wie er ist, und wie seine Frau dies tat. Sie stellt hohe Ansprüche an ihn, ist sehr kritisch und behandelt ihn in vielerlei Beziehung wie einen nützlichen, reizenden Unterlegenen, – so wie seine Mutter es getan hatte. Auch sie hat ehrgeizige Pläne für ihn und spornt ihn an, aber, im Gegensatz zu seiner Mutter, hilft sie ihm dabei und ermöglicht es ihm, dem Ziel näherzukommen. Walter hat seine zweite Frau um die Scheidung gebeten, obwohl sie noch immer sein bester Freund ist, und er immer noch das Gefühl hat, mit keinem anderen Menschen so gelöst sein und so lachen zu können wie mit ihr. Aber er hat die Frau gewählt, die er mit seiner Mutter identifizieren kann, und er hofft, mit ihr einige der gegenseitigen Kränkungen, Verletzungen und Zurückweisungen wiedergutmachen zu können, von denen sein Verhältnis zu seiner Mutter belastet gewesen war. Er sagt, daß er sich durch seine neue Liebe seiner Mutter näher fühle, als dies je zu ihren Lebzeiten der Fall gewesen sei.

Wir wissen von Marcel Proust, daß er sich nach dem Tode seiner geliebten Mutter gedrängt fühlte, etwas zu finden, das ihren Platz einzunehmen vermöchte, und daß er sich zum ersten Male in seinem Leben ernsthaft an die Arbeit begab. Das Werk, das durch diesen Tod ins Leben gerufen wurde und an dem er von da an arbeitete, war *Auf der Suche nach der verlorenen Zeit,* und es verwandelte ihn in einen großen Romanschriftsteller. Für Proust wurde der Verlust zu einem wesentlichen und bedeutsamen Faktor, der ihn veranlaßte, die verlorene Zeit und die verlorenen Menschen zu seiner Hauptbeschäftigung zu machen; in seinem leidenschaftlichen Bestreben, diese zurückzugewinnen, wurde er zu einer international bekannten literarischen Gestalt.

In all diesen erwachsenen Söhnen und Töchtern haben wir parallel zu ihrem Trauern einen Auftrieb beobachten können zu Wachstum und Befreiung ihrer eigenen Kräfte und Möglichkeiten. Es ist außerdem überzeugend deutlich geworden, daß diese Menschen von ihrem Verlust bis in die tiefsten Wurzeln ihres Seins getroffen wurden, obwohl sie in ihrem äußeren Leben unabhängig waren von ihrem verlorenen Vater oder ihrer verlorenen Mutter. Wir müssen uns fragen: Welchen Einfluß und welche Wirkung hat der Tod eines Elternteils auf einen Jugendlichen, der schon normalerweise in diesem Stadium seiner Entwicklung in seinen Neigungen und Bedürfnissen zwischen Regression und Progression hin- und herschwankt, der sich in dem einen Augenblick wie ein Erwachsener verhalten kann und im nächsten wie ein Kind, und der hinsichtlich seiner Identifikation noch unsicher ist, ob er zum Vater oder zur Mutter neigt, zum Männlichen oder zum Weiblichen? Der Tod eines Elternteils wird unvermeidlicherweise die Aufarbeitung dieses verwirrenden Zustandes unterbrechen, und der Jugendliche wird möglicherweise ernstlich leiden, wenn er nicht in einer ihn wohlwollend unterstützenden nächsten Umgebung Hilfe erfährt.
Oscar war fünfzehn, als sein Vater nach einer langen Krankheit starb. Seine Familie bestand aus einer hilflosen Mutter, einer ziemlich herrischen älteren Schwester und einem jüngeren Bruder. Ursprünglich waren sie aus einem anderen Lande gekommen, und so hatten sie hier keine Verwandten. Es war kein erwachsener Mann da, der Oscar hätte helfen können. Die liberale jüdische Gemeinschaft, der die Familie angehörte, erwartete, daß ein männliches Mitglied, insbesondere der Sohn, einer vom Todesfall betroffenen Familie alles tue, was getan werden müsse. Oscar, der immer ein freundlicher und sensibler Junge gewesen war, waltete still und fraglos seines Amtes, ohne jede Hilfe.
Nach der Beerdigung des Vaters machte die Familie kurze Ferien an der See. An einem sonnigen Nachmittag saßen Oscar und seine Schwester, die immer ganz besonders gute Freunde gewesen waren, zusammen auf einem kleinen schattigen Platz am heißen, sonnenbeschienenen Strand. Plötzlich griff Oscar in rasender Wut seine Schwester an, schlug wie wild mit seinen Fäusten auf sie ein. Der

unmittelbare Anlaß zu seinem Zornanfall war scheinbar der, daß sie mehr als ihre Hälfte des Schattens für sich in Anspruch nahm; möglicherweise war sie bei anderen Gelegenheiten oft zu sehr im Rampenlicht gewesen. Dieser Angriff kam jedoch dermaßen unerwartet, fiel so völlig aus dem Rahmen der Persönlichkeit des Jungen, daß die Schwester Angst bekam und ganz verwirrt wurde. Ihre Besorgnis wurde noch größer, als Oscar gleich nach dem Angriff ohne ein Wort verschwand und den ganzen Tag über nicht wiederzufinden war. Als er schließlich zurückkehrte, war er kreidebleich und schweigsam. Der Zwischenfall wurde nie mehr erwähnt. Wenige Wochen später stellte es sich heraus, daß Oscar eine Nierenerkrankung hatte.

Wir wissen heute, daß der Tod eines Elternteils besonders in der frühen Jugend ein traumatisches Erlebnis ist. Für Oscar war die Belastung offensichtlich zu groß gewesen, die durch den Tod des Vaters entstanden war, in Verbindung mit der Verpflichtung, so beherrscht und plötzlich erwachsen sein zu müssen. Erschwerend kam noch hinzu, daß ihm das eigene Trauern vorenthalten wurde. Er konnte seine Unmutsgefühle über die großen Anforderungen, die an ihn gestellt wurden, nicht gegenüber seiner hilflosen Mutter zum Ausdruck bringen, ebensowenig wie gegenüber seinem jüngeren Bruder, der beschützt werden mußte. So blieb denn nur die herrische Schwester übrig, auf die er losschlagen konnte. Da diese jedoch zugleich sein Freund war, und ihm liebevoll zur Seite stand, wurde sein Konflikt durch die Schlägerei eher noch vertieft, als daß sie ihm eine Entlastung gebracht hätte.

Die folgenden beiden Geschichten über den Verlust von Eltern in der Jugend lernte ich erst kennen, als die trauernden Jungen bereits verheiratete Erwachsene waren. Diese beiden Männer versuchten immer noch, jeder auf seine eigene Weise, mit den Problemen fertigzuwerden, die seit der Zeit des Verlusts noch nicht hatten gelöst werden können.

Mr. Hall und seine junge Frau suchten mich auf, um wegen eines Eheproblems meinen Rat zu erbitten. Der Mann war verwirrt darüber, daß seine Frau so unvernünftige und überspannte Ansprüche stellte. Sie war ein Alice-im-Wunderland-Geschöpf, schrieb Gedichte und lebte in einer Traumwelt. Sie beklagte sich darüber, daß ihr Mann keine Initiative zeige und kein Selbstbewußtsein habe: »Nie spricht er ein Machtwort! Er würde mir sogar einen Mord durchgehen lassen!« Mrs. Hall war im Alter von drei Jahren von ihrem Vater verlassen worden. Danach war sie nur noch auf Ausflügen und bei vergnüglichen Anlässen mit ihm zusammengewesen. Von ihrer Mutter war sie verwöhnt worden, denn diese brauchte das Gefühl, vom Kind am meisten geliebt zu sein. Weder Vater noch Mutter hatten ihr Geborgenheit vermittelt.

Mr. Halls Vater, der Mathematiklehrer war, hatte sich seiner exzentrischen Frau, einer Dichterin, nur dadurch zu erwehren gewußt, daß er sich hinter seine Zahlen und nüchternen Tatsachen zurückgezogen hatte. Je ferner er ihr entrückt war, um so erregter und gefühlsbetonter war sie geworden. Als Mr. Hall, ihr jüngster Sohn (es gab noch einen sehr viel älteren Bruder) fünfzehn war, hatte seine Mutter immer wieder zeitweise in Nervenheilanstalten eingewiesen werden müssen. Eines Tages, kurz nach einer Entlassung, als sie noch unter Drogeneinfluß gestanden hatte und er allein mit ihr im Hause gewesen war, hatte sie sich durch eine Ungeschicklichkeit beim Kochen selbst angezündet. Es war dem Jungen nicht gelungen, seine Mutter zu retten; sie war wenige Tage darauf unter Qualen gestorben. Als ob dies an sich nicht schon schlimm genug gewesen wäre, beschuldigte ihn nun sein älterer Bruder, seine Mutter niemals verstanden und sie nie genug geliebt zu haben. Als Mr. Hall zwanzig war, heiratete er eine Frau, die, soweit wie nur irgend möglich, das Ebenbild seiner Mutter war. Es war sein Vorsatz, an seiner Frau das gutzumachen, was er bei seiner Mutter versäumt hatte. Er war immer sanft und verständnisvoll, wurde niemals böse, »sprach nie ein Machtwort«. In Wahrheit behandelte er seine Frau nicht wie einen Menschen mit eigenen Bedürfnissen und einer eigenen Identität, sondern wie ein Abbild seiner gestörten Mutter, deren Bedürfnisse zu erkennen er in der Vergangenheit versäumt hatte. Während er an seiner toten Mutter eine Schuld wiedergutmachen wollte, mißlang es ihm, zu seiner lebenden Frau eine echte, innere Bindung herzustellen.

Mr. Gough war ein seinem Beruf zutiefst verpflichteter Naturheilkundiger. Als ich ihn fragte, was ihn veranlaßt habe, diesen Weg einzuschlagen, antwortete er: »Der Tod meiner Eltern hat mein Interesse für das Überleben geweckt.«

Als Mr. Gough vierzehn war, starb seine Mutter. Zu seiner großen Erleichterung befand er sich zu diesem Zeitpunkt nicht zu Hause, sondern im Internat und nahm nicht an der Beerdigung teil. Sein Vater starb zwei Jahre darauf, als Mr. Gough gerade in seinen Schulferien zu Hause war. Der Tod des Vaters bedeutete eine Erlösung für ihn, denn er wollte nicht sein Nachfolger im Geschäft werden; wie er wußte, war dies seines Vaters Wunsch gewesen. Er hatte viel von seinem Vater gehalten, aber respektiert hatte er ihn nicht. Seiner Mutter hatte er weitaus nähergestanden. Sie war an Krebs erkrankt, als er gerade ins Internat aufgenommen worden war. Er vermutet, daß man ihn dort hingeschickt hatte, um ihn aus dem Wege zu haben. Er hatte seiner Mutter niemals verzeihen können, daß sie ihn durch ihr Sterben verlassen hatte; damals hatte er dies noch nicht so empfunden, aber jetzt war er von diesem Gefühl erfüllt. Sein Vater war ohne seine Frau so unglücklich und verloren gewesen, daß er nicht mehr hatte leben wollen, und darum konnte sein Sohn über seinen Tod nicht traurig sein.

Mr. Gough ist sich darüber im klaren, daß er weder um seine Mutter noch um seinen Vater getrauert hat, und er weiß auch, daß er sich gegen den Schmerz des Verlusts zu wehren gewußt hatte, indem er gute Gründe suchte und fand, sich selbst erlöst und erleichtert zu fühlen. Seine einzige bedeutsame Erinnerung, in Verbindung mit den beiden Sterbefällen, waren die Worte, die er den Pfarrer am Grabe seines Vaters hatte sprechen hören: »Es gibt keinen Tod. Das Leben geht in anderer Gestalt weiter.« Dieses, so meinte er, habe zuerst sein Interesse an der Philosophie des Überlebens entfacht.

Mr. Gough hatte eine um vier Jahre ältere Schwester, die ein Jahr nach dem Tode ihrer Mutter geheiratet und sich bald nach ihres Vaters Tod wieder hatte scheiden lassen. (Der Vater hatte in der Zeit vor seinem Tode allein gelebt.) Sie fing an, Medizin zu studieren, beendete ihr Studium jedoch nicht; jetzt ist sie ebenfalls Naturheilpraktikerin. Dieses gemeinsame Interesse, das ihnen zur Berufung wurde, ist zu einem starken Band zwischen Bruder und Schwester geworden, die früher nur ein sehr entferntes Verhältnis zueinander hatten.

Nach dem Tode seiner Eltern gewann Mr. Gough ein Interesse für den Spiritualismus: »Ich wollte wissen, ob es ihnen gut ginge.« Von da an begannen verschiedene esoterische Philosophien ihn in ihren Bann zu ziehen. Unterstützt von seiner Schwester, führten diese Interessen schließlich zu seinem gegenwärtigen Beruf als Naturheilkundiger.

Er heiratete im Alter von dreiundzwanzig Jahren, viel eher als beabsichtigt; seine Frau sah genauso aus wie seine Schwester. Dies hatte ihn bewogen, seine Pläne zu ändern. Da es den Anschein hatte, daß sie selbst keine Kinder bekommen könnten, adoptierten sie zwei. Mr. Gough sagte, daß er es für wichtiger halte, den Kindern ein Heim zu bieten, die in Not seien, als sich selbst in eigenen Kindern fortzusetzen. »Ich glaube nicht an Blutsbande«, fügte er hinzu.

Als sie zehn Jahre verheiratet waren, kam es zu einer ernsten Krise zwischen ihnen. Die junge Frau beklagte sich über den Gefühlsmangel ihres Mannes: er interessiere sich zu wenig für sie und die Familie. Sie baten um therapeutische Hilfe, die es ihnen ermöglichte, die Krise zu überwinden. Aufgrund der Therapie wurde es Mr. Gough bewußt, daß er sich seit dem Tode seiner Mutter gefühlsmäßig nicht weiterentwickelt hatte, und daß seine Sexualität und seine Beziehungen zu Frauen nach wie vor gehemmt und verklemmt waren.

Fast unmittelbar nach der Aussöhnung wurde die Frau schwanger; sie bekam ein kleines Mädchen, das sie stillte, bis es vierzehn Monate alt war. Sie konnte dieses Kind nicht aus den Augen lassen. Mit Erstaunen stellte Mr. Gough die große Veränderung fest, die mit seiner Frau durch die Schwangerschaft und das Muttersein vor sich gegangen war. Er selbst bestand jedoch darauf, daß seine Gefühle für das jüngste Kind sich in nichts von seinen Gefühlen für die adoptierten Kinder unterschieden. »Wenn überhaupt, fühle ich mich jetzt eher den größeren Kindern noch näher, da ich das Baby meiner Frau überlasse und mich aus dieser besonderen Beziehung zurückziehe.«

Kürzlich schlug seine Schwester vor, daß seine Familie zu ihr ziehen solle in ihr Natur-Kurheim. Dann könnte ihr Bruder als ihr Partner mit ihr zusammenarbeiten. Ihn könnte das schon reizen, aber seine Frau lehnte es ab. Sie befürchtete, daß seine Schwester möglicherweise zu einer großen Gefahr für die Ehe werden würde.

Ich war fasziniert von Mr. Goughs Geschichte, durch die sich die Ängste vor inzestuösen Triebwünschen hindurchziehen wie ein roter Faden. Diese Ängste wurzeln vermutlich in den Phantasien des vierzehnjährigen Jungen, dessen Mutter starb, bevor es ihm gelungen war, mit diesen Phantasien fertigzuwerden.

Er war damals mit seinen intensiven Schuldgefühlen allein zurückgeblieben, glaubte, etwas getan zu haben, das den Tod seiner Mutter verursacht hatte. Mr. Gough hat heute noch Angst vor Schmerz und Leid, die ihm ein emotionales Engagement zufügen könnte. Wir wissen nicht, welches Erlebnis seiner frühen Jahre die unverwischbaren Voraussetzungen zu dieser Angst geschaffen hat. Sein brennendes Interesse für das Überleben könnte möglicherweise seinen Ursprung in einem Kampf ums Überleben haben, der in seinen ersten Kinderjahren stattgefunden hat und an den er sich zurückerinnert; vielleicht hatte er damals um das Überleben als ein autonomes Wesen gekämpft in einer übermäßig engen Beziehung zu seiner Mutter oder in der Rivalität mit seinem Vater. Daß er die Bedeutung von Blutsbanden ableugnet, steht wahrscheinlich in einem Zusammenhang mit seinen inzestuösen Triebwünschen gegenüber seiner Mutter und seiner Schwester. Gegen seinen bewußten Wunsch heiratete er ein Mädchen, weil es so aussah wie seine Schwester. Die Eheschließung der Schwester unmittelbar nach dem Tod ihrer Mutter, und ihre Scheidung nach dem Tod des Vaters mag ein Hinweis darauf sein, daß auch sie die Flucht vor der Familie ergriffen hat aus Angst vor zu nahen Beziehungen zu ihrem Vater und ihrem Bruder. Nunmehr fühlen sich Bruder und Schwester geschützt und abgesichert durch ihr gemeinsames Interesse für die Naturheilkunde. Nur. Mrs. Gough spürt noch eine Gefahr.

Mr. Gough stellt bereits die Weichen, die es ihm erlauben sollen, sich von seiner jüngsten Tochter zurückzuziehen und zu vermeiden, ihr zu nahe zu kommen. Immerhin ist er sich seiner Verweigerungen und Verdrängungen bewußt geworden. Die Krise, die seine Ehe bedroht hatte, wurde für ihn zu einem Antrieb, eine Veränderung herbeizuführen. Er hat seine verspätete Trauer um seine Eltern etwas aufarbeiten können, und er hat begriffen, daß die zuvor verdrängte Trauer seine Entwicklung gehemmt hat. Es ist ihm auch klargeworden, daß er gefühlsmäßig noch immer der vierzehnjährige Junge ist, der dem Schmerz über den Tod der Mutter nicht ins Auge zu sehen wagte.

Während Mr. Gough außerstande war, seinen lebenden Eltern Hilfe und Trost zuteil werden zu lassen, drängte es ihn, sich nach dem Tode von ihrem Wohlergehen im Jenseits zu überzeugen. Ich fragte mich, ob die beruhigenden Worte des Pfarrers – »Es gibt keinen Tod« – an die sich Mr. Gough zwei Jahre nach der Beerdigung seines Vaters erinnerte, tatsächlich jemals ausgesprochen wurden. Damals hatte er angefangen, sich mit dem Fortbestand des Lebens zu befassen, wodurch sich die Wahl seines gegenwärtigen Berufs ergab. Er hat es sich zur Aufgabe gemacht, kranken Menschen, zu denen er keinerlei persönliche Beziehungen hat, zum Überleben zu verhelfen. Durch seine hingebungsvolle, fürsorgliche Beschäftigung mit seinen Patienten versucht er, all das wiedergutzumachen und auszugleichen, was er außerstande war, jenen zu geben, die einen Anspruch an seine Gefühle stellten. Er ist zu einem hochqualifizierten, geschätzten und geachteten Helfer und Heilenden geworden, aber es fällt ihm nach wie vor schwer, zu seiner Familie ein liebevolles und zärtlich fürsorgendes Verhältnis zu finden. Er wehrt sich insbesondere noch immer dagegen, die Wichtigkeit und Bedeutung der Beziehungen einzuräumen, die er um alles in der Welt nicht verlieren möchte.

Als ich mit Mr. Gough sprach, einem Mann, der immer lächelt, hatte ich das Empfinden, daß er in seiner eigenen Welt lebt, einer Welt, in der es weder Schmerz noch Tod gibt, und die ihm Schutz bietet gegen wirkliche Bindungen und Verluste.

In den vorausgegangenen Berichten über die Reaktionen jugendlicher und erwachsener Söhne und Töchter auf den Tod eines Vaters oder einer Mutter haben wir gesehen, wie gewaltig der Einfluß ist, den Phantasien, Schuld und Angst auf diese Reaktionen ausüben. Wieviel mehr noch muß dieses bei einem kleinen Kind der Fall sein, dessen Wirklichkeitssinn bestenfalls dürftig ist und dessen Leben selbst von seinen Eltern abhängt. Jede Veränderung seiner Lebenslage bedeutet eine Gefährdung seiner Geborgenheit, bringt Ängste mit sich und führt zu einer Versuchung, aus der furchterregenden Wirklichkeit ins Reich der Phantasie zu fliehen. Diese Flucht vor der Wirklichkeit und die damit verbundenen Verhaltensweisen des Kindes sind für Eltern nur schwer zu verstehen. Die Angst und die Wut, die ein kleines Kind geradezu zwangsläufig empfindet, und die sich gegen die sterbende oder tote Mutter richtet (oder den sterbenden oder toten Vater), weil diese das Kind »im Stich läßt«, aber auch gegen den überlebenden Elternteil, der so verändert zu sein scheint. Diese Reaktion des Kindes verstärkt noch die eigenen Ängste des überlebenden Vaters oder der überlebenden Mutter; und so bildet sich möglicherweise ein Teufelskreis, in dem jeder die qualvolle Verzweiflung des anderen noch vertieft.

In unserer Zeit, in der immer wieder eindringlich darauf hingewiesen wird, daß die frühesten Jahre eines Kindes von grundlegender Bedeutung sind und eine so wichtige Rolle spielen in der weiteren Entwicklung jedes Menschen, fühlen sich die Eltern mit Schuld beladen und von dem Gefühl gequält, versagt zu haben, wenn sie glauben, daß es ihnen nicht gelungen sei, ihrem Kind die notwendige Sicherheit vermittelt zu haben, die eine Vorbedingung dafür ist, daß die ernsteste Krise, der Verlust eines Elternteils, für die Betroffenen zu einem Wendepunkt werden kann, der zu Wachstum und Reife führt. Besonders schmerzlich ist es in einem solchen Fall für Einzelkinder, denn Geschwister können sich oftmals gegenseitig helfen und trösten, wenn der überlebende Elternteil alle Kräfte aufbieten muß, um mit dem eigenen Kummer, dem eigenen Groll und der eigenen Schuld fertigzuwerden. In dieser Situation kann der überlebende Elternteil seinem einzigen Kind indirekt am besten dadurch helfen, daß er auf die Hilfe anderer vertraut, die nicht so unmittelbar vom Verlust betroffen sind, beispielsweise den Großeltern oder einem Schullehrer.

Wir werden sehen, wie bedeutungsvoll eine solche Hilfe für Tim

wurde, der wiederholt schwere Verluste erleiden mußte und wie später, als sein Vater wieder heiratete, seine Stiefmutter, unterstützt durch das Vertrauen ihres Mannes, ihm helfen konnte.
Tim war sieben, als seine Mutter starb. Dieser Tod war für ihn nicht das erste schmerzliche Erlebnis einer Trennung. Im Alter von achtzehn Monaten war er zusammen mit seinen Eltern während der Ferien in einem fremden Haus einquartiert. Da geschah diesem sehr geliebten Einzelkind das Unglück, daß es eine Pfanne mit siedend heißem Fett herunterriß und sich verbrühte. Unter qualvollen Schmerzen mußte er lange im Krankenhaus liegen, wo man ihn eine Zeitlang geradezu kreuzigte, indem man seine Arme und Beine an die Gitterstäbe seines Bettchens festband. Das Krankenhaus sperrte sich gegen Besuche, und Tims Eltern mußten um jede Stunde des Zusammenseins mit dem Kind kämpfen. Die Tatsache, daß sie an diesem Ort auch noch Fremde waren und weder ein Heim noch Freunde hatten, machte die Not der langen, angstvollen Trennung von ihrem Kind noch schlimmer.
Tims Brandwunden und die seelischen Wunden, die sie alle davongetragen hatten, waren noch nicht verheilt, als ein Jahr darauf Tims Mutter krank wurde. Wieder kam es zu Krankenhausaufenthalten, und eine Trennung folgte der anderen. Als schließlich Krebs diagnostiziert wurde, begann für die kleine Familie eine fast fünf Jahre andauernde Zeitspanne, in der zu Hause eine Atmosphäre tiefster Angst herrschte, in der die Belastung immer schwerer und die Trauer immer größer wurde. Tims Vater war von all dem Kummer und Schmerz und den Belastungen, die auch die praktischen Probleme mit sich brachten, so beschwert und aufgewühlt, daß er, der ein außergewöhnlich sicherer Autofahrer war, zwei Unfälle in diesen Jahren hatte. Außerdem flammte seine alte Tbc wieder auf.
Tims Vater hatte seinen eigenen Vater verloren, als er noch ein kleiner Junge war, und damals hatte seine Mutter ihn dahingehend beeinflußt, Leid und Trauer zu verleugnen, so wie sie selbst dies tat. Jetzt, in dieser neuen Krise aufgrund der tödlichen Krankheit seiner Frau und ihres Todes, kam der unbewältigte Schmerz über den früher erlittenen Verlust wieder heraus; die einzige Möglichkeit, mit dieser Verzweiflung fertigzuwerden, schien wieder die zu sein, Leid

und Trauer aufs neue zu verleugnen. Diesmal schloß der Teufelskreis, den die Abwehrmechanismen dreier Generationen durch Verleugnung und Verdrängung von Schmerz und Trauer heraufbeschworen hatten, Tim mit ein. Als man bei ihm die ersten Anzeichen einer Störung bemerkte – er machte die Hosen voll, als er seine Mutter im Krankenhaus besuchte – deuteten seine Eltern dies zunächst als eine Rückerinnerung an seine eigenen qualvollen Krankenhauserlebnisse. Aber schon bald wurde es ihnen beunruhigend klar, daß Tim durch sein Einkoten seine Wut auf seine Mutter ausdrücken wollte: Sie sollte dafür bestraft werden, daß sie ihn »im Stich ließ« – wie er es empfand.

Als seine Mutter starb, war Tim kaum eine Anteilnahme anzumerken. Sein äußerliches Leben lief zunächst unverändert weiter, denn die verwitwete Mutter seines Vaters, die im Nachbarhaus wohnte und in den letzten Jahren ihren Sohn und ihren Enkel betreut hatte, tat dies genauso weiter. Tim schien sie bereitwillig als einen Mutter-Ersatz zu akzeptieren, – zu bereitwillig, als daß man ihm hätte anmerken können, daß der Verlust ihn getroffen hatte. Erst als wenige Monate nach dem Tode seiner Mutter sein Meerschweinchen starb, begann man, an Tim ernstliche und hartnäckige regressive Symptome festzustellen. Am beunruhigendsten war seine langanhaltende Schlaflosigkeit. Sein Vater suchte daraufhin eine heilpädagogische Beratungsstelle auf und vereinbarte dort eine Behandlung, auf die Tim gut reagierte. Seine Symptome verschwanden bald, und als sein Therapeut England verlassen mußte, hielt man Tim für soweit genesen, daß man meinte, seine Behandlung beenden zu können. Tims Lehrer waren in dieser Zeit geduldig und verständnisvoll und halfen und unterstützten den Jungen nach besten Kräften. Dies trug sehr zum Erfolg der Therapie bei. Aber weder die Lehrer noch sonst irgend jemand bemerkten die starken Abwehrmechanismen der Verleugnung in diesem kleinen Jungen, der es vorzog, so schnell wie nur möglich in die »Gesundheit« zu flüchten, statt seinem Schmerz ins Auge zu sehen.

Als Tim neun war, heiratete sein Vater zum zweitenmal: seine Frau war viel jünger, einsichtsvoll und warmherzig. Trotz seiner ärgerlichen Frage: »Wozu brauchst du denn hier noch eine Frau?« schien

Tim gut mit seiner neuen Mutter auszukommen. Er hatte allerdings dreimal innerhalb des ersten Jahres kleinere epilepsie-ähnliche Anfälle, die als Äußerungen seiner Aggression erkannt werden konnten.

Ein Jahr darauf zog die Familie um. Wenig später, während einer der häufigen Abwesenheiten seines Vaters, als seine Stiefmutter ihm gerade beim Baden half, bekam Tim einen Tobsuchtsanfall. Als Reaktion auf das Verständnis und Mitgefühl seiner Stiefmutter war es ihm zum ersten Male möglich, auf direktem Wege seinen Groll, seinen Schmerz und seinen Unmut zum Ausdruck zu bringen darüber, daß er so anders sei als alle anderen Kinder (er hatte keine eigene Mutter, und Brandwunden verunzierten ihn) wie auch über die vielen Veränderungen, Konfusionen und Aufregungen, die er hatte durchmachen müssen. Nach diesem Ereignis kam er in seiner neuen Umgebung zur Ruhe, machte sich gut in der Schule und erwarb sich Freunde.

Als Tim fast dreizehn war, starb der Vater seines besten Freundes, und von Stund an wollte Tim nichts mehr mit seinem Freund zu tun haben; er gab klipp und klar zu verstehen, daß er die Traurigkeit seines Freundes nicht ertragen könne. Bald danach, als sie aus den Sommerferien heimkehrten, erfuhr Tim, daß sein Schuldirektor, mit dem er nicht gerade auf gutem Fuße gestanden hatte, ganz plötzlich gestorben sei. Seine unmittelbare Reaktion darauf schien Erleichterung zu sein, er zeigte geradezu ein Triumphgefühl, aber wenig später wurde er deprimiert, zog sich in sich selbst zurück und konnte in der Schule eine bemerkenswert lange Zeit nicht mehr arbeiten.

Tims Großmutter, die in seiner Kindheit eine so wichtige Rolle gespielt hatte, entschloß sich nun, wieder zu heiraten, und zwar einen Nachbarn, der zur gleichen Zeit wie sie den Ehepartner verloren hatte. Die beiden älteren Leute waren sich gegenseitig eine unschätzbare Hilfe gewesen, und für Tim war dieser Mann schon lange ein Ersatz-Großvater gewesen. Das alte Ehepaar zog aufs Land, und ihr neues Heim versprach eine große Bereicherung in Tims Leben zu werden. Dieser Stief-Großvater starb jedoch, nach nur wenigen Monaten des Glücks, ganz plötzlich an einem Herzanfall. Tim reagierte sofort mit großer Betrübnis auf diesen Tod, und seiner Großmutter erwies er die herzlichste Anteilnahme. Dann, noch bevor ein Jahr vergangen war, zog sich der Vater seiner Stiefmutter, der ihm ein großer Freund geworden war, eine lähmende, verkrüppelnde Krankheit zu, und es ging rasch bergab mit ihm. Tim konnte seinen Kummer und seine Angst offen zeigen. Als der Mann wenige Jahre später starb, war Tim imstande, sein Leid und seine Trauer über den Verlust auszudrücken. Durch seine innige Anteilnahme an der Trauer seiner beiden Großmütter gelang es ihm dann auch, seine so lange hinausgezögerte Trauer um seine Mutter aufzuarbeiten.

Trotz all seiner emotionalen Belastungen konnte Tim seine letzten Schuljahre erfolgreich beenden. Später, auf der Universität, war er erfolgreich und heiratete eine Mitstudentin. Die beiden jungen Leute führen ein volles und ereignisreiches Leben.

Als kürzlich die Mutter jenes Schulfreundes starb, dem Tim damals die Freundschaft kündigte, weil sein Vater gestorben war, war Tim jetzt für die trauernde Familie eine große Hilfe, nicht allein aufgrund seines warmherzigen Mitgefühls, sondern auch durch sein tatkräftiges und einfallsreiches Mitwirken bei der Erledigung all der notwendigen Angelegenheiten.

Es scheint, daß Tim die traumatischen Erlebnisse und Beängstigungen seiner Kindheit aufgearbeitet hat, in deren Mittelpunkt seine Angst davor gestanden hatte, was seine Aggression seiner Mutter angetan haben könnte.

Wir müssen uns nunmehr die Frage stellen: Hätte es, bei einer geringeren Gefährdung seiner Existenz, eine andere Möglichkeit gegeben, Tim, trotz seiner beharrlichen Verleugnungsmechanismen, zu helfen, und wenn ja, welche?

In »The Complexity of Mental Pain Seen in a Six-year old Child Following Sudden Bereavement!« beschreibt Martha Harris die vielschichtigen, verworrenen Leiden von James, der befürchtet, daß seine Aggression seinen Vater getötet habe. Sie zitiert das Kind: »Ich wollte, er hätte mich nicht angeschrien, – ich habe ihn dann auch angeschrien.« Als Mrs. Harris ihn darauf fragte, ob er denn meine, daß sein Schreien seinen Vater krank gemacht haben könne, sah er sie sehr eindringlich an und sagte: »Wenn man klein ist, ist man sehr stark, und wenn man alt ist, wird man schwächer und schwächer – auch wenn man noch so laut schreien kann – und dann stirbt man.« Mrs. Harris erklärte James, daß er, obwohl er wisse, daß er klein sei, fühle, daß er in seiner Wut groß und mächtig werde und imstande sei, einen großen Mann wie seinen Vater verschwinden zu lassen.[2]

James war ein sehr intelligentes und im Grunde selbstsicheres Kind. Er hatte einen nur wenig älteren Bruder; die beiden Brüder konnten ihr erstes Verlusterlebnis zusammen durchleiden. Im Verlauf der ersten drei Monate nach dem Tode seines Vaters, konnte James in sechs therapeutischen Sitzungen geholfen werden, seine Selbstvernichtungsängste, seine Konflikte, die er sein »Durcheinander« nannte, mit neuen Augen anzusehen. Marjorie Mitchell weist darauf hin, daß

> die Behauptung, ein gesichertes Kind könne sich in einer befriedigenderen Weise mit dem Tode befassen als ein ungesichertes, inzwischen zu einer Binsenwahrheit geworden sei, aber es sollte noch hervorgehoben werden, daß, je dynamischer, intelligenter und schöpferischer ein Kind ist, es um so tiefere Gefühle und stärkere Bindungen hat ... Solche Kinder leiden entsetzlich, wenn sie von einem Verlust betroffen werden, aber, anders als das psychologisch unsichere Kind, werden sie ihr Leid in irgendeiner Weise ausdrücken und dadurch objektivieren können[3].

Wir haben gesehen, daß bei Tim, der mit langandauernden und wiederholten Belastungen fertigwerden mußte, therapeutische Hilfe einen Heilungsprozeß in Gang setzte, der zur Grundlage einer gesunden Entwicklung wurde, auf der dann in der Folge seine Familie und seine Lehrer weiterbauen konnten, ein jeder in seiner eigenen Weise. Eine therapeutische Intervention ist jedoch nicht immer und überall verfügbar, und sie ist auch nicht für alle Kinder notwendig, die einen Vater oder eine Mutter verlieren. Der überlebende Elternteil steht möglicherweise selbst unter einer zu großen Anspannung, um mit den Bedürfnissen des Kindes in ausreichendem Maße vertraut zu sein. Können Lehrer, die mit den Kindern laufend in Kontakt stehen und die ersten sind, die Anzeichen einer Störung wahrnehmen, diese Hilfe übernehmen? Um hierzu befähigt zu sein, brauchten sie vielleicht selbst etwas Hilfe (zum Beispiel in entsprechenden Kursen und Lehrerseminaren), damit sie zu einem besseren Verständnis gelangen und ein feineres Gespür bekommen für die besonderen Bedürfnisse eines Kindes zum Zeitpunkt eines solchen Verlustes. Auch müßten diese Lehrer sich gegen die Gefühle zu schützen wissen, die möglicherweise in ihnen selbst aufgewühlt werden könnten. Nur wenn diese Voraussetzungen gegeben wären, könnten sie dem Kind ein Gefühl der Sicherheit vermitteln gegenüber seinem Schmerz über den erlittenen Verlust, seiner eigenen Reizbarkeit, seinem Groll und vor allem gegenüber seinen Selbstvernichtungsängsten. Es ist nicht leicht, die oftmals irrationale Angst und Feindseligkeit eines Kindes zu verstehen, und diesen Verhaltensweisen mit Toleranz und Mitgefühl zu begegnen.

Vielleicht besteht die wichtigste Aufgabe des Lehrers darin, nicht erst das Eintreten eines solchen Verlustes abzuwarten, sondern mit den Kindern bei jeder sich bietenden Gelegenheit über den Tod zu sprechen, um auf diese Weise dem Tabu entgegenzuwirken, das zu einer inneren Verdrängung der Neugierde führt, und alle möglichen Formen von irrationalen Beängstigungen und grauenvollen Träumen mit sich bringt.

Um eine solche Aufgabe in einer gelassenen und gelösten Weise anpacken zu können, benötigt der Lehrer Befugnisse, Hilfe und Unterstützung. Als ich kürzlich hörte, daß an einer der neuen Universitäten die Dissertation eines Studenten über das Thema »Wie soll man mit Kindern über den Tod sprechen?«, die in einem Sonderkursus für Erziehungsfragen vorgetragen wurde, als »nicht erzieherisch« abgetan wurde, sank mir das Herz. Ich faßte jedoch wieder Hoffnung durch das Verhalten von zwei Lehrerinnen, über die ich in den folgenden Geschichten von Sue und Paul berichten möchte.

Miss Roberts hatte in ihrer Klasse ein trauriges, introvertiertes fünfjähriges Mädchen, das Sue hieß. Ihr Vater war beim Bergsteigen tödlich verunglückt, als sie zwei Jahre alt war. Seine Leiche war nie gefunden worden, und ihre Mutter hatte nie aufgehört, auf seine

Rückkehr zu warten. Im ersten Schuljahr der kleinen Sue mußte Miss Roberts wegen einer Erkrankung drei Wochen lang zu Hause bleiben. Als sie in die Klasse zurückkehrte, war Sue wütend auf sie und benutzte die erste Gelegenheit, ihr kräftig gegen die Schienbeine zu treten, was wirklich weh tat. Miss Roberts bemühte sich, herauszufinden, warum Sue das hatte tun müssen, aber das verwirrte Kind wußte nichts anderes zu sagen als: »Ich dachte, du seist tot.« Erst nach diesem Zwischenfall erfuhr Miss Roberts etwas über den tödlichen Unfall des Vaters, der sich zugetragen hatte, bevor die Familie von Westindien nach England übergesiedelt war. Fortan nutzte diese Lehrerin jede Gelegenheit, in ihrer Klasse über den Tod zu sprechen. Sie war überrascht darüber, wie viele Gelegenheiten sich ganz von selbst darboten, angefangen von der toten Maus, die vor dem Klassenzimmer gefunden wurde, bis zu dem kleinen Jungen, der sich jedesmal die Ohren zuhielt, wenn ein Feuerwehrauto oder ein Krankenwagen vorbeifuhr (die er immer miteinander verwechselte), weil er die Sirenen nicht hören wollte. Es stellte sich heraus, daß seine Mutter ein Baby erwartete, und er wußte, daß sie dann in ein Krankenhaus werde gehen müssen. Er hatte gehört, daß Menschen in Krankenhäusern sterben; sein Großvater sei auch in einem gestorben.

Im Verlauf der hierauf folgenden Diskussion saß Sue schweigend und verängstigt auf ihrem Platz. Sie beteiligte sich in den ersten Wochen nicht an solchen Gesprächen. Dann kamen die Ferien. Als die Schule nach dieser Unterbrechung wieder begann, war Sue bereits eine Stunde zu früh da. Als ihre Lehrerin endlich kam, auf die sie so lange begierig gewartet hatte, flog Sue ihr entgegen, umarmte sie und rief begeistert aus: »Ich dachte, du seist tot!« – die gleichen Worte wie vor einigen Wochen, – aber was für ein ganz anderes Gefühl! In dem nun folgenden Schulabschnitt fing sie an, sich zu beteiligen, wann immer in der Klasse über den Tod gesprochen wurde, und sie schien eifrig bemüht, anderen Kindern zu helfen, wenn diese besorgt oder betrübt zu sein schienen. Sie ist jetzt ein viel fröhlicheres, glücklicheres Kind geworden, das mehr aus sich herauskommt, wenn sie auch immer noch nach allen Ferien begierig auf ihre Lehrerin wartet.

Wir müssen uns daran erinnern, daß Sue ihre hilfsbereite Lehrerin erst drei Jahre nach dem Tode ihres Vaters kennenlernte, drei Jahre, in denen es für die ganze Familie lange, angstvolle Wartezeiten auf die Rückkehr des Vaters gegeben, und in denen schließlich der Umzug in ein fremdes Land stattgefunden hatte. Paul hingegen wurde gleich geholfen, noch vor Ablauf einer Woche nach dem Tode seines Vaters, der ihn in angstvolle Verwirrung gestürzt hatte. Paul ist sieben Jahre alt und besucht als externer Schüler eine Sonderschule für geistig zurückgebliebene Kinder. Eine seiner Lehrerinnen, Mrs. Beck, eine Großmutter von acht Enkelkindern, ist Töpferin. Sie läßt die Kinder mit Ton arbeiten, um ihnen auf diese Weise eine Möglichkeit zu geben, sich auszudrücken. Paul liebt Mrs. Beck, wie die meisten anderen Kinder es auch tun. Ich möchte Mrs. Beck selbst Pauls Geschichte erzählen lassen:

»Als ich Paul kennenlernte, betrug sein geistiges Alter etwa drei Jahre; er konnte kaum sprechen, war Bettnässer und verhielt sich sehr verschlossen. Ich arbeitete gern mit ihm allein, wie ich das mit den meisten dieser Kinder tue. Morgens wartete er immer voller Eifer auf meine Ankunft. Eines Morgens kam er mir blasser und angespannter vor als sonst, aber er begrüßte mich so eifrig wie stets. Er zeigte mir eine Armbanduhr, die ihm offenbar sehr gefiel, und die etwas zu groß für ihn war. Nachdem wir uns an unsere Tonarbeit gesetzt hatten, formte er mit vielen Seufzern etwas, das ganz zweifellos ein Sarg sein sollte, und als ich ihn fragte, ob er vorgehabt habe, einen Sarg zu machen, machte er mit großer Konzentration einen schweren Deckel, den er unter Aufbietung aller seiner Kräfte mit einem Hammer auf den Sarg schlug. Als ich ihn fragte, warum er diesen Kasten so fest schließen wolle, begann Paul zu heulen, warf sich hin, wand sich in großen Schmerzen und hielt sich den Bauch. Ich tat alles Erdenkliche, um ihn zu trösten, aber alle Mühe war vergeblich. Dann entschloß ich mich, ihn zu der Schulleiterin zu bringen. Diese blieb unbeeindruckt und behauptete, daß Paul oft Bauchschmerzen hätte, und daß man sich deswegen keine Sorgen zu machen brauchte. Mir ging das arme, leidende Kind jedoch nicht aus dem Kopf, und, bevor ich am nächsten Morgen die Arbeit mit den anderen Kindern aufnahm, suchte ich die Leiterin auf, um mich nach Pauls Befinden zu erkundigen. Sie behauptete abermals, daß ihm nichts fehle, aber ich weigerte mich, dies einfach hinzunehmen. Ich fragte sie, ob sie Pauls Familie kenne und ob sie wisse, was möglicherweise bei ihm zu Hause passiert sein könne, das ihn vielleicht aufgeregt hätte. Endlich besann sie sich darauf, daß Pauls Vater in der vorigen Woche gestorben sei.

Als Paul mir an diesem Morgen entgegenkam, um mich zu begrüßen und mir wieder seine große Armbanduhr vorzeigte, bewunderte ich sie und fügte hinzu, daß er sicher deswegen so stolz auf seine Uhr sei, weil sie seinem Vati gehöre. Darauf antwortete er nur mit einem Lächeln, und wir setzten uns an die Tonarbeit. Wieder formte Paul einen Sarg, und dann sah er mich an. Ich sagte ihm, daß er diesen Sarg mache, weil er mir etwas von seinem Vati erzählen wolle. Er schien erleichtert darüber, daß ich ihn verstand und ging nun daran, einen Deckel zu formen, den er diesmal behutsam auf den Sarg legte. Eine ganze Woche lang wiederholte Paul all dies, es schien nun beinahe schon ein Ritual zu sein. An jedem Morgen begrüßte er mich, indem er auf seine Uhr hinwies, und ich sagte jedesmal etwas darüber, wie stolz er auf Vatis Uhr sei, und wie sorgfältig er mit ihr umgehe. Dann pflegte er sich hinzusetzen und den Sarg zu formen. Dabei sah er mich erwartungsvoll an, und ich sagte dann irgend etwas, das den Sarg mit seinem Vater in einen Zusammenhang brachte. Der Deckel, den Paul dann daraufhin knetete, wurde von Tag zu Tag leichter, und er wurde mit immer größerer Behutsamkeit und immer sorgfältiger auf den Sarg gelegt. Ich fing an, mich zu fragen, wie lange dies alles wohl weitergehen werde.

Am siebten Tag formte Paul, wie üblich, den Sarg und machte einen sehr dünnen Deckel. Dann nahm er ein scharfes Werkzeug und schnitt große Löcher in den Deckel. Als ich sagte: »So ist es richtig, jetzt kann dein Vati Luft holen«, lächelte er sehr erleichtert. Am folgenden Morgen, gleich im Anschluß an das Uhren-Ritual, fing Paul wieder an, einen Sarg zu machen. Dann sah er mich spitzbübisch an und verwandelte seinen Sarg in einen Korb. Daraufhin formte er Früchte, um den Korb damit zu füllen. Normalerweise nahm ich die Tonarbeiten der Kinder mit nach Hause, um sie in meinem eigenen Ofen zu brennen. Am nächsten Tag ließ ich die Kinder dann ihre

Arbeiten bemalen. Mit Pauls Särgen hatte ich dies nicht getan; als er mir jetzt jedoch vertrauensvoll den Korb übergab, wußte ich, daß sich sein Interesse wieder dem Leben und der Farbe zugewandt hatte. Und es war tatsächlich so: Als ich ihm am nächsten Morgen den nunmehr gebrannten Korb gab, war er hell begeistert. Er suchte sich eifrig die leuchtendsten der bunten Farben aus, und bei jeder Frucht, die er bemalte, sah er mich an, um sich meiner Zustimmung und meines Beifalls zu vergewissern. Dies alles spielte sich vor zehn Monaten ab. Die Veränderung, die Paul seitdem durchgemacht hat, ist überaus eindrucksvoll. Er spricht viel besser, ist kein Bettnässer mehr, hat Vertrauen, kommt aus sich heraus, ist eifrig bemüht, Auszeichnungen für gute Leistungen einzusammeln. Sein geistiges Alter hat sich in diesen zehn Monaten mindestens um zwei Jahre erhöht.«

Das folgende Zitat von Robert Furman ist sowohl für die Geschichte von Tim als auch für die Geschichte von Paul in hohem Maße von Belang:

> Warum ist es so wichtig, daß ein Kind seine emotionale Reaktion auf den Verlust eines geliebten Menschen bewältigt? Es ist vor allen Dingen unerläßlich, dem Kind zu helfen, seine Reaktionen auf das wichtigste Ereignis seines Lebens zu erkennen und zu verstehen. Einem Kind diese Hilfe zu verweigern, hieße mitschuldig daran zu werden, ihm etwas von seinem elementaren Geburtsrecht als menschliches Lebewesen vorzuenthalten. Psychoanalytische Forschungen haben außerdem ergeben, daß ein Mensch, dem es in seiner Kindheit nicht gelingt, einen Trauerprozeß aufzuarbeiten und zu vollenden, sich entweder seinen Gefühlen preisgeben muß, um nicht plötzlich von ihnen überwältigt zu werden, oder aber sein ganzes Leben hindurch von einer Traurigkeit verfolgt wird, für die er keine angemessene Begründung zu finden vermag.«[4]

Literatur und Anmerkungen

1 Sigmund Freud, Bemerkungen über einen Fall von Zwangsneurose, in: Ges. Werke, London 1952, Bd. VII, S. 423.

2 Martha Harris, The Complexity of Mental Pain Seen in an Six-year old Child Following Sudden Bereavement, in: Journal of Child Psycho-Therapy 3, Nr. 3 (Dez. 1973, S. 35-45).

3 Marjorie Editha Mitchell, The Child's Attitude to Death, New York 1967, S. 113.

4 Robert A. Furmann, The Child's Reaction to Death in the Family, in: Bernard Schoenberg et al., Hrsg., Loss and Grief: Psychological Management in Medical Practice, New York 1970, S. 76.

10
Wie den Hinterbliebenen geholfen werden kann

Shakespeare läßt Hamlets Mutter sagen: »Du weißt, 's ist aller Los: was lebt, muß sterben.« Ebenso gewiß ist es daher, daß dem Verlust durch den Tod als einer Tatsache des Lebens ins Auge gesehen werden muß. Aber selbst dann, wenn man diesem Verlust noch so offen und aufrichtig entgegentritt, wird er immer eine Krise herbeiführen, die Krise des endgültigen Verlusts, die wahrscheinlich die ernsteste Krise überhaupt im Leben eines Menschen ist. Welcher Hilfe bedarf ein Hinterbliebener in dieser Situation der schweren Krise? Welcher Art ist die Hilfe, die ihm geboten werden kann?

Aus den Berichten über trauernde, verwaiste Kinder haben wir gesehen, daß das Verhalten der Menschen ihrer nächsten Umgebung – ihrer Lehrer, ihrer Angehörigen – von entscheidender Bedeutung für ihre Genesung ist. Obgleich der erwachsene Trauernde nicht so restlos abhängig ist von seiner »äußeren Welt«, und er besser dazu imstande ist, die Realität eines Verlusts zu begreifen, haben mir doch viele Menschen, mit denen ich gesprochen habe, erzählt, wie überaus verwirrt und verloren sie sich gefühlt hätten, und wie verängstigt sie darüber gewesen wären, daß »sich ihre bisherige Einstellung zum Leben so unbegreiflich einschneidend änderte«. Sie sagten auch, daß sie nicht gewußt hätten, an wen sie sich in ihrer Not hätten wenden, wen sie um Hilfe hätten bitten sollen. Manche von ihnen befürchteten, wahnsinnig zu werden, andere hatten Angst davor, sich selbst in unwiderrufliche, unabänderliche Situationen zu bringen, beispielsweise durch eine überhastete Aufgabe ihrer Wohnung, ihres Hauses. Bei vielen zeigten sich Symptome organischer Erkrankungen, und wenn auch diese Menschen vielleicht nicht zum Arzt gingen oder einen anderen Helfer aufsuchten, so konnten diese Krankheitssymptome doch als eine verborgene Bitte um Hilfe irgendeiner Art verstanden werden.

Sowohl bei organischen als auch bei psychischen Erkrankungen ist man zumindest theoretisch zu der Erkenntnis gelangt, daß Vorsorge und Vorbeugen besser sind als Heilen. Dem Verlust durch den Tod können wir allerdings nicht vorbeugen, aber es wäre eine der wichtigsten und unerläßlichsten Vorsorgemaßnahmen, die Unvermeidlichkeit des Todes und des Trauerns anzuerkennen, und zwar nicht als eine grauenvolle Gefahr, die unheimlich drohend über uns schwebt, sondern als einen wichtigen Bestandteil unseres Lebens, auf den wir uns vorbereiten können. In unserer Gesellschaft ist man heutzutage allerorts darum bemüht, sich auf alle erdenklichen Situationen vorzubereiten, mit denen wir alle fertigwerden müssen: auf die Ehe, auf die Mutter- und Vaterschaft, auf die Schule durch eine immer früher einsetzende Vorschulerziehung, auf Berufe und Stellungen durch alle möglichen Schulungen und Kurse, auf die Pensionierung durch entsprechende Vorbereitungen auf den Abschied vom Arbeitsleben und auf eventuelle Krankenhausaufenthalte – und sicherlich auf noch vieles andere. Nur für die wesentlichste und umfassendste Aufgabe scheint niemand vorbereitet zu werden, die Aufgabe nämlich, vor die jeder Mensch in jedem Alter und zu jeder Stunde gestellt werden kann: Die Aufgabe, zu sterben und einen Verlust durch den Tod zu erleiden.

An den Tod zu denken oder über ihn zu sprechen, muß nicht krankhaft und grauenvoll sein; das genaue Gegenteil wäre möglich. Unkenntnis über den Tod und die Angst vor dem Sterben überschatten das Leben, wohingegen das Wissen vom Tode und die Bereitschaft, den Tod anzunehmen, diesen Schatten aufheben, und das Leben von Angst und Schrecken befreien. Je erfüllter und reicher das Erleben der Menschen ist, um so weniger schreckt sie der Gedanke an den Tod. Es ist, als vertreibe die Liebe zum Leben die Furcht vor dem Tode. Ein Kindertherapeut sagte mir einmal: »Kinder von Eltern, die keine Angst vor dem Tode haben, haben keine Angst vor dem Leben.« In diesem Sinne ist die Erziehung zum Tode eine Erziehung zum Leben, und sie sollte jeder Erziehung zugrunde liegen, sowohl in den Schulen und Universitäten als auch in den Massenmedien.

Obwohl ich davon überzeugt bin, daß die Erziehung zum Tode eine Hauptaufgabe ist in unserer Zeit und in unserer Gesellschaft, so weiß ich aber natürlich auch, daß es nicht einfach ist, unsere herkömmliche Einstellung zum Tode und zum Trauern durch rationales Wissen zu beeinflussen. Diese hat ihre Wurzeln tief im Unbewußten; sie drückt sich oft in einem hochgradigen Irrationalismus aus, der gar nicht zur Persönlichkeit des Trauernden passen mag, ihr unangemessen zu sein scheint. Eine Freundin von mir verlor ihre Mutter, als diese nahezu neunzig Jahre alt war. Sie war früher eine intelligente und liebenswürdige Frau gewesen, aber im Verlauf der letzten zwei Jahre ihres Lebens hatte sie gesundheitlich erschrekkend nachgelassen, und es wurde unmöglich, sie in ihrem eigenen Haus zu versorgen und zu betreuen. Als sich ihre Töchter gerade mit der schmerzlichen Entscheidung herumquälten, ob sie die Mutter in einem Pflegeheim unterbringen sollten, wurde diese krank, ging ins Krankenhaus und starb friedlich innerhalb nur weniger Wochen. Meine Freundin, eine sehr tüchtige und sensible Frau, gestand freimütig ihre Erleichterung darüber ein, daß ihrer Mutter ein langes Leiden und der Aufbruch in ein Heim erspart geblieben waren. Sie erkannte durchaus auch an, daß ihr selbst eine schwere Bürde abgenommen worden war. Dennoch traten bei ihr Symptome zutage, die Verzweiflung, Verwirrung, Gestörtsein verrieten, Symptome, die uns von Situationen des Trauerns vertraut sind. In »Ein sanfter Tod« beschreibt Simone de Beauvoir den plötzlichen Ausbruch von Tränen, der in eine Hysterie auszuarten drohte, als sie die Nachricht erhielt, daß ihre achtundsiebzigjährige Mutter tödlich erkrankt sei. »Bis zu dieser Nacht hatte ich all meine Schmerzen verstanden: selbst wenn sie mich übermannten, erkannte ich mich in ihnen wieder. Diesmal entzog sich die Verzweiflung meiner Kontrolle: jemand anders weinte in mir.«[1]

In vorausgegangenen Kapiteln habe ich versucht, dergleichen »irrationale« Reaktionen als die kindliche Reaktion von Rückwirkungen auf Verluste und Verlassenheiten zu verstehen, die wieder auflebt, wann immer im späteren Leben ein Verlust erlitten wird. Die Erkenntnisse der Tiefenpsychologie haben uns geholfen, einen Zusammenhang herzustellen zwischen den emotionalen Vorgängen früher Kinderjahre und jenen der späteren Lebenssituationen, in denen wir uns hilflos und abhängig fühlen: im Kranksein, im hohen Alter, im Sterben.

In den letzten beiden Jahrhunderten hat eine bemerkenswerte Umgruppierung der Tabus stattgefunden. Im neunzehnten Jahrhundert, als noch jede Familie mit dem Verlust einiger ihrer Kinder rechnen mußte, als noch viele Mütter im Kindbett dahinsiechten und die Menschen in einem jüngeren Alter starben, wurde der Tod in allen seinen Aspekten oft in sensationeller Weise dargestellt, während man andererseits über Geschlechtlichkeit und Geburt nicht sprach, nicht zu sprechen wagte. Während die Literatur des neunzehnten Jahrhunderts eine Literatur des Todes war, hat die Literatur unserer Tage die Sexualität zu ihrem Inhalt. Die Sexualität wird in unserer Zeit hektisch zur Schau gestellt, hemmungslos ins Rampenlicht gezerrt, aber über den Tod spricht man nicht mehr, man schweigt sich über ihn aus. Ein Zeitungsverleger gab kürzlich einem seiner Mitarbeiter den Rat: »Erwähnen Sie nichts von Tod und Sterben, das schreckt die Leser ab, ist der Auflage abträglich.«

> Geburt, und Paarung, und Tod.
> Das ist alles was besteht, wenn's ums Ganze geht.
> Geburt, und Paarung, und Tod.
> T. S.Eliot[2]

Wenn wir wirklich und wahrhaftig und nicht nur intellektuell die Zusammenhänge dieser Grundlagen des Lebens zu akzeptieren vermöchten, könnte unsere Einstellung zu allen realistischer und ausgewogener werden; wir wären imstande, den Tod und das Trauern aus den dunklen Ecken, in denen wir sie verborgen zu halten suchen, ans Licht des Tages zu holen.

Da die Mehrzahl aller Patienten heutzutage im Krankenhaus stirbt, wird der Tod dem Heim ferngehalten. Die Kinder werden davor bewahrt, etwas über den Tod zu erfahren, und die Angehörigen werden davon abgehalten, mit einem Sterbenden in enge Berührung zu kommen. Der Sterbende selbst ist im allgemeinen von den vielen Beruhigungsmitteln zu betäubt, um noch bewußt zu sterben. Beruhigungsmittel können natürlich durchaus notwendig sein, um Schmerz und Beschwerden zu mildern, aber wir sollten uns stets bewußt sein, wie überaus wichtig es ist, diese Mittel mit äußerster Zurückhaltung und Besonnenheit anzuwenden, damit nicht dem sterbenden Patienten und seinen Angehörigen das höchste Erlebnis des »Aufwachens« auf der Schwelle des Todes vorenthalten wird, und sie nicht der Botschaft beraubt werden, die diese letzte Erhellung des Geistes ihnen vermitteln kann.

Wieder und wieder haben Hinterbliebene mit Trauer und Bitternis darüber geklagt, daß es ihnen nicht erlaubt worden sei, im Augenblick des Todes anwesend zu sein, und daß man sie »zu ihrem eigenen Besten« im letzten Augenblick aus dem Sterbezimmer genötigt habe. Sie fühlten sich betrogen, und sie grübelten und rätselten, ob nicht vielleicht eine letzte Berührung, ein Wort, ein Blick sie erreicht haben würde. Aber auch ohne dies meinten sie, daß für sie die Endgültigkeit ihres Verlusts wirklicher geworden wäre, wenn man ihnen erlaubt hätte zu bleiben. Eine der Hauptaufgaben des Trauerns besteht darin, die Tatsache des Verlusts zu akzeptieren. Die Erfüllung dieser Aufgabe hätte man den Hinterbliebenen erleichtern können.

Allerdings wurde es in Gesprächen mit Angehörigen auch oft klar, daß diese ziemlich bereitwillig dem Krankenhauspersonal zugestimmt hatten, weil sie sich davor gefürchtet hatten, was die Begegnung mit dem Tode für sie bedeuten würde, zumal ein Alleinsein mit dem Sterbenden, das für diese letzte Begegnung so ungeheuer wichtig ist, oft unmöglich ist. Es gibt natürlich auch Fälle, in denen der Verstorbene aufgrund eines Unfalls oder gewisser Krankheiten derart verändert und entstellt ist, daß es möglicherweise besser für die Menschen ist, die ihn geliebt haben, ihn jetzt nicht mehr zu sehen. Aber das sind die Ausnahmen. Fast alle Angehörigen, die ich gesprochen habe, die im Augenblick des Todes dabeigewesen waren, oder die ihren Toten noch sehen konnten, äußerten, daß sie Erleichterung und Erlösung und ein Gefühl des Friedens empfunden hätten. Ein junger Mann von achtzehn Jahren, der seine Großmutter hatte sterben sehen, sagte: »Diese Erfahrung hätte ich schon vor langer Zeit machen sollen, dann hätte ich nicht eine solche Angst vor dem Tode gehabt.« Eine Witwe sagte, daß es für sie ein unvergeßliches Erlebnis gewesen sei, ihren toten Mann nochmal zu sehen: »Er sah so jung aus, so schön, so gelöst; mit dem Gefühl einer tiefen Dankbarkeit dachte ich: Dies ist der Körper meines Geliebten.« Diese Witwe wurde Beraterin und Helfende für Hinterbliebene, nicht zuletzt, weil sie ihr Erlebnis mit anderen teilen wollte.

In unserer Gesellschaft herrschen die Bestrebungen vor, möglichst nichts vom Tod zu wissen, und möglichst nicht an ihn erinnert zu werden. Das Sterbehaus wird heutzutage in keiner Weise gekennzeichnet, wie dies früher der Fall war. Man sieht keine heruntergelassenen Vorhänge mehr, man findet keinerlei Hinweis auf einen kürzlich stattgefundenen Tod. Die Hinterbliebenen tragen nur noch selten Trauerkleidung oder sonst irgendwelche äußeren Zeichen. Den Trauerzügen wird kein Respekt mehr erwiesen; man nimmt keine Notiz von ihnen. Beerdigungen und Verbrennungen werden so eilig wie nur möglich »überstanden«. Ich habe kürzlich an einer solchen Feier teilgenommen, die alles in allem sieben Minuten dauerte.

Es ist, als seien alle heimlich übereingekommen, daß gar kein Tod stattgefunden habe. Dieses Beschönigen und Bemänteln läßt keinen Raum für einen psychologischen Übergang, das Hinübergleiten in einen neuen Lebensabschnitt, die »rites de passage«, die den Hinterbliebenen zu helfen vermöchten, sich umzugewöhnen und neu einzustellen von ihrer bisherigen Beziehung zu einem Lebenden auf ihre jetzige Beziehung zu einem Toten; es wird ihnen keine Zeit und Möglichkeit gegeben, sich dem Wandel des eigenen Familienstandes als Ehefrau (Ehemann) zu dem einer Witwe (eines Witwers) anzupassen. In dieser Hast und Eile kann sich keine Atmosphäre bilden, in der Leid und Trauer akzeptiert, unterstützt und geachtet werden. Der Mensch braucht aber die Trauer als Antwort auf den erlittenen Verlust; wenn man ihm diese Reaktion versagt, wird er leiden müssen, psychologisch, physisch oder beides. Die erste therapeutische Aufgabe in unserer Gesellschaft ist daher die, das Trauern zu billigen und gutzuheißen.

Ein Verlust durch den Tod betrifft nicht nur den einzelnen Hinterbliebenen, er zieht auch die Gemeinschaft, in der sich dieser Tod ereignete, in Mitleidenschaft, und der Hinterbliebene braucht das Verständnis und die Hilfe seiner Gemeinschaft. In der Vergangenheit fand die Unterstützung der Gemeinschaft ihren Ausdruck in den Ritualen. Diese »rites de passage« waren magische Bräuche der Zustimmung zum Trauern. Sie halfen dem Hinterbliebenen, sich in seinem neuen Leben einzurichten, und sich der Welt anzupassen, in der er fortan ohne den Verlorenen würde leben müssen.
Die nächste Umgebung des Hinterbliebenen, sei es seine Familie, die Nachbarschaft, die Kirchengemeinde oder die Kollegen an seinem Arbeitsplatz, sie alle müssen sich ebenfalls in das tägliche Leben ohne den Verstorbenen einfügen, und sich mit dem Überlebenden in dessen neuen Stand als Witwer (Witwe) arrangieren. Wenn es in dieser Gruppierung eine Interaktion gibt zwischen der Gemeinschaft und dem Trauernden, die eine Neuorientierung zwischen beiden anstrebt, fühlt sich der Leidtragende weit weniger vereinsamt. Dieses Ziel zu erreichen, war eine der Funktionen der Rituale.
Es gibt auch in unserer heutigen Gesellschaft noch religiöse Gemeinschaften, die Trauer-Rituale innehalten: Quäker-Sekten, die Irische Totenwache, die gemeinsame jüdische Trauer, um nur einige zu nennen, die mir in den Sinn kommen. Nach jüdischem Brauch kommen Angehörige, Freunde und Mitglieder der Jüdischen Gemeinde ins Trauerhaus, wo sie eine Woche lang zusammen verweilen und dem Trauernden alles abnehmen, was getan werden muß, damit er selbst frei werde zu trauern. Eine solche liebevolle Fürsorge und warmherzige Anteilnahme sind für den Hinterbliebenen ein unsäglicher Trost im Augenblick seiner tiefsten Not. Inwieweit ihm dieser Brauch hilft, seinen Weg zurück ins Leben zu finden, weiß ich allerdings nicht.
Viele Gemeinschaften bieten soziale Lösungen an als einen Ersatz für die althergebrachten Rituale. Diese scheinen hauptsächlich darauf abzuzielen, für die Witwe einen Platz zu finden. In einem portugiesischen Fischerdorf, in dem viele junge Ehemänner auf See bleiben, gibt es eine besonders große Anzahl von Witwen. Vor dem Tod ihres Mannes waren Arbeit und Identität dieser Frauen auf ihrer

Tätigkeit als Ehefrauen von Fischern aufgebaut gewesen. Wenn in diesem Dorf ein Mann stirbt, tritt die Witwe sogleich in eine Gemeinschaft ein, die man als einen Witwenklub bezeichnen könnte. Hier tragen alle die gleichen Gewänder, und allsonntäglich besuchen sie gemeinsam die Gräber ihrer Männer; jede von ihnen hat einen Blumenstrauß im Arm und einen Eimer mit Sand auf ihrem Kopf (sie bringen Erde zu ihren ertrunkenen Männern). In ihrem gemeinsamen Schicksal und in den Verpflichtungen und Privilegien ihres Standes, finden diese Witwen eine gewisse Sicherheit und eine tröstliche Geborgenheit.

Die Beginen in Belgien erfüllen eine ähnliche Aufgabe an sich selbst, wenn auch in einer geistig anspruchsvolleren Weise, indem sie gemeinsam gute Taten vollbringen.

Im heutigen China sorgt das Regime für besondere Werkstätten für Witwen. Hier fertigen sie unter anderem die blauen Arbeitsanzüge an, die zur allgemeinen Bekleidung der chinesischen Bevölkerung gehören. Auf diese Weise empfindet sich die Witwe als nützlich und fürsorgend; sie verdient ihren Lebensunterhalt und baut so einen neuen Kreis auf, der sie in Kontakt bringt mit der Gemeinschaft im allgemeinen und mit ihren Kunden im besonderen.

Das ostafrikanische Ritual der zweiten Beerdigung macht es möglich, sowohl für den Lebenden als auch für den Toten Sorge zu tragen. Diese zweite Beerdigung findet ein Jahr nach dem Tode statt. Im Verlauf dieses Jahres wird das lebendige Andenken an den Toten lebhaft bewahrt; seine Familie denkt in Leid und Trauer an ihn, und sie spricht in nicht enden wollenden Gesprächen über ihn. Jedes Kind, das während dieses Jahres geboren wird, erhält den Namen des Verstorbenen. Indessen bereitet die Familie außerdem die zweite Beerdigung vor, an der Verwandte, Freunde und Angehörige des Clans aus dem ganzen Lande zusammenkommen. War der Verstorbene ein Mann, fertigt sein Sohn ein Bildnis von ihm an. Am Tage der einjährigen Wiederkehr des Todestages wird das Grab ein wenig geöffnet; dann wird das Bildnis mit lautem Klagegeschrei auf das Grab gelegt, aber derart, daß der Blick in die entgegengesetzte Richtung geht. Das soll bedeuten, daß der tote Mann nunmehr die lebendige Welt verlassen und sich mit seinen Ahnen vereinigt hat, und daß fortan die Überlebenden frei sind, und ihr eigenes Leben führen können. Die Witwen des Verstorbenen (es können bis zu vier Witwen sein), die das Sterbejahr hindurch um ihren Leib geschlungene Trauerkordeln getragen hatten, heiraten nun wieder, und ihre neuen Ehemänner schneiden die Kordeln am Rande des Grabes durch. Die Atmosphäre verwandelt sich unversehens von Trauer in Freude. Dieses Ritual bekundet die Billigung, daß der Schritt vom Tode zum Leben getan werde, zur Erotik und zu neuer Geburt. Der Trauernde darf diesen Weg ohne Schuldgefühle einschlagen. Da nach dem Gesetz die Ehefrau keine eigenen Vorfahren hat, sondern allein durch den Mann eine Verbindung zur Vergangenheit herstellen kann, ist es für sie von entscheidender Wichtigkeit, aufs neue zu heiraten, bevor sie stirbt. Handelt es sich bei dem verstorbenen Menschen um eine Frau, wird dieser ebenfalls eine zweite Beerdigung zuteil, aber sie erhält kein Bildnis, und ihr Mann muß nicht wieder heiraten.

Rituale drücken das kollektive Unbewußte der Kultur aus, für die sie eine religiöse, soziale und therapeutische Aufgabe erfüllen. In unserer Gesellschaft, in der die persönlichen, engen Bindungen im Mittelpunkt stehen, sind andere, persönlichere Formen der »rites de passage« notwendig. Da solche »rites de passage« bei uns nicht existieren, wird eine zunehmende Anzahl von Beratungsdiensten eingerichtet, sowohl von freiwilligen wie von staatlichen Organisationen. Diese Beratungsstellen bieten dem einzelnen Trauernden oder kleinen Gruppen von Trauernden Hilfe und Unterstützung an. Es ist hier nicht meine Aufgabe, die Arbeit dieser Dienste zu erörtern; ich möchte vielmehr ganz allgemein die Bedürfnisse der Trauernden erkunden, unter Berücksichtigung des Umstandes, daß die Mehrzahl aller Trauernden kaum eine therapeutische Hilfe in Anspruch nehmen wird. Immerhin mag es diesen Menschen helfen zu wissen, daß sie es tun könnten; wir wissen ja, daß physische Symptome zuweilen verschwinden, sobald ein Patient weiß, daß er einen Arzt aufsuchen könnte.

Die Erfahrung der Berater bestätigt, daß unmittelbar nach der Beerdigung Hilfe nicht nur am dringendsten erforderlich, sondern auch am wirkungsvollsten ist. Wenn die erste dumpfe Betäubung und Teilnahmslosigkeit vorüber ist, und die ablenkenden Vorbereitungen, die der Beerdigung vorausgingen, ihren Abschluß gefunden haben, empfindet der Hinterbliebene den Schmerz seines Verlustes am heftigsten. Zu diesem Zeitpunkt muß dann auch die Anpassung an das veränderte Leben vollzogen werden, und da braucht der Trauernde jemanden, der ihm die Hand hält und ihm beisteht, ebenso wie das kleine Kind eines Menschen bedarf, der es festhält und liebevoll an sich drückt, wenn es einen Verlust erleiden muß. Ich habe persönlich nie eine beratende Tätigkeit ausgeübt für Menschen, die gerade von einem Verlust durch den Tod betroffen worden waren. Ich verdanke daher einige der folgenden Beobachtungen den Gesprächen mit Sozialarbeitern, die mit diesem Aufgabenbereich vertraut sind.

Die unmittelbare Aufgabe kann zur Hauptsache darin bestehen, den Hinterbliebenen sprechen zu lassen, ihn alle Einzelheiten der letzten Wochen und Tage wieder und wieder erzählen zu lassen, und ihm einfach nur zuzuhören, in der Gewißheit, daß dieses Sprechendürfen überaus wichtig ist. Das Bedürfnis zu reden, zu klagen, zu jammern, »Trübsal zu blasen«, »sich alles von der Seele zu reden«, und dabei zu wissen, daß jemand wirklich zuhört, ist sehr groß.

In einer Atmosphäre des Vertrauens kann der Trauernde imstande sein, über die Schuldgefühle zu sprechen, die ihn quälen, weil er glaubt, dem Verstorbenen Unrecht getan oder wehgetan oder ihn nicht genug geliebt zu haben. Es mag ihn beängstigen, daß er zuweilen Haß gegen den Verlorenen empfunden oder vielleicht gewünscht hatte, er möge doch schneller sterben, »um es endlich hinter sich zu bringen«, und selbst nicht länger wachen und sorgen und an seinem Leiden teilnehmen zu müssen. Mancher mag sich schuldig fühlen, weil er voll Wut ist auf den Toten, der ihn in der schmerzlichen Not seines Verlusts allein zurückließ. Für den Überlebenden ist es eine echte therapeutische Hilfe, wenn jemand diese seine quälenden Gefühle als einen normalen Bestandteil der Trauer versteht und akzeptiert; diese Hilfe kann ihm ein Berater gewähren oder ein guter Freund.

Die Erfüllung des Bedürfnisses nach einem Menschen, der nur einfach da ist, und sich mit ruhiger Selbstverständlichkeit all der Dinge annimmt, die erledigt werden müssen, die andernfalls der Trauernde selbst tun müßte, kann eine ebenso große Hilfe sein, die den Überlebenden frei macht für seine Trauer. Dieser kann in seinem Leid genauso selbstbezogen sein wie ein Kind, ohne das geringste Empfinden für die Bedürfnisse des helfenden Menschen, der vielleicht nach einer Weile völlig erschöpft ist, und eine Tasse Kaffee verzweifelt nötig hätte. Es ist gewiß nicht leicht, ein Helfer zu sein in Trauer und Leid. Normale Verhaltensregeln dringen möglicherweise gar nicht ins Bewußtsein des Trauernden vor. Wahre, echte Hilfe erwächst aus der Erkenntnis der Tatsache, daß der Trauernde eine schwere Aufgabe erfüllen muß, eine Aufgabe, der er nicht aus dem Wege gehen darf, und die nicht beschleunigt werden kann. Er muß nicht allein den endgültigen Verlust eines geliebten Menschen akzeptieren, er muß zugleich das Erlebnis verarbeiten und bewältigen, mit dem Tode in Berührung gekommen zu sein. John Donnes Worte werden immer wahr sein: Der Tod eines jeden Menschen mindert mich durch mein Mitbetroffensein, da ich in die gesamte Menschheit verstrickt bin.

Colin Murray Parkes hat gesagt: »Es gibt eine optimale Leidensstärke, die von Mensch zu Mensch variiert. Manche weinen und schluchzen, manche verraten ihre Gefühle auf andere Weise. Es ist vor allem wichtig, daß die Gefühle ins Bewußtsein vordringen. In welcher Form sie dann an der Oberfläche in Erscheinung treten, dürfte von untergeordneter Bedeutung sein.« Während ein Trauernder ein sehr großes Bedürfnis nach Mitgefühl und Anteilnahme hat, ist Mitleid das letzte, was er sich wünscht. Mitleid bringt ihn auf Distanz zu seinem Tröster und drängt ihn diesem gegenüber in eine schwächere Position. »Mitleid macht einen zum Objekt; irgendwie wird ein bemitleideter Mensch bemitleidenswert.«[3]

Jeder einfühlsame Freund kann einem Trauernden Trost allein dadurch gewähren, daß er in besonders gefährdeten, verwundbaren Zeiten in regelmäßigem Kontakt mit ihm bleibt. Ein Telefonanruf im Augenblick des Aufwachens könnte der frühmorgendlichen Depression, die der trostlose Ausblick auf einen neuen Tag voll Einsamkeit und Elend heraufbeschwört, den Stachel nehmen. Wenn der Trauernde täglich zur gleichen Zeit fest mit diesem Anruf rechnen könnte, wäre dies therapeutisch sehr wertvoll.

Die Samstagnachmittage, an denen man früher, als man noch ein verheiratetes Paar gewesen war, gewohnheitsmäßig zusammen auszugehen pflegte, dürften ein weiterer wunder Zeitpunkt sein. Eine Freundin von mir, die sich ihrem neuen Leben als Witwe ungewöhnlich gut angepaßt hatte, erzählte mir, daß sie es auch noch Jahre nach dem Tode ihres Mannes zu vermeiden gewußt habe, an Samstagnachmittagen allein zu Hause zu sein, um nicht gezwungenermaßen neidvoll mit ansehen zu müssen, wie ihre verheirateten Nachbarn zusammen ausgingen. Und Mary Stott schreibt: »Mir persönlich wurde die beste Hilfe von einem Freund gewährt, der nahezu an jedem Samstagnachmittag auftauchte, um zwei Klavierduette zu spielen, und ganz nebenbei auch noch im Kofferraum seines Wagens den Pudding für unser Abendessen mitbrachte.«[4]

Die Regelmäßigkeit derartiger Handlungen bedeutet eine ganz besondere Hilfe, weil im Eheleben die regelmäßige Wiederkehr der Ereignisse zu einer Gewohnheit geworden war, die man als etwas Selbstverständliches hingenommen und nun verloren hat und schmerzlich entbehren muß, wenn es sich dabei auch oft nur um Kleinigkeiten gehandelt haben mag.

Alle Hilfe dieser Art, die einem liebevollen Verständnis für die Bedürfnisse des Trauernden entspringt, kann eine ausgesprochene Therapie sein in allen Trauerfällen, in denen es keine Komplikationen gibt. Freunde, Nachbarn und Berater können diese Hilfe ausüben. Wenn jedoch gewisse Umstände darauf hindeuten, daß nicht alles glatt verläuft, wenn der Trauernde langanhaltende Symptome körperlicher Leiden zu erkennen gibt oder übertriebene Schuldgefühle äußert, sich in eine übermäßige Wut verrennt, seine Depressionen nicht weichen wollen, und sein Leid unüberwindlich zu sein scheint, dürfte eine direkte Therapie angezeigt und geboten sein.

Das völlige Fehlen von Kummer und Leid nach einem Verlust ist ebenfalls ein alarmierendes Zeichen. Es ist jedoch so, daß diejenigen, die nicht zu trauern vermögen, höchstwahrscheinlich auch die sind, die jedes Bedürfnis nach Hilfe abstreiten. »Therapie ist nur etwas für verrückte Leute«, sagte ein Witwer dieser Art. Dieser

Mann war in seinen vierziger Jahren und körperlich bei guter Gesundheit. Er hatte seine sterbende Frau hingebungsvoll und mit zärtlicher Liebe gepflegt. Unmittelbar nach ihrem Tode stürzte er sich in die Arbeit, zog um und machte sich emsig mit allen möglichen Vorkehrungen für sich und seine Kinder zu schaffen, immer streng darauf bedacht, den Nacken steif zu halten und etwaige eigene Bedürfnisse abzuleugnen. Er wurde böse auf seine Kinder und regte sich über sie auf, weil sie nach dem Tode ihrer Mutter deutliche Anzeichen von Störungen erkennen ließen. Er war nicht nur außerstande, ihnen zu helfen, sondern er entfremdete sich ihnen auch und hielt sich so weit wie nur möglich von ihnen fern. Sechs Monate nach dem Tode seiner Frau zog sich dieser Mann eine tödliche Krankheit zu und starb.

Es kommt vor, daß nicht der Trauernde selbst, sondern die Menschen seiner nächsten Umgebung es zuerst merken, daß etwas nicht stimmt. Ein Beispiel hierfür war eine kürzlich verwitwete Frau von zweiundsiebzig Jahren, die seit dem Tode ihres Mannes in ihrem örtlichen Krankenhaus viel Verdruß verursacht hatte: Zu jeder Tag- und Nachtstunde tauchte sie im Krankenhaus auf und schrie den Ärzten Anschuldigungen ins Gesicht, behauptete, sie hätten ihren Mann umgebracht und seien nun im Begriff, auch sie selbst zu töten. Die verwirrten und verdutzten Ärzte meinten, daß diese Frau Hausbesuche benötige, und sie baten einen Sozialarbeiter, sie aufzusuchen. Als dieser bei seinem ersten Besuch, nachdem er geklopft hatte, vor ihrer Tür stand, hörte er in der Wohnung energische Bewegungen. Als die Frau jedoch die Tür geöffnet und den Besucher erkannt hatte, brach sie in seinen Armen zusammen. Sie schien ihm ihre Hilfsbedürftigkeit eindrücklich demonstrieren zu wollen. Ihre ersten verbalen Äußerungen bestanden in Klagen darüber, seit dem Tode ihres »engelgleichen Mannes« von allen Leuten im Stich gelassen worden zu sein. Sie kramte Fotos von ihm und auch von ihrer einzigen Tochter hervor, die einen Schweizer geheiratet hatte und im Ausland lebte. Auch sie wurde als ein Engel beschrieben. Alle übrigen Leute waren ekelhaft: Ihre Freunde nutzten sie aus, ihre Nachbarn störten sie, niemand sorge sich um sie, keiner betreue sie, kein Mensch sei bereit, ihr zu helfen. Sie vermochte allerdings nicht zu sagen, welcher Art Hilfe sie bedürfe, aber es war klar, daß sie von dem Sozialarbeiter erwartete, daß er ihr irgendwie helfe. Bei allen seinen folgenden Besuchen brach sie in seinen Armen zusammen, wenn er ihre Wohnung betrat, aber sobald er sie zu ihrem Sessel geführt hatte, erhob sie sich und ging in die Küche, um Tee für ihn zu bereiten, wobei sie bewies, daß sie sehr wohl imstande war, für sich selbst zu sorgen. Es war noch in der ersten Zeit ihres Kontaktes, als der Sozialarbeiter bei einer einzigen Gelegenheit einmal einen seiner Studenten mitbrachte. Die Witwe bekundete ihre Mißbilligung über diese Störung ihrer Beziehungen zueinander dadurch, daß sie das Tablett mit dem Teegeschirr fallen ließ und anschließend auf dem Boden zusammenbrach. Sie benötigte und beanspruchte einen Menschen ganz für sich allein.

Bald änderten sich die Geschichten über ihren engelgleichen Mann. Es zeigte sich, daß er viele Jahre hindurch und bis zu seinem Tode ein Verhältnis mit einer anderen Frau gehabt, und daß er seine Frau schon mehrmals verlassen hatte. Als er dann plötzlich starb, mußte sie das Gefühl gehabt haben, ihn mit ihrem Haß und ihrer ohnmächtigen Wut, die sie wegen seiner Untreue gegen ihn empfunden hatte, getötet zu haben.

Diese Selbstanschuldigungen übertrug sie dann in der Folge auf die Ärzte und auf alle anderen, die ihn angeblich »getötet« hätten und nun beabsichtigten, sie auch selbst zu töten. Es erwies sich auch, daß ihre »Engeltochter« keinerlei Interesse für ihre Mutter zeigte. Sie war ins Ausland gegangen, als sie noch sehr jung war, und seither hatte es kaum Kontakte zwischen ihnen gegeben. Nicht einmal zu ihres Vaters Beerdigung war sie nach Hause gekommen. Ganz offensichtlich konnte kein Mensch die Forderungen und Ansprüche dieser Frau ertragen, ebensowenig wie ihre verworrenen Kommunikationen; ihre griesgrämige, böse Verärgerung hatte sie alle vertrieben. Der Sozialarbeiter war sich durchaus darüber im klaren, daß er nicht in die Fußstapfen dieser anderen geraten dürfe. Er mußte seine eigenen Reaktionen beherrschen, um ihr, trotz ihres wahnsinnigen Wirbels und aller ihrer Provokationen, beistehen und helfen zu können. Nur so konnte er hoffen, sie dahin zu bringen, ihren Schmerz und ihren Zorn direkter zu offenbaren, und diese Gefühle nicht so irrsinnig gegen alle Welt auszuspielen. Er begriff, daß sich diese Frau wahrscheinlich schon seit jeher als ungeliebt empfunden und sich schon immer unsicher gefühlt haben müsse. Den Tod ihres Mannes hielt sie für seine schwerste und mörderischste Desertation, und seitdem waren ihre Beängstigungen über ihre eigene Schlechtigkeit übermächtig geworden. Ihre einzige Chance für eine Gesundung war die, sich selbst, so wie sie nun einmal war, verstanden und akzeptiert zu fühlen. Nachdem es ihr endlich gelungen war, die Wahrheit über ihren Mann zu sagen, ihren Haß gegen ihn einzugestehen, und den hieraus entstandenen Selbsthaß zu erkennen, brach sie nicht mehr zusammen, wenn der Sozialarbeiter zu ihr kam, und fühlte sich fortan auch nicht mehr so belästigt und drangsaliert von allen Leuten ihrer Umgebung.

Für ältere und abhängige Trauernde ist weder die auf das Trauern konzentrierte Kurzzeit-Therapie, auf die ich später noch zurückkommen werde, noch konventionelle Psychotherapie, die auf eine zunehmende Einsicht des Betroffenen abzielt, angebracht und zweckmäßig. Diese älteren Menschen benötigen einen langen, stützenden, therapeutischen Kontakt auf der Grundlage einer beratenden oder sozialen Arbeit. Wenn ein solides Vertrauensverhältnis aufgebaut ist, können andere Helfer hinzugezogen werden, und die Beratungsstelle kann dann »das gute Bezugsobjekt« werden. Diese Ausweitung des Kontakts trägt dazu bei, zu große Abhängigkeit von einer einzelnen Bezugsperson auszuschließen, weil eine solche Abhängigkeit den Trauernden in seine ursprüngliche Leidsituation zurückwerfen würde, sobald die geringste Gefahr einer Beendigung der Therapie besteht, oder bei jeder Gelegenheit, die den einzelnen Helfer daran hindert, persönlich zur Verfügung zu stehen. Eine sorgfältige Zeiteinteilung und Abstimmung sind allerdings wichtig und unerläßlich. Im vorliegenden Fall hatte der Sozialarbeiter zu einem zu frühen Zeitpunkt seinen Studenten mitgebracht, und das Aufbegehren seiner Klientin war berechtigt. Sie spürte, daß dieser Besuch nicht ihretwegen geplant worden war, sondern dem Studenten als ein praktisches Lehrbeispiel dienen sollte.

Nicht viele Leidtragende zeigen ihr Bedürfnis, angenommen und geliebt zu werden, in derart bizarrer Weise. Aber viele, vielleicht sogar alle, haben zuweilen das Gefühl, mit dem geliebten (manchmal aber auch gehaßten) Menschen zugleich ihr eigenes, liebendes Selbst verloren zu haben. Eine extreme Zwiespältigkeit und die Befürchtung, daß der Haß größer sei als die Liebe, machen es diesen Menschen unmöglich, den Verlorenen zu integrieren, und damit den Trauervorgang abzuschließen.

In einem früheren Kapitel habe ich aus Freuds »Trauer und Melancholie« zitiert:

> Es ist auch sehr bemerkenswert, daß es uns niemals einfällt, die Trauer als einen krankhaften Zustand zu betrachten und dem Arzt zur Behandlung zu übergeben, obwohl sie schwere Abweichungen vom normalen Lebensverhalten mit sich bringt. Wir vertrauen darauf, daß sie nach einem gewissen Zeitraum überwunden sein wird, und halten eine Störung derselben für unzweckmäßig, selbst für schädlich.[5]

Diese Worte wurden 1914 geschrieben, vor dem Ersten Weltkrieg. In Freuds jüdischer Mittelstandswelt waren die Trauernden höchst wahrscheinlich nicht einer solchen Isolierung ausgesetzt wie die Menschen unserer Zeit und an unserem Ort. Damals waren Tod und Trauer noch anerkannte Bestandteile des Lebens, ja, damals gab es geradezu eine zu große Beschäftigung mit dem Tod. Außerdem hat es in der Praxis der Psychotherapie seitdem einige Veränderungen gegeben. Heutzutage legen viele Therapeuten großen Wert auf die menschliche und verständnisvoll fördernde Beziehung zum Patienten in der therapeutischen Situation. Dies ist besonders wichtig im Bereich jener Arbeit, die das Schwergewicht auf die Trauerfälle legt. Aber trotz aller Veränderungen, die seit 1914 stattgefunden haben, ist es nach wie vor von entscheidender Bedeutung – und ich habe bereits in früheren Kapiteln wiederholt darauf hingewiesen –, daß das normale Trauern nicht als eine Krankheit angesehen und behandelt werden sollte, und daß ein therapeutisches Eingreifen nur in Ausnahmefällen in Betracht gezogen werden dürfte.

Vamik Volkan nennt eine solche Therapie »re-grief work« (Trauerwiederholung). Wenngleich ich nicht ganz glücklich über diesen

Terminus bin, so glaube ich doch, daß seine Konzeption einer Therapie für Trauernde wichtig ist:

> Die Kurzzeit-Therapie der Trauerwiederholung hilft jenen Patienten, die Konflikte einer Trennung bewältigen, die unter pathologischer Trauer leiden – vor wie langer Zeit auch immer sie an diesen Konflikten gescheitert sind ... Der Autor hat den Versuch unternommen, aufzuzeigen, daß das klinische Vorhandensein eines pathologischen Trauerns mit seiner voraussagbaren Symptomatologie und den typischen Befunden sich irgendwo auf der Linie befindet zwischen einem Trauern das ohne größere Komplikationen und solchen Reaktionen abläuft, auf den Tod, die sich in Depressionen äußern oder in anderen identifizierbaren neurotischen, psychosomatischen oder psychotischen Zuständen. Nur die Patienten, die sich irgendwie in der Mitte befinden, sind geeignet für eine Trauerwiederholung ...[6]

Obwohl ich auch pathologische Fälle geschildert habe, wie die von Mrs. Green und John, betreffen die meisten meiner Berichte Menschen, die diesen mittleren Standpunkt einnehmen. Lassen Sie uns einen dieser Fälle noch einmal genauer in Augenschein nehmen, den Fall Dr. Allen (7. Kapitel). Ich werde die Bestandteile dieser Fallgeschichte, die im Zusammenhang mit der therapeutischen Intervention von Relevanz sind, wiederholen.

Nach siebenjähriger, scheinbar glücklicher Ehe und nur wenige Wochen, nachdem Dr. Allen und ihr Mann in ihr erstes eigenes Haus eingezogen waren, für das sie gespart hatten, seitdem sie beschlossen hatten zu heiraten, verließ Dr. Allen ohne jede Vorwarnung an ihren Mann plötzlich das Haus. Ihr Mann war darüber natürlich aufs tiefste bestürzt. Sie bat unverzüglich in ihrem örtlichen Krankenhaus um psychiatrische Hilfe, und dort überwies man das Ehepaar an mich zu einer Ehetherapie. Ich fragte mich, inwieweit diese Anzeichen äußerster Verstörung – Dr. Allens Davonlaufen – wohl durch den Einzug in das neue Haus verursacht sein mochten. Im Verlauf meines ersten Gesprächs mit dem Ehepaar kam zutage, daß Dr. Allen vorher schon einmal verheiratet gewesen war, und

daß ihr erster Mann innerhalb von Wochen nach der Hochzeit gestorben war. Aus der Art und Weise, in der sie diesen Umstand erwähnte, und in der ihr Mann versuchte, dieses Thema zu ignorieren, schloß ich, daß Dr. Allens im Augenblick so irrationales Verhalten etwas mit diesem Verlust zu tun haben dürfte; ich bat sie daher, zu Einzelsitzungen zu mir zu kommen. In diesen Sitzungen legten wir unumwunden das Schwergewicht unserer Gespräche auf den Verlust ihres ersten Mannes, Frederic, der, als sie ihn kennenlernte, im Sterben lag, und zwar in dem Krankenhaus, in dem sie arbeitete. Dank ihrer Liebe und aufgrund ihrer hingebungsvollen Pflege erholte er sich soweit, daß er aus dem Krankenhaus entlassen werden konnte. Frederic war Witwer und so alt wie ihr Vater. In Dr. Allens Vorstellung verband er sich eng mit ihrem Vater, den sie wegen des Krieges erst kennengelernt hatte, als sie bereits sieben Jahre alt war. Ihre Mutter war zugleich ihre Schulleiterin gewesen, und als kleines Mädchen hatte sie sich immer ganz besonders gut aufführen müssen. Diese ihre Eltern betreffenden Umstände hatten es Dr. Allen schwergemacht, ihre Zwiespältigkeit in ihrer Beziehung zur Mutter und ihren Triebwünschen an den aufregenden Fremden, den Vater, zu bewältigen, von dem sie sich wünschte, daß er sie lieben möge. Als sie heranwuchs, ließ diese Situation sie sich in zunehmendem Maße schuldig fühlen.
Durch Frederic, den sie durch ihre zärtliche Pflege, ihre Tüchtigkeit und ihre Liebe in wunderbarer Weise gerettet hatte, fühlte sie sich von ihren Ängsten erlöst und befreit, die Ehe ihrer Eltern zu zerstören. Die Liebe zu ihm war wohltuend und lebensrettend, obwohl Frederic so sehr ihrem Vater glich. Sie wünschte sich verzweifelt einen Sohn von diesem Mann. In ihrer Therapie kam ihr die Erinnerung, daß sie in ihrer Adoleszenz davon geträumt habe, einen Sohn von ihrem Vater zu bekommen.
Als Frederic starb, weinte sie an der Schulter ihres Vaters, und die beiden Vaterbilder gingen ineinander über. Ihre verbotene Liebe zu ihrem Vater wurde aufs neue geweckt, und mit dieser zugleich auch die Schuld und die Befürchtung, daß diese Liebe zerstörerisch sei. Aufgrund dieser Assoziation hatten Trauer und Leid um Frederic verdrängt werden müssen.

In ihrer zweiten Ehe, mit George, der so alt wie sie und in jeder Weise anders war als ihr Vater oder Frederic, bemühte sie sich sieben Jahre lang, eine gute und liebende Ehefrau zu sein, wie sie es vorzeiten auch sieben Jahre lang versucht hatte, die perfekte kleine Tochter ihrer Mutter zu sein. Es gelang ihr, diese Rolle solange aufrechtzuerhalten, bis sie mit ihrem Mann in ihr neues Haus einzog. Erst mit sieben Jahren, als ihr Vater aus dem Krieg heimgekehrt war, hatte sie sich wie eine richtige Familie gefühlt. Jetzt, wiederum nach sieben Jahren, bedeutete das Haus für sie Dauerhaftigkeit, und vermittelte ihr das Gefühl, eine richtige Familie zu sein. Jetzt hätte ein Kind da sein müssen, aber George war nicht der Vater, den sie sich für ihren Sohn erträumt hatte. Sie verdrängte den Wunsch nach einem Kind, wie sie auch die Liebe zu ihrem Vater und die Trauer um Frederic verdrängt hatte. All diese Verdrängungen verursachten ihr das Gefühl, in eine Falle geraten zu sein, aus der es nur den einen Ausweg gab: auszubrechen und zusammenzubrechen.

Obwohl sie eigentlich ihrer Eheprobleme wegen zu mir überwiesen war, spürte sie, daß ich ihr helfen könnte, ihr verdrängtes Leid um ihren ersten Mann aufzudecken und freizulegen, wie auch all den übrigen Kummer und die Schuld, die sich um den Angelpunkt drehten: Liebe, Tod und Geburt. Meine Antwort war eine andere als die, die Freunde und Angehörige ihr nach Frederics Tod gegeben hatten, nämlich sich dem Leben zuzuwenden und Leid zu verdrängen. Ich half ihr, sich einer intensiven und verspäteten Trauer ganz hinzugeben. Als sie dies vollbracht und abgeschlossen hatte, gewann sie einen Hoffnungsschimmer, den Weg zurück ins Leben finden zu können, und damit kehrte auch der Wunsch nach einem Kind zurück. Als sie dann aber tatsächlich nicht den Sohn bekam, der in ihren Vorstellungen so eng mit ihrem Vater und mit Frederic verbunden war, sondern eine kleine Tochter zur Welt brachte, in der sie sich selbst wieder zu lieben vermochte, gewann sie ihr seelisches Gleichgewicht zurück.

Hier wie in allen Fällen von kurzfristigen, aufs Trauern bezogenen Therapien, die in diesem Buch beschrieben sind, war das Beeindruckendste die unmittelbare, starke und unerschütterlich positiv liebende Übertragungs-Beziehung zur Therapeutin, eine Beziehung, die unberührt blieb durch zornige oder negative Gefühle der Trauernden für andere oder für ihre Toten. Der Therapeut akzeptiert dies, denn er weiß, daß er eine begrenzte Aufgabe erfüllen muß, die sich auf die akute Situation beschränkt; eine Aufgabe, die darin besteht, dem Trauernden zu helfen, den liebevollen Teil seines Selbst wieder ins Leben zu rufen, den er schon für tot gehalten hatte. Dadurch, daß er eine neue Bindung findet, die ihn seine Fähigkeit zu lieben zurückgewinnen läßt, kann er die Hoffnung auf das Gute und Wertvolle in sich selbst wiedererlangen. Frühere Bindungen und Beziehungen werden in der Therapie nur dann erforscht, wenn sie die Reaktion des Betroffenen direkt affizieren. Der Therapeut wird eine Zeitlang als Ersatz für den verlorenen Menschen fungieren, egal ob es sich dabei um Vater, Mutter, Kind, Ehegefährten oder Geliebten handelt. Es ist das bemühte Bestreben des Therapeuten, Hoffnung und Trost zu vermitteln. Er muß stets der Schuldgefühle und Selbstvernichtungsängste des Trauernden eingedenk bleiben, diesen jedoch davon zu überzeugen haben, daß dieses Wissen keineswegs sein Mitgefühl für den Leidtragenden mindert, oder seine Sorge um ihn beeinträchtigt.

Der zweite wichtige Punkt jeder Kurzzeit-Arbeit mit Trauernden ist die unbeirrte Konzentration auf die Krise, die durch den Verlust herbeigeführt wurde. Wir behandeln keine Krankheit, und wir unternehmen auch nicht den Versuch, Unzulänglichkeiten in der Persönlichkeit des Betroffenen zu affizieren, geschweige denn zu korrigieren; wir müssen nur wissen, daß es unerläßlich ist, zu der Erkenntnis zu gelangen, welche Probleme in der Persönlichkeit des Trauernden und in der Strukturform seiner Bindungen durch die Krise schlaglichtartig gekennzeichnet wurden und bei ihrer Entstehung eine Rolle gespielt haben. Diese Probleme können nicht in einer Kurzzeit-Therapie gelöst werden, aber der Therapeut und der Trauernde müssen das spezifische Problem erfassen, das jeder Mensch in seine Verlust-Krise mit hineinbringt. Erst dann kann der Trauernde hoffen, zwischen seinem gegenwärtigen Verlust und seinen früheren – tatsächlichen oder eingebildeten – Verlusten und Verlassenheiten unterscheiden zu können. Er wird begreifen lernen, daß der jetzige Verlust den alten Schmerz wieder aufgewühlt hat, und daß eben dadurch seine gegenwärtige Reaktion so beängstigende Formen angenommen hat.

Die äußeren Lebensumstände des Trauernden dürften natürlich einen erheblichen Einfluß auf die Anwendungsmöglichkeiten der Therapie haben. Dr. Allen, zum Beispiel, hatte einen Mann, der lebte und sie lieben wollte, und durch den sie zu einer Selbstbestätigung des liebenswerten Teils ihrer Persönlichkeit gelangen konnte, wenn es ihr gelänge, ihren ersten Mann – nach einer angemessenen Trauer – zu verinnerlichen und sich nicht mehr mit einem falschen Selbstbildnis herumzuquälen, das durch Schuld, Angst, Schmerz und Verleugnung entstanden war. Nachdem dieses Hindernis überwunden worden war, konnte Dr. Allen wieder lieben und geliebt werden. Später vollendete ihre blühende kleine Tochter dann das Werk der Gesundung, das die Kurzzeit-Therapie in Gang gesetzt hatte.

Durch eine solche auf das Trauern konzentrierte Therapie werden sich manche der Trauernden bislang unerkannt gebliebener Konflikte und Konfusionen bewußt. Ohne zusätzliche Hilfe fühlen sie sich außerstande, mit diesen Problemen fertigzuwerden. Wenn vorrangig das akute Trauer-Problem gelöst ist, können sie ausdrücklich oder stillschweigend eine neue Vereinbarung mit dem Therapeuten treffen, um in der Folge mit seiner Hilfe die weitläufigeren Probleme aufzuarbeiten. Im Fall von Mrs. Bright haben wir bereits darüber gesprochen (8. Kapitel).

In jeder Therapie ist es eine der wichtigsten Bestrebungen, dem betroffenen Menschen zu helfen, zufriedenstellendere Beziehungen im weitesten Sinne einzugehen. In der Trauer-Therapie ist diese Aufgabe von größter Bedeutsamkeit. Der Trauernde hat oft das Gefühl, mit dem verlorenen Menschen zugleich auch alles verloren zu haben, was gut in ihm selber war. In diesem Stadium der Selbstzweifel sieht er sich vor die Aufgabe gestellt, seine fortbestehenden Beziehungen der neuen inneren Situation anzupassen, und soviel Selbstvertrauen aufzubringen, das Wagnis neuer Bindungen eingehen zu können.

In jeder Art von Arbeit mit Trauernden ist es erforderlich, bei der Bewältigung dieser schweren Aufgaben zu helfen. Diese Hilfe findet ihren Ausdruck oft in der Ermunterung, Klubs beizutreten, Abendkurse zu besuchen, »aus dem Schneckenhaus herauszukommen«. Es wird auch häufig angeregt, irgendeine karitative Arbeit zu übernehmen, denn im Trauerfall wird es oft als besonders schmerzlich empfunden, daß man nun keinen Menschen mehr hat, für den man sorgen könne. Alle diese Vorschläge sind durchaus richtig und begründet in allen Trauerfällen, die unkompliziert verlaufen. Oft jedoch enden derlei Anregungen in Enttäuschung und Frustration, sowohl auf seiten des wohlmeinenden Ratgebers als auch für den Trauernden selbst, der sich womöglich zu tief in sich selbst zurückgezogen und eingeschlossen hat, um noch aus eigener Kraft aus seinem Schneckenhaus herausfinden zu können. Er verschanzt sich möglicherweise in einer Welt von Verweigerung, Ableugnung und Unwirklichkeit, weil er zu kämpfen hat, um mit seinen überaus schweren Schuldgefühlen, seinem Zorn und seiner verzweifelten Reue fertigzuwerden.

Die Schwierigkeit, in einem emotionalen Aufruhr einen Rat anzunehmen, wurde deutlich, als eine ältere Frau, die vor kurzem – unter Umständen, für die sie berechtigterweise andere verantwortlich machte – mehrfache und sehr schmerzliche Verluste hatte erleiden müssen. Sie war ein tiefreligiöser Mensch, und ihr ganzes Leben lang hatte sie mit vielerlei Problemen fertigwerden müssen. Jetzt war sie schwer gestört aufgrund ihrer Depression und ihres anhaltenden Kummers, die ihrem religiösen Empfinden widersprachen. Im Gespräch mit ihr zeigte es sich, daß sie sich außerstande sah, ihre eigenen, haßerfüllten Empfindungen zu dulden, die sie jenen entgegenbrachte, die sie für ihre Verluste verantwortlich machte. Diese Frau wohnte ganz allein in einem großen, einsam gelegenen Haus, was nicht nur an sich schon viele Probleme mit sich brachte, sondern es intensivierte auch noch ihre Depression. Sie war jedoch einfach nicht imstande, irgendwelche Schritte zu unternehmen, um einen Umzug in die Wege zu leiten, und es war ihr auch nicht möglich, die ihr gegebenen Ratschläge zu nutzen. Sie war davon überzeugt, daß ihr Haß und der hieraus resultierende Selbsthaß alle Leute davon abschreckte, ihr zu helfen oder für sie zu sorgen. Sie war überzeugt, daß sie nur eine Last sein würde für sich selbst und andere, wo immer sie auch hinzöge. Erst als es ihr gelungen war, ihre Schuld, mit der ihre Haßgefühle sie belasteten, und die sie mit ihrem Glauben nicht vereinbaren konnte, zu verstehen und zu akzeptieren, fing sie an, Umzugspläne in Erwägung zu ziehen. Langsam begann sie wahrzunehmen, daß ihre Angehörigen und Freunde sie in ihren Plänen liebevoll unterstützten. Sie hatte das Bedürfnis, sich gerechtfertigt zu fühlen in ihrem Haß, und zu wissen, daß sie trotz dieses Hasses noch ein liebenswerter Mensch sei. Erst dann vermochte sie andere um Hilfe zu bitten, und diese Hilfe anzunehmen. Um nach einem Verlust durch den Tod wieder neue Beziehungen und Bindungen eingehen zu können um wieder sinnvoll leben zu können, muß man das größte Hindernis, die zwiespältigen Gefühle dem Verstorbenen gegenüber und die Verleugnung des eigenen, haßerfüllten Selbst, überwinden. Durch die Verleugnung seines Hasses beeinträchtigt der Trauernde seine Liebesfähigkeit und damit auch seine Fähigkeit, mit anderen Menschen in einem liebevollen Kontakt zu leben.

In manchen Fällen kann dieser Aspekt der therapeutischen Arbeit von einem Laien übernommen und durchgeführt werden, der dem Trauernden zugetan ist und ihn versteht. Er muß soviel echtes Mitgefühl haben und so unbedingt verläßlich sein, daß er den Trauernden zu ermutigen vermag, wieder neue Hoffnung zu schöpfen. Erst, wenn dieses Stadium erreicht ist, kann der Trauernde es wagen, eine neue Bindung einzugehen. Diese neue Bindung sollte nicht ein Versuch sein, den verlorenen Menschen zu ersetzen, sie sollte vielmehr ein Ausdruck sein für das neu gewonnene Vertrauen, daß das Leben doch noch lebenswert ist, und daß sinnvolle Beziehungen zu anderen Menschen immer noch möglich sind. Neue, lebensbejahende Bindungen können, entsprechend den Bedürfnissen des einzelnen, sehr vielgestaltige Formen annehmen. Es kann dies ein Beruf, ein Interesse, eine gute Sache sein oder auch ein Kind, vielleicht ein neues Enkelkind. Es kann sich natürlich auch um eine neue bindende Beziehung zu einem Menschen handeln – vom gleichem Geschlecht oder vom anderen –, mit dem der Trauernde sein Leben teilen möchte, ein Mensch, der bereit ist, liebevolle Fürsorge zu gewähren und zu empfangen.

Die Mehrzahl der trauernden Hinterbliebenen wird ohne therapeutische Hilfe zu einem neuen Leben zurückfinden können, sobald sie ihren Toten in einer ihnen gemäßen Weise betrauert haben.
Eine allgemeine Atmosphäre, in der die Wichtigkeit des Trauerns anerkannt wird, könnte diesen Menschen helfen, ihr Ziel zu erreichen. Wo diese Voraussetzung nicht gegeben ist, kann der Trauervorgang behindert und verzögert werden; die Befürchtungen des Trauernden, daß seine Reaktionen auf den erlittenen Verlust anomal und kindisch seien, würden sich noch vertiefen und ihn veranlassen, sie zu verdrängen.
Die Erfüllung der Aufgabe des Trauerns, sowie der Aufgabe, mit neuen Kräften ins Leben zurückzukehren, kann eine lange Zeit in Anspruch nehmen; sie dauert oft sehr viel länger als das traditionelle Trauerjahr. Für den Trauernden selbst, aber auch für die Menschen seiner nächsten Umgebung, ist es wichtig, dies zu wissen und zu akzeptieren; sie sollten aber auch wissen, daß die Phase des Trauerns vorübergehen wird.
Aus den Statistiken im 8. Kapitel geht hervor, daß nur ein geringer Prozentsatz von Witwen und Witwer erneut heiratet. Diese Zahlen dürften allerdings insofern irreführend sein, als sie jene Menschen unberücksichtigt lassen, die sich aus unterschiedlichen, praktischen Gründen dazu entschließen, ohne Trauschein zusammenzuziehen. Die Ehen, die nach einem Verlust durch den Tod geschlossen werden, sind eigentlich keine richtigen »Wiederheiraten«; es sind neue Ehen. Wir wissen jedoch, daß keine emotionale Beziehung völlig neu sein kann. Erfahrungen aus früheren Beziehungen, Bindungen und Verlusten, insbesondere die Erlebnisse früher Kinderjahre werden jede neue Bindung in hohem Maße affizieren.
Die Ehen, die nach dem Tode eines Ehepartners geschlossen werden, sind jedoch wahrscheinlich mehr von der früheren Ehe beeinflußt als von jeder anderen früheren Beziehung, denn es gibt zweifellos gewisse Übereinstimmungen, gewisse, einander ähnliche Strukturformen der Partnerschaft, die ausschließlich in der Ehe vorkommen. Können wir hierüber aus den uns vertraut gewordenen Fallgeschichten etwas erfahren und lernen?
Die Ehe von Marion und Tony (4. Kapitel) war gespannt und bela-

stet. Nach Marions Tod heiratete Tony eine Frau, die Marion in vielerlei Weise ähnlich war; nur war sie weniger verletzlich, war elastischer und widerstandsfähiger. Tony fühlte sich bei ihr weniger in Gefahr, ihr wehzutun und ihr Schaden zuzufügen. Die Frau ihrerseits schien sich weniger bedroht zu fühlen von seiner femininen Identifikation, und sie war imstande, ihn gemäß dieser Identifikation leben zu lassen, frei und gelöst und ohne Schuldgefühle. In Tonys Fall zeigte es sich, daß es den Überlebenden drängt, die Strukturform der Interaktion fortzusetzen, die in der ersten Ehe zu Spannungen geführt hatte. Die Wahl der zweiten Partnerin, mit der er gemeinsam eine Modifizierung dieser Strukturform und auch eine Wiedergutmachung früher begangener Fehler erreichen konnte, ist ein Zeichen dafür, daß Tony aus dem Schmerz und dem Leiden in seiner Ehe mit Marion etwas gelernt hatte.

Dr. Allen, auf der anderen Seite, hatte ihre erste kurze Ehe als vollkommen und ihren ersten Mann als eine Vaterfigur angesehen. Sie wählte als zweiten Ehepartner einen Mann, der in jeder Weise anders war als ihr erster Mann und ihr Vater. Diesen Mann konnte sie sich nicht als einen Vater vorstellen, und deswegen wollte sie auch kein Kind von ihm haben, bis sie begriff, was in ihr sie dazu bewogen hatte, diese Wahl zu treffen, und was sie plötzlich veranlaßt hatte, die Gefühle zu verweigern, die ihre Ehe sieben Jahre lang aufrechterhalten hatten.

Mrs. White (5. Kapitel), die in ihrer »idealen« Ehe ihre eigene Identität den Ansprüchen und Forderungen der Familie unterworfen hatte, war in Gefahr gewesen, diese Strukturform auch nach dem Tode ihres Mannes mit ihrem Sohn fortzusetzen, und diesen so seiner eigenen Identität zu berauben. Erst als es ihr bewußt geworden war, was sie tat, und warum sie es tat, wählte sie als zweiten Ehemann einen Künstler, der sie dazu ermutigte, zu dem künstlerischen und individuelleren Leben zurückzukehren, das sie aufgrund ihrer ersten Ehe hatte.

Robins Mutter, die seinen Vater und ihre Ehe mit ihm idealisiert hatte, wählte als zweiten Ehemann einen Mann von völlig anderer Art, der eher ihrem eigenen Vater und ihren Brüdern ähnlich und ihr insgesamt viel vertrauter war. Diesen brauchte sie nicht auf ei-

nen Thron zu stellen, mit ihm konnte sie in einer weniger anspruchsvollen und bequemeren Partnerschaft entspannt leben.
Diese Beispiele machen es deutlich, daß geänderte Einstellungen und Verhaltensweisen in neuen Ehen auf den gewonnenen Einsichten des Verwitweten basieren. Diese Einsichten können genutzt werden, Strukturformen zu verändern und neue Möglichkeiten dort zu erproben, wo die erste Ehe auf Kosten einer geminderten Autonomie eines der beiden Partner »ideal« gewesen war. Man geht wahrscheinlich mit anderen Erwartungen in jede neue Ehe, Erwartungen, die eine realistischere Einstellung möglich machen, sowohl gegenüber der neuen als auch gegenüber der früheren Ehe.
Die oben angeführten Fälle bestätigen den Eindruck, den ich in anderen Zweitehen gewonnen habe, in denen der Überlebende, nachdem er den ersten Partner tief betrauert hatte, überraschend schnell einen neuen und ganz und gar anderen Partner fand. Dies scheint in einer besonders ausgesprochenen Weise dann der Fall zu sein, wenn der verlorene Partner als der überlegene empfunden worden war, intellektuell oder in anderer Hinsicht. Es mochte nicht immer leicht gewesen sein, den Ansprüchen und Erwartungen dieses geliebten und so überaus bewunderten Menschen zu entsprechen. Der neue Partner ist oftmals bedeutend jünger und unbeschwerter, fröhlicher, und der Überlebende wird sich in dieser neuen Partnerschaft in einer anderen Rolle befinden.
Wie der Tod, so bedeutet auch die Scheidung Verlust und Leid. Ehen, die durch eine Scheidung beendet werden, dürften als Fehlschläge betrachtet werden. Wenn jedoch der Schmerz und das Leid über dieses Versagen keine neuen Einsichten zur Folge haben, könnten auch in der zweiten Ehe die früheren unglücklichen Strukturformen der Interaktion wiederholt werden. Das emotionale Modell wurde wahrscheinlich in den elterlichen Familien der betroffenen Menschen erworben. Wenn diese es nicht lernen und verstehen, das elterliche Modell abzuändern, werden sie dieses auch weiterhin wiederholen, aller intellektuellen und praktischen Einwände zum Trotz, die dagegen sprechen.
Eine hübsche, junge Frau, deren künstlerischer, aufregender und unverantwortlicher Vater ihre scheinbar unterlegene Mutter ver-

lassen hatte, als sie selbst noch ein kleines Kind war, heiratete einen Mann, der ihrem Vater sehr ähnlich war. Ihre Ehe mit ihm war anregend, aber immer unsicher und schwierig. Sie fühlte sich wie vernichtet, als ihr Mann sie verließ, aber dennoch ging sie sehr schnell eine Bindung mit einem anderen Mann ein, der ihm sehr ähnlich aber noch egoistischer und unzuverlässiger war. Ihre vielen Freunde zitterten um sie und warnten sie vor diesem neuen Verhältnis, das noch verhängnisvoller zu werden versprach. Obwohl sie die vernünftigen Argumente ihrer Freunde intellektuell durchaus akzeptierte, waren alle guten Ratschläge vergeblich. Erst, als sie nach langem, angestrengten Nachdenken auch gefühlsmäßig begriff, warum sie sich von diesen schwierigen Männern derart angezogen fühlte, gewann sie genügend Selbstvertrauen, das Wagnis zufriedenstellenderer Verbindungen einzugehen.
In Ehen, die mit einer Scheidung geendet haben, wird der Partner möglicherweise noch immer geliebt, und der Verlust wird vielleicht tief betrauert. Wenn es gelingt, die Trauer um den verlorenen Partner zu vollenden, und, ähnlich wie beim Trauervorgang nach einem Verlust durch den Tod, die geliebten Eigenschaften des Verlorenen zu verinnerlichen, und dadurch innerlich frei werden, eine wirklich neue Wahl zu treffen, könnte ein neuer Partner gewählt werden, der wesentlich anders ist als der erste. Die sich entwickelnde Strukturform der Interaktion in der neuen Ehe könnte alle Vergleiche mit der früheren Ehe und den früheren, konfliktbeladenen Beziehungen auf ein Mindestmaß reduzieren und Möglichkeiten bieten, bisher vernachlässigte Aspekte der Persönlichkeit zu entwickeln.

Ein auffallendes Merkmal meiner Fallgeschichten ist die Wiederholung von Schicksalen und Daten. Wir haben gesehen, wie beispielsweise in Dr. Allens Leben die Periode von sieben Jahren wiederholt mit bedeutungsvollen Veränderungen in ihrem Leben in Zusammenhang stand.
Marion und Tony waren beide älteste Kinder, hatten beide mit zehn Jahren ihren Vater verloren, und Marion starb, als ihr ältestes Kind zehn Jahre alt war.
In Robins Familie wurden Kinder in drei Generationen im Alter von

zehn Jahren zu Waisen. Robins Vater und auch sein Großvater waren gestorben, als ihr ältestes Kind zehn Jahre alt war, und auch Robins Frau starb, als ihr ältestes Kind zehn war.
Die meisten Menschen kennen aus eigener Erfahrung solche Wiederholungen von Daten, wie auch die merkwürdigen Zusammenhänge und Übereinstimmungen von Geburts- und Todestagen in manchen Familien, die im allgemeinen als bloße Zufälligkeiten abgetan werden. Mich haben diese seltsamen Zusammenhänge dennoch bewogen, das Werk von Wilhelm Fliess aufzuschlagen, über das in meiner Jugend auf dem europäischen Festland viel gesprochen wurde. Fliess, ein ziemlich berühmter Spezialist für Hals-Nasen-Ohrenerkrankungen, hatte sich bemüht, »Tatsachen« aufgrund zahlloser Beobachtungen nachzuweisen, die ihn zu weitreichenden Hypothesen über Zeiträume und Periodizitäten führten, die im menschlichen Leben eine Rolle spielen. In seinen frühen Jahren hatte Sigmund Freud sich von Fliess' Werk und Persönlichkeit stark beeindruckt und inspiriert gefühlt, wie man dies aus seinen Briefen an Fliess ersehen kann, die veröffentlicht worden sind. Ich zitiere aus Ernst Kris' Einführung zu Freuds Briefen, in der er Fliess' Theorie erläutert:

> ... die uns vorliegenden Tatsachen (...) lehren, daß außer dem Menstruationsprozeß mit dem 28tägigen Typus noch eine andere Gruppe periodischer Vorgänge von 23tägigem Zyklus besteht, denen ebenfalls jedes Alter und alle Geschlechter unterworfen sind.

Die Freundschaft zwischen den beiden Wissenschaftlern verblaßte 1901:

> Fliess forderte von Freud die ausdrückliche Anerkennung seines Versuches, die Spezifität neurotischer Erkrankungen zu erklären. Die durch die Interferenz des 28tägigen und des 23tägigen Zyklus entstehenden periodischen Schwankungen, und die toxischen Veränderungen, die sie setzen, sollten als verantwortlich gelten für das Wesen der neurotischen Störung. Freud erwiderte

offenbar, daß ein solcher Ansatz die Dynamik des Seelischen, die er sich aufzuklären bemühe, ausschalte und daß in seinem empirischen Material für eine solche Annahme keine Hinweise zu finden seien; Fliess griff darauf die Methode an, mit der der Einblick in diese Dynamik gewonnen worden war, und erhob den Vorwurf, Freuds Funde an seinen Patienten seien Projektionen seiner eigenen Gedanken.[7]

Aus der Art meiner Darstellungen der Lebensgeschichten der Menschen, die in diesem Buch zur Diskussion standen, dürfte es klargeworden sein, daß auch mein Interesse sich auf die Dynamik der Psyche und die sich hieraus ergebenden Beziehungen konzentriert. Von diesem Standpunkt aus mögen Fliess' Spekulationen und die ausschließliche Art, mit der er seine biologischen Beobachtungen zur Grundlage aller Dinge macht, absurd erscheinen. Dennoch sind mir ziemlich erstaunliche Wiederholungen vorgekommen, bei denen es unmöglich zu sein schien, sie mit psychologischen Motivationen zu erklären. Für mich sind sie unerklärlich geblieben.
Fliess' Theorie könnte uns helfen, das immer wiederkehrende Thema des »Leben um Leben« zu verstehen, über das ich oft berichtet habe. Während einerseits dieses »Leben um Leben« das freudige Ereignis einer Geburt ankündigen kann, die Vollendung des Lebenskreises und das Weiterleben der Toten, so kann es andererseits auch große Beängstigungen verursachen, insbesondere dann, wenn die Geburt eines Kindes, besonders eines Sohnes, mit dem Tode eines Vaters zusammenfällt, wie dies der Fall war bei Mrs. Dean und bei Mrs. Cooper.
Beenden wir dieses Kapitel mit einem Gedicht von James Joyce, dessen Vater starb, als gerade sein einziger Enkelsohn geboren wurde:

Of the dark past
A child is born
With joy and grief
My heart is torn.

Calm in his cradle
The living lies.
May love and mercy
Unclose his eyes!

Young life is breathed
On the glass;
The world that was not
Comes to pass.

A child is sleeping:
An old man gone.
O, father forsaken,
Forgive your son![8]

Literatur und Anmerkungen

1 Simone de Beauvoir, Ein sanfter Tod, Reinbek bei Hamburg 1965, S. 34.
2 T. S. Eliot, Sweeney Agonistes, in Werke, Bd. 1. Die Dramen, Frankfurt 1966, S. 17.
3 Colin Murray Parkes, a.a.O.
4 Mary Stott, a.a.O., S. 185
5 Sigmund Freud, a.a.O., S. 429
6 Vamik Volkan, Study of Patients Re-grief Work, Psychiatric Quarterly 45 (1971), S. 255–273.
7 Sigmund Freud, Aus den Anfängen der Psychoanalyse, Briefe an Wilhelm Fliess, Abhandlungen und Notizen aus den Jahren 1887–1902, London 1950, Einleitung von Ernst Kris, S. 11.
8 James Joyce, Ecce puer, Collected Poems, New York 1957, S. 63.

Epilog

Als Sokrates das Gericht verließ, das ihn zum Tode verurteilt hatte, sagte er mit stiller Aufrichtigkeit: »Jedoch, es ist Zeit, daß wir gehen, ich, um zu sterben, und ihr, um zu leben. Wer aber von uns beiden zu dem besseren Geschäft hingehe, das ist allen verborgen außer nur Gott.«[1]

Ich hatte geplant, über Trauer und Familien-Beziehungen zu schreiben. Jetzt, da ich am Ende dieses Buches angelangt bin, stelle ich fest, daß es auch von Leben und Tod handelt, Geburt und Sexualität. Dieser Zusammenhang, der sich aus vielen der Fälle meiner Sozialarbeit mit erstaunlicher Deutlichkeit und Häufigkeit herauskristallisierte, ist keineswegs neu. Schriftsteller, Künstler und Denker haben diesen Zusammenhang immer gekannt, und in gewisser Weise kennen wir ihn alle. In der christlichen Auffassung wird es offen ausgesprochen, daß Satan mit der Sünde auch die Sexualität in die Welt brachte, den Tod und die schmerzliche Geburt, während vor dem Sündenfall Liebe und eitel Freude geherrscht hatten und ein ewiges Leben.

Vor vielen Jahren, in einem Seminar des Philosophen und Theologen Paul Tillich, stellte ein Student die Frage: »Wie entstand der Schöpfungsgedanke?« Tillich antwortete: »Als der Mensch sich mit dem Tode und der Endlichkeit konfrontiert sah, mußte er die Schöpfung erfinden.« Und er fuhr fort: »Diejenigen unter Ihnen, die mit primitiven Kulturen oder mit Kindern zu tun haben, werden die Gültigkeit dieser Gedankenverbindung anerkennen.«

Im letzten Kapitel haben wir gesehen, wie klar und offen dieser Zusammenhang im ostafrikanischen Ritual des zweiten Begräbnisses nachvollzogen wird, das mit einer neuen Hochzeitsfeier seinen Abschluß findet. Ich bin diesem Gedankengang auch auf Kreta begegnet, wo am Karfreitag Bräute und junge Frauen im heiratsfähigen Alter zu einem Fruchtbarkeitsritual in die Kirche kommen. Dieses wird als Teil des Gottesdienstes zelebriert. In der Mitte der Kirche wird der Körper Christi aufgebahrt, und die jungen Frauen kriechen, eine nach der anderen, unter ihm hindurch. Wenn sie auf der anderen Seite hervorkommen, empfangen sie den Segen des Priesters. Dieses Beerdigungs-Wiederauferstehungssymbol veranschaulicht das den Karfreitagsfeiern zugrunde liegende Fruchtbarkeitsritual.

Kleine Kinder bringen die Verbindung zwischen Geburt und Tod oft sehr deutlich zum Ausdruck. Vor einiger Zeit war ich zu Gast bei einer Freundin und ihren vier jungen Nichten und Neffen, deren Vater gerade an einem anderen Ort gestorben war. Da die Kinder nicht an der Begräbnisfeier teilnehmen konnten, hielt der Dorfpfarrer für sie einen kleinen Gottesdienst ab. Als wir die Kirche verlassen hatten und über den Friedhof gingen, fragte der vierjährige Simon, der zwischen seiner Tante und mir ging und uns beide an seinen Händen hielt: »Und wo ist Papa jetzt?« – »Vielleicht im Himmel«, sagte zögernd seine Tante. Simon blieb vor einem großen Gedenkstein stehen. »Aber wie können sie da hinkommen? Wie können sie unter diesen Steinen 'rauskommen?« Bevor wir uns eine Antwort ausdenken konnten, fuhr er eifrig fort: »Und wie bin ich auf die Welt gekommen?«

Ein sehr lebhafter Dreijähriger, dessen Onkel Joe gerade gestorben war, fragte die Witwe ziemlich aggressiv: »Warum hast du Joe getötet?« Er gab sich nicht zufrieden mit ihrer Antwort, daß Joe gestorben sei, weil er krank gewesen sei, sondern fuhr fort, immer noch sehr böse: »Aber wer hat ihn denn dann getötet?« Die Tante überlegte noch, wie sie hiermit fertigwerden sollte, als er fortsetzte: »Und weißt du, wie Betty (sein Hund) ihre Jungen gekriegt hat? Blacky hat sie in sie 'reingeschubst!«

Es ist faszinierend, wie in diesen Beispielen die kleinen Jungen in ihrer Assoziation Geburt – Tod in der gleichen Gefühlslage verblei-

ben: Diese Erde verlassen – in diese Welt kommen; töten und vergewaltigen.
Ein anderes Kind, das tief betrübt den Tod seiner geliebten Katze, Barnay, betrauerte, fand Trost in dem Gedanken, daß Barnay jetzt in der Erde sei, wo sie helfen könne, die Blumen wachsen zu lassen. Tröstet es auch den erwachsenen Trauernden, daß sein Toter hilft, etwas wachsen zu lassen, daß etwas als Keim in der Erde verbleibt, im Universum, in anderen Menschen, im Hinterbliebenen selbst? Haben Erwachsene – wie Kinder – ein erhöhtes Bewußtsein von neuem Leben, von Schöpfung, wenn sie dem Tod ins Auge sehen müssen? Tröstet es sie zu wissen, daß Tod und Geburt gleichermaßen Teile des unaufhörlichen Kreislaufs des Lebens sind – vergänglich und ewig? Es gibt kein Wachstum ohne Schmerz und Konflikt; es gibt keinen Verlust, der nicht zu einem Gewinn werden könnte. Obwohl diese inneren Zusammenhänge das ganze Leben ausmachen, ist dies schwer einzusehen für jemanden, der den Verlust eines ihm wichtigen Menschen hinnehmen muß. Der Überlebende muß mehrere schwierige Aufgaben vollbringen: Nachdem er dem Sterbenden geholfen hat, seinen Tod anzunehmen, muß er selbst den Tod eines ihm bedeutsamen Menschen zur Kenntnis nehmen; er muß die Schmerzen ertragen, die dieser Verlust ihm bereitet und durch die Annahme dieser Schmerzen Kraft gewinnen für ein neues Leben.
Wir wissen alle, daß wir durch die Überwindung von Schwierigkeiten und Schmerzen wachsen und stärker werden, und dennoch ist berechtigterweise unser Bestreben, Schmerzen und Leiden zu eliminieren. Wie immer unsere medizinischen und sozialen Erfolge sich auch gestalten mögen, so scheint doch keine Aussicht darauf zu bestehen, daß wir jemals befreit würden von Tod und Schmerz und Leid. Besser wäre es, wenn wir uns statt dessen um eine tiefere Erkenntnis des Todes bemühten und das unvermeidliche Leiden zur Förderung unseres Wachstums werden lassen. »Sterben ist ebenso natürlich wie Geborenwerden; und für einen Säugling ist das eine vielleicht so schmerzhaft wie für uns das andere.«[2]

Literatur und Anmerkungen

1 Platon, Des Sokrates Apologie, in: Werke, hrsg. von Gunther Eigler, Darmstadt 1973, Bd. 2, S. 69

2 Francis Bacon, Über den Tod, in: Essays oder praktische und moralische Ratschläge, Reclam Stuttgart 1970, S. 7/8.

Inhalt